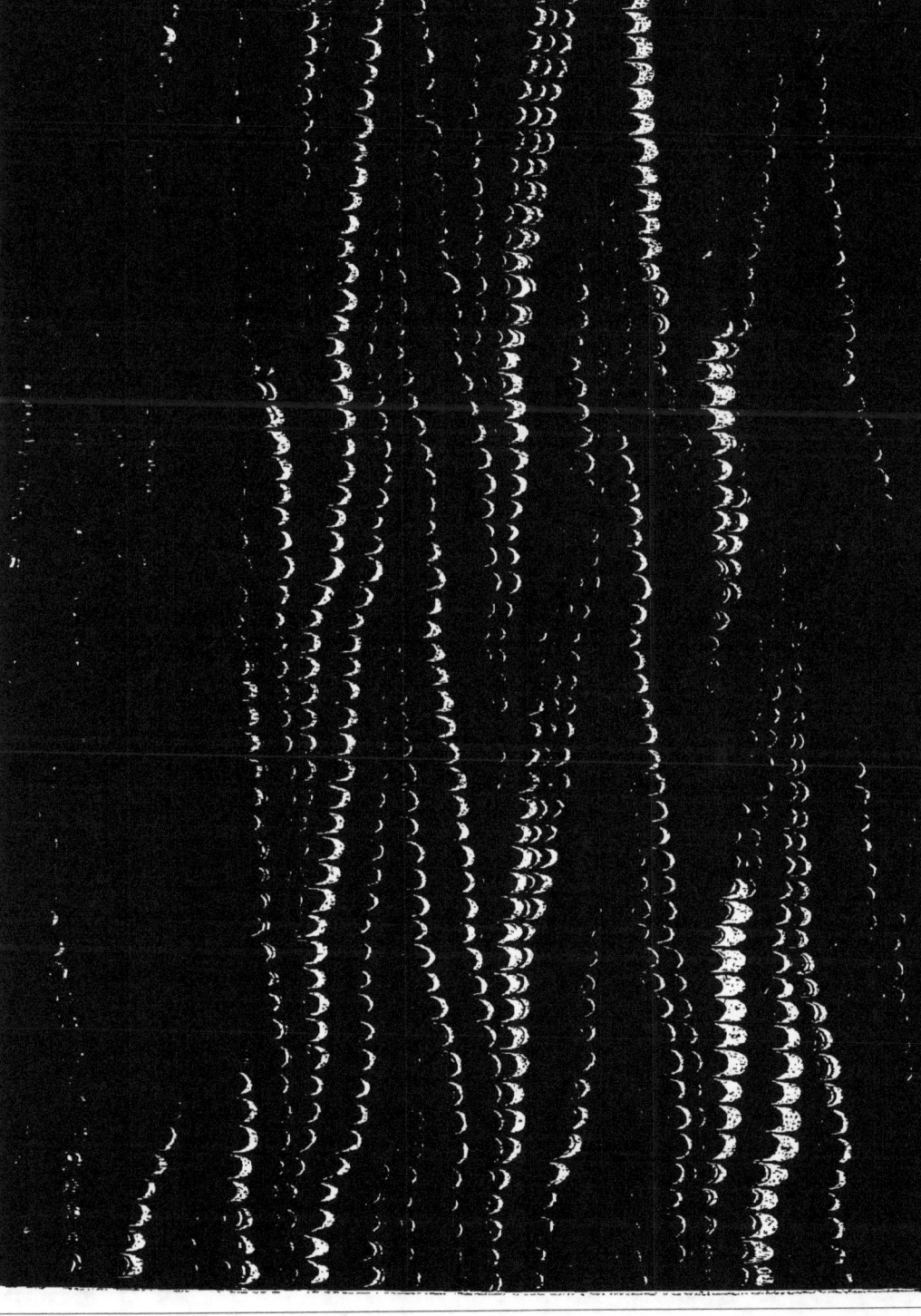

LES

ANCIENNES MAISONS

DE PARIS

SOUS NAPOLÉON III

PAR

M. LEFEUVE

MONOGRAPHIES PUBLIÉES PAR LIVRAISONS

SUIVANT L'ORDRE ALPHABÉTIQUE DES RUES

ET SUIVIES

D'UNE TABLE DE CONCORDANCE

TOME II

LIVRAISONS 16 A 30

PARIS

ACHILLE FAURE, LIBRAIRE-ÉDITEUR

23, BOULEVARD SAINT-MARTIN, 23

—

1863

LIV 16
LES ANCIENNES MAISONS

Des rues Bourg-l'Abbé, de Bourgogne, des Bourguignons, Bourtibourg, Boutebrie et de Braque.

NOTICES FAISANT PARTIE DE L'OUVRAGE INTITULÉ :

LES ANCIENNES MAISONS DE PARIS SOUS NAPOLÉON III,

PAR M. LEFEUVE,

Monographies publiées par livraisons séparées en suivant l'ordre alphabétique des rues.

RUE BOURG-L'ABBÉ.

Tout cet argent volé qui s'en va chez les femmes de mauvaise vie n'y reste guère ; on dit même que toujours elles partagent avec un petit comédien, un garçon-perruquier ou un soldat, ce qu'elles ont extorqué, mais la plupart du temps de seconde main, aux honnêtes gens. La galanterie coûte cher, en somme, même à ceux qui n'y laissent pas leur probité, et les filles dites de joie prélèvent, à Paris, pour subvenir à peine aux frais d'atours, presque tout ce dont il est fait tort aux créanciers, aux actionnaires, aux caisses publiques ou particulières, aux conventions, aux successions, au jeu, aux absents, enfin aux pupilles. Notre sexe, par exemple, fait parfois rembourser aux femmes du monde ce que les autres ont pu tirer de lui. En effet, qu'une femme mariée prenne un amant, c'est plus d'un tort qu'elle fait à son mari; elle aime inévitablement quelqu'un dont la fortune est à faire ou à refaire, car les femmes n'ont que de l'estime pour ceux qui n'ont rien à souhaiter, et le moins qu'il en puisse coûter au gérant responsable de la communauté, du moment que le registre à souche a circulé, c'est que toutes les actions qui devaient rester au talon conjugal aient été converties en valeurs au porteur, pour obtenir au favori une place, une mission, un titre ou une croix, également de la main à la main. Aussi bien le mariage, voire même dans l'ancien régime, a été fréquemment une spéculation avantageuse pour le prétendu; tout fils de bourgeois à 30 ans, pour peu qu'il pût acheter à la taxe un office de conseiller aux enquêtes ou en cour des aides, ou encore au grenier à sel, épousait la fille ou la veuve d'un gros marchand, quartier des Bourdonnais, qui avait six fois plus en espérances ou en deniers comptants. Mieux encore croyait avoir fait, sous le règne de Louis XV, M° Vinet, juge-enquêteur; sa femme, pour premier mari, avait eu le coureur des vins de la reine, office unique et d'un prix plus élevé, dont elle avait fait deuil en le vendant, pour convoler dans les enquêtes. Le ménage s'était installé rue Bourg-l'Abbé, dans une vaste maison qui porte de nos jours le n° 41; mais Vinet avait pris des renseignements fort minutieux sur l'apport exact de la veuve, au préjudice d'autres informations. La dame eût cru manquer à la mémoire de son pre-

mier époux, en ne conservant pas l'amant qu'il lui avait souffert de son vivant : c'était pour elle un legs, un *ex-voto*. Or ce galant, ancien cornette ne servant plus que le jeu et les belles, ressemblait au héros d'un conte de Bocace, Roger de Jéroli, le plus mauvais sujet de Salerne, lequel était de bonne famille, mais dont les fredaines, les sottises, les escroqueries avaient pour conséquence de lui fermer la porte de ses parents. Dans *le Décaméron* (IVe journée, nouvelle 10), nous voyons comment en usa avec Roger de Jéroli la femme de Mazzéo, dès la première de leurs entrevues : « Après s'être amusée comme on le fait dans
« un tête-à-tête amoureux, la dame profita de cet agréable
« moment pour sermonner le jeune homme; elle le pria de
« renoncer, pour l'amour d'elle, à ses filouteries et autres
« méchantes actions qui l'avaient perdu de réputation, en
« s'obligeant, pour mieux l'y engager, à lui donner de l'ar-
« gent de temps en temps. » Même morale administrée depuis trois ans au ci-devant cornette, par cet autre amour médecin, qui lui en dorait la pilule, en la multipliant par des présents. Me Vinet voulut s'opposer, comme de juste, aux visites de ce parasite à double titre ; mais le mauvais sujet se prétendit le cousin du défunt, chez lequel il avait laissé un rond de serviette à son chiffre. Les régals continuèrent ainsi rue Bourg-l'Abbé ; seulement le sigisbé faisait mine d'en rendre quelque chose au second mari, sous forme de collations à la campagne, et puis il s'arrangeait pour per-

dre aux cartes, chaque fois qu'il faisait sa partie, sauf à prendre des mesures contraires lorsque c'était avec la dame. Bref, c'était un ménage à trois, non moins curieux que celui de Mazzéo ; le soi-disant cousin n'avait plus de sergents à ses trousses que comme moyen de comédie, quand il voulait tirer une lettre de change plus forte qu'à l'ordinaire sur sa tendre et persévérante conseillère. Au bout de quelques années, Mme Vinet, qui comptait moins souvent avec son coffre-fort qu'avec son cœur, constant à sa manière, fut forcée de donner congé de l'appartement du premier et fit monter tables et lits au second étage, sur le derrière de la maison, pour diminuer les charges du ménage. Les visites quotidiennes de son amant y devinrent hebdomadaires, puis mensuelles, mais plus rançonneuses que jamais, en dépit de la gêne croissante. Elle en mourut, laissant un testament en faveur de l'ingrat qui l'avait ruinée aux trois quarts. Me Vinet fut par suite obligé, à l'âge de 40 ans, de vendre son office, pour acquitter une partie du legs fait sur les propres de sa femme, et quant au légataire universel, il ne se gêna pas pour le traiter de dissipateur banqueroutier.

La maison d'à côté fut l'hôtel de Mauroy, famille noble de la Champagne. Anne-Joseph, né le 14 juin 1750, un des fils du lieutenant-général marquis de Mauroy, émigra. Le primidy de la seconde décade, pluviôse an II, furent vendues deux maisons ci-devant à l'émigré Mauroy, portant alors rue Bourg-l'Abbé les n{os} 30 et 31, section des Amis de la

Patrie, tenant à droite au citoyen Orselle, à gauche au citoyen Dupont et dans le fond à la veuve Abraham. L'adjudicataire fut le citoyen Brunot; toutefois un bail consenti en 1789 par M. de Mauroy, pour neuf années, à Blaise Laugier, parfumeur, non seulement suivit son cours, mais encore fut renouvelé tant au nom de Laugier, qui resta là 30 ans, qu'au nom de Sichel, qui acheta son fonds de commerce, et le même contrat de louage sort encore son exécution à notre époque. Le fils de Blaise Laugier et M. de Beaufort, amis intimes qui ne se quittaient pas, qui s'étaient fait une donation mutuelle de leurs biens au dernier vivant, étaient propriétaires de l'immeuble, sous Louis-Philippe, et c'était moins une couple qu'un couple d'amis fraternels, car on ne se rappelle plus lequel des deux avait mis la maison dont il s'agit dans leur communauté.

Suivent de petites maisons d'un autre siècle, dont les portes bâtardes ne laissent rien sortir qui nous paraisse mémorable. Deux vastes cours, trois corps de bâtiment composent le n° 29; celui du milieu date de l'année où fut rétabli le calendrier grégorien fermant l'ère républicaine; les deux autres passent pour un des pied-à-terre des royales amours de Gabrielle d'Estrées. Le fait est que des escaliers tournent encore dans les caves, mais s'y arrêtent court, qui avaient pour issue de longs passages souterrains. Une marine, peinture ancienne, décore la chambre de M. Rolland, dont l'établissement, comme commerce de jouets d'enfants, remonte à environ 80 ans. Au 21 est le passage du même nom que la rue, percé en 1828. La grande porte du 19, ses allures et son âge dénoncent un vieil hôtel de magistrat.

En vertu d'un arrêt de 1854, la rue ne bat plus à peine que d'une aile ; l'autre n'a pas tardé à se fondre au soleil d'un nouveau boulevard. En revanche, il nous reste deux versions sur son origine. Le bourg de l'Abbé, disent les uns, dépendait de l'abbaye Saint-Martin, il existait sous les rois de la seconde race ; d'autres soutiennent que ces premiers confondent le bourg de l'Abbé avec le beau Bourg, et que si celui-ci était à l'abbé de Saint-Martin, celui-là relevait au contraire de Saint-Magloire. Un livre très-curieux écrit par M. Bonnardot, les *Anciennes Enceintes de Paris*, nous apprend que la poterne Bourg-l'Abbé était située rue de ce nom, un peu au-dessus de la rue aux Ours ; par ainsi, quand Philippe-Auguste a fait entrer dans notre ville une partie du bourg dont s'agit, le mur d'enceinte s'est trouvé où est maintenant le boulevard, lequel a englouti jusqu'à une partie du côté gauche de la vieille rue Bourg-l'Abbé. Ladite passa d'abord, grâce aux mœurs de ses habitants, pour débauchée et crapuleuse ; or la bêtise est souventes fois la conséquence de tels débordements. Aussi ne craignait-on pas de dire en ce temps-là des gens de la rue Bourg-l'Abbé : — Ils ne demandent qu'amour et simplesse !

RUE DE BOURGOGNE.

Le duc de Bourgogne. — Adrienne Lecouvreur. — Sainte-Valère. — Le 49. — Oudinot. — Mme de Fitzjames. — La caserne. - Molière. — Joly.

Louis, duc de Bourgogne, fils du Dauphin, naît à Versailles en l'année où la flotte de son grand-père Louis XIV, qui n'a pas encore dit : *Il n'y a plus de Pyrénées*, prélude, en bombardant Alger, aux conquêtes destinées à faire dans la suite un lac français de la Méditerranée. Ce prince, élève de Fénelon, a déjà vingt-cinq ans, il est marié, il a des fils, quand le roi, en 1707, ordonne l'ouverture de la rue de Bourgogne entre la rue de Varennes et le quai de la Grenouillère, bientôt d'Orsay, sur l'emplacement des filles de Saint-Joseph en partie et du Pré-aux-Clercs. La mort du Dauphin rend le duc de Bourgogne héritier présomptif de la couronne, en l'an 1711; mais il succombe lui-même, l'année suivante, à une sorte d'épidémie princière, comme la fatalité veut qu'il s'en déclare quelquefois dans les familles ordinaires, et qui, six jours avant, vingt jours plus tard, frappe de deux autres coups mortels l'auguste race, sans épuiser toutefois le sang royal. Sous le Régent, on songe à prolonger la rue de Bourgogne jusqu'à la rue Plumet; seulement le projet en est abandonné après commencement d'exécution. Louis-Joseph de Bourbon, prince de Condé, est autorisé, en 1776, à changer quelque peu la direction de la partie de cette voie publique comprise entre les rues de l'Université et Saint-Dominique, pour former devant son palais une place demi-circulaire; mais, entre les deux rues susdites, des constructions régulières ne s'élèvent qu'à la seconde rentrée de Louis XVIII, pour mieux faire cortége à la place. Il s'en faut toutefois que le palais ait, dès son origine, le même aspect qu'à notre époque. Deux pavillons à l'italienne le précèdent du côté du pont, qui, d'abord, porte le nom de Louis XVI, et son emplacement, avant que le prince ait décoré d'un magnifique vestibule cette frontière du faubourg Saint-Germain, a été un désert marécageux, tout au plus occupé par des chantiers à l'époque où le quai n'était encore qu'une berge. Par une nuit bien silencieuse, lorsque déjà Louis XV gouvernait par lui-même, M. de Laubinière y a mis pied à terre, en sortant d'un carrosse de louage, suivi d'une voiture de même sorte. Trois hommes, par ses ordres, ont creusé furtivement une fosse sur ce terrain humide, et un cadavre dans sa bière a été inhumé en toute hâte, comme pour cacher un crime, à une portée de mousquet de la rivière. Tels ont été les seuls devoirs suprêmes rendus par un ami à Adrienne Lecouvreur, grande actrice, dont la fin tragique, outre qu'elle était l'œuvre du poison, a eu l'intolérance religieuse pour apothéose. Languet de Gergy, curé de Saint-Sulpice, avait refusé l'entrée de l'église et jusqu'à celle du cimetière au corps d'Adrienne Lecouvreur; le préjugé contre les comédiens était alors en France dans toute sa force, bien que, vers le même temps, Olfieds, célèbre actrice de l'Angleterre, fût enterrée à Westminster avec les rois.

Aussi bien toute la rue de Bourgogne, jusqu'au point où la rue de Grenelle la traverse, n'est encore bordée en 1739 que de murs de jardins et de bâtiments en aile, le tout appartenant aux hôtels des rues qui la croisent. A gauche, au coin de la rue Saint-Dominique, se présente alors le revers de l'hôtel de Broglie, et aujourd'hui encore le 21, qu'on a refait il y a deux ans, dépend de l'hôtel du comte d'Haussonville, gendre du duc de Broglie; aussi bien Mme la duchesse de Valmy dispose maintenant, sous la rubrique des n°s 31, 33 et 35, d'une fraction de propriété, et l'arc de ce segment est son jardin comme la rue en est la corde. Le 24 ne comporte encore, lors des trois journées de juillet, que les communs de l'hôtel de Périgord, qui ouvre rue Saint-Dominique; mais l'église Sainte-Valère est expulsée, même rue, du territoire qu'elle occupe, et dès lors M. le duc de Périgord cède, moyennant un loyer, à la Ville de quoi la transférer rue de Bourgogne. Depuis que Sainte-Clotilde est ouverte aux fidèles, Sainte-Valère n'a plus de raison d'être, et M. le curé paie lui-même 5,000 francs de rente à M. de Périgord pour avoir dans l'ancienne église la chapelle du catéchisme de Sainte-Clotilde et la maison de secours des sœurs de charité. Sur le plan de Turgot on ne distingue en rien les n°s 30 et 32 actuels, qui sont de construction pareille et qui datent de peu d'années après l'établissement de ce même plan

(1739); en revanche, on y trouve, à deux des angles de la rue de Grenelle, un pan de l'hôtel de Sens, un côté du couvent des Carmélites. Les 47 et 49 tiennent encore à l'hôtel de M*me* la duchesse de Duras. Le 53, ni plus, ni moins, est à son origine une dépendance d'hôtel voisin. Mais nous voici entré dans la partie de la rue de Bourgogne, entre les rues de Grenelle et de Varennes, déjà illustrée de maisons sur le plan en relief dressé par l'ordre de Turgot.

Ainsi le n° 40 était vendu, dès 1719, par Du Tillet à François Monchard, directeur de la Compagnie des Indes, puis passait à son fils unique, écuyer, secrétaire du roi, receveur général des finances en Champagne, qui cédait en 1773 à Villeminot terrain et constructions, lesquels, à cette époque, mesuraient 496 toises. Quatre ans ensuite, le comte d'Antzy, propriétaire de l'hôtel voisin, acquérait une partie de ladite propriété, tenant par derrière à l'hôtel du Châtelet. Enfin, le 14 fructidor, peu de temps après la chute et l'exécution de Robespierre, l'explosion de la poudrière de Grenelle vint faire croire, pour un moment, à la résurrection volcanique de ce dictateur, et ce fut une secousse immense des deux manières pour tous les habitants de la maison portant alors le n° 1471, et que la veuve de Villeminot transporta en l'an v au citoyen Péron, dont la famille est encore propriétaire.

Après cela, voulez-vous voir l'ancien hôtel du comte d'Antzy? frappez n° 44. L'adjudication par l'administration centrale du département de la Seine en a eu lieu le 17 pluviôse an VII, au profit des trois frères Trabuchy et de Quinette; ce dernier, qui n'était en 1808 que préfet de la Somme, a eu pour acheteur, le 16 avril, ce général comte Oudinot qui avait soutenu à Friedland, avec 10,000 grenadiers, le choc de 80,000 Russes. Depuis cette journée, qui avait décidé de la paix de Tilsitt, l'Empereur avait inscrit le nom du général sur la liste de ceux auxquels il accordait 100,000 fr. pour acheter un hôtel et 100,000 fr. sur le grand-livre : l'intention de Napoléon était de leur créer un fief inaliénable dit majorat. On sait que la valeur bien réfléchie de celui que Wagram fit bientôt maréchal d'Empire, duc de Reggio, fut avant tout amie de l'ordre public ; la maréchale Oudinot, née de Coucy, passa sous la Restauration dame d'honneur de la duchesse de Berri. Le général, fils du duc de Reggio, habite l'hôtel de son illustre père, dont l'architecture se rapporte à celle du numéro suivant, bien que, du côté du jardin, elle devienne différente et l'emporte par la majesté. Le 46 est occupé par une duchesse vénérable, Mme de Fitzjames, née Choiseul, qui a planté un cèdre du Liban dans le jardin de l'hôtel, étant jeune : cet arbre toujours vert ne tardera pas à être octogénaire. De cette propriété-mère, fondée par le duc de Praslin, s'est détachée sans doute la résidence qui précède.

Un ci-devant quartier de gardes-françaises se trouve au

57 ; ses murs épais se sont prêtés aux modifications qui en ont fait une de ces ruches dont le miel se butine par termes de loyers ; seulement, pendant qu'on réparait, un jeune cheval anglais qui piaffait dans une écurie a mis à découvert la bouche d'un puits profond, depuis fort longtemps supprimé, et il a fallu procéder au sauvetage du noble animal. Le 48 a été édifié sous le règne de Louis XVI, pour le compte des hospices ; une pension s'y établit pendant la République ; la duchesse de Damas y résidait sous la Restauration ; la famille de M. le comte de Fermon l'a acheté en 1828.

Passons à une simple transmission orale d'âge en âge, que nous serions fort empêché d'expliquer plus rationnellement. On dit que Molière a joué la comédie, étant jeune homme, dans une petite salle antérieure de soixante-dix ans à l'ouverture de la rue, et qui était placée où se trouve présentement le n° 50. De croire qu'on ait pris la licence de confondre le théâtre de l'hôtel de Bourgogne avec celui auquel la tradition fait allusion, le moyen ! La bévue ne serait-elle pas trop forte ? Il se peut parfaitement qu'un des seigneurs élevés comme Poquelin chez les jésuites ait eu sa petite maison dans ces parages, et notamment Armand de Bourbon, prince de Conti, son camarade de classe. Le cardinal de Richelieu avait déjà mis à la mode le goût des spectacles à Paris, qui était plein de théâtres particuliers, où l'on jouait Rotrou, Desmarets,

Corneille et Scudéri, lorsque Poquelin, en 1641, suivit Louis XIII à Narbonne comme valet de chambre-tapissier, remplaçant son père. Avant de prendre le nom de Molière, Poquelin revint dans la grande ville; il réunit plusieurs jeunes gens avec lesquels il jouait la comédie de société. Bientôt cette compagnie nouvelle éclipsa toutes les autres troupes d'amateurs et fut dite *l'Illustre théâtre*. C'est pour sûr à cette époque-là que se rapporte l'*on dit* traditionnel dont nous parlons. Jean Joly, secrétaire des commandements du prince de Condé, a fait bâtir en 1772 les n°s 50 et 52, en même temps qu'on élevait le Palais-Bourbon, et cette simultanéité porta ensuite les malveillants à croire que les matériaux de son hôtel, touchant aux écuries de la reine, lui étaient revenus à bon compte. Un joaillier fort connu, M. Halphen, a possédé l'un et l'autre de ces immeubles; mais le 50 avait été par excellence l'hôtel Joly, et l'autre, qu'avait d'abord occupé une partie de la maison de Marie-Antoinette, est de nos jours à Mme de Nonjon. La petite porte du 58, *hôtel de Thionville*, est franchie, depuis plus d'un demi-siècle, par des étrangers. Quant au 71, son aspect a changé sous la dernière république; la première avait vu en lui deux propriétés bien distinctes. Citez-moi une couple d'amis qui puisse dire, de nos jours, avec autant de vraisemblance :

Nunc duo concordes animâ moriemur in unâ!

RUE DES BOURGUIGNONS.

Le génie élevé de Bossuet, qui à coup sûr fut gallican, ne saurait nuire à celui de Bourdaloue, que les ultramontains de notre temps ne sont pas seuls à honorer. Le génie rapproche les distances, comme la vapeur, qui au XIX° siècle en est l'image longtemps cherchée ; il semble que la grâce ait revêtu en lui son unique expression supérieure à la controverse. Il est vrai que du vivant de l'immortel ami de Mlle de Mauléon, on hésitait déjà à le classer parmi les jansénistes, comme parmi les molinistes; on lui eût reproché, tout au plus, le *mauléonisme*. Sous le même rapport de divergence d'écoles, la topographie de Paris eût alors donné lieu à des divisions plus tranchées ; les jansénistes eussent frappé d'un *nefas* les abords de l'ancien collége de Clermont, de même que les jésuites n'eussent signé aucun laissez-passer pour les rues qui avoisinaient les académies de Port-Royal, par conséquent pour celle des Bourguignons. Aujourd'hui la querelle semble éteinte, le feu n'en est du moins que souterrain et laisse à l'industrie le privilége d'attiser le feu des chaudières, où le génie moderne fait cuvée neuve. En tant que raisonneurs, les disciples de Jansénius ont fait faire plus d'un pas à l'enseignement ; mais comme Eglise dans l'Eglise, il n'a pas été moins utile que ces rénovateurs vinssent renchérir sur la rigueur de toutes les pratiques religieuses, qui tendaient trop au relâchement. On pourrait comparer en quelque chose le jansénisme à ces modestes pensions bourgeoises, si nombreuses de nos jours dans le quartier qui a été son quartier général, et où vivent en commun avec une quiétude monacale, en regrettant au lieu de protester, maints célibataires des deux sexes, vieillards, convalescents et petits rentiers, astreints au même régime sain, économique et réglé par l'ordonnance d'un médecin et par l'état de leur fortune. Les sectaires qui appelaient de la bulle *Unigenitus* s'étaient fait là, avant ces invalides de la bourgeoisie de Paris, mais à bien plus grands frais de patience et d'esprit, d'éloquence et de savoir, une petite église de santé; on y protestait moins par conviction, que pour avoir une raison de plus de s'imposer des pénitences, de nature à racheter jusqu'aux fautes du parti adverse.

Hôtel de la Santé, ainsi s'appelait il y a dix ans le n° 35 de cette rue des Bourguignons. Les balustres de bois de son petit escalier ne disent-ils pas l'âge de sa modeste construction antérieure aux querelles du jansénisme? Avant d'être une pension bourgeoise, cette maison à jardin a logé pendant un siècle, de père en fils, une famille de jardiniers-fleuristes, qui avait succédé à Louis-Bazile Carré de Montgeron, acquéreur en 1711 d'une charge de conseiller au parlement. Remontons donc jusqu'à ce magistrat, dont la jeunesse a été livrée aux plaisirs, mais qui, parvenu à l'âge mûr, appelle, puis réappelle de la bulle, et qui passe à l'état de coryphée de son parti à l'époque des miracles opérés sur la tombe du mémorable diacre Pâris. Il est de la paroisse Saint-Jacques-du-Haut-Pas, église dont Saint-Médard n'est que la succursale comme chef-lieu des opinions nouvelles; mais il prend à toute heure la rue tortueuse de l'Arbalète, pour se rendre au cimetière de Saint-Médard, rue d'Orléans, où il assiste, plein d'enthousiasme, aux guérisons miraculeuses produites sur les convulsionnaires, devenus insensibles aux coups et aux piqûres par les mérites du saint que Rome jusqu'à la fin refuse de canoniser. Lorsque l'archevêque Vintimille succède au cardinal de Noailles, qui s'était montré favorable, ainsi qu'une partie du clergé et la moitié du parlement, aux opinions de Pascal et d'Arnaud, mais non aux frénésies de Saint-Médard, le cimetière transformé par les convulsionnaires en un véritable théâtre, est rigoureusement fermé, et Montgeron exilé momentanément en Auvergne. Dès qu'il peut revenir à Paris, il fait de son humble maison l'asile des fugitifs à la poursuite desquels s'emploie Hérault, le lieutenant de police. Puis, par un beau jour de juillet, en l'année 1737, il se rend à Versailles, présente *ex-abrupto* au roi son livre, *De la Vérité des miracles du diacre Pâris;* il fait ensuite la même surprise au duc d'Orléans, au premier président et au procureur général. C'est un héros! disent les uns; voilà un fou! s'écrient les autres. Mais Louis XV, qu'a blessé l'hommage fort mal venu du conseiller, trouve un terme moyen en l'envoyant à la Bastille. Sur la demande de sa compagnie, la captivité de Montgeron est commuée en un autre exil; il peut donc écrire d'autres livres, avant que son corps à Grenoble soit ébranlé par une convulsion suivie de l'éternelle insensibilité.

Au reste la rue des Bourguignons, dite seulement rue de Bourgogne par Gilles Corrozet, historien et libraire du xvie siècle, avait à se purger, depuis l'année 1688, d'un sacrilége incontestable. Ce chemin sans pavé ne commençait en ce temps-là qu'à la Croix de la Sainte-Hostie, élevée dans la partie dite alors Champ-des-Capucins, où trois voleurs avaient jeté furtivement, au pied des murs du Val-de-Grâce, toutes les hosties du saint ciboire dérobé après effraction de tabernacle dans l'église Saint-Martin au cloître Saint-Marcel : une procession expiatoire servait d'anniversaire à la cérémonie avec laquelle on avait relevé ces hosties. Les constructions de la rue, en 1714, étaient en général petites, mais déjà au nombre de 19 et pourvues de 7 lanternes de nuit. On les retrouverait presque toutes ; seulement il en est quelques-unes qui semblent revêtir encore le cilice de la pénitence ; elles ont fait vœu de pauvreté sans doute, car on y trouve moins de feu que de cendre ; leurs fenêtres à coulisses ont perdu l'habitude de joindre, et des loques sinistres font dans les interstices l'office de bourrelets. Les locataires de ces bouges sont à coup sûr plus nombreux que leurs meubles ; dès qu'ils ont hérité d'une chaise à quatre pieds, d'un rideau, d'une gravure en cadre, d'un pot à l'eau et d'une seringue, ils exposent bien vite à leur porte ce lot d'objets de luxe à vendre.

Il n'en est pas de même du 27, pensionnat de garçons, qui a été l'hôtel d'une famille Verteuil ou Verneuil. Les Verneuil, maison noble, originaire de Bretagne, servaient dans les armées ; un des leurs était prêtre et docteur en théologie lors de l'avénement de Louis XVI. Quant au marquis de Verteuil, nous avons vu des poules et des pourceaux vaguer dans son ancien château seigneurial, le Bourg-Dieu, et nous gardons un savoureux souvenir du produit de ses dépendances dans le Médoc, tout près des vignes de Saint-Estèphe. Presque en face du séjour de ville dont nous parlons, s'est formé le cul-de-sac Hautefort vers la fin du xviie siècle, sur un terrain appartenant à la famille de Mlle de Hautefort, dame d'honneur de la reine que Louis XIII a aimée platoniquement. Un assez grand terrain au fond de l'impasse est cultivé encore par un horticulteur.

Le 10 et le 12 ont conservé une apparence assez bourgeoise : l'un de ces deux immeubles a vu naître M. Allard, naguère le chef de la police de sûreté ; l'autre a été plus récemment acquis par un portier de la rue de Rivoli. Que Dieu soit loué si sur notre âge de fer il s'ouvre encore plus d'une porte d'or! En continuant notre revue, nous rencontrons pour ainsi dire une patrouille de petits hôtels, dont le chef est *l'hôtel de Bourgogne* où logent des officiers de la caserne de Lourcine. Cette maison meublée et le n° 4 formaient jadis un quartier de gardes-françaises. Enfin deux constructions à l'un et l'autre coin de la rue de Lourcine sont comme d'immuables sentinelles, qui ne demanderont jamais qu'on les relève : l'une d'elles, le n° 2, se tient encore tout aussi droite qu'un garde-française devant le maréchal de Saxe ; l'autre, dont les jambes alourdies ne plient qu'en apparence sous une consigne qui date de deux siècles, reste également fixe au port d'arme.

RUE BOURTIBOURG.

N°ˢ 1, 6, 9, 10, 12, 14, 15, 16, 17, 18, 19, 20, 21 et 22.

Rien n'est plus du marché Saint-Jean, partie de l'ancien cimetière de Saint-Jean-en-Grève et dont la place avait servi de lieu d'exécution au xvi⁰ siècle. Des familles juives, en dernier lieu, habitaient les maisons de la place du Marché-Saint-Jean ; mais elles ne s'y ressentaient plus de la malédiction royale qui avait pesé sur le sol, en rasant l'hôtel de Craon, lequel avait tenté de faire assassiner le connétable Olivier de Clisson, en 1392. La rue Bourtibourg à cette date comptait déjà plus de deux siècles et demi, et elle aboutissait en face de l'hôtel de Craon ; sa dénomination venait d'un bourg appelé le Petit-Bourg où dont le colon principal était Thibourg : les historiens de Paris se sont encore divisés sur ce point.

Le n° 1 de cette rue n'a toutefois rien de caduc ; il a suffi d'en reprendre le rez-de-chaussée en sous-œuvre, pour le mettre au niveau du sol de la place englobée par la nouvelle rue de Rivoli, et il a gagné plus d'un mètre aux dépens de la cave à ce déchaussement. On ferait un fort beau jeu de quilles avec les balustres d'escalier d'un garni, au n° 6, petite maison dont a dû accoucher l'époque de François Ier et dont le ventre s'est tassé à la longue comme les épaules du bouffon Triboulet. Le 10, où se retrouve une belle porte, ne faisant qu'un avec le 12 antérieurement à 1714, c'est-à-dire au dénombrement des 35 maisons de la rue, fortes alors de 8 lanternes.

Un des ducs de Vendôme, fils et petit-fils de Henri IV, eut son hôtel en face, dans une maison peinte en vert, couleur assurément locale pour l'herboriste qui y réside. Des trumeaux au-dessus des glaces, un escalier superbe à marches de pierre, à rampe de fer, un autre dans le fond à balustres de bois, une porte ayant l'ampleur de deux carrosses et des caves vraiment magnifiques, voilà ce qui a survécu des splendeurs de cette résidence, dont l'entrée principale fut néanmoins à l'origine dans la petite rue de Moussy, aujourd'hui fermée aux voitures : la façade sur notre rue paraît être un peu moins ancienne. Cette maison fut achetée en deux lots (1674-1681) par un savant apothicaire, Geoffroy, ancien échevin, et celui-ci pour l'agrandir, en 1688, prenait à bail emphytéotique pour 99 années, de la fabrique de Saint-Jean, 10 toises de terrain environ faisant aussi partie antérieurement du cimetière de cette église et attenant au mur de l'hôtel. Etienne-François Geoffroy, fils de l'ancien échevin, lui succéda, professeur éminent de chimie et de médecine, également pharmacien, membre de l'Académie des sciences, mort en 1731. Trente-sept années plus tard, Claude-Joseph de la même famille, naguère commissaire des guerres, était d'accord avec les créanciers de feu son frère, avocat, conseiller du roi, pour transporter au prix de 72,100 livres l'ancien hôtel Vendôme, dont les trois corps de bâtiments rapportaient alors 4,000 livres, à Charles-Nicolas Marlot, conseiller du roi, syndic des inspecteurs des vins, syndic encore des officiers mesureurs de charbon. La propriété tenait à cette époque du côté droit à La Marguerie-Langelet, un conseiller au parlement, du côté gauche à Serville, marchand de vins; quant aux droits censitaires, les parties contractantes ne savaient déjà plus à qui ils étaient dus, mais à coup sûr ce n'était pas au Temple; l'acte en faisait tout simplement réserve. Au commencement de la République, le bail des 10 toises de terrain étant venu à échéance, la nation faisait vendre le corps de logis s'y élevant, qui avait pour tenants, outre le citoyen Marlot, une autre maison bâtie de même sur le sol de l'ancien cimetière et au fond une propriété à la citoyenne Lesseville. L'adjudication en eut lieu au profit du susdit Marlot, prédécesseur du détenteur actuel.

Que si nous jetons les yeux sur le plan de Gomboust, nous rencontrons un autre hôtel (actuellement n°s 15, 17 et 19) qui avait, lui aussi, entrée rue de Moussy. D'origine ce fut le séjour des Nicolaï, plusieurs fois présidents de la chambre des comptes de père en fils depuis le règne de Louis XII. Ils eurent pour successeurs rue Bourtibourg Nicolas d'Argouges, lieutenant-général des armées du roi, colonel général des dragons, en faveur duquel les baronnies d'Arnbec et de Rannes furent érigées en marquisat, père de Louis d'Argouges, maréchal-de-camp ; ce dernier eut lui-même un de ses fils lieutenant-colonel des dragons de Chapt et une fille, Marie-Thérèse, abbesse de Chaillot. Un autre membre de cette famille fut aussi lieutenant civil ; leur sépulture, sculptée par Coyzevaux, était à l'église de Saint-Paul. Toutefois, en l'année 1780, une partie de l'hôtel d'Argouges était louée à d'Outremont, conseiller au parlement.

C'est encore une porte magistrale qui se ferme sur le 14, qu'on a refait il n'y a pas longtemps, et que l'avocat Pauly, conseiller du duc de Bouillon, habitait vers 1780. Le 16, le 18 et le 20, sénile construction à trois corps, dont deux sur la rue, qui est séparée de l'autre bâtiment par une cour, nous représentent un hôtel sans notoriété historique, bien qu'il remonte au règne des Valois. Nous y remarquons, en passant outre à une vénérable porte cintrée, un escalier à rampe de chêne, penché sous le poids des années encore moins que par inquiétude, et reculant devant maintes cheminées qui menacent ses débris futurs : il périra, en effet, par le feu, et chaque pas des générations qui se sont succédé depuis trois sièles sur ses marches, l'a rapproché, mais avec une lenteur qui a pu faire des jaloux, des chenets où luira sa tombe. La division de cette propriété date des dernières années du roi Louis XV. En 1764, Guyot en acquérait de Bachelier une partie; à quatre années de là, Blanquier, baron de Trélan, payait afin de succéder, dans une autre partie de la maison, à Charron de Liancourt, son beau-frère, et la même famille en disposait encore sous Louis XVIII.

C'est vraiment la rue aux grandes portes ; j'en atteste encore le 22, ancien logis de magistrat que desservent deux escaliers à belle ferrure. Propriété plus vaste, le 21 a eu pour fondateur un négociant en produits coloniaux, quand Lafayette était en Amérique ; un appartement principal avec balcon donnait sur un jardin, supprimé depuis 20 années. Rien à vous dire des numéros suivants, en dépit du temps reculé ou fut posée leur première pierre.

RUE BOUTEBRIE.

Que de rois et de reines, déchus, captifs, exilés ou décapités, ont eu l'honneur de laisser derrière eux, glorieuse exception à coup sûr, des courtisans de leur malheur! La flatterie, en général, ne survit pas à la fortune des grands ; mais toute fidélité posthume prend, en revanche, la proportion d'un culte. Les rues-martyres, quand bien même un palais, en les prenant pour avenue, eût rendu leur chaussée auguste, n'ont vraiment pas à espérer cette suprême consolation des rois. La même décollation met un terme à leur vie et à leur majesté. Une rue royale peut devenir un marché, sans que personne se récrie; une fois qu'elle a disparu, l'un regrette encore sa vieille maison qui n'est plus, l'autre en secret pleure sa défunte chambre, un troisième se rappelle avec attendrissement le bail de sa boutique humide; mais de la voie publique, quand bien même le char triomphal de César l'eût inaugurée, plus un mot. Dire que les grands se plaignent si fort d'être oubliés après leur vie ! Si les rues supprimées parlaient, elles auraient bien, je crois, d'autres griefs contre les nouveaux boulevards, où leur ancienne place n'est pas même indiquée par une borne ou par un ormeau. La rue Boutebrie, quant à elle, n'était pas condamnée à mort ; seulement on a fait choir sa couronne dans le macadam, en plein boulevard Saint-Germain. Le chef branlant de ladite rue, construite au XIIIe siècle, portait tout dernièrement encore, comme un diadème, la maison de la reine Blanche. C'était l'hôtel d'Henri de Marle ; une reine l'avait habité, peut-être même la mère de saint Louis. Tant de pignons et de tourelles, il est vrai, ont passé pour être le séjour de la reine Blanche, qu'il a nécessairement fallu ouvrir les yeux et découvrir la probabilité de quelque équivoque historique. Toutes les reines, une fois veuves, étaient ainsi nommées dans le principe, parce qu'elles portaient le deuil en blanc. Anne de Bretagne, à la mort du roi Charles VIII, fut la première à le porter en noir.

En face de cet ancien séjour de reine, se trouvait naguère une caserne ; on avait du moins affecté à cet usage en l'an XIII de la République, les bâtiments du ci-devant collége de maître Gervais. Ce nid où des boursiers étaient cléricalement couvés avant d'éclore prêtres et pédagogues, avait été formé de cinq brins de maisons, en 1370, trois desquelles étaient dans le haut de la rue Boutebrie à gauche, et les deux autres rue du Foin-Saint-Jacques, où s'ouvrait la porte du collége. Au surplus, cette fondation est postérieure à celle de la rue, qui remonte à peu de chose près, nous le faisons remarquer à dessein, au règne même de saint Louis; son premier nom, rue *Erembourg de Brie*, s'est raccourci bien avant elle. Construite en grande partie dès l'année 1250, elle s'est passagèrement appelée au XVIe siècle rue des Enlumineurs. Cette qualification professionnelle n'a sans doute eu que la durée du bail des ouvriers qui la lui avaient apportée. Bien des corps d'état, il est vrai, se disputaient ce quartier très-vivant, où se trouvait alors la grande Poste. Quelque trente ans plus tard, l'huile de la Ville alimentait à coup sûr 4 lanternes dans la rue Boutebrie, sur laquelle 19 toits épanchaient l'eau du ciel.

M. Rousseau, que la pluie y surprit au fort de ses recherches consciencieuses d'éditeur, s'estimait très-heureux alors de ce que les plombs modernes eussent remplacé, pour les maisons particulières, les gargouilles élevées qui lancent encore, du haut des palais, sur les gens, des trombes d'eau crevant les parapluies. Mais la pluie rarement tombe en ligne perpendiculaire, ce qui donne un grand avantage, pour les piétons qu'elle surprend, aux rues étroites sur les larges boulevards. Par exemple, la moitié de la rue Boutebrie reste à l'abri, en cas d'averse, pourvu que le vent soit de la partie. Ainsi M. Rousseau jouissait, en optimiste, d'une double immunité, à la porte du n° 7; seulement la maison d'en face, qu'avec fureur fouettait la pluie, parut jalouse de son échappatoire, et il reçut soudain, en plein visage, un mince filet d'eau dont le jet continu était de direction horizontale; notre éditeur de croire d'abord qu'un gamin, habilement caché, n'a pas craint de braquer sur lui quelque diminutif de l'ancienne arme des apothicaires; enfin, après de vaines menaces, il s'aperçoit qu'un tuyau engorgé, où l'eau se fait jour comme elle peut, est l'unique mystificateur qui fait perler de larges gouttes sur tout ce dont son buste est revêtu. D'assez méchante humeur, il monte, un peu pour se sécher, l'escalier du n° 7, lequel toutefois est de notre ressort par son extérieur vénérable. On lui indique, au 3° étage, la chambre qu'habite un vieillard, ayant accoutumé de représenter en tout un propriétaire invisible. Les diverses questions d'usage sur l'âge et l'origine de la propriété sont adressées poliment à cet homme, dont le visage exprime la méfiance, et l'intérieur une vraie médiocrité, que n'a jamais dorée la poésie; mais avant d'y répondre, celui-ci veut savoir dans quel intérêt on les pose. Force est donc à M. Rousseau de refaire, pour la millième fois, le prospectus de notre publication; par exemple, au lieu d'étudier, sur la figure inculte de l'interlocuteur, l'effet que produit son discours, il copie en parlant, sur son carnet, une partie des noms, dates et inscriptions rendus lisibles sur un mur sans papier par la décrépitude du badigeon :

Simon, Claude et Marie Mahu, enlumineurs, 1572.—Germain, *illuminé.*— *Sylvain aime Gloriette à toujours.* — Pamiendo, né à Lisbonne le 26 mai 1690. — *Oratio, jejunium, senectus, œs triplex.* — Loyson, commis aux aides. — Naissance de Régulus Thomas le 2 prairial an III et de Phocion-Decius Thomas le 14 frimaire an V : *Signé* le citoyen Thomas, employé chez le citoyen Saugrain aux réverbères. — Mort à Bailly! vive Robespierre! vive Cavaignac! — *Gagné un terne le 10 janvier* 1821. — Jean Pruneau, 2ᵐᵉ de médecine. — Atala. — Adèle Crujot. — Clara Fontaine. — Vive la charte! — Boquillon et Souton, élèves en pharmacie. — Jules Clopin, homme de lettres. — Indiana Soufflard, coloriste. — A bas Cavaignac! vive Barbès!

—Monsieur, finit par dire le vieillard à son visiteur, je ne lis jamais; si mon fils n'était pas huissier à Beaugency, il pourrait vous comprendre; mais moi!... J'étais encore fruitier, rue de Rohan, il y a cinq ans.

— Alors, lui dit M. Rousseau, il était superflu, mon brave, de me faire d'autres objections. Heureusement la muraille parlait, j'ai écouté. Votre maison, bien qu'elle paraisse dater d'un ou deux siècles, est du temps de Charles IX.

—Diable soit des démolisseurs! reprend le vieillard agité.

— Bonhomme, rassurez-vous. Au lieu d'abattre, je compte ce qui nous reste...

— Oh! que nenni, continue l'autre. Sans les démolitions, Monsieur, savez-vous que j'aurais mené une vie très-heureuse? J'ai eu deux avantages qui manquent à bien d'autres, une femme très-sage et un fils homme d'esprit.

— L'un de vos deux bonheurs, Monsieur, semble en effet très-peu compatible avec l'autre. Mais la pluie a cessé; mes renseignements sont pris. Je vous offre mes salutations.

RUE DE BRAQUE.

Liste des propriétaires de toute cette rue, de 1779 à 1789 :

CÔTÉ DES NUMÉROS IMPAIRS.	CÔTÉ DES NUMÉROS PAIRS.
Les religieux de la Merci.	Le comte de Briqueville.
Mauduit de Tavers.	Le marquis de la Grange.
Nicolaï, ancien premier président de la chambre des comptes.	Joly de Fleury, procureur général au parlement.
	Les Trudaine.
Mme Calley.	Mlle de Vallory.
Bournigat, huissier du roi.	Pajot de Juvisy.

Une poterne servait de limite à la ville, dans l'enceinte de Philippe-Auguste, à l'endroit où Arnoul de Braque, en 1348, fit bâtir la chapelle et l'hôpital de la Merci, dont il subsiste des débris que nous retrouverons en parlant de la rue du Chaume sur laquelle ouvre ce reste d'édifice. La famille de Braque, de laquelle faisait partie Germain Braque, échevin sous Charles VII, avait sa sépulture à la Merci; mais avant de porter son nom, la rue s'était appelée des Boucheries-du-Temple, à cause d'une boucherie qu'en 1182 y avaient établie les chevaliers de cet ordre, dont les droits seigneuriaux étaient encore perçus par la commanderie du Temple en 1789. Cette voie publique, au surplus, a vieilli sans changer grand'chose à la disposition extérieure de ses deux rives, depuis la fin du règne de Louis XIV; à cette époque, la Ville, par une prodigalité exceptionnelle, entretenait presque une lanterne par maison, pour éclairer aux habitants de la rue ; il est vrai que, comme on va voir, la qualité expliquait le crédit des dix propriétaires de ce temps-là.

Girard, procureur général en la chambre des comptes, tenait de son père et laissait à sa fille, la duchesse de Brancas, un hôtel dont il est resté quelque chose au n° 3 ; la marquise de Beauvau, née de Brancas, en héritait ensuite, avant que Mauduit de Tavers, syndic des contrôleurs ordinaires des guerres, gérât ce bien de ville pour le compte de son frère, frappé d'interdiction. Le 5 appartenait à la marquise du Luc, femme d'un lieutenant général, et ne passait qu'ensuite à Aymard-Jean Nicolaï, marquis de Goussainville, qui demeurait place Royale.

Le plan de 1562 nous montre un grand hôtel, qui vient ensuite, et qui se rattache alors à un plus grand, dit séjour des Montmorency ; ce dernier donne rue Sainte-Avoye (maintenant du Temple); ses jardins vont toucher ceux de l'hôtel Novion, impasse Pecquay, et son gigantesque pourtour englobe des maisons de la rue Sainte-Avoye, ainsi que l'hôtel Sourdis, rue de Paradis. En cet hôtel Montmorency est mort le connétable après la bataille de Saint-Denis ;

Henri II, quelque temps avant, y a rendu d'assez fréquentes visites à cet adversaire des Huguenots, pour qu'on le dise un des logis du roi. Une partie de l'immense hôtel et la totalité de son annexe, rue de Braque, passent, fin du siècle suivant, entre les mains de Jean-Antoine de Mesmes, qui les fait tous deux rétablir sur les dessins de Bulet, et de Germain Boffrand, au commencement du xviiie siècle.

Bientôt l'illustre magistrat est nommé premier président et de l'académie française. Son collègue Despréaux lui dit : — Je viens vous voir pour être félicité d'avoir un collègue tel que vous.... Mais les bureaux de la banque de Law sont installés, pour commencer, dans une portion du ci-devant séjour Montmorency ; le président, au nom du parlement, en fait l'objet de remontrances respectueuses au Régent, qui le font exiler à Pontoise, où il tient une table somptueuse dont il fait les honneurs aux dépens du Régent aux conseillers partageant sa retraite obligée. La disgrâce trop tardive de Law envoie ce financier remplacer de Mesmes à Pontoise. Seulement, d'autres sujets de remontrances ramènent, une fois réintégré, le président près du chef de l'Etat, qui un jour le paie d'un gros mot, réponse extra-parlementaire. — Monseigneur désire-t-il, réplique le magistrat, que sa réponse soit enregistrée ?

Or, on appelle petit hôtel de Mesmes cette maison (n° 7) qu'habite postérieurement M. de Vergennes, ministre de Louis XVI, qui a fait reconnaitre aux Anglais l'indépendance des Etats-Unis. Les bureaux de la recette générale des finances occupe à la même époque le plus grand des hôtels de Mesmes, où les remplacent peu de temps après ceux de l'administration des droits réunis, qu'a créée et organisée le génie du comte Français de Nantes. Puis, cette propriété considérable est divisée par lots ; mais celle de la rue de Braque a été achetée en 1767 du marquis de Mesmes, seigneur de la Chaussée, maréchal-de-camp, par Raynat, receveur général des rentes de l'Hôtel-de-Ville. Raynat en gratifie la veuve du financier Bronod, sa légataire universelle ; elle appartient de nos jours à M. Ticquet, maire de la commune du Mesnil.

Du vivant de Gomboust, l'hôtel en regard de la Merci a nom Bailleul. Le président Bailleul, seigneur de Vallois, y a pour successeur le chevalier Bailleul, seigneur de Champlatreux ; puis l'hôtel passe à Jean Molé, ensuite à Molé de Champlatreux, président à mortier. Noël Bouton, marquis de Chamilly, en est après cela propriétaire ; gros et grand homme, au dire de Saint-Simon, brave et rempli d'honneur, excellent maréchal de France, mais d'un esprit au-dessous de son bâton, peu capable d'inspirer l'amour ; néanmoins, cet ancien lieutenant de Schomberg s'est épris d'une religieuse assez sensible pour lui écrire douze lettres, mémorables sous le titre de *Lettres d'une Portugaise*. Le conseiller Florent de Guignonville a traité ensuite de l'hôtel, et il a eu pour héritière sa fille, marquise de la Luizerne, belle-mère du comte Geoffroy-Cyrus de Briqueville.

Le numéro suivant n'est qu'une moitié de l'hôtel que Joseph Le Lièvre, marquis de la Grange, maréchal-de-camp, gouverneur de Brie-Comte-Robert, a héritée de son père, grand-conseiller, acquéreur des Galland, secrétaires du grand conseil. L'autre moitié, par suite d'un partage devenu définitif en 1740, appartient à la sœur du maréchal-de-camp, femme de Jolly de Fleury, lequel a succédé à d'Aguesseau comme procureur-général au parlement ; c'est justement à la même date que notre éminent magistrat, qui a été aussi sous le Régent membre du conseil de conscience, s'adjoint son fils aîné, tout en lui assurant la survivance de sa charge, et en lui abandonnant son hôtel de la rue de Braque. En somme, l'architecture de ces n°s 4 et 6 prouve surabondamment la communauté d'origine ; leurs escaliers remarquables sont tout pareils ; plusieurs plafonds capitonnés dont l'un (n° 6) est une magnifique peinture de Lebrun, qui représente la Justice, font regretter les grisailles disparues qui décoraient les pièces voisines. Mme Blanche de Caulaincourt, veuve du duc de Vicence en 1827, possédait l'un et l'autre de ces hôtels jumeaux. Quant aux propriétaires du côté droit de la rue qui figurent encore dans la liste placée en tête de notre notice, c'étaient : 1° les tuteurs honoraire et onéraire de Charles-Louis et de Charles-Michel Trudaine, fils du ministre ; 2° Mlle de Vallory, fille d'un lieutenant-général, seigneur de Bourneuf, dont l'épouse était légataire universelle de Claude-Louis Aubry, son beau-père, colonel des dragons de Bellisle, décédé en 1709 ; 3° Charles-François Pajot de Juvisy, seigneur des Pavillons, gouverneur d'Auch, dont les prédécesseurs avaient été Michel-Robert Le Pelletier, comte de Saint-Fargeau, conseiller d'Etat, et Pierre Bruneau, seigneur de Maulevrier.

Paris. — Imprimerie de Pommeret et Moreau, 42, rue Vavin.

LIV. 17
LES ANCIENNES MAISONS

Des rues de Bretagne, de Breteuil, Bretonvilliers, Brisemiche, de la Bucherie, de Buci, Buffault et de Buffon.

NOTICES FAISANT PARTIE DE L'OUVRAGE INTITULÉ :

LES ANCIENNES MAISONS DE PARIS SOUS NAPOLÉON III,

PAR M. LEFEUVE,

Monographies publiées par livraisons séparées en suivant l'ordre alphabétique des rues.

RUE DE BRETAGNE.

René Moreau, savant médecin, cessa de vivre quelques années avant le cardinal de Mazarin ; il laissait une bibliothèque considérable ; la médecine et la chirurgie, qu'il avait pratiquées et enseignées, lui avaient inspiré différents écrits en latin, outre qu'il avait traduit de l'espagnol en français un *Traité sur le chocolat*, d'Antonio Calmonero (Paris, 1643, in-4°). Moreau, premier médecin de la Dauphine, possédait un terrain sur lequel a été bâtie en 1698 l'avant-dernière maison de la rue de Bretagne, côté des numéros impairs ; cette résidence, malgré la porte cochère qui lui donnait dès lors un caractère quelque peu aristocratique, a été occupée par Denis, tonnelier, qui en était propriétaire au commencement du règne de Louis XVI ; une cour à cette époque précédait seule ce qui en est devenu l'arrière-corps de bâtiment.

Au n°s 63 et 61, dont les petites portes et les façades ont été refaites, se rattache le nom de Claude Fagot, qui acquit cette propriété des religieux dits les Enfants-Rouges, en 1754 ; toutefois, si nous remontons cent huit années plus haut, nous y trouvons Jean de la Barre, procureur au grenier à sel. Puis, vient une construction, rez-de-chaussée surélevé d'un étage, où sont les ateliers d'une manufacture d'aiguilles, et qui appartenait aux Enfants-Rouges ; le fait est qu'elle ne figure pas, comme ses voisines, dans le *Papier terrier de la commanderie du Temple dressé de 1779 à 1789, par le bailly de Crussol pour le duc d'Angoulême, grand-prieur de France*, et cette omission prouve qu'elle ne payait pas de cens au commandeur.

Un fronton continue à décorer l'entrée du 57, propriété d'origine nobiliaire, qui en faisait deux au xvii° siècle et qui devint une brasserie en l'an xiii, du côté le plus proche du Temple. L'immeuble avait appartenu précédemment au comte de Verdon, à des Sourdis, à des d'Entragues, qui l'habitaient, au marquis de Varenne, fils du seigneur de Verdon-le-Bailly, qui l'avait acheté, en 1755, d'un curé du diocèse de Châlons-sur-Marne. Il tenait « vers orient, « dit le Terrier précité, à M. le comte de Gaucourt, et « d'autre part, à M. Louis-Paul de Zéneaulme. » Ce comte de Gaucourt, brigadier du roi et enseigne des gendarmes de sa garde, n'était que propriétaire du n° 55 ; il demeurait quai Malaquais. Fieubet, marquis de Sivry, avait laissé à sa fille, Mme de Gaucourt, cette maison, qu'un autre Fieubet, chancelier de la reine, avait payée en 1680 aux d'Entragues, alliés aux Sourdis, et depuis 52 ans les acquéreurs de Chevalier, un conseiller d'Etat. L'ancien hôtel dont nous parlons fut transformé en un poste militaire à l'époque où le Temple servait de prison à Louis XVI; puis Aubinot, fournisseur des armées, en fit un magasin de farine. La roture, par exemple, peut tout revendiquer du 49, du 47 : celui-ci appartenait à un maître menuisier, quand celui-là fut bâti pour un sellier, sur un terrain aliéné par le même couvent, un peu avant la convocation des états-généraux. N'est-ce pas le cas de rappeler que des artisans nombreux se sont, bien avant cela, rapprochés de l'enclos du Temple, lieu de franchise pour les ouvriers sans maîtrise et d'asile pour les débiteurs?

Aussi bien les maisons déjà citées dépendaient toutes de la rue de la Corderie ; cette rue devait sa dénomination aux artisans qui de longue date y faisaient du tortis' de chanvre, sous les murailles du Temple, édifice chevaleresque rappelant déjà un ordre qu'avaient aboli des supplices. Quand le droit de justice, rendue au nom des rois, mais souvent à leur préjudice, passa pour un moment au peuple, l'heure sonna d'un nouveau martyre juridique, et l'auguste prisonnier du Temple paya une dette qui, protestée trop tard, n'en érigea pas moins la monarchie en autorité responsable ; son droit divin changeait de caractère ; les arrhes du sang répandu retrempaient la juridiction de la couronne pour l'avenir, et elles l'affranchissaient enfin des pouvoirs concourant jadis au gouvernement de l'État. Quant au donjon, geôle royale, c'était le reste d'une forteresse à laquelle Philippe-le-Hardi et saint Louis avaient confié la garde de leurs trésors, et Philippe-le-Bel sa personne ; démolie en 1811, la tour suprême ne projette plus son ombre sur cet enclos du Temple, qui mesurait 25 arpents avant Henri IV ; réduit encore une fois, l'enclos dont il reste quelques arbres, vient de ressusciter en square, et l'image du vieil édifice reste le blason d'un quartier qui n'en porte plus que le nom. Le square longe l'ancienne rue de la Corderie, qui est devenue la suite de la rue de Bretagne ; c'est une parure à coup sûr bien plus riante que les quatre bastions, le mur, les créneaux, le fossé qui en occupaient un côté. La rue de Beauce à son tour est emprisonnée sous des grilles, qui la réduisent en impasse ; elle a séparé autrefois la rue de la Corderie de la rue de Bretagne, et qui plus est cette dernière s'est appelée de Bourgogne pendant un certain temps dans sa partie située entre les rues de Saintonge et de Beauce. Aussi bien en 1806 on a classé comme rue Neuve-de-Bretagne un autre prolongement, appendice ajoutée sans autorisation légale.

Que si nous reprenons notre itinéraire dans la rue, nous

la trouvons bordée de maisons qui, en général, sont de plus en plus roturières ; leur faîte s'est néanmoins couronné, sous Louis XIII, de ce rameau traditionnellement inaugurateur des maçons, fleur offerte, fruit à recevoir. Percée sur la culture du Temple en l'année 1626, cette portion de la rue n'a presque rien changé à sa physionomie originelle; le plan de 1754 y a gravé parfaitement le marché et la boucherie des Enfants-Rouges, abrités comme de nos jours par leurs trois corps de bâtiment en face de la rue Beaujolois ; seulement l'hospice du même nom, fondé en 1554 par Marguerite de Navarre pour les pauvres orphelins, n'encadre plus ce tableau animé et d'autant plus parlant qu'assurément les femmes y dominent.

Le 6, petite maison sculptée, a été, dit-on, un hôtel de gentilhomme, puis conventuel. Le 1, est l'hôtel de Tallard; mais il a seuil en autre rue. Un boucher qui dispose du rez-de-chaussée de cette résidence a mis sur sa devanture : *English spoken*. Le fait est que le Marais, las de faire quarantaine avec tous ses petits rentiers, commence à attirer des étrangers, transfuges de l'élégant faubourg Saint-Honoré : l'Anglais ne craint les extrémités qu'en fait de viande de boucherie. Entre le boulevard Beaumarchais, la place Royale et Saint-Jacques-la-Boucherie, bat le cœur d'un ancien Paris, qui derechef est à la mode, bien que ses pulsations, ralenties pendant un demi-siècle par le trop fiévreux contact des faubourgs, en aient fait un cœur de province.

RUE DE BRETEUIL.

— C'est une large avenue et non une rue, pourrait objecter un lecteur, et du domaine de l'État, elle passa gratuitement à la Ville, sous le règne de Louis-Philippe.

— C'est une place, prenez-y garde! se récrierait un autre, également à juste titre.

Pourquoi méconnaître, en effet, cette imposante avenue de Breteuil, percée dès 1680, qui se développe derrière les Invalides, entre la place Vauban et l'extrémité de la rue de Sèvres? On compte quelques maisons sur ses deux rives; des murailles à hauteur d'appui y bordent des marais plantureusement cultivés; une faisanderie, diverses fabriques, un lavoir et un abattoir y fournissent maintes adresses à l'Annuaire de Firmin-Didot. Seulement l'herbe y croît au pied des arbres, rien de plus n'y est historique. La place du même nom, tracée un siècle après l'allée, forme un cercle; au centre nous retrouvons l'ancien puits de Grenelle, transféré là tout récemment; c'est tout au plus de l'eau à boire. On a placé à l'époque de l'Empire ce boulevard sous l'invocation d'un Breteuil. Nous croyons que l'honneur en revient à Breteuil, baron de Preuilly, ministre de la guerre sous Louis XV, qui avait cessé de vivre en 1740. Ce nom lui-même n'allait pas trop à côté de celui de Vauban et en regard du gigantesque dôme couronnant le palais ouvert par Louis XIV aux mutilés des champs de bataille. Rapprochement moins direct encore entre le nom de Vauban et celui d'un autre Breteuil, ministre de Louis XVI, mais non plus au département de la guerre. Nous osons craindre qu'on ait commis une faute, en attribuant à l'Empereur celle de dédier une avenue militaire à cet homme d'État, revenu pauvre de l'émigration à la faveur du Consulat, pour expirer l'année 1807.

Un autre membre de cette famille ministérielle, l'abbé Élisabeth-Théodore Le Tonnellier de Breteuil, prieur commendataire de Saint-Martin-des-Champs, a servi de parrain à la rue de Breteuil qui commence rue Réaumur, tout proche des Arts-et-Métiers. Ouverte vers le même temps que la place précitée, sur le territoire prioral, cette petite voie publique, qui forme équerre pour déboucher sur la rue Vaucanson, est moins dépourvue d'antiquailles.

Sous le n° 1, légère construction d'après coup, règnent toujours des caveaux monastiques, également fermés à la diable, qui joignaient autrefois ceux de Saint-Nicolas-des-Champs. Le 2 et le 4 sont les contemporains du percement de la rue. Une bicoque de même origine, n° 5, a donné souvent en marâtre une demi-hospitalité à un poète sans domicile; Charles Moreau, dit Hégésippe, lorsqu'il avait erré toute une nuit, y trouvait le matin, sous la porte d'une chambre sans papier, la clef d'un maître d'études, son ami. Ce dernier avait une maîtresse, circonstance qui l'empêchait seule de partager durant la nuit avec l'auteur du *Myosotis* un maigre lit qui, surtout en plein jour, avait l'air de demander grâce. Néanmoins notre vagabond, notre pauvre homme de talent, quand sa contre-patrouille nocturne était finie, arrivait rompu de fatigue, houspillé par le froid, pâle, défait, crotté ou poudreux, mais la tête fraîche et regorgeant d'idées plus rarement acerbes que virginales, mélodieuses, colorées d'azur; il prenait à son tour la position horizontale au coup de sept heures du matin, pour y faire le tour du cadran en sens inverse. Après avoir dîné d'un somme, il soupait de bière et d'eau-de-vie principalement, dans quelque café d'étudiants.

Au chiffre 11 répond une autre cassine, dont les fenêtres sont à coulisses. Le 15 dépendait du couvent, et de même façon il s'accote sur le Conservatoire qui en occupe le maître-bâtiment. Une arcade, qui ressemblait parfaitement à la voûte Aumaire, y mettait les religieux en communication avec l'autre côté de la rue; l'arcade a été démolie sous Louis-Philippe, comme la maison d'en face, lui servant de second pilier, et dont le n° 8, qui ne fait qu'un avec le 6, a pris la place.

RUE BRETONVILLIERS.

La belle-mère de Fronsac. — Les Bretonvilliers. — M. de Montmirail.

Allons relever d'abord un factionnaire que nous avons laissé en sentinelle quai de Béthune comme un soldat aux gardes, bien qu'il ait porté dans la suite avec éclat le bâton de maréchal. Les n°s 16 et 18 du quai ne composaient pas seuls l'hôtel de Fronsac, futur duc et pair, dont nous retrouvons une aile, d'envergure assez large encore, n° 1, rue de Bretonvilliers. Le père du maréchal avait épousé en troisième noces Marguerite-Thérèse de Rouillé, veuve du marquis de Noailles et fille de Jean Rouillé, comte de Meslay, conseiller d'Etat. Marie Commans d'Astric, mère de cette duchesse de Richelieu, avait acquis 1° des créanciers de Louis Levau, premier architecte du roi, auteur des pavillons de Flore et de Marsan aux Tuileries, 2° de la famille Bretonvilliers, l'hôtel superbe dont nous parlons, y compris le corps de logis qui subsiste dans notre rue et qu'un bel escalier à balustrade en chêne n'a pas cessé de desservir. Rouillé de Meslay était mort en donnant 125,000 livres à l'Académie des sciences, pour encourager la recherche de la quadrature du cercle; son fils unique, introducteur des ambassadeurs, avait lui-même cessé de vivre sans laisser de postérité, lorsque sa fille avait légué, au préjudice de sa famille, une partie de ses biens à Fronsac, duc de Richelieu, fils de son second mari, ainsi qu'au duc et au comte de Noailles. C'est ainsi que Richelieu se trouvait possesseur du vaste hôtel ouvrant alors quai des Balcons et rue Bretonvilliers, mais habité par les Rouillé bien plus longtemps que par Fronsac. On voit que les trois filles du duc de Richelieu, nées du même lit que ce dernier, l'une desquelles était à Port-Royal, n'avaient rien eu à y prétendre. Sur ce, renvoyons le lecteur à ce que nous avons déjà dit de la propriété, et bornons-nous à ajouter que le baigneur Turquin, dont nous avons déjà parlé, en était un des locataires sous Louis XVI; outre l'école de natation fondée vers la pointe de l'île, il tenait, près de l'autre bout du quai de Béthune, des *Bains chinois*, où l'eau chauffée coulait dans chaque baignoire au prix de 36 sols pour trois personnes, de 24 sols pour une seule. Attenait au domicile de Turquin le bureau des coches d'Auxerre, qui s'y maintint jusqu'aux premières années du règne de Napoléon III.

Pendant que l'hôtel de Richelieu restait un, à titre de legs, des partages de famille avaient lieu, au contraire, chez les Bretonvilliers. Le 3, dont le mur extérieur supporte un vieux balcon, passait alors à Françoise le Ragois de Bretonvilliers, retirée aux Filles de la Croix, rue de Charonne, depuis la mort de son mari, Anne d'Héruard, chevalier, conseiller du roi, maître des requêtes. De la Mouche, auditeur en la Chambre des comptes sous Louis XVI, habitait cet hôtel que reliait à celui d'en face une arcade dont MM. Lazare annoncent la suppression prochaine :

> Cet oracle est plus sûr que celui de Calchas.

Jean-Baptiste le Ragois de Saint-Dié, lieutenant-général au gouvernement de Paris, frère de Mme d'Héruard, occupait, du côté opposé de l'arcade, l'hôtel à trois corps qui s'y trouve et dont il faisait bail ensuite à un ancien maître des comptes, Joly de Menneville. Le 4, ancienne basse-cour du grand hôtel Bretonvilliers, est maintenant une teinturerie.

Au 2 enfin était la porte principale du séjour dont nous avons salué la ci-devant terrasse quai de Béthune, et qui était échu, après la mort de son auteur, le président Bretonvilliers, financier du temps de Mazarin, à sa veuve, née Perrault, et à son autre fils, Benigne le Ragois de Bretonvilliers, également président aux comptes. Cette résidence princière se composait encore de trois grandes cours bordées de bâtiments et d'un jardin carré encadré par une terrasse. Elevée sur les dessins de Du Cerceau, elle était ornée d'une galerie, que Bourdon avait décorée de ses peintures et Monoyer festonnée de fleurs, de fruits et de corniches à médaillons en porcelaine historiée; le tableau de la *Continence de Scipion*, par Bourdon, des copies de Raphaël, faites par Mignard, d'autres ouvrages du Poussin, de Vouët et de Silvestre paraient encore d'autres pièces. Le président Perrault, neveu de l'architecte célèbre du même nom, n'était pas étranger à la famille de la veuve du président de Bretonvilliers ; il acheta à La Baume, comte de Saint-Amour, la baronnie de Montmirail, près Chartres, qu'il revendit plus tard avec d'autres biens au prince de Conti, dont la veuve, fille légitimée de France, la revendit en 1719 à Havet de Neuilly, un conseiller au parlement. Ainsi peut s'expliquer déjà que la famille de Montmirail ait succédé à celle Bretonvilliers, comme propriétaire de l'hôtel. Un marquisat de Montmirail fut toutefois érigé ailleurs pour Mistrail, conseiller au parlement de Dauphiné ; un marquis de Montmirail, colonel des cent-suisses et président de l'Académie des sciences, fit parler de lui sous Louis XV, notamment comme admirateur passionné de Polybe et de Tacite. Quoi qu'il en soit, quatre ans après la mort du roi qui avait précédé, on avait installé à l'hôtel le bureau des aides, puis celui des fermes où s'encaissaient les droits d'entrée, ci-devant à l'hôtel Charny. A coup sûr la propriété n'en était pas moins sous Louis XVI à M. de Montmirail, dont l'émigration donna lieu à la vente comme bien national, le 29 fructidor an III : depuis environ deux années la Convention avait autorisé, sur la demande d'ouvriers, qu'on en fît une manufacture d'armes à feu. Le morcellement permit à l'administration des hydrothermes de s'établir, après la révolution de juillet, dans la partie de l'édifice qui donne rue Bretonvilliers, et qui fut exhaussée depuis de deux étages.

RUE BRISEMICHE.

La mort de Théodose, au vᵉ siècle, laissait la princesse Pulchérie, sa sœur, maîtresse de l'empire d'Orient ; celle-ci n'attendit pas le consentement de Valentinien, empereur d'Occident, pour faire élire Marcien, qu'elle épousa, pour donner à son règne plus d'autorité. Mais la nouvelle impératrice chrétienne avait imposé à Marcien, comme clause matrimoniale, la ferme résolution qu'elle avait prise de rester vierge. L'auréole d'innocence fut donc maintenue auprès de la couronne. Toutefois, convenons-en, l'équilibre entre l'un et l'autre de ces fleurons si rarement enchâssés ensemble, était rendu moins difficile par l'expérience de Pulchérie, déjà quinquagénaire, et par celle de son époux, qui n'avait pas la même vocation, mais qui de plusieurs lustres était l'aîné. Le pape saint Léon écrivit à l'impératrice, en l'an 452, pour rendre témoignage des services qu'elle avait rendus dans l'ancien monde à l'encontre des hérésies de Nestorius et d'Eutychès. L'année suivante, Pulchérie expirait, après avoir fondé divers églises, monastères et hopitaux. L'Eglise honore la mémoire de cette sainte, dont la fête est au 10 septembre. La vénération de son nom ne devait être circonscrite ni à la ville de Constantinople, ni au siècle où elle a régné ; nous retrouvons, par exemple, à Paris, rue Brisemiche, n° 7, une maison **haute qui jamais** n'a reculé, dont la porte bâtarde donne sur l'impasse Taille-Pain, et qui avait lors de sa construction pour enseigne une Sainte-Pulchérie, figure portant le voile et le diadême, et qui rappelle encore le titre et le sujet d'une tragédie de Corneille. Nous croyons aussi qu'en ce temps-là une arcade décorait l'impasse au même endroit. Aujourd'hui la maison est divisée, comme une ruche, en cabinets garnis à l'usage de maints ouvriers.

L'impasse Taille-Pain décrit un angle droit et serait réellement une rue, comme l'indique encore une estampille municipale, si deux grilles closes n'y mettaient pas obstacle à la circulation du côté de la rue Neuve-Saint-Merri ; d'origine elle a fait partie, comme celle Brisemiche, du cloître de l'église voisine.

Par contre, la rue Brisemiche fut un cul-de-sac antérieurement au XIVe siècle, date où rue *Baille-heu*, sa première dénomination, fit place à celle qui lui reste, quelques années après son prolongement vers le cloître Saint-Merri. Sauval fait remarquer (tome II, page 592) qu'un curé de Besons, mort en 1515, s'appelait Etienne Brisemiche ; rien ne s'oppose, il est vrai, à ce qu'un des ancêtres de ce curé ait eu pignon sur ladite ruelle, laquelle comportait, du vivant de Sauval, 5 maisons, chacune d'elles brandissant sa lanterne. Mais une autre étymologie tire parti de la distribution qui, dans le principe, était faite des pains ou miches du chapitre aux chanoines de la collégiale de Saint-Merri.

En tout cas les anabaptistes n'eussent pas eu de quoi se contenter dans ce nouveau baptême qui, à certains égards, venait lui-même avant l'âge de raison. Que si notre rue eut le tort de faire beaucoup plus tard ses dents de sagesse, sa puberté était, en revanche, d'une précocité avérée. Trop nubile déjà sous Louis XI, la rue Brisemiche était classée parmi celles où affluaient les femmes *folles de leurs corps* et dont la débauche nuit et jour justifiait le maintien en tutelle prévôtale toute particulière. Dès 1387, une ordonnance du prévôt de Paris en avait expulsé un bon nombre de ribaudes, sur la prière du curé de Saint-Merri ; mais les bourgeois de la rue Brisemiche et des rues proches avaient formé opposition à l'exécution de l'ordonnance, et le parlement s'était prononcé contre le prévôt par arrêt du 21 janvier 1388.

De nos jours la rue s'est rangée ; mais elle n'a grandi qu'en sagesse, attendu que sur plusieurs points elle se contente d'un mètre de largeur. On y compte deux ou trois fois plus de maisons que sous Louis XIV, bien que la plupart, à la division près, soient demeurées ce qu'elles étaient alors.

RUE DE LA BUCHERIE.

Enseignes au moyen-âge. — Accensements. — Propriétaires au XIVe siècle et après. — Contentieux du domaine utile de Sainte-Geneviève. — Rue des Rats. — Ecole de Médecine.

La rue que voici prend sa source à la place Maubert, en face de la rue des Grands-Degrés, au coin de la rue du Haut-Pavé, et suit un cours parrallèle à la Seine jusqu'au point où, grossie par l'affluent de la rue du Petit-Pont, elle débouche sur le quai. Son nom lui vient d'un port aux Bûches ; commencée dès le vi^e siècle aux abords de la rue du Fouarre, elle s'est prolongée à partir du règne de Louis VIII, par suite de la division du clos Mauvoisin, baillé à cens à la condition d'y bâtir. Mais les constructions qu'on y retrouve ont été plus d'une fois renouvelées, et comment ne pas être dérouté par ces numéros qui ont succédé aux enseignes, point de repère du moyen âge? Lorsque le Petit-Châtelet lui servait de limite du côté de la Seine et du Petit-Pont, par de là l'Hôtel-Dieu, il pendait à toutes ses portes de quoi les distinguer déjà l'une de l'autre, ici un petit Saint-Jean ou une Notre-Dame, là un lion ferré, l'écu de France, un père noir, un couperet, ou tout bonnement une escouvette, autrement dite une vergette. Chaque maison avait son image par-devant, et souventes fois un chantier par-derrière, car la rue de la Bûcherie était restée, même au xvie siècle, ce que fut plus tard la Râpée. Du temps de François Ier, on y trouvait aussi deux jeux de paume; en 1674, main-levée était donnée à Me Henri David d'une saisie pratiquée sur sa maison et jeu de la Bûcherie, où pendait un Saint-Louis, par le trésorier du *domaine utile* de la congrégation de Sainte-Geneviève, seigneurie censitaire de la plupart des propriétés de la rue. Parmi les noms des détenteurs des maisons qui avoisinaient celle de David, nous lisons dans les actes conservés aux archives datés des siècles xiv, xv, xvi et xvii, ceux que voici : Ogier, boucher; Herpin, procureur au Châtelet; Chabert, sergent à cheval; L'Enseignault, teinturier; Chevrier, bonnetier; Guillaume de Voisins, écuyer; Delamarre, doreur de livres; le chapelain de la Chapelle des Forgets; l'abbé de Saint-Eloi, de Noyon; la fabrique de Saint-Landry; le collége de la Marche.

A la même période se rapportent 36 sentences rendues au Châtelet, à la requête également du chapitre et des religieux, formant opposition sur les loyers pour sûreté des arrérages de certaine rente due par divers propriétaires à cause de la fondation dans leur église d'une chapelle de Saint-Maurice, probablement le patron de la rue. Si bien qu'en 1627 le trésorier de Sainte-Geneviève ne craignait pas de s'attaquer à Antoine Duboulay, un procureur au parlement, possédant deux maisons, l'une à l'image de Saint-Jean, et l'autre à l'Aigle-d'Or, qui ouvrait rue du Fouarre, et faute par Duboulay d'avoir produit ses titres de valable propriété, de s'être fait inscrire au Terrier de l'abbaye et d'avoir acquitté le cens, ledit bien faisait retour au domaine de Sainte-Geneviève, dont il avait été détaché en l'année 1432, à titre d'accensement ; seulement Boulard, confrère de Duboulay, formait appel de la sentence. Or, tout nous aide à reconnaître aujourd'hui, dans le n° 21, l'ancien immeuble du procureur au parlement, possédé en 1793 par le citoyen Jacques, lequel a supporté alors les conséquences du rachat obligé. En ce qui est de l'humeur processive des religieux à l'endroit de notre rue, les gains de cause l'avaient rendue chronique ; le fait est que, sous Louis XV, ils saisissaient encore les revenus de propriétés échues à l'Hôtel-Dieu, qui depuis lors a enjambé la rue d'une rive à l'autre en y jetant un pont couvert.

Legoux, sujet de Charles VII et charpentier de la grande cognée, est un de ceux qui ont pris ainsi à rente annuelle et perpétuelle plusieurs maisons, rue de la Bûcherie, notamment un hôtel à double corps à l'enseigne de Saint-Marc, tenant à une autre propriété du même ; sur les citoyens Leclerc et Firmin, a pesé, sous la Convention, l'amortissement des redevances déterminées en 1450. Le charpentier accapareur a aussi reçu de l'abbaye, à croix de cens : 1° une masure à l'angle de la rue des Rats (aujourd'hui de l'Hôtel-

Colbert), et c'étaient les débris d'une maison ayant appartenu antérieurement à Geoffroy-le-Tort, sergent; 2° une autre bicoque, située au coin de la place Maubert, que les religieux avaient acquise aux criées du Châtelet; 3° une autre encore, contiguë à la précédente et ayant la même origine, qui touchait rue de la Bûcherie l'hôtel de la Tête-Noire, possédé à cette époque-là par Mlle Labouchère. L'image de la Tête-Noire pendait à la porte du 9, dont toute la ferrure d'escalier et de fenêtres ne semble remonter actuellement qu'à deux siècles; quant aux masures, elles ont été refaites vers le même temps, j'en atteste le fronton du 7. Un autre fronton, n° 11, est venu ennoblir l'encoignure de la rue des Rats antérieurement à 1714, époque où celle dont nous nous occupons comptait 54 maisons, 12 lanternes. Vis-à-vis avance le 14, angle de l'ancienne ruelle des Petits-Degrés; Jaillot voit même dans cette dernière la ruelle qui précédemment avait porté le nom caractéristique de Trou-Punais. Dans tous les cas, le bâtiment dont il s'agit a pour premier auteur Nicole de Vielfeullay, maître ès-arts, qui l'a donné à cens en 1429, à Courtillier, marchand; il arborait l'image de Saint-Pierre et avait un chantier pour dépendance : le tout confinait d'une part à la maison dite de Notre-Dame, pourvue de même d'un chantier, et dont une vieille porte à clous nous indique tout au moins la place n° 16, d'autre part aux degrés qui de la rue menaient à la rivière. Il y avait déjà douze années que Vielfeullay avait constitué une rente au collége de Sorbonne, et une autre de 20 livres parisis aux religieux desquels il relevait, assise sur une maison rue de la Bûcherie, devant l'hôtel de la Couronne, en échange de messes à dire après sa mort.

Le 13 n'a qu'un étage, mais on en a fait deux; les femmes qui y séjournent se multiplient elles-mêmes, dans une proportion bien plus large, dont les galants pressés font le profit. Au fond du 15, maison incorporée autrefois à la précédente, est un lavoir, avec porte sur la rue du Fouarre; de cette salle spacieuse les arcades primitives n'ont pas entièrement disparu, et il s'y dresse plusieurs colonnes de bois et de pierre qui, toutes, ne sont pas rapportées. Dans la cour qui précède, il s'élève sur la gauche une rotonde terminée en coupole. Deux frontons, des sculptures, deux inscriptions latines, où il manque seulement quelques lettres, frappent encore les yeux du visiteur, dans cette métropole déchue de la Faculté de médecine de Paris. Les chartreux ont vendu en 1472 à la nation de Picardie, d'où est sortie ladite Faculté et qui faisait partie auparavant de celle des Arts, un terrain près de là, rue du Fouarre. Un collége de médecine s'y est ouvert neuf ans ensuite. Une chapelle, puis une autre, dont il n'est plus vestige, un jardin pour la botanique médicinale ont successivement agrandi son domaine. L'an 1617, les docteurs-régents ont acquis, sur la rue même de la Bûcherie, une maison à l'image du Cheval-Blanc, que les religieux de Sainte-Geneviève avaient cédée à cens dès 1430, et ils y ont fait élever un vaste amphithéâtre, qu'a restauré à ses dépens en l'année 1678 Le Masle, seigneur des Roches, chantre et chanoine de l'église de Paris, mais qu'on a rétabli encore en 1744. Les assemblées de la Faculté y avaient lieu régulièrement dans une salle au premier étage, que décoraient les portraits des doyens et qui allait de plain-pied avec une chapelle où tous les samedis se célébrait une grand'messe; on y faisait les élections, et le bonnet, la robe y étaient pris avec cérémonial; on y reconnaissait les professeurs, et les examens s'y passaient à l'issue de l'office religieux du samedi. Il est vrai que les cours de médecine ont eu plutôt lieu rue du Fouarre, c'est-à-dire dans les bâtiments touchant le nôtre, et puis rue Saint-Jean-de-Beauvais, dans l'ancienne école de Droit; néamoins l'enseignement n'a été étranger à cette enceinte en aucun temps, et il s'y trouvait très-suivi de 1781 à 1785. Quelques années plus tard, qu'arrive-t-il? Les baux à rente perpétuelle que les ci-devant religieux ont consentis sont réduits à l'état de pure et simple emphytéose; le sol du ci-devant Cheval-Blanc et les constructions y élevées passent aux Hospices, lesquels permettent, sous l'Empire, qu'on y enseigne encore l'anatomie. Cette administration se défait du n° 15 au commencement de la Restauration; Mme Boutry, femme d'un ancien notaire, dispose dudit immeuble depuis 1849.

RUE DE BUCI.

Le médecin-prêtre. — Buci. — Les engagistes. — Le Théâtre illustre. — La maison conventuelle. — Le cabaret. — L'amphithéâtre patriotique.

Pour devenir médecin, il fallait d'abord être clerc, antérieurement au xve siècle ; mais on représenta aux rois qu'il était plus convenable à un laïque de paraître jour et nuit au chevet de ses clientes, et la robe doctorale cessa d'avoir la robe ecclésiastique pour doublure. Quand fut percée la rue dont voici la notice, on entrait dans l'année 1354 ; trente-sept années plus tard on n'y comptait encore que dix maisons, parmi lesquelles figurait le séjour de maître Philippe Lécurieux, clerc du collège d'Arras et médecin, qui pouvait célébrer lui-même des messes, pour le repos des âmes que son art avait aidé à séparer du corps. On disait alors : *Rue qui tend du pilori à la porte de Buci.* Le pilori de Saint-Germain-des-Prés existait en vertu d'une charte accordée par Philippe-le-Hardi à cette abbaye. La porte rappelait aux mêmes religieux un don de Philippe-Auguste, antérieur même à son achèvement, et ils l'avaient donnée à bail, portant encore le nom de Saint-Germain, précédée d'une place, surmontée d'un logis et flanquée de deux tours, le 16 août 1352, moyennant 20 livres de rente et 6 deniers de cens, à Simon de Buci, conseiller du roi, premier président au parlement.

Qui de nous a oublié qu'en 1418 la porte de Buci fut livrée par Périnet-le-Clerc aux Bourguignons? Ne méritat-elle pas dès lors d'être mûrée? Aussi bien ne nous trompons pas relativement à sa situation; elle ne se trouvait pas précisément dans la rue qui, au XVIe siècle, reçut le contre-coup de sa seconde dénomination; elle était, passé le carrefour, entre la rue Contrescarpe et le passage du Commerce d'à présent.

François Ier la fit rouvrir en l'année 1539, et elle avait alors un pont-dormant du côté de la porte de Nesles. Dans les années suivantes, les prévôt et échevins, le bureau de la Ville firent par brevet des baux de soixante à quatre-vingts ans, dont l'objet était des terres vagues rue de Buci, mais à la charge d'y élever des *maisons manables*, à Jean de Bernay, Philibert Pourfillot, puis à Jean Arnout, Leconte, Houldec, Garret, Cormillotte, Chapelle, et j'en passe. La même porte eut le bon esprit de rester close, le 24 août 1572, devant l'élan furieux du duc de Guise, qui la fit enfoncer, mais non sans que des protestants y eussent gagné le temps de prendre le large.

Or Paris continuait à rompre ses enceintes, comme la tête d'un enfant qui grandit, ses bourrelets. L'ancienne porte de Buci fut jetée bas en 1672. Le bureau de l'Hôtel-de-Ville en profita pour prendre un plus grand nombre de fermiers par emphytéose, dits engagistes; les toits se multiplièrent. Mais à l'expiration des baux, ou même avant, moyennant une indemnité payée aux engagistes par les nouveaux propriétaires, l'abandon du terrain n'eut plus lieu par contrat de louage, mais moyennant une somme déterminée, plus une redevance annuelle et perpétuelle, non rachetable. Puis fut vendu sans aucune restriction, à la requête de Bertier de Sauvigny, intendant de la généralité de Paris, en exécution de l'arrêt du conseil d'État du 9 novembre 1749, l'emplacement de la porte susnommée, de même que bien d'autres maisons, reprises aux concessionnaires temporaires.

Le plan de 1714 nous montre les deux carrefours servant d'extrémités à notre rue; celui qui fait pendant, près de la barrière des Huissiers, au mémorable carrefour de Buci, a nom carrefour du Petit-Marché. Il y a aussi : 1° une boîte aux lettres au coin de la rue Bourbon-le-Château, d'où se découvre la grille du palais abbatial ; 2° un étal de boucherie assez vaste au coin de la rue Mazarine ; 3° des maisons, rue de Buci, au nombre de 51, munies de 11 lanternes.

Au milieu de la rue, dans la propriété marquée 17, aujourd'hui à M. Crapelet, et qui paraît n'avoir fait qu'une avec le n° d'après, était situé le jeu de paume de la Croix-Blanche, transformé pour le jeune Poquelin en petite salle de spectacle, sous le nom de *Théâtre illustre*.

Nous trouvons aux Archives un acte du 31 mars 1742, par lequel « Louis de Bourbon, comte de Clermont, prince
« du sang, abbé commendataire de l'abbaye royale de
« Saint-Germain-des-Prés, demeurant en son palais abba-
« tial, cède aux prieur et religieux, assemblés en leur cha-
« pitre au son de la cloche en la manière accoutumée, une
« maison faisant partie de la mense abbatiale, sise rue
« de Buci, occupée ci-devant par un potier d'étain, joignant
« d'un côté et d'un bout une maison dépendante du petit
« couvent de ladite abbaye, d'un autre côté une maison
« nouvellement bâtie par le sieur de Jettonville, contenant
« 7 toises 1/2 et 17 pieds de terrain, boutique, etc., le
« tout en très-mauvais état. » Les susdites propriétés portent maintenant les chiffres 30, 32 et 34. Le premier de ces numéros est à scupltures près du faîte, il fait retour sur la rue de l'Echaudé, autrefois impasse du Guichet, en ouvrant sur autre une voie, celle de Bourbon-le-Château ; à coup sûr les moines l'ont reconstruit. Les maisons du xviie siècle dominent encore dans cette rue de Buci, qui dès lors faisait l'S et se trouvait passagère et marchande; toutefois il en est du xve, qu'on a exhaussées, restaurées.

Comment fixer au juste l'emplacement du cabaret de Landelle, situé au carrefour de Buci, à l'encoignure de deux rues ? Les rues qu'on y trouve sont cinq. Toujours est-il que Collé, Gresset, Crébillon s'y réunissaient volontiers, que les grands seigneurs y rencontraient les poètes, et qu'on y servait à dîner de 3 à 24 livres par tête, ce qui était considérable.

En 1792, au même carrefour, fut dressé le premier amphithéâtre pour l'enrôlement des volontaires. On ajoute que le 2 septembre entre deux et quatre heures, l'échafaudage patriotique, interceptant à demi la circulation, ralentit la course de cinq fiacres portant des prêtres à la prison de l'Abbaye; qu'un des hommes de l'escorte ayant d'un coup de sabre frappé un prêtre de la première voiture, de la sorte il fut préludé à l'égorgement général des prisonniers.

RUE DE BUFFAULT.

Par un bail emphytéotique de 99 années, signé le 1ᵉʳ octobre 1775, Samson-Nicolas Lenoir prend un vaste terrain, à la condition d'y bâtir, des religieuses de l'hospice Sainte-Catherine, dont le fondé de pouvoir est Antoine-François Rossignol, prêtre et administrateur de l'hospice. L'archevêque de Paris contresigne au contrat, sans doute comme titulaire des droits de cens grevant le sol et pour entérinement seigneurial de la mutation. Du chapitre de Sainte-Opportune relève toutefois, dix ans plus tard, une autre suite de places à bâtir, adjacentes au lot de Lenoir et successivement adjugées à Pigeot de Carey, un avocat au parlement, et à sa femme, née Boullée. Les deux spéculateurs de demander ensuite la permission d'ouvrir une voie nouvelle en prenant à leur charge la dépense du premier pavé; le congé leur en est donné la seconde année du règne de Louis XVI, et ils obtiennent que la dédicace de la rue ait lieu au titre de Buffault, comme par gratitude d'avoir mené l'affaire à bien par le crédit de cet échevin, chevalier de l'ordre du roi, et son conseiller en l'Hôtel-de-Ville. Le percement de la voie isole l'une de l'autre les deux propriétés; la rive gauche est à l'avocat, la rive droite au concessionnaire de l'administrateur de Sainte-Catherine. Présentez-vous maintenant, bourgeois friands des entreprises pétries de seconde main, prenez par morceaux découpés votre part d'un gâteau, levain de beaucoup d'autres!

Les héritiers de Carey font crier au Châtelet, en 1791, les deux maisons nos 3 et 5, que celui-ci a fait construire lui-même et qui tiennent au terrain d'encoignure loué à M. de Cossé à cette époque; le jugement de cette adjudication a la précaution de réserver le cens et les droits seigneuriaux. C'est seulement en l'année 1844 qu'a lieu la division de la propriété, d'abord unique. Celles qui suivent sont, en général, un terrain encore vague à la mort de Pigeot de Carey. Le 7 n'a de particulier que de servir de résidence actuelle à M. Lejeune, petit capitaliste déjà fameux dont le type mérite une esquisse, mais qui nous entraînerait aux anecdotes : nous ne devons la vérité qu'aux rues vivantes et aux morts. En 1792, Délaissement, menuisier, se rend adjudicataire d'un compartiment pour élever ce n° 9 où a cessé de vivre l'an dernier Castil-Blaze, musicien, auteur dramatique et journaliste. L'entresol du 19 est à jours d'ouverture cintrée, des balustres de pierre garnissent les croisées du premier ; c'est là (pourvu que les numéros n'aient pas été changés depuis) que Charles Maurice, homme d'esprit, beaucoup plus érudit que ses écrits ne l'ont fait paraître, a rédigé son *Courrier des Théâtres* au commencement du règne de Louis-Philippe. Vers le même temps a été édifiée ou refaite la maison qui suit, pour Mosselmann, ancien marchand plusieurs fois millionnaire, qui n'a pas craint de servir lui-même ses maçons, afin que l'œil fût d'accord avec les épaules du maître pour se rendre compte du choix des matériaux, avant que la main-d'œuvre en eût fait l'assimilation. Susse, marchand de bois, acquéreur de Pigeot de Carey ou de ses hoirs, cède en 1808 à un entrepreneur appelé Molloy, de quoi mettre debout le 23, dont un petit jardin sépare encore à notre époque les deux corps. Le 25, nain passé géant, s'est d'abord contenté d'un seul étage, lequel depuis treize ans ne lui arrive plus qu'aux genoux.

De l'autre côté de la rue, les propriétaires sont enclins beaucoup moins aux réparations ; chaque fois qu'ils vont porter la redevance emphytéotique semestrielle au bureau de l'Assistance publique, administration subrogée dans tous les droits de l'hospice Sainte-Catherine, ils sont encore six mois de moins à demeurer propriétaires. Le bail n'expire-t-il pas en 1874 ? Les Hospices reprendront, au jour et à l'heure dites, les constructions et le terrain, tel que l'a mesuré un procès-verbal de bornage fait en 1770 par Persard et Payen, architectes-experts, entre Rossignol, pour le côté appartenant à Sainte-Catherine, et Pigeot de Carey, pour celui où se trouvent les numéros impairs. Bref celui-ci fait de nos jours quelque peu honte à celui-là, vers le milieu duquel on trouve jusqu'à une masure déjà abandonnée, le n° 18, par suite d'un procès sans fin. Un petit hôtel garni, portant le même nom que la rue, donne aussi la mesure d'un laissez-aller assez triste : *Lasciate ogni speranza*. Le 30 et le 32, maison meublée plus consolante, n'ont, comme le précédent, qu'une moitié d'étage ordinaire et un bout de jardin. Le 6 *bis*, maison d'ouvriers, ne reconnaît pour son principal locataire que la matrone de la maison de tolérance voisine. La propriété où est mort dernièrement Adolphe Adam fait contraste avec celles que nous venons de citer, en ce qu'on l'a fait restaurer depuis peu ; ce n° 24, tout récrépit, porte le deuil en blanc. Soyons néanmoins de bon compte : on trouve encore sur cette rive quelques propriétés qui flattent. Le 2, qu'a édifié Lenoir, est pourvu d'un fort beau premier. Les êtres et le balcon du 22 trahissent l'ancien hôtel particulier.

Le général Gérard a résidé au n° 26, après avoir épousé Mlle de Valence, la petite-fille de Mme de Genlis. C'était sous la seconde Restauration. Gérard se trouvait sans emploi, bien que l'un des généraux chargés de présenter au roi la soumission de l'armée en 1815. On sait que Louis-Philippe lui a donné depuis le bâton de maréchal ; mais il n'habitait plus alors l'hôtel, où l'avait remplacé comme locataire le coulissier Saucède, patron du passage de ce nom, et qui a mangé 6 millions dans différentes entreprises. Cet immeuble, au surplus, n'est jamais sorti de la famille de celui qui l'a établi, c'est-à-dire de David, entrepreneur des bâtiments de l'hospice Beaujon.

RUE DE BUFFON.

Ce qu'il y avait avant la rue. — Buffon père et fils. — Le serrurier. — Esquirol. — M. Métivié. —Loizerolles père et fils. — Dubief.— Dom Théodore.

Pierre Jubert de Basseville, ingénieur du roi, a dressé en 1739 un atlas de la censive ou seigneurie directe de l'abbaye royale de Sainte-Geneviève *dans la ville et faubourgs de Paris;* une chaussée y est seulement tracée, qui se retrouve indiquée comme pavée, dans un plan rectificatif ajouté au Terrier vingt-six années plus tard par Rivière, géomètre et arpenteur du roi en la maîtrise des eaux et forêts au département de Paris. Vers l'extrémité de cette avenue est une maison appartenant à Dubois, pâtissier, de laquelle dépendent des marais et un fourré de bois, aujourd'hui enclavé dans le Jardin-des-Plantes en face du n° 31 de la rue de Buffon. Ce bois touche, d'après le plan, aux petites fermes du sieur Plé ; des jardins règnent alentour, dont le baron de Goulas dispose et englobés eux-mêmes par le Jardin du roi un peu après. La petite rivière des Gobelins, aux deux rives bordées de saules, suit à travers l'enclos Patouillet une même direction que la chaussée, laquelle divise un groupe de marais et de chantiers clair-semés de maisonnettes ; le premier chantier à main gauche en venant de la Seine, est affecté alors par la Ville au service des marchands de bois forains ; puis on découvre encore à peu de distance la salpétrière de Lainé, dans une maison avec jardin, ci-devant dite *Jeu de l'arquebuse*.

En 1781 le grand naturaliste, comte de Buffon, qui habite l'hôtel qualifié de l'Intendance, lequel existe encore à l'endroit où la rue rencontre celle Geoffroi-Saint-Hilaire, cède aux religieux de Saint-Victor 12,404 toises de l'ancien clos de Patouillet, qu'il a acquises quatre ans avant, et reçoit en échange un terrain qu'il revend au roi l'année suivante; en 1787 il se ravise, rachète aux Victorins une partie du sol qu'il leur a transféré. C'est une année après que, plein de jours et de jours bien remplis, Buffon paie son dernier tribut à la nature, qui lui en doit bien un de reconnaissance. La chaussée du chantier de la Ville, en 1790, est prolongée sur le clos Patouillet, antérieurement vendu en 1740 à Sardier par Marie-Angélique du Four-de-Nogent, femme du marquis de Bannes d'Avéjan, maréchal-de-camp.

(*La fin de la notice de la rue de Buffon paraîtra dans la livraison suivante.*)

LIV. 18
LES ANCIENNES MAISONS

Des rues de Buffon, du Buisson-Saint-Louis, Cadet, du Caire, de la Calandre, des Canettes, Canivet, Cardinale, des Carmes, du passage et de la place du Caire.

NOTICES FAISANT PARTIE DE L'OUVRAGE INTITULÉ :

LES ANCIENNES MAISONS DE PARIS SOUS NAPOLÉON III,

PAR M. LEFEUVE,

Monographies publiées par livraisons séparées en suivant l'ordre alphabétique des rues.

RUE DE BUFFON.

(Fin de la notice.)

Le fils de Buffon, à son tour, avant que la Terreur ait envoyé à l'échafaud cet héritier d'un nom qui eût dû lui servir d'égide, vend 693 toises de terrain, entre notre rue et le cours d'eau des Gobelins, le 5 juin 1792, à Mille, serrurier, qui a déjà acquis de Buffon père un autre lot, sur lequel il a édifié le n° 23 actuel. Petit homme et bossu, ce Mille! qui n'en était pas moins un artiste dans sa profession. De lui sont toutes les grilles qui ferment le Jardin des Plantes, ainsi que le pavillon du Belvédère, tout en fer et en cuivre, considéré comme un chef-d'œuvre. Il occupait le n° 27. Quant à son autre propriété, elle fut réunie dès 1789 à la maison qui répond au chiffre 25 et dont le comte de Buffon avait transmis l'emplacement à Piat, pharmacien distingué ; c'est là qu'au commencement de la Révolution Esquirol employa, le premier, les passions humaines comme agent curatif des maladies mentales : jusque-là on s'était borné à enchaîner les fous, lorsqu'on les jugeait dangereux. De tous les points du monde on vint y consulter le chef d'une maison d'un nouveau genre, à la mémoire duquel s'élève à Charenton un monument, consécration de son initiative et du mérite de ses travaux. Aussi bien un autre savant recommandable, M. le docteur Métivié, médecin de la Salpétrière comme Esquirol, habite depuis 1808 le susdit n° 23, dont Mme de Loizerolles et son fils ont été autrefois locataires. Le fils avait été en 93 arrêté, en même temps que Loizerolles père, conduits tous deux à Saint-Lazare. L'avant-veille du 9 thermidor, un huissier vient à la prison, avec une liste, et il fait l'appel des victimes destinées à l'holocauste révolutionnaire ; le nom est prononcé de Loizerolles fils, jeune homme de 22 ans, qui dort dans un coin de la salle, et le père en profite pour répondre à sa place : — Présent !... Le greffier en est quitte pour changer sur la liste l'âge du condamné, qui de la Conciergerie monte, le lendemain matin, dans la charrette de la guillotine.

Les n°s 53, 55, comportent des pavillons de l'autre siècle, servant de magasin et de logement à des employés du Jardin. Au reste, les numéros de la rue ne répondent pas tous à l'appel ; il en est qui s'appliquent, par une ambitieuse prévoyance de l'administration urbaine, à de simples places à bâtir.

Il s'y rencontre encore un ou deux jardiniers-pépiniéristes, autrefois plus nombreux dans ce quartier avant tout botanique. Le n° 61 est passé, par exemple, de l'un de ces horticulteurs à un notable charpentier, M. Dubief, qui depuis 1826 a assemblé des pièces de bois pour toutes les maisons neuves de la rue et de bien d'autres rues.

Au n° 73, vis-à-vis de l'ancienne demeure de Buffon, loge un savant modeste, dom Théodore. Le comte de Saint-Geniès a fait pour ce bénédictin, fort érudit dans les sciences naturelles, les jolis vers qui suivent :

>   Lorsque la gloire de Buffon
> Obtient de nos respects le tribut légitime,
>   Nous gardons une part d'estime
> Pour son modeste ami, le sage Daubenton.
>   Leur exemple se renouvelle,
>   Nous voyons encor des savants
>   De cette union fraternelle
>   Offrir des modèles vivants.
> Le nom de d'Orbigny décore un vaste ouvrage,
> Précieux monument d'un travail infini;
> Mais comme le travail, la gloire se partage,
>   Et nous rendons un juste hommage
>   Au Daubenton de d'Orbigny.

RUE DU BUISSON-SAINT-LOUIS.

C'est ainsi qu'elle s'appelait à la fin du règne de Louis XVI. Notre éditeur, M. Rousseau, n'y a trouvé que deux maisons de l'autre siècle :

Le 19, cottage dont le jardin est sujet à reculement, et occupé par un lampiste ;

Le 12, qui a appartenu à M. Muron, l'ancien adjoint du 1er arrondissement, et que ses tilleuls bien disposés du côté du jardin, font reconnaître pour une ci-devant maison de plaisance, et le fait est qu'avant 89 ce fut la riante retraite de Haré, avocat, lequel avait présenté à Louis XVI en juin 1775, à Reims, une ode intitulée *le Sacre*, dont il était l'auteur.

RUE CADET.

Nos 5, 7, 9, 13, 15, 16, 19, 21, 23, 24, 26, 28, 30.

L'amiral Duperré n'était encore que capitaine de vaisseau lorsque, sous Louis XVIII, il demeurait rue Cadet, 30, maison dont le fond fut bâti en 1717 pour Magne, voiturier, sur une place vague en marais, avec permission d'alignement sur le chemin des Porcherons à Clignancourt.

Ce chemin est dit rue de la Voirie sur le plan de Paris en 1739, où il nous apparaît bordé de murs et de quelques maisons; mais celles-ci n'y sont l'une contre l'autre que vers le milieu à main droite. En dépit de cette autorité topographique, la dénomination de Cadet, dans les actes, a commencé à être préférée dès que le chemin s'est érigé en ruelle; elle lui venait d'un clos Cadet, appartenant à une famille qui ne s'appelait pas encore de Chambine; le clos était situé à droite et au-dessus d'une croix, plantée au point qui, à présent, fait l'angle de la rue Montholon. Les numéros 28, 26 sont des constructions basses de ce temps-là. Le 24, tenu sur les fonts un peu plus tard, a eu pour parrain les amours; rien d'étonnant à ce qu'un grand seigneur ait tenu petite maison aux Porcherons.

Disons adieu, en traversant la rue, à l'ancien manége royal, transféré rue Cadet en 1823, afin d'y succéder à un quartier de cavalerie, qui lui-même avait occupé l'hôtel d'un ci-devant grand seigneur; le comte d'Aure a dirigé avant Tassinari cette école d'équitation, dont la Ville payait le loyer et que subventionnait l'État; sa porte monumentale et décorée de chevaux sculptés, va disparaître; la pioche aura raison de ce qu'a épargné la flamme il y a treize ans, dans cet ancien manége où pendent encore, intacts par prévoyance, les tronçons de poutres qu'a noircis l'incendie; heureusement que Tassinari a transporté l'école tout près de là, passage des Deux-Sœurs, où le manége Le Blanc soutient la renommée de ses prédécesseurs. Adieu de même aux masures contiguës, ancien logement de maraîcher. La partie reculée des numéros 19, 15, 13, dont les constructions remontent seulement à 1828, repose sur un terrain qui appartenait aux Hospices.

Le 16, qu'a occupé André Cottier père, négociant, et puis le maréchal Clausel, figure déjà sur l'ancien plan dit de Turgot; quelques grands arbres, qu'on surprend encore, malgré les empiétements de la pierre de taille et du moellon, y ont été plantés par les ordres de M. de Savary, grand-maître des eaux et forêts de Normandie, donataire en l'année 1773 de Le Cordier de Bégars, marquis de la Londe, président à mortier au parlement de Rouen. Du tout dispose en ce temps-ci la famille du prince Murat, alliée à celle du prince de Wagram; le Grand-Orient y siége.

En face, voici, n° 9, l'ancien hôtel du marquis de Cromont (nous croyons que ce nom est l'abrégé usuel de Coqueromont); là furent donnés des concerts par Tulou, Martin, Mme Malibran, Nourrit, Ponchard et autres virtuoses, quand c'était la salle Pleyel; on y retrouve à notre époque plusieurs comptoirs de négociants, ainsi que la Caisse hypothécaire. Le 7 a été édifié en 1813, sur les jardins du marquis d'à côté.

Concluons en rappelant que Claude Michelet, écuyer, capitaine des chasses et garde de la vénerie de Louis XIV, a épousé Mlle Ambroise Hérisson, propriétaire de deux arpents et demi sur le terroir des Porcherons en la censive de Sainte-Opportune, et grevés d'une petite rente à l'hôpital de Sainte-Catherine. Jean Baudin, jardinier, les a achetés de cette dame en 1693, et revendus ensuite par lots; cette origine est certainement commune à toutes les propriétés qui portent des numéros impairs, et peut-être à l'autre côté dans notre rue, déjà nommée Cadet au commencement du règne de Louis XV, mais bordée d'une berge de voirie sur sa rive gauche. Les bicoques respectables qu'on réussit à découvrir dans une cour, n° 5, étaient déjà sur pied à cette date. Avant l'avénement de Louis XVI, c'était, comme de nos jours, une vacherie, et rien n'est plus curieux que cette persévérance de destination campagnarde sur un point de Paris devenu central, financier et porté à réduire tous les appartements aux proportions des alvéoles d'une ruche. Le grand père de M. Guilliet, qui commande actuellement dans cette propriété héréditaire, l'acquérait en l'année 1773; ce crêmier fournissait d'un petit lait réparateur les maltôtiers et les filles d'Opéra, dont le champagne des petits-soupers avait délabré l'estomac.

RUE, PLACE ET PASSAGE DU CAIRE.

Du 23 juillet 1798 date l'entrée victorieuse des troupes françaises au Caire. A la fin de l'autre siècle remonte aussi la foire du Caire, nom collectif donné pour commencer aux passages et à la rue du même nom, ouverts sur une partie des bâtiments et le jardin des Filles-Dieu à Paris. L'emplacement dont s'agit avait été enclavé dans la ville par l'enceinte de Charles V. Il s'était trouvé contigu à la cour des Miracles, ou plutôt à l'une de ces cours, supprimée à l'époque de la majorité de Louis XIV, et alors consistant encore en un très-grand cul-de-sac puant et boueux, habité par une fourmilière de gueux, bohême dégénérée, qui n'avaient de leurs devanciers que les guenilles et l'argot. Un roman de Victor Hugo a décrit pittoresquement la cour des Miracles sous Louis XI. Rien ne subsiste, et comment nous en plaindre? de l'ancien lieu d'asile des truands, rien du cloaque sans pavé. Notre place du Caire se contente d'être encore la grève assez loquace, le rendez-vous des cardeuses de matelas; ces anciennes grisettes de faubourg, dont l'âge a mûri la prudence, refont maintenant des lits, état que bien des femmes apprennent sur le tard, après avoir fait le contraire. Le démêloir de leur jeunesse a lui-même vu tomber ses dents, son aspect a varié, des griffes d'acier lui ont poussé; bref, sans avoir changé de mains, la carde s'est substituée au peigne, que trop souvent les ravages de la calvitie réduisaient à chômer tout seul, lui qui avait chômé longtemps, coquetterie à peu de frais, les fêtes carillonnées, mais trop mobiles, de la rencontre, du rendez-vous, du cadeau, des adieux, du retour! Plus une cardeuse est vénérable, mieux elle s'entend à rafraîchir lestement la couche de la veuve, aux matelas semi-mortuaires, dont elle fait celle d'un autre hymen; mais, pour se rajeunir elle-même, il faut qu'elle aille jusqu'à se comparer aux mascarons, aux sphinx, aux petits bonshommes égyptiens, ces derniers courant sur une frise, qui décorent la maison d'en face et où commence le passage; ce musée d'un style exotique s'est inspiré des pyramides, et des générations de matelassières, depuis la formation de la place, vénèrent dans ces hiéroglyphes un symbole de leur profession, honorée sans doute à Memphis de la même façon qu'à Paris; il suffit que le sphinx ait la tête et les mains d'une femme, avec des griffes, pour qu'elles voient une cardeuse de Thèbes dans cette image fabuleuse, qui ne leur paraît plus un monstre.

Les passages du Caire sont voués principalement à l'industrie de l'impression lithographique; c'est une ingratitude qu'on n'y ait pas illuminé, quand Napoléon III a supprimé l'obligation du timbre pour les circulaires de commerce; cette émancipation a enrichi tout le passage. Aussi ne laisse-t-on plus, en cas de pluie, les parapluies ouverts dans ses galeries, qui en plusieurs endroits manquaient de couverture vitrée. On compte plus de numéros que de maisons, passage du Caire; chaque raison de commerce y veut le sien. C'est au n° 127, qu'un élégant viveur naufragé, ayant nom Froment, a fondé un canard, soi-disant journal de spectacles, pour en faire sa planche de salut, sous le règne de Louis-Philippe. Notoirement illettré, il eut pour rédacteur et pour second un comédien sans engagement, dont la plume s'exerça dès lors à la flatterie; régisseurs, contrôleurs et directeurs étaient portés aux nues en style quelconque par l'acteur qui passait auteur. Celui-ci n'a pas eu, depuis, d'autre talent; mais c'en était assez pour prospérer; il continue ses platitudes sur une échelle plus en vue. Celui-là, au contraire, a misérablement fini après avoir passé trois ans à courir après des annonces au rabais et chez les divers marchands de vin où il avait rendez-vous tous les soirs avec les crieurs de programmes qui avaient stationné à la porte des théâtres. Froment a succombé à la même tâche qui, plus tard, a mieux réussi à quelques-uns de ceux qui, le pied leste, sans bagage qui les embarrasse, entrent furtivement dans la presse ou dans le théâtre, par quelle porte? par celle des claqueurs, des marchands de contre-marques et des coureurs d'annonces. Les mendiants de la cour des Miracles se couvraient jadis de fausses plaies; les intrigants de notre époque n'ont de postiches que leurs qualités, leurs titres et jusqu'à leurs noms; ceux-là qui tirent parti d'un masque emprunté d'homme d'esprit auraient fait merveille, autrefois, à montrer de fausses ankyloses.

Les chapeaux de paille sont la spécialité commerciale de la rue du Caire, qui fut d'abord bordée de maisons à deux petits étages, dont se contente encore une partie de celles qu'on y trouve. Le 21 figure parmi les maisons exhaussées il y a environ vingt années. Là est mort, le 28 avril 1810, un modeste vieillard, Gilles Thomassin, qui n'avait échappé à la mort révolutionnaire qu'à cause de la chute subite de Robespierre. L'ancien régime avait peu de partisans plus enthousiastes que ce bonhomme, portant jusqu'à la fin un bonnet de coton sur une coiffure à queue. Le jour où la corporation des cuisiniers-queux-traiteurs, dont il était le buraliste, avait été tout à fait supprimée, Thomassin avait pour tout de bon désespéré de son pays. Les statuts de la communauté, objet de ses regrets amers, dataient du mois de mars 1599; à différentes reprises Louis XIII et Louis XIV les avaient confirmés; notre homme les savait par cœur, aussi bien que le nom de tous les bâtonniers de cette confrérie, dont il n'était pourtant pas membre; son ex-bureau était quai Pelletier. A plus d'une reprise il avait adressé à l'empereur, par l'entremise d'un aide-de-cuisine attaché à Cambacérès, une pétition suppliante pour relever sa chère institution et pour mettre un frein aux désordres nés de l'anarchie culinaire. Cette rare persévérance eût fait croire que le feu sacré, le génie de cet art l'éclairait; mais c'était pour sa propre gloire un culte désintéressé. Etant jeune il avait échoué, comme aspirant à la maîtrise, en subissant son examen devant des bacheliers, maîtres et administrateurs de la confrérie; il avait manqué le chef-d'œuvre que l'apprenti devait exécuter sous les yeux mêmes des jurés, et cette déconvenue subie à la lueur des fourneaux avait relégué le praticien dans les ténèbres de la bureaucratie. Pour obtenir la maîtrise sans épreuve, il eût fallu que Thomassin fût fils de maître et élève de son père, ou qu'on l'eût agréé comme aide dans une maison princière.

RUE DE LA CALANDRE.

Maisons au prieuré de Saint-Éloi. — Pépin-le-Bref. — Flicoteaux. — Enseignes. — Hôtel de Bourgueil. — Le coupe-gorge. — Dagobert. — Juin 1848. — Les artisans.

Tristes misero venere calendæ.

disait Horace. Les calendes, ces premiers du mois, étaient sous les Romains jours d'échéance et de contribution. *Via kalendaria*, à Paris, c'était, au temps de Jules César, la rue où se payait l'impôt : toute autre supposition étymologique fait fausse route, bien qu'au XIIIe siècle la rue de la Calandre ait porté, outre son vrai nom, celui de *Rue qui va du Petit-pont à la place Saint-Michel*. Saint Marcel, évêque de Paris, y était né; c'est pourquoi, le jour de l'Ascension, le clergé de Notre-Dame faisait une station au seuil de la cinquième maison à droite, en venant de ladite place Saint-Michel (rue de la Barillerie). Cette propriété qui, en l'an 1230, fut cédée à titre d'échange par le prieur du Temple au chapitre de Saint-Marcel, est au petit nombre de celles qui, dans la rue, ont fait place à des constructions postérieures au règne de Louis XV. Parmi les titres relatifs aux maisons qui lui faisaient face sous Charles VI, nous remarquons : 1° un bail fait par les religieux de Saint-Éloi au profit de Belloyn, pelletier, d'une maison tenant du côté de Notre-Dame à des dépendances de leur prieuré ; d'autre part ayant pour vis-à-vis les jardins du Palais, et aboutissant par derrière aux galeries et jardins conventuels ; 2° un bail à Lamouroux, autre pelletier, d'une maison contiguë à la susdite ; 3° l'acte d'une donation faite par le curé de Saint-Merri aux religieux, d'une propriété tenant d'un bout à celle de Simon, qui faisait coin devant le Palais, d'autre bout au mur du cloître. Ces constructions du moyen âge ont été jetées bas lors de l'élargissement de la rue de la Barillerie, et relevées sur un plus petit espace. Le numéro 32 actuel, que M. Bosc a fait bien réparer, était l'une des maisons priorales indiquées plus haut comme adjacentes à la location de Belloyn ; elle a servi de résidence à quelques-uns des successeurs d'Étienne de Senlis, évêque de Paris, prieur de Saint-Éloi, et c'est plus tard, en 1629, qu'ont été mis les Barnabites au lieu et place des religieux de Saint-Éloi. En 1541 aucun jour ne pouvait encore y être pris sur le jardin de la communauté; mais la prohibition, provisoirement levée lors du séjour épiscopal, a permis de faire payer chèrement la même tolérance aux propriétaires postérieurs, en sus des 30 livres tournois et 11 deniers de cens dû à l'archevêque de Paris, qui était resté leur seigneur. En 1766, la maison était adjugée par sentence de licitation à l'un des héritiers de Dehansy, huissier du roi. L'ancienne salle de l'évêque y est aujourd'hui divisée en quatre pièces. Des vestiges de peintures, des médaillons curieux, des espagnolettes dédorées, des plaques de contre-cœur de cheminées aux chiffres de François Ier, de Henri IV et de Louis XIV, une vaste cuisine, qui maintenant se trouve à demi souterraine, n'est-ce pas assez pour attester encore que ce logis a été longtemps seigneurial?

La belle porte cochère du 30, une sirène sculptée en pierre, un balcon semi-circulaire à jolie rampe de fer, qui sert de bague d'alliance à deux bâtiments sur la cour, sont également des reliques remarquables. Cette propriété a fait partie d'un séjour de Pépin-le-Bref, que nous retrouverons rue Saint-Éloi. Une célébrité plus moderne, prince de la cuisine regrattière dont le quartier latin a constitué lentement l'apanage, faisait emplette de l'immeuble en l'an XII, le 22 nivôse; c'était Jean-Nicolas Flicoteaux, ce fameux traiteur à prix réduits, sous le nom duquel a régné après lui plus d'un successeur, non moins habile à substituer aux mets connus des plats n'en ayant que le nom. Joseph Barrière, bijoutier de la cour, a possédé de même le numéro 28, avant la grande révolution.

Frappons maintenant à une petite porte à deux battants sculptés, n° 31. En 1573, une sentence était rendue par le bailli de la justice temporelle de Saint-Éloi, qui condamnait Claude de Hery, graveur, propriétaire de cette maison à l'enseigne du *Cheval-Blanc*, et ci-devant au *Mouton*, tenant d'un côté à la Couronne, d'autre part à la Cloche, et par derrière à la rivière, à payer à l'évêque quatre deniers parisis de cens, avec quinze années d'arrérages. Vers ce temps-là, chaque maison tirait son nom d'une image différente ; c'est ainsi qu'il y avait rue de la Calandre : le Singe, dont le propriétaire plaidait en 1503 avec les religieux ; le Cygne, pris à cens en 1443, par Fradin, sergent à cheval, ayant pour voisins le couvent et un hôtel ci-devant à Pierre de la Roche ; les Trois-rois, requis pour le cens par sentence de la prévôté en 1587 ; la Treille, contiguë aux Trois-pas de gré : Saint-Martin, qui touchait à une allée de cinq pieds, réservée par Jacques de Cauleir, archevêque d'Ambrun, prieur commendataire de Saint-Éloi en 1480, comme débouché du jardin conventuel ; l'Écu de France, sur lequel étaient contestés les droits seigneuriaux de Saint-Éloi, sous Henri II, par la veuve de Hotman, propriétaire, et par le procureur du roi, maître au trésor.

Les degrés à rampe de fer jusqu'au second, puis à balustres de bois, qui desservent le 25, ne font pas disparate dans cette rue du moyen âge, romaine par son origine. Le 23, qui depuis un siècle appartient à la même famille par-devant, et dont l'arrière-corps de logis est séparé comme propriété, est pourvu d'escaliers caducs dont les marches déprimées s'appuient sur une cage à gros murs ; au seuil reste gravé le titre d'*Hôtel de Bourgueil.* Donc les abbés de Bourgueil, près Saumur, y ont eu leurs maisons de ville. Étienne de Bourgueil, professeur de droit à Angers, puis archevêque de Tours et fondateur d'un collège à Paris, a pris part à des discussions réglées sur les juridictions ecclésiastiques, où Philippe de Valois était représenté par Pierre de Cugnières. L'hôtel de Bourgueil est longé par la ruelle des Cargaisons, dont la largeur varie en deçà d'un mètre, barrée depuis 1825 ; ce coupe-gorge, qui s'appelait aussi rue de la Femme écartelée, était muni de deux lanternes en 1714, à la clarté desquelles, en cherchant bien, on trouvait un cul-de-sac encore plus microscopique. Là est la seconde porte du numéro 19, qui en a une troisième, quai du Marché-Neuf, 16, où se retrace son enseigne, le Pélican ; celle sur la rue de la Calandre est vénérable, mais assurément postérieure au règne de Dagobert, dont la tradition veut que la maison ait été le séjour, en face de la rue de son compère saint Éloi. Marie-Élisabeth de Nicolaï, veuve du marquis de la Châtre, et Geneviève Vallier, femme de messire Lemairat, la possédaient, ainsi que l'édifice d'à côté, en l'année 1631 ; Mlle Lemairat les a apportés l'un et l'autre à son mari, un Pajot d'Onzembrai. Le grand-père de M. Pannier s'est rendu en l'an XIII adjudicataire du 19, dont la toiture, en juin 1848, a servi à couler des balles ; cette place de guerre offrait d'avantageux triple issue, triples caves, auxquelles plus d'un vaincu dut son salut, pendant qu'un jeune mobile célébrait sa victoire, dans la mansarde d'une jeune fille, où il ne fit qu'un prisonnier, qu'elle cacha pendant neuf mois. Quant au 17, il n'a pas eu de rois, mais un évêque pour premier occupant, dit-on, et un mur hérissé d'une grille le sépare aujourd'hui du bâtiment avec lequel il n'a fait qu'un pendant un siècle ou deux : des sculptures, des ferrures intéressantes attirent l'attention sur cette propriété. Un Saint-Michel pendait jadis, n° 12 ou 10, à une maison au coin de la rue aux Fèves, contiguë à une autre qui était au curé de Saint-Pierre-des-Arcis.

Presque toutes les habitations que nous avons oublié de citer, se trouvaient occupées aux XVIe et XVIIe siècles par des maîtres de tout corps d'état, qui alors ne souffraient sous le même toit que leur famille et que leur profession. Cet isolement n'est plus, rue de la Calandre, que le propre d'un ou deux cabarets à deux fins, où l'ivresse du gros vin et de l'eau-de-vie de pomme de terre coûte moins bon marché que celle de la chair.

RUE DES CANETTES.

Propriétaires du côté droit de la rue en 1735 : Le Rebours ; Mlle Maillard ; de Marle ; héritiers Prévot ; Mme de Saint-Georges ; Desmont dit Honoré, Moreau ; Phelippon, maçon ; les enfants Le Couvreur ; Misochin ; Fromentin, vitrier ; marquis de Gambais ; l'abbaye ; l'académie de Vendeuil.

Du côté gauche : Isabeau, pour une communauté religieuse ; les Récollettes de la rue du Bac ; Ferret ; Caffiéri ; héritiers Le Roux ; Drouart-Olivier ; l'abbé Huerne ; Mme Seigneur ; les religieuses du Précieux-Sang ; Charlier ; femme Le Couvreur, épicière ; hospice des Petites-Maisons ; Rémy, maître des comptes ; Marie Nicole de Beaumont, veuve de Brossard, marchand.

Que si notre revue accoutumée commence par les numéros pairs, il faut déclaration d'absence pour au moins une des deux propriétés qu'y possédait Le Rebours ; et en effet, depuis que la rue du Four a pris du ventre, s'est élargie sur un seul point, notre rue est boiteuse de la jambe droite, dont le pied laisse le pied gauche en arrière. Le n° 19 d'à présent appartenait, ainsi qu'une maison contiguë, à la succession de Prévot, lorsqu'en 1716 Jean Barbot dit Saint-Georges, sergent aux gardes-françaises, en

fit l'acquisition, pour le laisser après lui à sa veuve. Le
16 et le 18 furent bâtis vers la fin de la Régence par Phelippon, sur l'emplacement même de l'hôtel dont l'enseigne
servait de nom définitif à la rue, qui s'était appelée Neuve-Saint-Sulpice jusqu'en 1651. Mais ce maître maçon, qui
n'avait épargné ni la pierre de taille, ni le bois, ces matières premières, ni la serrurerie pour garniture, ni la
sculpture, ce signe originel qu'une maison vise à la qualité, fut obligé de vendre à Moreau la plus petite de
ses propriétés, pour jouir fort peu d'années de la plus
grande : l'argent qu'il avait emprunté, grâce à des arrérages, montait toujours, et avait engagé d'avance l'une et
l'autre. Dans une des boutiques qu'on y trouve, Mme Cardinal a fondé en 1818 un cabinet de lecture fort digne d'être
promu au rang de bibliothèque de romans ; tous les ouvrages de ce genre, après avoir fourni inégalement leur
carrière locative, restent à demeure dans la collection-Cardinal, au lieu d'être mis au pilon : le chef de cet
établissement est le prince d'une église à part, dont les
reliques s'augmentent en raison inverse des fidèles.
Également susnommés sont les héritiers Le Couvreur,
et néanmoins à la mense abbatiale de Saint-Germain-des-Prés appartenait l'immeuble n° 20, tenant cinquante ans
plus tôt aux religieuses de la Miséricorde par derrière ; les
Le Couvreur n'en avaient que l'usufruit, par emphytéose.

Les n°s 24, 26, 28 ne remontent certainement qu'à la

seconde moitié du xviiie siècle. Sur une portion de leur emplacement s'était élevée une maison à deux corps, avec jardin, qu'un conseiller du roi, Denis Lambert, avait eu par échange, en 1658, de Judith Lesacque, veuve de Devaux, boulanger ; la fille du conseiller en avait fait présent, trente-quatre années après, à Denis de Marsollier, membre du grand-conseil et grand-oncle de Marsollier, dans la suite auteur dramatique ; Mlle Marsollier l'avait apportée à son tour à son mari, Louis de Nyers, marquis de Gambais, premier valet de chambre du roi, gentilhomme ordinaire de sa maison, son lieutenant en Franche-Comté, gouverneur de Limoges, capitaine-concierge du Louvre. Notre rue des Canettes avait alors pour déversoir la rue du Colombier, et non la place Saint-Sulpice, dont l'équarrissement a supprimé un grand hôtel, formant pan coupé à cet angle et dont les dépendances remplissaient un côté de la place. C'était l'académie de Vendeuil, tenue ci-devant par Desroches, et qu'appelait-on ainsi à cette époque ? les maisons de jeu. Vendeuil y était locataire de l'abbaye, que les dames de la Miséricorde y avaient mise en possession, afin d'être déchargées des dettes que celle-ci avait payées pour elles l'an 1684, en empruntant 62,835 livres pour ce faire à François d'Argouges ; de plus, les Bernardines du Précieux-Sang, rue de Vaugirard, avaient directement prêté à la mense abbatiale 3,000 livres, en 1687, destinées aux réparations et à l'augmentation des corps de bâtiments, qui étaient divisés dès 1735. L'ancienne académie était louée peu de temps après, comme hôtel, à M. de Nesmond, frère de l'évêque de ce nom, et qui avait servi avec honneur dans la marine. La grande maison qu'occupait ce dernier tombait déjà en ruine quand l'abbaye, voulant se libérer de rentes constituées sur la mense et dont le capital excédait 300,000 livres, la transporta, au prix de 160,000, à Jacques Herbert, fermier des coches d'Orléans, qui la vendit ensuite à Dulau, curé de Saint-Sulpice, pour l'établissement de la place.

Revenons maintenant à l'aile gauche dont les façades ont encore moins changé et se rapportent l'une après l'autre au tableau des propriétaires placé plus haut pour l'année 1735. L'hôtel garni qui porte actuellement l'enseigne des Canettes est l'ancienne maison Ferret, possédée en 1788 par Goguier de Chaligny de Pleine, docteur en Sorbonne.

Celle qui suit a supplanté l'habitation de Jacques Caffiéri, sculpteur du roi, et de ses fils, Philippe et Jean-Jacques, qui ont illustré le même nom dans l'art que leur aïeul, Philippe, allié aux grandes familles de Rome, appelé en France par Mazarin, logé aux Gobelins par Colbert, avait lui-même enseigné à leur père. Cette propriété leur venait de Mlle Rousseau, fille d'un marchand de vin de la cour et femme de Caffiéri II ; bâtie pour Barre, maître brodeur, elle avait fait partie, comme sol, d'un grand terrain acheté par les frères Saulier, du prince de Tournon, comte de Roussillon, grand-sénéchal d'Auvergne. Jean-Jacques Caffiéri est l'auteur des bustes de Corneille et de Piron (foyer de la Comédie-Française), de Quinault et de Lulli (Opéra); professeur, académicien, il s'est fait remarquer par sa misanthropie; lorsqu'on avait été aux voix, et qu'il y avait dans l'urne une seule boule noire, ses collègues de dire : — Voici la part de Caffiéri.

A la porte du 11, du temps de l'abbé Huerne, il pendait encore Deux épées, et puis au 19, maison de Mme Seigneur, l'enseigne du Dauphin; du 15 avaient fait bail les religieuses du Précieux-Sang à Miot, chirurgien; Charlier, en ce temps-là, disposait de l'immeuble qui vient après, refait depuis avec sa petite niche. Du 19, avant une épicière, avait été propriétaire Liennard, brodeur. L'autre coin de la rue Guisarde avait déjà ses cinq étages sous Louis XIV; Dufresne, valet de chambre du duc d'Orléans, époux d'Elisabeth Branchu, y avait précédé la même dame Le Couvreur, épicière et propriétaire de l'autre coin; or il existe encore dans la maison un magasin d'épiceries. Regnaud l'Official, autre brodeur, avait vendu l'an 1658 au grand bureau des Pauvres, prédécesseur des Petites-Maisons de la rue de la Chaise, l'immeuble n° 23. Quant aux propriétés de Rémy et de la veuve Brossard, dont le mur tout nu faisait angle où se trouve maintenant la place, elles furent acquises par Languet de Gergy et Dulau, successivement curés de Saint-Sulpice.

Le commerce, au xviie siècle, était prospère dans la rue des Canettes, voisine de la foire Saint-Germain ; on y trouvait alors boulangers, ébénistes, vinaigriers, traiteurs, fourbisseurs d'armes, brodeurs, etc., en plus grand nombre que procureurs, artistes, prêtres et gentilshommes, lesquels y étaient clairsemés.

RUE CANIVET.

Dès 1636 cette petite voie publique existait entre la rue Férou et celle des Fossoyeurs (Servandoni), sous le nom du Canivet, vieux mot français qui signifie *petit canif*. Portant le chiffre 1, nous y trouvons une façade à petite niche, dont l'acte de naissance porte la même date que celui de la rue. Une porte bien ferrée ferme sur le 2, ancienne propriété d'une communauté religieuse du quartier. Le 3, bâti pour le prince de Beauvau, fut occupé ensuite par un des membres de cette famille Breteuil, dont la fortune remonte à la faveur du cardinal Dubois. M. Cochin, membre de la commission municipale de Paris, a disposé, avant M. de Montgeon, de cette propriété aux allures aristocratiques et placides.

RUE CARDINALE.

Pas de rue Cardinale visible sur les plans de Paris qui le plus souvent sont nos guides, bien que son percement ait eu lieu quinze années avant la mort de Louis XIV sur un terrain dépendant du palais abbatial de Saint-Germain-des-Prés, sous les auspices de très-haut, très-puissant et éminentissime Mgr Guillaume Egon, landgrave de Furstenberg, cardinal de la sainte Eglise romaine, évêque et prince de Strasbourg, abbé commendataire de la dite abbaye royale. Les maisons de cette rue qui tourne ouvrent presque toutes sur d'autres rues; M. Rousseau, qui a compté ses portes, n'a pu aller que jusqu'à 2. Rien à tirer des autres, pour notre prudent émissaire, inappris aux échelles de soie aventureuses.

On lui a pourtant raconté qu'une escalade y avait lieu, à la tombée de la nuit, en janvier 1832. L'écrivain romantique Gustave Drouineau, qui demeurait n° 4, avait été forcé de ceindre, comme bizet, les buffleteries de la garde nationale; il venait de faire faction à la porte de sa mairie, sans distraction, sacrifice suffisant, et il revenait comme d'un voyage, pour retrouver chez lui ses chers livres, ses rêveries de poète, au lieu de passer la nuit sur un lit de camp patriotique, lorsqu'il entendit tout à coup des cris jetés par une jeune femme. Une fenêtre était entr'ouverte, au premier des petits étages qui composent le n° 5, et les clameurs aiguës partaient de là. Emprunter une échelle à son portier, grimper jusqu'à la fenêtre, le sabre au poing, fut l'affaire d'un instant pour l'auteur du *Manuscrit vert*. Son travestissement militaire allait enfin servir à quelque chose, s'il empêchait un mari de battre sa femme, ou un amant jaloux de se baigner dans le sang de sa maîtresse. Mais, une fois dans la place, le bizet chevaleresque se vit lestement éconduit par un monsieur, en gilet de flanelle, qui à coup sûr se trouvait dans son droit. — Quel est ce don Quichotte, dit-il à Drouineau, qui pousse l'impertinence jusqu'à entrer ici par escalade, pour y voir ma femme qui accouche? Partez vite, ou je vous fais descendre sans échelle.

Le 7 et le 9, rue Cardinale, sont de construction pareille au 5 ; cette identité laisserait croire qu'ils ont fait partie des communs du palais. De 1808 à 1814 la rue a porté le nom de Guntzbourg, en mémoire du combat du 9 octobre 1805.

RUE DES CARMES.

Colléges de Laon, de Presles et des Lombards.

Pour faire place à la rue des Écoles, les n°s 7, 9, 11, 13, 15 et 17, 16, 18, 20, 22 et 24 de la rue des Carmes vont disparaître. Les locataires de ces vieux bâtiments ont tous effectué, le 15 du présent mois d'avril 1858, leur déménagement définitif, et la démolition est commencée.

La petite et montueuse rue des Carmes, percée vers 1250, porta d'abord le nom du Clos-Bruneau, sur lequel elle s'était ouverte; mais lors de l'avénement des Valois, on l'appelait rue Saint-Hilaire, parce qu'elle aboutissait à l'église placée sous cette invocation. Les Grands-Carmes, dits aussi les Carmes de la place Maubert, s'y établirent en 1318, au point où se trouvent aujourd'hui et la rue Basse-des-Carmes et le marché. Ces religieux à manteaux barriolés avaient acheté les bâtiments du collége de Dace, fondé par un Danois sous Philippe-le-Hardi, et ils en revendirent une partie au collége de Laon; dans la même rue, au surplus, se tenaient d'autres écoles mémorables.

Les numéros impairs, parmi ceux dont le deuil commence pour l'édilité parisienne, répondent à l'ancien édifice du collége de Laon et à ses dépendances. L'histoire de cet établissement n'est complète dans aucun des livres vieux ou nouveaux; nous devons donc recourir, pour en exposer le sommaire, à ces documents inédits, bonnes fortunes de l'explorateur, qui sont épars dans les archives.

Gui, chanoine de Laon et de Saint-Quentin, trésorier de la Saint-Chapelle de Paris, appliqua dès l'an 1305 à des écoliers pauvres nés à Laon, étudiant à Paris, 22 livres parisis de rente sur la prévôté de Laon; par cette assignation, il remplissait, fidèle exécuteur testamentaire, le vœu de Huard de Courtegis : cette rente devait servir de première pierre à l'édifice d'un collége de Laon que Gui avait l'intention de fonder. Un peu avant la fin du règne de Philippe-le-Bel, il s'unit à Raoul de Presles, avocat-secrétaire du roi, pour ouvrir à la fois, sur le mont Sainte-Geneviève, deux maisons, fondations distinctes, en dépit de la vie commune des vingt-huit écoliers de Laon et de Soissons qui y sont défrayés : la provision, pour ceux de Laon, consiste en 100 livres de rente, en des maisons rue Saint-Hilaire. Mais les deux créateurs, qui ont trop présumé de l'amitié qui les unit en voulant qu'elle fût transmissible, séparent les deux colléges en 1323, en chargeant leur ami, Thomas de Marfontaine, conseiller de Charles IV, de procéder à un partage, et cet arbitre prend conseil du légiste Pierre de Cugnières. Les boursiers de Laon en sont réduits d'abord à l'emplacement que plus tard a occupé le collége de Lisieux ; ceux de Presles gardent la chapelle et la plupart des constructions, à condition de servir 24 livres de rente à l'autre communauté naissante. Aux termes des statuts, mis en vigueur dans celle-ci en 1327, et qu'Albert de Laon déclare d'inspiration divine lorsque deux ans après il les confirme, les écoliers doivent avoir atteint l'âge de puberté, être aptes à prendre les degrés de la Faculté des Arts et assez pauvres pour que leur revenu, soit comme patrimoine, soit comme bénéfices, n'excède pas 8 livres parisis.

Seize boursiers, nommés pour sept ans et par l'évêque de Laon, doivent élire leur principal, ainsi que leurs procureurs, qui rendront chaque année des comptes. La nourriture, pour chaque année, est évaluée 3 sols parisis par semaine, avec variante facultative, selon la hausse ou la baisse du prix des denrées ; la dépense en est suspendue pendant les vacances, c'est-à-dire de la Saint-Jean à la Saint-Rémy, excepté pour le principal, le chapelain et deux boursiers, commis à surveiller les biens communs. En mai 1328, meurt Gui de Laon, et des contestations s'élèvent entre le collége et la succession du cardinal de Bruges, dont il avait été l'administrateur. Gérard de Montaigu, autre avocat du roi, chanoine de Paris et de Reims, exécuteur des dernières volontés du trésorier de la Sainte-Chapelle, détermine une transaction ; puis il parfait l'œuvre du fondateur, en dotant la communauté de l'hôtel du Lion-d'Or qu'il habite, rue Saint-Hilaire, et voisin du collége de Dace, dont partie est cédée par les Carmes aux boursiers de Laon. Montaigu donne, en outre, 300 livres à la congrégation de Sainte-Geneviève, comme seigneurie censitaire, pour permettre le transfert des écoliers à l'hôtel du Lion-d'Or, qui a lieu en cérémonie, le 8 octobre 1340, avec l'approbation de Roger d'Armagnac, évêque de Laon. Foulques, évêque de Paris, accorde, le 15 juillet 1342, la permission d'y ouvrir une chapelle. Les bâtiments abandonnés sont dans un si mauvais état, que le cardinal de Dormans, fondateur d'un autre collége, en traite pour 14 livres de rente. Ajoutons que le Lion-d'Or est ce même édifice que, de nos jours, rase la grande rue des Ecoles (rue des Carmes, n°s 7, 9 et 11).

L'exemple de Montaigu est suivi par des bienfaiteurs, pieux ou savants, qui successivement gratifient le collége de Laon, en y fondant des messes ou des bourses. Parmi ces donateurs nous remarquons :

Le principal Jean Blondel, docteur en théologie : 60 sols parisis de rente (1344).

Le Caron, chanoine de Saint-Denis-du-Haut-Pas, qui crée une bourse en léguant deux maisons (1353).

Adée de Cerny, femme d'un apothicaire : 20 livres 12 sols de rente (1354).

Jean de Couci, docteur en médecine, chanoine de Reims et de Laon, ancien boursier, léguant 40 réales et sa bibliothèque au collége, puis 36 livres de rente pour deux bourses (1364).

L'ancien principal Thomas Froissart de Voyennes, docteur en médecine : une maison (1375).

Buissy, pénitencier de l'église de Paris : 56 livres de rente (1381).

François de Montaigu, qui a pour mandataires posthumes Gérard de Versigny et Pierre Cramette, lègue 500 livres pour fonder une bourse avec chapellenie, dont le premier titulaire est le susdit Gérard, qui passe ensuite principal (1382).

Le même Gérard de Versigny, en qualité d'exécuteur testamentaire et au nom de Raoul de Rousselot, évêque de Laon, décédé en 1323, approvisionne deux nouveaux boursiers, tant artiens que théologiens, et cette fondation est assise sur la moitié d'une vaste propriété du testateur, sise rue de la Verrerie (1388).

Escaillart, doyen de l'église de Laon : 100 francs d'or (1391).

Raoul de Harbes, docteur en médecine et chanoine de Chartres, crée quatre bourses, avec deux maisons pour assiette, lesquelles sont l'objet d'un procès qui dure plus d'un siècle et demi (1407).

Motel, chanoine de Noyon, ami de Raoul de Harbes, consacre 1,000 écus à une bourse châtelaine (1408).

Landreau, notaire au Châtelet, dote la communauté d'une propriété à l'enseigne de la Tête-Noire, rue Saint-Antoine, et de 20 sols de rente sur une maison rue des Barres, à l'enseigne des Chapelets (1456).

Jeanne, veuve de Noument, avocat aux comptes : 40 sols de rente (1461). Henri Dufour, bedeau de la nation de Picardie : même somme (1485). Desfontaines : 75 livres 11 sols 4 deniers (1498).

Le principal Gobert de Tournemeulle : 4 deniers (1512).

Roussel, ancien prieur de Saint-Denis-de-Poix, crée par testament une grande et une petite bourse, à la présentation du prieur de Pois : 2,900 livres tournois (1536).

Le principal Jean Berthoul, pour une bourse à la nomination des maire et échevins de Chaourse, diocèse de Laon : une maison et des vignes à Arcueil, plus 610 livres tournois (1542).

Jean Villain, grand chapelain et procureur des écoliers de Laon : 3 pièces de tapisserie, 7 volumes de grande glose et 80 livres (1555).

Le grand chapelain Pierre Gourdoux : 55 sols tournois de rente (1557).

Le principal Claude Cardon : 100 livres (1586).

Le Pot, prieur de Saint-Mesme, pour une petite bourse

à la collation des prieur et religieux de l'abbaye de Saint-Quentin : 640 écus d'or, valant 1920 livres.

Chrétien, curé de Nantouillet, pour une petite bourse et un obit : une maison rue des Bernardins, plus 30 livres de rente (1603).

L'ancien principal Jean Boquillart, chanoine de Laon, nomme le collège et la fabrique de Notre-Dame de Laon ses légataires universels, pour qu'enfin les boursiers pussent subvenir à la dépense d'obtention des degrés rendue obligatoire par les statuts, mais jusque-là trop lourde pour la plupart : 2,202 livres 5 sols 7 deniers (1638).

Stupra, prêtre de Notre-Dame-des-Vertus, lègue 100 livres au principal, à la charge perpétuelle de faire apprendre des métiers à des orphelins de son village (1643).

Le principal Jean Hubert, abbé de Saint-Rémy-lès-Sens : 1800 livres, pour le revenu en être distribué, moitié aux enfants pauvres de sa lignée, moitié aux boursiers malades de Laon (1650).

Charles de Vendeuil, chanoine de Laon, crée, moyennant 2,000 livres, une petite bourse pour un enfant de chœur de la cathédrale de Laon, à la charge, pour le titulaire, d'enseigner le plaint-chant aux autres petits-boursiers.

Tilorier, chanoine de Laon, fonde une petite bourse en 1678, puis une grande cinq ans après, pour des étudiants de Marle, diocèse de Laon.

Laffilet, capitaine au régiment de Picardie, 300 livres (1678).

Garbe, docteur-régent de la faculté de Médecine : 4,000 livres (1687).

Le grand chapelain Paucet : 300 livres (1670).

L'abbé Menguy, exécuteur testamentaire et au nom de Louis Cousin, président de la Cour des Monnaies : 3,800 livres pour 6 bourses (1707).

Marteau, docteur-régent de la faculté de Médecine : 600 livres (1710).

Ce rappel ne suffit-il pas pour nous initier à la vie et à la raison d'être des petits colléges d'autrefois? N'y voit-on pas avec plaisir que souvent les boursiers, les officiers d'une pédagogie lui montraient de la gratitude, se gardaient d'oublier, s'ils arrivaient à la fortune, les bancs où ils avaient appris à s'en passer ou à s'en servir noblement? Outre les principaux du collége de Laon, dont les noms figurent ci-dessus, il en est quelques-uns dont l'administration avait laissé de bons souvenirs à l'Université de Paris. Par exemple : Louis Dubois, aumônier de Louis XIV; son successeur, Philippe Dormay, oncle du capitaine Laffilet susnommé ; le Comte, qui a gouverné la maison durant la Régence; David, dont le commencement du règne de Louis XV a vu la principalité. La suppression des petits colléges, ordonnée par le parlement en 1763, n'a renvoyé à Louis-le-Grand, érigé en chef-lieu des bourses de ces colléges, que trente boursiers, dont douze théologiens, pour celui de Laon, principal et chapelains compris, au lieu de quarante-quatre, chiffre où s'élevaient les diverses fondations. Les rentes avaient subi, depuis quatre siècles, plus d'une réduction ; quelque économie, sur les charges, avait été indispensable.

(*La fin de la notice de la rue des Carmes paraîtra dans la livraison suivante.*)

Paris. — Imprimerie de Pommeret et Moreau, 42, rue Vavin.

LIV. 19
LES ANCIENNES MAISONS

Des rues des Carmes, Caron, Carpentier, Cassette, Cassini, Caumartin
et de la Cerisaie.

NOTICES FAISANT PARTIE DE L'OUVRAGE INTITULÉ :
LES ANCIENNES MAISONS DE PARIS SOUS NAPOLÉON III,

PAR M. LEFEUVE,

Monographies publiées par livraisons séparées en suivant l'ordre alphabétique des rues.

RUE DES CARMES.

(Fin de la notice.)

Ses vastes bâtiments n'étaient plus occupés exclusivement par le collége de Laon, au moment de cette réunion ; on en louait une partie à des particuliers. Il existait déjà, rue de la Montagne-Sainte-Geneviève, une seconde issue, faisant presque une rue de ses cours. Le principal tirait 1,500 livres du corps de logis du milieu, qu'occupait encore, il y a quelques jours, un barbier qui, tous les dimanches, rasait à peu près mille mentons, et dont le lavabo gigantesque comportait seize cuvettes. Le chef de cette usine jouissait d'un jardin qui avait servi à un pensionnat de jeunes filles. L'occupant des mêmes lieux, sous l'Empire, était un vacher, et la Ville s'en trouvait d'avance propriétaire.

Les trois caduques propriétés qui suivent, et dont la dernière heure sonne également, ont elles-mêmes leur histoire, et elles figurent au nombre des dix-sept maisons possédées dans Paris par le collége de Laon à l'époque de sa fermeture. La première, placée sous la censive des chanoines de Saint-Benoît, avait pour enseigne la Corne de cerf; la confrérie de Saint-Yves en disposait sous Charles VII; elle produisait 715 livres en 1763. La seconde, grevée d'un cens au profit de Sainte-Geneviève, répondit à l'image de Saint-Marc et au nom de Jésus; construite, comme la précédente, sur les dépendances du Lion d'or, elle était divisée en deux avant 1731, époque où ses loyers montaient à 688 livres; en dépit de la décrépitude de ses murs, qui était avérée déjà en 1763, elle rapportait encore 653 livres, exploitée en hôtellerie de bas étage; l'abbé Fourneau, comme administrateur des bourses des colléges supprimés, la louait à un relieur six ans plus tard. A la porte de la troisième de ces maisons, laquelle fait le coin de la sinistre rue du Clos-Bruneau, dite précédemment de Judas, pendait jadis une Epée de bois, que remplaça une Sainte-Catherine; ce n'était qu'une étable, avec petit terrain sur le derrière, en la censive de Saint-Marcel du côté de la rue des Carmes, et de Sainte-Geneviève sur la rue de Judas, quand le collége de Laon en donnait, le 17 décembre 1549, 100 pistoles.

Quant au collége de Presles, jumeau de celui de Laon,

nous retrouvons n°s 6, 8, 18, 12 et 14, ses bâtiments dont la plus grande partie est à présent une caserne, en face du marché établi en 1813. Raoul de Presles fut arrêté par l'ordre de Louis-le-Hutin, comme complice de Latilly, chancelier de France; on ne le reconnut que plus tard innocent de l'empoisonnement de Philippe-le-Bel, et Philippe-le-Long l'ennoblit, le chargea d'affaires, en confiant plus encore à Jeanne de Presles, sa parente, dont les royales amours prouvaient que ce prince, nuit et jour, songeait à réhabiliter une famille taxée injustement de régicide. Laon avait vu naître Raoul; Jeanne de Chastel, sa femme, contribua avec lui à la fondation du collége qui fut aussi dit de Soissons, et les boursiers lui durent une maison, sous la cencive de l'évêque, qui n'est plus de nos jours enclavée dans la même propriété et que Chaulet, marchand de vin de la rue Saint-Jean-de-Beauvais, père de Mme Tardu, propriétaire actuelle, acheta de la Nation en l'an IV; c'est maintenant le n° 6. Raoul de Presles donne aussi, entre autres choses, à sa communauté de treize boursiers, plus deux chapelains : 1° un bois de Lisi, près Château-Thierry, dont les héritiers d'Enguerrand de Couci lui ont fait hommage; 2° trois maisons, rue des Carmes. Ce roi lui-même, dont Raoul est le secrétaire, gratifie le collége de 24 arpents de bois.

Bernard Hémard, principal du collége au commencement du xve siècle, acquiert de Raoul Maquerel la terre d'Amigny, tenue en foi et hommage du sire de Couci, surintendant des finances de Charles VI, et puis, le fief du Mets, relevant du duc d'Orléans dont Couci est aussi le chambellan. Jean Pinchard succède à Hémard, lorsque l'occupation anglaise a diminué les revenus de la maison et par suite le nombre des boursiers, désastres qu'il prend à cœur de réparer ; il meurt le 28 octobre 1473, léguant à la communauté ses meubles, sa bibliothèque et des biens-fonds dont sept maisons dans la rue du collége. Au nombre de celles-ci, figurent les n°s 16, 18, 22 et 24, dont la démolition s'opère au moment où j'écris. Deux de ces corps de bâtiment ont porté l'enseigne du Sauvage ; à la mort de Pinchard, on en a laissé la jouissance viagère à son neveu, Pierre Pinchard, chanoine de Saint-Cloud ; puis le médecin Jean Le Reuil les a loués. Les deux autres numéros cités ont répondu à l'image de la Bouteille, puis à celle de l'Etoile ; pris de même à bail par Le Reuil, ils n'ont plus fait qu'une propriété avec les précédents, et ils ont arboré de concert le Croissant d'argent. Le tout a été loué plus tard à un tailleur qu'y a trouvé Fourneau, grand-maître temporel de la réunion des boursiers en 1763. Du 26 au 38, toutes les propriétés ont fait partie du même legs et relevé de Saint-Marcel ; on y a remarqué, presque en face du 23, la Petite-Caille, maison baillée à rente en 1608, à Desjardins, à la condition de la rebâtir ; ce tenancier y a fait par-derrière un jeu de paume, que le collége a repris à fin de bail.

Hémard, ce bienfaiteur de Presles n'a pas voulu créer de bourses nouvelles ; il s'est borné à ordonner qu'on prît quatre boursiers dans sa famille ou dans celle de Godefroi Bouillé, ancien principal du collége, ou parmi les natifs de Saint-Pierre de Vitry, et il a imposé auxdits boursiers le culte particulier de la Sainte-Vierge, à laquelle était si dévot Louis XI, le roi d'alors.

Un autre principal, Nicole Le Sage, assure qu'il lui est dû par la maison, en 1553, 2,099 livres ; mais il lui en fait don par testament, à la charge que son âme y participera aux prières. En ce temps-là, une étroite amitié lie le collége de Presles à celui de Beauvais, qui n'en est séparé que par un mur ; Pierre Laramée, principal de Presles, célèbre sous le nom de Ramus, s'entend si bien avec Omer Talon, principal de Beauvais, qu'il fait ouvrir une porte entre les deux cours respectives. Ramus, ancien élève de Navarre, puis maître de logique à l'Ave-Maria, a commencé par démontrer qu'Aristote n'est pas infaillible, tout en prouvant sa sympathie à la réforme au point de vue religieux ; Antoine de Gouvéa, barbiste de cette époque, a accusé d'impiété ses écrits, de sédition les tendances de son cours, et Henri II lui a interdit l'enseignement de la philosophie. Ramus donne des leçons de dialectique aux étudiants de Presles, et ceux de Beauvais en profitent. La Sorbonne, qui s'émeut du succès de son cours, travaille à l'expulsion du principal de Presles ; mais le cardinal de Lorraine fait rapporter l'arrêt prohilitif, et Ramus est nommé professeur de philosophie et d'éloquence au collége de France, en dépit de l'Université dont il médite la rénovation. Charles IX, qui a reçu de lui la communication d'un plan à cet égard, donne un asile à Fontainebleau au principal incriminé d'avoir enlevé de la chapelle de Presles toutes les images des saints, et durant cette absence, les meubles et les livres du réformiste sont pillés par les gouvéistes. Parmi ces volumes est la bibliothèque qu'a léguée au collége en 1550, avec une somme de 600 livres pour la fondation d'une bourse, Jean Péna, élève de Ramus. Celui-ci tantôt reparaît et reprend ses cours, tantôt se réfugie au camp de Condé ou bien à Heidelberg, selon que la politique de Catherine de Médicis élargit ou restreint la tolérance religieuse. Par malheur, il est rue des Carmes, la nuit de la Saint-Barthélemy, et il se cache dans les caves du collége ; on l'y poursuit, il veut racheter sa vie ; rançon est acceptée, payée, et néanmoins le poignard fait son œuvre ; le corps de l'illustre pédagogue est ensuite traîné dans la boue, et par qui ? par des écoliers.

La principauté de Presles passe de Médard Bourgeotte à Quentin Hoyau, qui cède en 1616 à Jean Granger, principal de Beauvais, la direction de l'exercice des classes pendant sa vie, et le mur de séparation est jeté bas entre les deux colléges ; le temporel n'en reste pas moins distinct. L'an 1640, Granger se démet de cette charge en faveur d'Antoine Moreau, principal de Presles, successeur de Charles

Morel ; à la mort de Moreau, en 1679, il s'élève des contestations, à l'issue desquelles nos boursiers cèdent à l'autre communauté une partie de leur cour et deux corps de logis où se trouve leur chapelle, moyennant 2,000 livres, somme qui s'ajoute à celle de 4,000, léguée par le chanoine Hannecaut, ainsi que ses livres, pour relever ladite chapelle, avec bibliothèque à l'étage supérieur ; aux termes du même acte, Beauvais se charge seul, pour l'avenir, de l'exercice des classes. C'est ainsi que notre communauté tombe à l'état de petit collége dépourvu de plein exercice ; mais le mur de séparation est relevé par la sollicitude du célèbre Rollin. Les derniers principaux de Presles dont nous ayons pu retrouver le nom, sont Louis Levasseur (1693) ; Pierre Rabœuf (1705) ; Millet (1713) ; Simon Derveau, docteur en Sorbonne (1720). Un peu avant la réunion de tous ces petits colléges, la maison de Presles, sans compter ce que Beauvais en avait acquis, rapportait 1,300 livres, outre que s'y trouvaient encore le logement des boursiers, du chapelain, le réfectoire, la cuisine, etc ; elle payait cens à l'archevêque. En 1781, on défrayait à Louis-le-Grand dix-huit boursiers de Presles, grâce au revenu des fondations, qui montait à 11,169.

Autre collége, celui des Lombards, vers le haut de la rue, à gauche ; 1334, date de sa fondation par le cardinal André de Chini. Son édifice tombait en ruine lorsque deux prêtres irlandais, sous Louis XIV, le firent reconstruire.

Toutefois, ses bâtiments et sa chapelle, que nous laisse voir la porte cintrée du 23, furent de nouveau rétablis sur les dessins de Boscry, vers 1760. On y revoit ordre corinthien, portail, porche elliptique, colonnes et pilastres ioniques, entablement, fronton brisé, tout l'extérieur enfin de la chapelle, excepté les armes de l'abbé de Vaubrun, qui figuraient dans le tympan. Quand cet écusson fut gratté, les bâtiments furent confisqués sur le collége des Irlandais, qui en avait fait son annexe; la restitution de Louis XVIII fait que de nos jours encore ils appartiennent à la maison des Irlandais, Anglais et Ecossais réunis : corps de logis, chapelle, tout est loué comme magasins à des librairies-éditeurs. Livres en feuilles tenus au frais, à l'ombre de souvenirs scolastiques, vous gardez un parfum modeste, mystérieux, qu'une fois assemblés et reliés vous fera perdre la poussière dissolvante des rayons de bibliothèque ! Pourquoi faut-il qu'il se mêle, rue des Carmes, à cette senteur de passé et d'avenir, l'arôme trop présent du vieux linge, des habits en loques, pendus à maintes portes de marchands de chiffons? Le vestiaire, lui aussi, se tire à plus d'une édition, tant que l'étoffe ne fait pas défaut : tel pan de redingotte usée deviendra casquette des dimanches ; telle chemise hors d'usage, insuffisante pour un suaire, sauvera plusieurs blessés, une fois effilée en charpie ; tel morceau de peau fait pitié, qui a déjà servi de selle, de tablier ou de plastron, et qui passera gaine ou gant de gendarme, véritable cliché du genre.

RUE CARON.

Caron, maître-général des bâtiments du roi et des ponts et chaussées de France, a dessiné un premier plan pour l'établissement du marché Sainte-Catherine, sur l'emplacement du prieuré royal de la Couture-Sainte-Catherine, au Marais ; mais, par motif d'économie, un autre plan de Brébion, architecte, a prévalu, et son exécution a commencé en 1783. Caron n'en est pas moins resté le parrain d'une des petites rues qui servent d'avenues au marché, ouverte la même année sur les terrains acquis par Marchant-Ducolombier. Les deux maisons qui la composent ont le même acte de naissance.

RUE CARPENTIER.

Dans un renfoncement qui confine au gymnase des pompiers de la rue du Vieux-Colombier, une maison fut saisie en 1743 sur la famille Baudouin de Montorcy, censive de Saint-Germain-des-Prés, et adjugée en parlement aux orphelins de la paroisse Saint-Sulpice, institution de charité fondée depuis soixante-cinq ans dans la rue du Vieux-Colombier par Basnière de Poussé, curé de Saint-Sulpice ; puis ce corps de logis, après avoir été ajouté à l'établissement, fut loué isolément lors de la suppression de la maison.

Un étage du n° 5, bâtisse non moins étroite que haute, servait de logement, année 1713, à Edme Ravaisson, *pitancier de l'Académie*. Cette profession anormale nous rappelle qu'il y avait alors dans le quartier deux académies dites *royales*, et que nous croyons avoir été des réunions de maîtres de danse ou d'escrime, si ce n'est de joueurs ; l'une rue des Canettes, vis-à-vis de la première communauté de Saint-Sulpice, l'autre rue de l'Egout, en face de la rue Sainte-Marguerite.

La petite rue Carpentier, au surplus, dont presque toutes les constructions ont façade sur d'autres rues, portait déjà son nom sous la minorité de Louis XIV.

RUE CASSETTE.

MM. Gaume. — M. Barthe. — M. Froelicher. — Mme Guyon. — Un couvent en 1709. — Les peintres. — Les libraires. — M. Arachequesne. — Brissac. — M. de Salvandy. — Le troisième consul. — Les d'Hinnisdal.

Les héritiers de la marquise de Flers ont vendu, vers 1844, l'immeuble n° 4, datant d'un autre siècle, à M. Gaume, qui a maintenant son fils pour successeur comme libraire, et comment ce nom ne rappellerait-il pas l'anathème qu'a lancé sur la littérature païenne l'abbé Gaume, membre de cette famille? Mais l'école romantique en avait déjà fait autant, à un point de vue différent, et le *Dictionnaire de la Fable* n'est pas le *vade mecum*, que nous sachions, de l'école réaliste, qui l'emporte aujourd'hui en fait d'art, de littérature, de mœurs et de gouvernement. Quant à la rue Cassette, son nom lui vient par corruption d'un hôtel de Cassel existant sous François Ier; si elle aime les contrastes, une bicoque, au n° 3, fort peu distant du 7, la sert à souhait. Ce dernier numéro, hôtel de M. Barthe, ancien ministre, président de la Cour des comptes, a été pendant tout un siècle, ainsi que le 5, aux Rocher de Bazancourt, et avant eux on y a pris le voile, s'il faut en croire ce qu'on dit.

Au reste, plus d'une propriété de l'ancien Paris a dépendu d'une maison religieuse ou hospitalière, sans que nous puissions dire de laquelle; les immeubles qui ont fait retour à la nation, dans la Révolution, ont divorcé alors avec les parchemins fixant l'origine antérieure. Dans cette catégorie se trouve le 8, dont la grande cour, ombragée de tilleuls, dessert divers corps de logis. N'était-ce pas le couvent des religieux de Notre-Dame-de-Saint-Joseph, qui, pour sûr, habitèrent la rue avant qu'une partie du 8 fût occupée, au milieu du xviie siècle, par Marie Zoccoli, sous-gouvernante des enfants de France, veuve de Robiecq, baron de Palier, y succédant aux auteurs de ses jours?

Un escalier convenablement ferré tournoie entre les murs

du 9, siége actuel d'une imprimerie, qui appartenait sous Louis XV à Rissoan, un pharmacien. Le censier de Saint-Germain-des-Prés cite au surplus comme propriétaires au xviie siècle, rue Cassette, pas mal de fournisseurs et de valets de chambre de grande maison. Puis après la rue Carpentier venait l'hôtel de Soullé, marquis de Grunenaux et de Martangis, acquis du marquis de Birague. Dans les mêmes appartements est né en 1735 Convers Désormeaux, qui a cessé de vivre à quatre-vingt-cinq ans, doyen des architectes de Paris, et dont la petite-fille a épousé elle-même un architecte recommandable, M. Froelicher. Etonnez-vous encore, après cela, de l'excellent état de conservation d'une maison qui, depuis plus d'un siècle, appartient à des architectes ! Parfaitement clos et couverts y ont été, comme de juste, le fameux archevêque de Pradt, le géographe Barbié du Bocage, le baron Feutrier, pair de France, Mgr Dupanloup, évêque d'Orléans, représentant du peuple, membre de l'Académie française. Autre hôtel, n° 17, duquel ont disposé, depuis le règne de Louis XVI jusqu'à celui de Charles X, les de Langlard, dynastie de médecins. Le 23, construction récente, a remplacé la maison de Le Comte de la Chaussée, capitaine sous Louis XV au Royal-Bombardiers.

Passons maintenant, si vous voulez, chez les dames du Saint-Sacrement, transférées rue Cassette en 1654, sous les auspices d'Anne d'Autriche, et dont les chroniqueurs qui nous ont précédé ont dit fort peu de chose. Ces religieuses bénédictines avaient acquis des pères de Saint-Joseph l'ancien hôtel de Chemilly, fort petit édifice attenant à deux arpents de jardin; elles achetèrent ensuite des créanciers de Gontier de Longeville, président de la Cour des comptes avec le consentement du débiteur, un autre hôtel considérable, tenant à leurs premières possessions, puis tenant à M. de Bezemaux, le gouverneur de la Bastille, à Ledoux de Milleville, conseiller, et aussi à M. de Bourgneuf. Leurs constructions bordaient la rue Cassette, en face de la rue Mézières et de la rue Honoré-Chevalier ; leur chapelle se trouvait vis-à-vis de la grande porte, au fond d'une cour carrée, à trois corps de logis, sans compter d'autres bâtiments qui s'y rattachaient par derrière. C'est dans ladite chapelle que Bossuet confessa madame Guyon, la quiétiste, en 1696, après avoir été un des juges provisoires, chargés de la faire revenir de ses subtilités théologiques ; cette élève de Fénélon, belle-mère du fils de Fouquet, était persécutée comme hérésiarque et traquée de couvent en Bastille, depuis huit années; on l'avait mise alors dans une maison de la rue Vaugirard, sous la direction de M. de la Chétardié, curé de Saint-Sulpice, et son procès pendait en cour de Rome. Pourtant, ni l'évêque de Cambrai, ni les ducs de Chevreuse et de Beauvilliers, ni le comte de Vaux, son gendre, n'abandonnaient Mme Guyon, ce qui embarrassa Mme de Maintenon, qui l'avait reçue à Saint-Cyr. De Vaux, fils du surintendant, dont la disgrâce rappelle aussi bien des rigueurs, avait constitué une petite rente au couvent, comme indemnité pour les soins que les sœurs avaient eus pour cette pénitente à la fin de ses controverses avec Mgr l'évêque de Meaux, lequel avait fait un séjour dans une des maisons leur appartenant rue Cassette.

Cette rente figure aux comptes établis en 1709 pour Mme Radegonde de Beauvais (en religion, de la Présentation), prieure du Saint-Sacrement : de Vaux, le marquis d'O, M. de Moussy, le marquis de la Trémoille, la marquise de Bressieux, M. de Lancy, le président Lessaulle, M. Rolland, doivent alors au couvent 3,817 livres de rente. Son revenu se compose, en outre, de 2,393 livres sur la Ville et de 4,660, produit de cinq maisons dans le voisinage. Quelques pensions viagères sont payées, en sus, pour des sœurs qui les ont apportées en dot; elles s'élèvent à 2,400 livres et sont servies par les personnes suivantes : Bosc, conseiller d'Etat; Mme Meusnier; le père de sœur Sainte-Ide, qu'on appelle M. le président, mais qui n'a pas donné son nom; M. de Séchelle; Robin; Camuset, avocat; Fournit, auditeur des comptes; enfin M. de Lessaulle (deux autres noms sont peu lisibles). Puis 3,150 livres sont payées annuellement par quelques pensionnaires : Mlle Dartigues et sa femme de chambre, 1,300 livres, outre le loyer (*mais on est obligé de la nourrir de volailles et de petits pieds matin et soir, et de desserts*); Mlle de Thouville, 400 livres; trois autres à 300 pour chacune; une autre, 250 livres, puis deux autres à raison de 150. Total du revenu brut, 16,420 livres, et cette somme, qui paraît modeste, est importante pour ceux qui se rendent compte de la valeur qu'avait alors l'argent.

Toutefois considérons les charges de la maison, en cette même année. Tant religieuses, professes et novices, que pensionnaires, tourières et domestiques : 56 personnes à à nourrir. Aussi figure-t-il au passif 4,275 livres, dues à un seul boucher, 788 au rôtisseur, 2,425 à l'épicier, 972 au pâtissier, sans compter les autres fournisseurs. On ne donne rien au chirurgien, parce qu'il a mis sa fille depuis l'âge de sept ans dans la maison, et elle en a dix-neuf; mais on compte les visites du médecin Collot. Bref, de toutes les dépenses forcées il résulte, pour les religieuses, un état de gêne assez sensible. Le couvent, outre ses dettes courantes, a signé des obligations ou des billets aux religieux de Fontevrault, à Caboust, à Maitrot, intendant de la marquise de Lamberty, à Mme Du Mesnil et à trois pensionnaires, Mlles Dartigues, de Vieuxville et de Bécourt : en tout, 14,146 livres. Ces dames du Saint-Sacrement n'en pensionnent pas moins sur le pied de 250 livres trois religieuses qu'elles ont exilées. Nous n'avons dressé ce bilan que pour donner une idée au lecteur de ce qu'était une communauté sous Louis XIV.

De ce couvent, il reste en grande partie, n°s 18, 20,

22, 24, les bâtiments et les jardins adjugés aux enchères du 14 fructidor et du 27 prairial an VI. La comtesse de Bury jouissait du 18, et la marquise de Chauvallon du 20, comme locataires des religieuses, au commencement du XVIIIe siècle. Le détenteur actuel du 22 est M. Hersent, de l'Institut; ce peintre d'un mérite magistral a fait le portrait de Louis-Philippe, de plusieurs membres de la famille royale, et l'artiste a reçu plusieurs visites de ses modèles. Mme Hersent y a elle-même ouvert un atelier pour enseigner aux dames la peinture; puis elle en a confié la direction à Mme Dénos, une de ses meilleures élèves; c'est M. Galimard qui succède à Mme Dénos. Artiste d'un talent remarquable, dans les mains duquel le pinceau laisse quelquefois place à la plume, il a exposé publiquement *Léda*, composition suave et savante, achetée ensuite par Napoléon III, son atelier fort connu est situé où se trouvait la chapelle du Saint-Sacrement, décorée par l'Espingola et Plate Montaigne.

Mais qu'est-ce que le 27, de l'autre côté de la rue? il ne faisait qu'un autrefois avec le numéro suivant, où M. Le Clère, éditeur, n'a aucun loyer à payer. Un autre grand libraire, M. Toulouse, tient de M. Dufougerais, qui a été rédacteur de la *Mode*, représentant du peuple et avocat, le n° 33, qui, ainsi que le 31, dépendait de l'ancien *Noviciat des Jésuites*, dont nous avons parlé rue Bonaparte. Lors de la suppression de l'ordre, en 1763, Alaume de Triel en fit l'acquisition, puis le légua à sa cousine. Un des hôtels

Molé se retrouve ensuite, occupé par M. Dodun, qui y conserve le magnifique portrait de Dodun, marquis d'Herbault, contrôleur des finances, peint par Rigault; toutefois, en 1677, Antoinette Dollebeau, veuve de Raoul Le Boutin de Bellevue, donnait ce même immeuble, dont l'escalier et la rampe sont superbes, à l'hôpital de Sainte-Reine, en Bourgogne. Immédiatement après, un chef d'institution tient ses élèves dans le petit hôtel Cossé-Brissac, où sont reproduits encore, dans un cabinet, les traits de plusieurs maîtres de la maison. Et le 41, sur quelle résidence se repliaient les battants de sa large porte? sur une propriété conventuelle, dit la tradition. Mais M. Arachequesne, maire de Compiègne, veut bien nous adresser la liste des locataires notables qu'elle a comptés depuis la Révolution : Lebrun, consul; M. le comte de Montalivet, M. de Vergès, Mme de Rostopchin, enfin Mlle Corneille, laquelle a dû au glorieux nom qu'elle portait d'être assistée par la reine Amélie.

Que si de gauche nous revenons à droite pour tout à fait, nous en étions au n° 26, où commençait le vaste territoire des Carmes de la rue de Vaugirard; mais ces pères, pour l'utiliser, lorsqu'on eut défendu aux grandes communautés d'acquérir de nouveaux terrains, firent bâtir des hôtels longeant la rue Cassette; ceux que nous allons rencontrer ont donc une origine commune. Le marquis de Contades a succédé à des carmélites qui occupaient le 26, sous la Restauration. Encore un éditeur notable, M. Parent

Desbarres, propriétaire au n° 28, qu'a adjugé la première république à la famille Dubois, qui a fourni un préfet de police à la seconde; des croisées par derrière de cette espèce de villa, on jouit d'une jolie vue sur une pelouse, des fleurs et des arbres.

Un académicien, ancien ministre, le comte de Salvandy, est mort l'année dernière, dans la maison d'après, acquise avant 1830. C'était alors scindé en deux propriétés. Il suffirait d'arracher le papier autour de quelques glaces, dans les appartements de Mme Salvandy, pour y remettre en vue de belles arabesques, passées de mode sous le dernier règne, mais recouvertes avec des précautions, dues au bon goût et à la prévoyance de la maîtresse du logis, qui les sauvegardaient pour l'avenir. Un autre homme littéraire, qui a joué de même un grand rôle dans les affaires de l'Etat, avait précédemment vécu sous ce même toit; c'était Lebrun, duc de Plaisance. Tendons même une chaîne à la porte, si vous voulez, comme on fait en Espagne, quand le souverain est entré quelque part! Napoléon a dîné chez Lebrun. Seulement le traducteur d'Homère était encore son collègue, et le troisième consul discourait quelquefois, comme les héros du poëte grec, au lieu de venir, de voir et de vaincre à la fois toute difficulté, comme le César des temps modernes. Il s'agissait rue Cassette, ce jour-là, d'une mesure à prendre rapidement, au sujet de laquelle l'éloquence de l'amphytrion s'était exercée sans conclure. — On voit bien, dit Napoléon, que le consul

Lebrun a été de la Constituante; il en garde l'idéologie.

Ici commence un mur, sur le plan de Paris en 1652, qui ne finit qu'avec la rue. Mais les Carmes continuent bientôt à bâtir par spéculation, et trois hôtels de plus surgissent bientôt sur la lisière de leur domaine; de beaux jardins les accompagnent toujours. Voici, au n° 38, le grand hôtel Brissac, qui maintenant porte un autre nom. Comme on vantait, sous Louis XIV, l'entablement dorique qui couronnait son édifice, et la commodité de l'habitation, et ses marroniers jeunes alors, et la belle grille en fer séparant la cour du jardin! Germain Brice, dans sa *Description de Paris*, dit la date de sa construction : 1704. Mais ses dispositions ont été modifiées par le dernier gouverneur de Paris, M. de Brissac, auteur du pavillon de gauche, dont le perron a disparu, qui menait à la salle des gardes pavée en marbre; de chaque côté, à la porte de cette salle, il y avait un grand éteignoir, qui servait à éteindre les torches que les valets de pied tenaient, le soir, derrière les voitures. Lors des massacres de septembre, le jardin du ci-devant hôtel du gouverneur a servi de refuge à l'abbé Potel, vicaire de Saint-Sulpice, échappé de la prison des Carmes; mais cet ecclésiastique, en escaladant la muraille, s'est fait une blessure au pied, qui l'a estropié pour la vie. C'est vers 1808 que M. d'Hinnisdal a acheté la propriété, qui demeure l'hôtel de sa famille; M. de Frénilly, pair de France, en a occupé une partie, et il y a donné l'hospitalité à un poëte, Cordellier-Delanoue. N'est-ce pas le cas enfin d'édifier nos aimés lecteurs sur l'origine de ce nom d'Hinnisdal, qui brille au-dessus de la porte? Dans la salle des croisades, il figure des ancêtres de François d'Hinnisdal, lequel a obtenu le 10 février 1723, de l'empereur Charles VI, le titre de comte pour lui et ses descendants mâles et femelles; le baron Jean-Herman d'Hinnisdal, seigneur de Ferfay en Artois, brigadier des armées de Louis XIV, a épousé en 1714 la fille du marquis de Lillers.

RUE CASSINI.

Colbert sut retenir en France, en lui offrant ses lettres de naturalisation, l'Italien Cassini, dont les grandes découvertes astronomiques signaient de pareils titres aux étoiles, en vertu du génie, procuration du ciel, et ce fut un astre de plus dans la pléiade française du grand siècle. Une étoile ne va jamais seule. Celles des Cassini se suivirent comme une seconde voie lactée : Jacques Cassini, satellite de Jean-Dominique, eut lui-même pour petites planètes, les Cassini de Thury, membres aussi de l'Académie des sciences, directeurs de l'Observatoire, pour continuer l'orbite décrite de père en fils. Nous trouverions un hôtel homonyme rue de Babylone, près l'hôtel Matignon; Jean-Dominique ou

Jacques n'en habita pas moins une propriété dans la rue des Deux-Anges, qui s'est encore appelée Maillet, prénoms qu'on a fait suivre du glorieux nom de famille qui lui reste.

De l'autre côté, n° 3, sont un autre jardin et une autre maison bâtie aussi par un des Cassini. Il y a quelques années nous n'y eussions trouvé encore qu'une pension; mais à l'époque où Mme Sand écrivait *Lélia*, *Valentine*, nous eussions rencontré sous ces frais ombrages Jules Sandeau, entre Balzac et Mme Sand ; or, l'auteur du *Docteur Herbeau* est resté depuis comme rivé à cet emploi de trait-d'union, par la nature elle-même de son talent. Les dames du Sacré-Cœur ne sont que momentanément les locataires de cette villa *intra muros*, pendant que leur maison, boulevard des Invalides, se rétablit de fond en comble.

RUE CAUMARTIN.

N°s 1, 2, 7, 24, 32, 34, 36, 46, 49, 52, 55, 66, 67, 68.

Noble souche du temps de Charles VI, que ces Lefèvre de Caumartin, alliée à celle de Créqui, et qui a donné un évêque, dont le fauteuil académique a passé à Moncrif en 1733 ! Antoine-Louis-François de Caumartin, marquis de Saint-Ange, comte de Moret et prévôt des marchands de 1778 à 1784, demeurait rue Sainte-Avoye ; il fit autoriser le 3 juillet 1779 l'ouverture de la rue portant son nom, sur des terrains acquis des Mathurins par Charles Marin de la Haye, un fermier général qui habitait la rue Vendôme. Il y avait déjà sept années que le président Thiroux d'Arconville, résidant rue du Grand-Chantier à l'hôtel Gervillier, avait servi de parrain à une petite rue percée plus bas que la rue Caumartin, aux frais de Sandrier des Fossés, entrepreneur des bâtiments du roi. Puis, en 1780, M. de Sainte-Croix fit adopter le tracé d'une petite rue, plus bas encore, que les édiles placèrent sous son invocation. Ces trois tronçons de la même voie, frayée par des habitants du Marais, qui érigeaient ainsi la Chaussée-d'Antin en quartier, portent la même dénomination depuis le 5 mai 1849.

L'architecte Aubert, à lui seul, éleva 28 hôtels dans ce quartier, que la mode tout d'abord prit sous sa protection, et notamment il fut l'auteur de ces deux pavillons décorés de figures en demi-relief, de petits amours, de médaillons, de cornets, de castagnettes, etc., qui se font pendant l'un à l'autre aux angles du boulevard et de la rue Caumartin. L'une de ces deux maisons, n° 1, garda assez longtemps une toiture qui rappelait les jardins suspendus de Babylone ; c'était une terrasse de 120 toises plantée d'arbustes, parsemée de parterres de fleurs, avec une pièce d'eau, des rochers, une cascade et des statues, le tout hérissé de pyramides et de tronçons de colonnes pour dérober la vue des tuyaux de cheminée ; la surélévation de l'édifice l'a décapité de cette plate-forme ; toutefois une ou deux pyramides tiennent encore embrassée, sur le faîte, la tôle où passe la fumée, et ces tuyaux communiquaient jadis avec l'appartement de Mirabeau, qui a demeuré au-dessous. Le 2 fut édifié, ainsi que deux autres maisons, pour le compte d'un riche Marseillais qui avait traité du terrain ; Dominique Le Noir revendait, en 1808, le même hôtel au père de M. Dubois de l'Estang.

Pour le marquis de Calvimont fut bâti un plus petit hôtel, habitation pleine d'élégance, n° 7, où est mort l'amiral Mackau. De même, un maréchal de France, Dode de la Brunerie, a cessé de vivre au n° 24, qu'habite sa belle-mère depuis 1820. Le premier occupant du n° 32 a été, sous l'Empire, un ancien président des états généraux, préfet, puis conseiller d'Etat, dont le fils est devenu ensuite pair de France, le baron Mounier. Le 34 et le 36 faisaient partie de l'hôtel du duc d'Aumont, premier gentilhomme de la chambre, élevé sur les dessins d'Aubert, au coin de la rue Neuve-des-Mathurins. On dit que les équipages dont le cocher est remplacé par un jockey à cheval, débouchèrent pour la première fois, sur le boulevard, par la rue Caumartin, et que le duc d'Aumont en fut l'importateur en France ou l'inventeur. Toujours est-il que, déjà sous Louis XVI, on connaissait l'attelage à la d'Aumont. Nous n'en voulons pas d'autre preuve qu'une allusion faite à cette élégante innovation par Mirabeau, qui descendait parfois jusqu'aux détails ; un de nos grands-oncles, qui approchait alors l'auteur des *Lettres à Sophie*, lui a entendu dire, en parlant d'une maison où le mari ne venait qu'après l'amant : — C'est un ménage attelé à la d'Aumont.

Une tache d'huile sur un bel habit avertit d'en éviter d'autres ; l'utilité de la masure qui porte rue Caumartin le chiffre 49 consiste à tenir tout prêts plusieurs coupés de remise pour s'en éloigner au plus vite. Elle appartint d'abord aux Capucins, dont le couvent, édifié par Chalgrin, fut transformé par la Révolution en hospice pour les vénériens et les galeux, au grand déplaisir des voisins, qui n'en pensaient que mieux à émigrer ; un peu plus tard, l'église Saint-Louis-d'Antin partageait le ci-devant couvent avec le lycée Bonaparte, et il ne restait aux Hospices que la bicoque du milieu de la rue. Les Pères capucins, il est vrai, avaient eu un voisin fort inquiétant dans le propriétaire du n° 52 ; c'était Legendre, ce même conventionnel qui, le premier, avait coiffé le roi d'un bonnet phrygien le 20 juin 1792. Mais des souvenirs plus reculés se rattachent au 55, où une manufacture de porcelaine fut établie avant la fin du règne de Louis XV, et de pareilles fabriques n'étaient alors qu'en très-petit nombre en France.

Du côté où la rue Sainte-Croix se faisait jour sur un marais bien cultivé et sur le chemin de ronde des murs de

Paris sous Louis XV, le crayon de Chalgrin présida à la construction d'un groupe d'hôtels, en même temps que du couvent ; c'est pour un ancien marchand de bois qu'il créa celui qui répond à 67, où fit un bail Eusèbe Salverte, et qui comporte un fort joli salon, style Louis XVI. De l'autre côté, la porte avant la rue Joubert s'ouvrait pour M. de Varanchon, fermier général ; puis la famille de Saint-Geniès en était mise en possession par héritage. Mme de Permont y avait occupé longtemps un logement avec sa fille sans qu'on eût jugé opportun d'en présenter les quittances de loyer ; mais quand celle-ci fut duchesse d'Abrantès, femme du gouverneur de Paris, une réclamation fut osée. Junot, à la rigueur, n'avait rien à payer des anciennes dettes de sa belle-mère, dont sa femme, Mme d'Abrantès, s'était refusée à accepter la succession ; toutefois il renvoya les Saint-Geniès à son beau-frère Maldan ; homme de manières communes, mais honnête homme, celui-ci fit donner satisfaction à la famille qui, la première, avait usé des mêmes bons procédés. Le 66, qu'habita le comte Alexandre de Girardin, ne fit d'abord qu'une propriété avec le 68, qui attenait au vieux Château du Coq ; le banquier Aguado y précéda la maréchale Ney, dont les quatre fils suivaient les cours du collége tout voisin, et leur mère, qui recevait beaucoup, voyait communément chez elle la reine de Naples, veuve de Murat, le duc d'Orléans, fils du roi, le général Bertrand, le maréchal Molitor, Jacques Laffitte, Orfila, le duc de Montébello et l'abbé Cœur. Où sont-ils presque tous ces hôtes qu'avait réunis, non sans peine, la révolution de Juillet? Où sont allés eux-mêmes trois des fils de la maréchale? Livre aux souvenirs, vous n'en faites jamais d'autres : vous avez beau planer sur une ville à quartiers différents, à l'exemple du *Diable boiteux;* ne soulever comme un couvercle que les toits des siècles précédents ; y revoir, en empruntant leurs dates, jeunes, valeureux, bien vivants, parés comme autrefois, les hommes qui ont appartenu à diverses générations ; admirer en passant les uns et rire des autres, il suffit qu'un nom historique ne se soit pas éteint avec son temps, pour nous ramener malgré nous au présent, qui a ses deuils et ses incertitudes comme aussi ses joies et ses gloires ! Si, un peu avant nous, la mort a soulevé le marteau d'une porte, si elle est revenue coup sur coup, drapant de noir le même vestibule, si cette maison enfin ne nous était pas étrangère, il faut bien dire adieu, pour un moment, au parti pris de variété, de style rapide, qui effleure et craint d'appuyer !

RUE DE LA CERISAIE.

Zamet. — La chatte de l'hôtel Lesdiguières. — Pierre-le-Grand. — Mme de Vaudeuil. — Le gouverneur de la Bastille. — Titon du Tillet. — Philibert Delorme. — Les souterrains. — Cardillac. — Les Visitandines.

Nous avons indiqué, en parlant de la rue Beautreillis, où se trouvait l'hôtel de Zamet, dont la porte uniquement donne rue de la Cerisaie. Trop peu de temps après la fin tragique de Gabrielle d'Estrées, Marie de Médicis passe quinze jours dans la maison où Henri IV assemble plus d'une fois son conseil ; puis la Régente vient encore dîner chez Zamet, y donne des audiences ; enfin, avant de mourir, le persévérant courtisan y mène à bien une négociation, au nom de la cour, avec MM. d'Épernon et de Guise, qui la menacent. Son fils, brave officier, hérite d'une partie de ses charges, vend son hôtel à Créqui, plus tard connétable, mérite la confiance de Louis XIII, passe maréchal-de-camp, cesse de vivre sans laisser d'enfants. Or la duché-pairie de Lesdiguières a été érigée, en même temps que pour le maréchal, propriétaire de la terre du même nom, pour son gendre, le sire de Créqui ; en conséquence l'hôtel de la rue de la Cerisaie devient l'hôtel de Lesdiguières, et la duché-pairie ne s'éteint plus que le 5 août 1712, par la mort d'Alphonse de Blanchefort de Créqui, duc de Lesdiguières, et c'est alors que notre propriété passe à titre d'héritage dans la maison de Villeroi. Mais jusqu'à la restauration de ce séjour quasi-royal, qui n'aura lieu que trente ans après, il y subsiste un singulier souvenir des affections de Paule-Françoise-Marguerite de Gondi, duchesse de Retz, marquise de Gamache, comtesse de Joigny, baronne de Mortagne, etc., qu'a épousée en 1675 François-Emmanuel de Bonne de Créqui duc de Lesdiguières. Cette dame a fait imprimer, dix ans avant de mourir, une *Histoire de Gondi*, écrite sous ses auspices ; seulement elle a distrait de cette noble préoccupation une extrême sollicitude pour sa chatte, qu'elle a fait enterrer avec les mêmes égards dans un endroit apparent de son jardin, et son mari n'a pas eu à s'en plaindre, car elle était quitte avec lui des honneurs tumulaires depuis 1681 :

> Cy gist une chatte jolie.
> Sa maîtresse, qui n'aima rien,
> L'aima jusques à la folie.
> Pourquoi le dire ? on le voit bien.

Pour continuer des traditions de royale hospitalité, le duc de Villeroi, gendre de Louvois, meuble magnifiquement cette résidence, pour y recevoir Pierre-le-Grand en l'année 1717. Louis XIV s'est refusé à attirer le czar en France ; mais le Régent lui fait les honneurs de Versailles, et Louis XV enfant rend visite au fondateur de l'empire de Russie dans l'ancien hôtel Lesdiguières : pour éviter les embarras du pas, qu'il ne voulait ni prendre ni céder, Pierre-le-Grand a trouvé un biais dans ces entrevues mémorables, c'est de porter dans ses bras le roi de France. La rue de la Cerisaie, au surplus, percée au commencement du règne de François Ier sur une partie des jardins du royal séjour de Saint-Pol, a dû sa dénomination à une allée de cerisiers. Les jardins de l'hôtel Lesdiguières ayant été réduits de 1737 à 1742, à leurs dépens ont été prolongées la rue de la Cerisaie et autres ; les rues Castex et Lesdiguières en ont fait partie autrefois. Comme on n'a que refait l'hôtel où tant de princes avaient passé, son ancien nom lui est resté. Ainsi le conseiller d'État Drouyn de Vaudeuil fait en 1776 l'acquisition du grand et du petit hôtel de Lesdiguières, aujourd'hui n{os} 12 et 14, rue de la Cerisaie. Mme de Vaudeuil n'occupe que le fond du 12, où elle finit de vivre à 84 ans ; la Terreur s'était contentée de l'enfermer comme suspecte. M. Landry, maître de pension, a fondé sur le devant un établissement que, depuis, ses fils ont transféré dans le rayon du lycée Bonaparte, et qu'une pension de demoiselles a remplacé dans le principe.

De l'incendie suprême de la Bastille, il est resté au milieu des débris, jusqu'à des flammes sculptées en pierre, qu'a épargnées fraternellement le feu, qui venait en aide à la pioche ; on peut les revoir n° 8, sur une terrasse touchant à l'ancien mur de Delaunay. Ce gouverneur de la Bastille occupait le n° 6, maison reconstruite vers 1830 ;

le fond du 8 est resté ce qu'il était, lorsqu'il attenait au jardin particulier du gouverneur.

En face de l'hôtel Lesdiguières, au rapport de plusieurs auteurs, se trouvait également au milieu du siècle dernier celui d'Evrard Titon du Tillet, ancien maître-d'hôtel de la dauphine, mère du roi. D'Argenville a bien dit, dans son *Voyage pittoresque à Paris*, paru en 1752, que ce riche particulier demeurait rue de Montreuil, et nous avons parlé d'une folie-Titon rue des Boulets, près la rue de Montreuil, qui ne pouvait être que sa petite maison du faubourg, ou celle d'un de ses parents. L'abbé Antonini, dans son *Mémorial de Paris*, année 1731, dit : « M. Titon demeure « dans une des cours de l'Arsenal. » Or vis-à-vis de l'hôtel Lesdiguières, et près des anciennes cours de l'Arsenal, aujourd'hui place de l'Arsenal, nous trouvons le n° 13, le 15 et même le 17 de la rue de la Cerisaie, dont l'apparence correspond justement à la date de ce *Mémorial*. Là donc s'est tout d'abord fait admirer le cabinet de Titon du Tillet, composé au 1er étage de quatre pièces de plain-pied, magistralement ornées de tableaux et de sculptures ; on y voyait, outre le buste de Despréaux, par Girardon, ce même groupe du *Parnasse français*, inventé par Titon, exécuté par Nicolas Poilly, où Louis XIV préside en Apollon, et qui se montre de nos jours à la Bibliothèque impériale.

Un fragment de jardin, un arrière-corps de bâtiment superbe, un escalier à vis en pierre massive, des greniers établis pour servir d'atelier, une glace qui remonte à l'époque où la fabrication des glaces commençait seulement en France, une serrure de 15 pouces carrés, dont la clef pèse 1 livre 3/4, voilà tout ce qui reste de la maison que Philibert-Delorme s'est bâtie, n° 22, au moment même où il tournait une page au grand livre de l'architecture, en substituant la renaissance au gothique pour le château des Tuileries, dont il était le gouverneur. En cette dernière qualité, il fit refuser un jour l'accès du jardin à Ronsard, qui voulait suivre Catherine de Médicis, et le poëte s'en vengea par une satire rappelant que l'architecte était pourvu de plusieurs abbayes, et que c'était trop de crosser la truelle. Sous la chapelle de son hôtel, Delorme communiquait par une voûte souterraine avec plusieurs de ses voisins, et le fait est qu'en ce temps-là tous les propriétaires, même les artistes, prolongeaient leurs caves sous les rues, pour en faire comme une autre ville dans les ténèbres. Le ciel appartenait à Dieu, le pavé de Paris au roi ; ces deux autorités n'étaient que rarement consultées sur la destination des souterrains.

Des caves encore plus compliquées régnaient au-dessous du 31, qui servit de siége à l'administration temporelle des Célestins, et qui ensuite passa aux Mortemart ; à un signal donné, une trappe faisait surgir un dîner tout servi, et ce n'était sans doute pas toujours la gourmandise qui enchantait cette issue mystérieuse. Au 32, c'est bien pis, dit-on ; l'orfèvre Cardillac, sous Louis XIII, y vendait des bijoux de prix aux seigneurs de la place Royale, qu'il allait détrousser, dès qu'il était payé, pour ressaisir sa marchandise. L'Ambigu-Comique a donné un drame, dont ce Cardillac lui a fourni le titre et le sujet. A côté de cette tradition, qui se rapporte à une cause assez célèbre, constatons que le 32 a surtout fait partie du couvent des Visitandines, qui y avaient elles-mêmes des locataires. Ces religieuses, qui portaient principalement le nom de Filles de Sainte-Marie, se trouvant à l'étroit dans l'ancien hôtel de Cossé, avaient acquis des Célestins quelque terrain pour s'agrandir. Leur ancienne chapelle n'est rien moins que le temple protestant de la rue Saint-Antoine.

LES ANCIENNES MAISONS

Des rues du Cendrier, Censier, Chabanais, de Chaillot, de la Chaise
et du quai des Célestins.

NOTICES FAISANT PARTIE DE L'OUVRAGE INTITULÉ :
LES ANCIENNES MAISONS DE PARIS SOUS NAPOLÉON III,

PAR M. LEFEUVE,

Monographies publiées par livraisons séparées en suivant l'ordre alphabétique des rues.

QUAI DES CÉLESTINS.

Hôtels Fieubet et Nicolaï.

Ne disons jamais de mal des maisons de rapport, nous trouverions trop d'incrédules ; les méchants buveurs d'eau, s'écrierait-on, médisent de l'ambroisie ! Mais chacun comme il peut remplit son verre, et sans mépriser la piquette, qui a la quantité pour elle, nous préférons à ce vin fugitif et qui n'est pas de garde, celui qui représente à notre époque le vieux falerne d'Horace, *Torquato consule*. Si vieux, diront alors les convives les plus positifs, qu'il en est éventé, qu'il a perdu sa force ! C'est égal, j'y reconnais le cru de la Campanie, l'essence fumeuse, mordante et suave qui distingue encore du *villum* et de la *vappa*, piquettes aigres-douces des Romains, la langueur suprême du falerne. S'il y a, du reste, une limite d'âge pour le vin généreux, elle est bien moins rapprochée de la jeunesse que l'âge de plaire pour les faibles humains. Ninon et Richelieu n'ont eu que par exception le mérite de séduire passé la soixantaine. C'est autre chose pour les monuments de l'art, pour les maisons à souvenirs ; ils gagnent constamment à vieillir, et si nous retrouvions le nid d'Adam et Ève, il nous inspirerait à coup sûr plus d'intérêt encore qu'à eux-mêmes, soit avant, soit après le péché. Il y a bien à porter en compte, pour la peinture, la sculpture, la dorure, l'œuvre du temps qui les dégrade ; mais les corps d'édifices n'y perdent rien, grâce aux restaurations, qui l'emportent quelquefois sur la construction primitive. Tout est sauvé, si les réparations ne sacrifient pas trop la maison historique à ce qui établit par elle un revenu.

Nos compliments sont dus à M. le comte de Lavalette, lequel vient de présider avec beaucoup de goût au rétablissement d'un vieil hôtel, 6, quai des Célestins, qui ne méritait pas de déroger. Une campanille, qui donne à l'édifice quelque apparence monacale, n'est que la cage d'un charmant belvéder, d'où s'étend une vue admirable; la galerie de balustres qui couronne presque la maison et les statues qui la rehaussent sont en tout cas une addition heureuse. Est-elle moderne, ou du fait de Hardouin-Mansart, qui a déjà restauré cet hôtel? Nous penchons pour l'époque actuelle; en tout cas c'est une véritable renaissance. Mansart est mort l'année 1708, et nous avons sous les yeux une gravure de 1680, dont l'auteur est Pérelle, qui représente la maison de M. de Lavalette, avec son double pavillon par devant, mais décapitée de l'auréole que lui font cette balustrade, ces figures de plein relief et ce petit clocher à jour.

Cet hôtel a porté le nom de Combourg et celui de Fieubet ; il a été bâti, lui aussi, sur l'emplacement de l'ancien hôtel royal de Saint-Pol, qui ouvrait de même sur le quai, que les rois avaient abandonné pour celui des Tournelles, et que François Ier avait cédé en grande partie à Jacques Genouillac, dit Gaillot, grand-maître de l'artillerie, pour y établir un arsenal. Anne de Béthune, veuve de Timoléon Beauvert, baron de Cournay, fille ou petite-fille du baron de Moncrif, a vendu la maison en 1558 à Henri de Senneterre, ministre d'État; Gaspard de Ficubet, baron de Launac, conseiller-secrétaire du roi, l'a achetée de ce dernier, et c'est précisément à l'église des Célestins, dont le cloître est occupé de nos jours, au coin de la rue de Sully, par la caserne des Célestins, que les secrétaires du roi faisaient dire leurs messes, célébrer leurs cérémonies, depuis Charles V ; ils étaient tous de la paroisse, qu'ils habitassent ou non ce quartier-là. Gaspard a été nommé, pour surcroît, chancelier de la reine Anne d'Autriche, en 1671 ; auteur de petits vers bien faits, qui avec lui couraient les ruelles, c'était un homme de plaisir, marié et puis veuf sans enfants, d'une politesse d'esprit fort agréable aux gens de lettres dont il aimait la société, ami surtout de Saint-Pavin auquel il fit cette épitaphe :

> Sous ce tombeau gît Saint-Pavin :
> Donne des larmes à sa fin.
> Tu fus de ses amis peut-être ;
> Pleure ton sort avec le sien.
> Tu n'en fus pas ? Pleure le tien,
> Passant, d'avoir manqué d'en être.

Elisabeth, la sœur du chancelier, avait épousé Nicolas de Nicolaï, 1er président aux Comptes, et ce mariage avait occasionné la division de la vaste propriété ; les Nicolaï, pour leur part, avaient pris possession du n° 10 d'à présent, bâtiments qui ne remontent, pour ceux-là, qu'aux Fieubet, et où il reste un remarquable escalier du style Louis XIII, et des grilles de croisées marquées à la lettre N. Morte en 1656, la présidente Nicolaï a laissé une fille unique, mariée à Louis de Rochechouart, duc de Mortemart, pair de France, lieutenant-général des armées du roi ; celle-ci, une fois veuve, a fait donation de l'hôtel, pour qu'il ne sortît pas de la famille, au président Jean de Nicolaï, marquis de Goussainville, lequel a eu pour héritier son fils. Le marquis de Nicolaï a vendu en l'année 1770 ladite propriété, démembrement de l'ancien hôtel Combourg, à Pigory Delavault, pensionnaire du roi, donnée alors en location à François Romieu, trésorier-général du sceau de la Chancellerie, époux de Mlle Moncrif ; Mlle Pigory, femme Lemercier, y a succédé à son père. En 1854, cette maison a servi d'atelier pour l'habillement de la garde impériale ; puis on a procédé à une réparation qui en fait une résidence confortable.

Quant à l'hôtel Fieubet proprement dit, il était échu à Anne de Fieubet, conseiller au parlement, frère de la duchesse de Mortemart et du chancelier décédé aux Camaldules de Grosbois en 1694. Paul de Fieubet, également magistrat et fils du précédent, y est mort subitement en 1718. Dans la génération suivante, à Gaspard ont été enlevés tout aussi prématurément par la petite-vérole sa femme et puis son fils, inhumés à Saint-Paul dans une sépulture de famille. Le second fils de Paul, héritier de la propriété après la mort du fils aîné, avait uni sa fille à Mathias-Raoul, comte de Gaucourt, maréchal-de-camp, dernier propriétaire du chef du chancelier : les Gaucourt, souche de vieille noblesse, avaient longtemps porté, comme écuyers du roi pour ainsi dire par droit héréditaire, le titre d'*enfants d'honneur du roi*. M. de la Haye-des-Fosses était propriétaire, sous la Restauration, de cet hôtel, qu'il habitait avec son gendre, M. Boula de Mareuil.

Au reste, le quai des Célestins a gardé plus de deux maisons, des siècles qui nous ont précédés. J'en atteste la vieille rampe de fer qu'on retrouve au n° 16, et la belle porte-cochère, ferrée de grosses têtes de clous qui se remarque n° 22, maison qu'habite M. Rançonnette, paysagiste recommandable, qui a aussi voué un culte d'artiste à tout ce qui survit au vieux Paris. Des caves subsistent sous le n° 20, qui ont appartenu au séjour de Saint-Pol. Quant au 24, il communique avec l'hôtel de la Vieuville, dont il a toujours fait partie, mais qui donne surtout rue Saint-Paul.

RUE DU CENDRIER.

Mais où est-elle? va se demander d'abord notre lecteur. M. Rousseau ne l'a pas découverte sans peine, à travers les méandres du quartier Saint-Marceau. Les naturels eux-mêmes de ces parages semblent des Judas qui la renient; à cent pas à la ronde ils ne la connaissent pas encore. En conséquence notre envoyé jouait à Colin-Maillard, les yeux bandés, attendant qu'on lui dît : Tu brûles! Mais vain espoir! Un sens exquis, le flair, qu'offensent pourtant au faubourg Saint-Marceau les exhalaisons des fabriques, lui permit seul de s'écrier, après mainte et mainte volte : — C'est sans doute là.

Exclamation poussée rue des Fossés, en face d'une petite butte assez abrupte et où commence une rue dont l'écriteau est de ce côté prudemment illisible, dont le pavé évite avec soin la chaussée et fait seulement trottoir sur les deux rives : il est vrai qu'à Paris rien n'est plus distingué, plus rare que de toucher la terre. On dit que ce nom de Cendrier vient d'un clos; mais l'étymologie de Lourcine, nom de la rue voisine, peut bien avoir fait double emploi; la voici : *Locus cinerum*. En attendant que la cendre vole, rue du Cendrier, autour des tuniques de soie, elle y peint des grisailles sur les murs d'un horticulteur, et le jardinage, lui aussi, n'est-il pas devenu un luxe? Un fabricant de berceaux, industrie non moins villageoise, occupe, n° 2, une maisonnette que, sous le Directoire, un maître maçon a bâtie, pour y installer sa maîtresse ; cette destination et les matériaux employés, débris de quelque démolition, feraient croire, mais bien à tort, que cette petite maison, à croisées garnies de vieilles ferrures, date du temps de la Régence.

RUE CENSIER.

Nos 6. 13, 15, 17, 19, 21, 23, 29, 31.

De la rue qui précède à celle où nous conduit cette notice, M. Rousseau s'est dirigé sans avoir à changer de quartier, et voici le résultat de l'enquête qu'a ouverte ce commissaire-voyer au point de vue historique, sur les maisons anciennes de ladite rue, parallèle au cours de la

Bièvre, que le plan de Jouvin (1668) appelle la vieille rue Saint-Jacques, mais qu'on a dite également *rue Sans-Chief*, nom qui s'est transformé par corruption en celui de Censier :

N° 6 : — Maison de santé sous la Restauration, ayant pour vis-à-vis plusieurs tanneries, depuis certains procès qui ont eu lieu entre les victorins et les génovéfains, relatif au détournement de la petite rivière de Bièvre. N° 13 : — Hôtel de président, sous Louis XIV, dont le jardin a disparu, mais dont l'édifice a gardé sa petite porte ornée d'un mascaron; un capitaine au règne suivant en a fait le quartier de sa propre compagnie; puis la maison a été réunie aux deux propriétés qui suivent. N° 15 : — C'est depuis près de deux siècles une brasserie; l'image de la Madeleine, au milieu du siècle dernier, y pendait à la porte d'Arnoult, propriétaire et fabricant de bière. N° 17 : — Le susnommé Arnoult a tenu à bail cette autre propriété, de l'hôpital qui venait après elle, ayant Gerbier pour fondé de pouvoir, et qui l'avait acquise de Gunaïde, médecin, en 1674. Le même a eu pour successeur le nommé Santerre, comme brasseur vers 1750, et comme propriétaire trente ans plus tard : l'enseigne de ce dernier, gravée sur marbre, est encore à titre de souvenir dans la cour de la brasserie. Mais on ne retrouve plus, au 17, qu'une porte du corps de bâtiment où est né le fils du brasseur, brasseur lui-même au faubourg Saint-Antoine, puis héros du 10 août et d'autres journées mémorables, comme commandant de la garde nationale, et ayant réellement, par l'industrie de son père et par la sienne, les deux pieds à la fois dans ces deux quartiers populeux qui font toutes les insurrections. Quand Santerre fut promu au grade de maréchal-de-camp, son père se décida à vendre la brasserie et la maison qu'il avait rue Censier; c'était en 1792. M. Cartier, maintenant chef de l'établissement et possesseur des trois maisons où il est exploité, a servi jusqu'en 1850 une rente hypothéquée au capital de 4,000 livres tournois, qui n'était rachetable qu'à la mort de la fille du général Santerre, laquelle a cessé de vivre sous la dernière république et dont est resté veuf le greffier de la justice de paix de Lontjumeau ; cette rente forcée était l'effet d'une substitution qui témoignait de la prudence de Santerre père et du peu de confiance qu'avait encore ce dernier, pendant qu'on instruisait le procès de Louis XVI, dans la solidité du poste et de l'influence de son fils. N°⁸ 19, 21 et 23 : — Hôpital des Cent-Filles ou Notre-Dame-de-la-Miséricorde, fondé par le président Antoine Séguier, pour cent jeunes orphelines qui y étaient élevées depuis 7 jusqu'à 25 ans. En vertu de lettres patentes du roi, les compagnons d'arts et métiers qui, après avoir fait leur apprentissage, épousaient une de ces cent filles, étaient reçus maîtres sans qu'on exigeât d'eux le chef-d'œuvre qu'ils devaient produire et sans payer de droits de réception. L'hospice fut supprimé à la Révolution ; ses bâtiments sont occupés de nos jours par des industriels, des fabricants, mais employés en grande partie, comme grenier de la boulangerie Scipion, appartenant à l'assistance publique. N° 29 : — Si des jardins se retrouvent encore dans cette partie de la rue à main droite, tout comme sur le plan de Paris tracé en 1739, de vénérables maisons aussi continuent à border le côté gauche, parmi lesquelles, pour n'en citer qu'une, au 29, est une fabrique de maroquin, tenue de père en fils depuis un siècle. Plusieurs de celles qu'elle précède ont conservé des portes cintrées, contemporaines de l'époque où la rue n'était qu'une impasse, et presque toutes sont occupées par mégissiers, corroyeurs et tanneurs, dont toutes les préparations sont facilitées à la fois par la Bièvre canalisée, qui baigne par derrière chacune de ces propriétés. N° 34 : — Petit hôtel à rampe d'escalier en fer bien conservé, qui a répondu à l'enseigne de la Belle-Etoile et qui a été réuni pendant un temps à une grande maison de la rue d'Orléans. En 1756, il était la propriété d'Anne Beaucheron, dame d'honneur de la princesse de Salm et veuve en premières noces de Goussault de Champoninet, capitaine des carabiniers, en deuxièmes noces de M. de Caulan, gentilhomme de la reine, qui était veuve elle-même de Jean Sobieski, roi de Pologne. Louis de Goussault d'Atimont, fils de cette dame d'honneur, en hérita ; mais, pour la vendre en l'an 1765 à Mlle Cottiau, qui en fit pendant vingt années une fabrique de couvertures, à l'enseigne éloquente du Cygne, il fallut : 1° l'ensaisinement des abbé et religieux de Sainte-Geneviève, seigneurs censitaires de la rue; 2° la légalisation authentique de ladite vente par Marie-Thérèse d'Autriche, impératrice d'Allemagne, reine de Hongrie, duchesse de Luxembourg, au service de laquelle était attaché le vendeur.

RUE CHABANAIS.

Le marquis de Chabanais. — M. Delécluze. — Le général Digeon. — Chénier. — Ladvocat. — Pichegru.

L'ouverture de la rue remonte à la première année du règne de Louis XVI, sur les terrains de l'hôtel de Saint-Pouange et aux frais de Claude-Théophile-Gilbert de Colbert, marquis de Chabanais et fils du maréchal-de-camp, qui disposait de cet hôtel : les Saint-Pouange étaient des Colbert. Cette rue formait d'abord rectangle pour rejoindre la rue Sainte-Anne; mais les propriétaires riverains se cotisèrent en 1838, et obtinrent après souscription pour subvenir à la dépense, qu'elle fût prolongée jusqu'à la place Louvois; de l'équerre primitive se détacha alors la rue Chérubini, entre les rues Chabanais et Sainte-Anne. Sur le premier tracé avaient été élevées des maisons qui, pour la plupart, ont conservé intacts leur physionomie identique, leur entresol à ouvertures arquées, l'exiguïté sombre de leur cour, car le jour et la place pour chacune d'elles ont été mesurés avec harmonie, mais épargne. Deux architectes entrepreneurs, Delécluze et Périac, les ont construites presque toutes ; mais ils n'ont pas tardé à les revendre, en ne s'en réservant que quatre ; Périac avait gardé l'immeuble n° 1 de la rue Chérubini actuelle, et puis un autre ; à Delécluze étaient échus les n°s 1 et 4, du côté de la rue Neuve-des-Petits-Champs. Puis vint la République, et non contente de restreindre les revenus fonciers de ce dernier, elle écourta son nom d'une syllabe, à cause de sa fortuite ressemblance avec la particule nobiliaire, en ce temps-là tant décriée, et sur l'autel de la patrie le citoyen Lécluse déposa, sans faire résistance, cette partie intégrante de son nom qu'il avait portée sans orgueil. Mais quand tout commença, choses et gens, à se compter, des actes d'état civil et autres se trouvèrent entachés d'un cas de nullité ; il fallut un procès pour établir l'identité légale des Delécluse et des Lécluze. Le fils de l'architecte de la rue Chabanais, né au n° 1, est un des collaborateurs les plus actifs du *Journal des Débats.*

D'en face, n° 2, est parti dès le premier mot de *La Patrie est en danger*, un soldat qu'arrachait la première réquisition aux embrassements de son père, ci-devant colonel, et de sa sœur, jolie même dans les larmes ; plus tard, ce simple soldat était le général, vicomte ou chevalier de Dijon, car les deux fils du comte ont porté les mêmes épaulettes sous l'Empire, et puis, sous la Restauration. Marie-Joseph Chénier, rédacteur du *Mercure*, lors du second mariage de l'empereur, fréquentait la même maison, où demeurait sa maîtresse, qui n'était plus alors Mme Vestris ; du moins, la dernière muse du tribun-poëte était beaucoup trop grasse pour qu'on la soupçonnât d'avoir dansé dans *Bacchus et Ariane*. Son appartement, au surplus, n'a pas tardé à recevoir la visite de cent et un écrivains bien connus : Ladvocat y a installé le siége de sa librairie. Cet éditeur du *Livre des Cent et un* et de mille et un autres livres, dîna plusieurs fois aux Tuileries, comme colonel d'une légion de la garde nationale, dans les premières semaines qui suivirent la révolution de Juillet ; cette qualité même le fit admettre un jour à la table du nouveau roi, auquel il proposa, entre la poire et le fromage, de prêter 500,000 fr. dans sa personne, à la littérature, dont l'élan était entravé par les progrès de l'esprit constitutionnel. A partir de ce jour, Louis-Philippe chargea un général, le baron Atthalin, de faire tout seul les honneurs du couvert, même aux officiers supérieurs. Ladvocat s'embarqua de nouveau, navigateur infatigable, et il refit, sans subvention, le tour du monde littéraire sublunaire ; sa boussole d'éditeur, qu'alimentait le génie des grandes entreprises et des explorations dans toutes les latitudes, ne lui fit pas découvrir la fortune ; mais jusqu'au bout il eut le pied marin, en dépit des écueils où son navire échoua plus d'une fois. Sans les risques et périls courus par Ladvocat et compagnie, où en seraient donc les expériences de la *jeune école* de son temps ? Comme libraire, Ladvocat a inventé l'avant-propos en chiffres, indiquant soit le prix enflé du manuscrit, soit le capital énorme d'une société en commandite, le tout pour ajouter à l'emphase de ces prospectus, qu'a fait crever et dépassée l'insinuante, la pateline, la réitérative réclame. Par l'influence de son esprit et de sa persévérance, il a recruté toujours des prosélytes, des flatteurs et des admirateurs, toujours impatients d'applaudir, jusque parmi ses créanciers, désespérant d'un dividende. Comme homme, il s'est fait adorer avec une rare persévérance, jusqu'à l'âge où les cheveux blancs tombent, jusqu'au dernier jour de sa vie, par une maîtresse couturière à la mode ; lorsqu'il ne trouvait plus un louis à emprunter pour base aux millions qu'il rêvait, elle réhabilitait l'homme taré, en le faisant caissier de sa maison qui prospérait. Ces gilets de velours vert, grenat ou noir, qu'il portait constamment, ne se taillaient-ils pas un peu dans les robes destinées à des princesses étrangères ? Alors les morceaux en sont bons et ne ressemblent plus à ces maculatures, dont les éditeurs ne font rien.

La maison Ladvocat eut aussi pour locataire M. Huvé, architecte de la Madeleine.

C'est au n° 11 de la rue dont nous vous parlons que le général Pichegru fut arrêté, deux mois et quelques jours avant que le premier consul fut proclamé empereur.

RUE DE CHAILLOT.

L'ancien Chaillot. — La croix Boissière. — Les pensions. — Théaulon. — Les nourrisseurs. — La cure. — Petit, chirurgien. — M. et Mme Cochin. — M. et Mme de Viersac. — De Bure. — Le général Rapp et le Cte de Villoutreys. — L'évêque et le mercier. — Ste-Périne. — Barras. — Le général Guilleminot. — Mme Molé. — Mme de Marbœuf. — Le Cte de Choiseul-Gouffier. — M. Emile de Girardin. — Le 113.

Le village de Chaillot a été déclaré faubourg de Paris, sous le nom de faubourg de la Conférence en 1659, et compris dans l'enceinte urbaine en 1786. La seigneurie de ce nom avait fait retour à la couronne sous Louis XI ; ce roi en avait disposé en faveur de Philippe de Comines, bien avant qu'elle passât aux dames du monastère royal de la Visitation ; le maréchal de Bassompierre, possesseur du château de Chaillot, l'avait habité sous Louis XIII, et y avait brûlé, le 24 février 1631, 6,000 billets doux, lettres de cité bien suffisantes pour ériger un bourg en quartier de ville. Seulement plusieurs domaines nobles ou fiefs s'étaient greffés sur l'arbre seigneurial, dont les rameaux de diverse pousse s'étendaient sur le territoire du village. La grande rue de Chaillot comptait 220 feux, en l'an 1709 ; le plus gros de cette population se composait de blanchisseurs et de maraîchers, du côté de la rivière de Seine, et de véritables vignerons et laboureurs, dans la partie haute du faubourg ; toutefois la meilleure bourgeoisie ne tarda pas à s'y tailler, comme en plein drap, de belles propriétés, ainsi que nous allons le prouver. Parmi les habitants notables de Chaillot à différentes époques, dont nous ne saurions désigner la maison, citons seulement le président Jeannin, l'historien Mézerai, Bailly, maire de Paris, le jurisconsulte Treilhard.

Rue qui mérite d'être considérée comme suffisamment stationnaire! puisque ses numéros, depuis la fin de l'Empire, n'ont presque pas changé. Mais sous la République et sous Louis XVI, l'ordre numéral des maisons y commençait en sens inverse, du côté des Champs-Elysées. Par conséquent, près de la croix Boissière, qui se dressait à l'angle de la rue des Batailles, finissait la même rue en pente qui, depuis lors, descend au lieu de monter. Rien d'illogique, d'ailleurs, à ce que la source coule de plus haut que l'embouchure!

Interroger le n° 1, qui n'a pour lui qu'une apparence sénile, ne serait-ce pas perdre notre temps? Du 3, bâtiments et jardins dont un peintre éminent, M. Flandrin, est le propriétaire, nous ne savons pas beaucoup mieux l'origine; de raffinerie, il est devenu caserne dans les dernières années du règne de Louis-Philippe. Sous Louis XVI, a été élevé l'hôtel portant le chiffre 10, pour la fille d'un riche marchand. Le 11, pension de demoiselles, est une maison construite dans le même temps pour l'aïeule de M. Faustin, qui en dispose actuellement. Au 15, pension de garçons que M. Granet a fondée en l'année 1848 et dont nous avons eu à parler dans l'*Histoire du Lycée Bonaparte.* Les cours de ce collége sont suivis en effet par les élèves de ladite pension Bousquet-Basse, où Jules Janin remplissait les fonctions de répétiteur, avant que sa main de maître se fût armée de la férule du critique. De jeunes pensionnaires y prennent leurs récréations à l'ombre de beaux arbres, que voit depuis longtemps grandir cette maison, de bonne bourgeoisie, où demeurait antérieurement Nitot, joaillier de la couronne impériale.

Le vaudevilliste Théaulon s'est arrangé naguère d'une espèce de cottage, au fond du n° 35. En dépit du nombre formidable des pièces qu'il avait fait jouer, cet homme d'esprit a conservé jusqu'à la fin la plus impressionnable susceptibilité, à l'endroit des premières représentations; ces jours-là il ne vivait plus, il tremblait comme un vieux décor sur un portant mal assuré, et il ne rentrait à Chaillot qu'avec l'anxiété du lendemain, quand bien même le rideau se fût abaissé sans encombre sur un succès en perspective. Ses nombreux collaborateurs avaient beau se tenir sur leurs gardes, il finissait par rendre ses appréhensions contagieuses, et les coulisses devenaient un lieu de supplice, où la torture recommençait avec chaque scène, chaque couplet. Théaulon n'était philosophe qu'en dehors des alternatives à double face du théâtre; sa famille économe avait tenu à mettre sa patience à l'épreuve, dans son propre intérêt, en prenant ce lion du vaudeville dans les filets d'un conseil judiciaire.

Pierre Urbain, écuyer, maréchal-des-logis du roi et maître d'hôtel de la reine en 1735, était propriétaire d'un hôtel, n° 36, dont le seuil est encore décoré d'un mascaron et l'arrière-corps de logis d'un balcon ; son fils, Urbain de Vatrouville, remplissait la charge d'aide des cérémonies au commencement du règne suivant.

Grand balcon, de l'autre côté de la rue, au 45, dont la cour, entourée de pans de mur décrépits, sert de basse-cour à maintes poules, qui y gloussent dès la première heure. Cette partie de la rue, au surplus, a gardé l'aspect d'un village, grâce à quelques maisons de nourrisseurs. La porte cintrée du 43 permet de croire qu'il remonte à l'époque de Philippe de Comines. Les n°s 38 et 40, où de nos jours se trouve une maison de bains, ne faisaient d'origine qu'une seule propriété. Du 42, la grande porte cintrée annonce également son vieux temps. Les bâtiments répondant aux chiffres 55, 59, 63 et 79 peuvent aussi figurer parmi les plus anciens de cette voie publique : gageons qu'ils ont payé déjà bien plus qu'ils ne valent à présent, en impôts, en droits de mutation et de cens, au fisc, à la Ville, aux boues et lanternes, à la prévôté de Chaillot et aux dames de la Visitation de Sainte-Marie, seigneurs du lieu. Le 48 et le 50, presbytère du curé de Chaillot, s'élèvent sur l'ancien cimetière de l'église Saint-Pierre ; le champ du repos s'étendait autrefois jusqu'à la rue Marbœuf de notre époque. De l'autre côté de l'église est l'ancienne maison curiale, dont le joli jardin en pente suit une direction parallèle à la rue Bizet, en ce temps-là ruelle des Blanchisseuses.

Immédiatement après le presbytère d'autrefois, Pierre-Jean-Louis Petit, maître chirurgien, membre de l'Académie des sciences, possédait un domaine de 4 arpents 24 perches; d'une portion de ce bien-fonds, sinon de la totalité, il était adjudicataire en vertu d'un décret forcé sur le sieur abbé Duval, suivant sentence des requêtes de l'hôtel en date du 13 février 1732. Elisabeth Germain, fille de Petit, hérita de cette propriété considérable, laquelle comportait, sur la rue de Chaillot, le 54, qui de nos jours a gardé des fenêtres à coulisses et à petits carreaux, le 56, le 58 et le 72, maison à porte haute surmontée d'une croix occupée maintenant par les sœurs de la Providence : constructions remontant en effet à la première moitié du xviiie siècle. Augustin-Henri Cochin, second mari de Mme Germain, possédait, du chef de cette dame, cinq maisons avec des jardins, et presque toutes avaient des portes de derrière sur une ruelle, aboutissant à celle des Blanchisseuses.

La séparation de biens prononcée après coup entre ces deux époux, permit à la fille de Petit de vendre au sieur Ferlet le 62. Le 58 avait servi de dot à sa fille, morte sans enfants en 1782, et de laquelle, aux termes de l'art. 313 de la coutume de Paris, elle avait hérité ; c'est pourquoi elle traitait de la même propriété, ainsi que des maisons contiguës, avec Chaudot, notaire, le 13 décembre 1791. L'un de ces immeubles, va-t-on dire, semblait voué aux ménages en état de rupture ; le fait est qu'en 1810, la comtesse de Viersac, née de Goy, séparée corps et biens d'un trop brillant capitaine de chasseurs, acquérait le 58 de Mme de Chateaubriand, veuve de François Gefflot de Marigny. Mme de Viersac a fort bien entretenu, pour elle toute seule, son jardin, ses appartements, desservis par un escalier à rampe de fer. Mais elle ne s'est pas contentée de s'y enfermer la nuit à double tour ; ce n'eût pas été assez pour arrêter, il faut le craindre, les entreprises réitérantes de l'ancien officier de chasseurs. Du moins elle a fait faire une double porte cochère, à l'intention du comte de Viersac, et s'il a essayé d'y introduire une clef, il a été bien attrapé : aucune serrure n'y paraît sur la rue, c'est comme une porte condamnée, du moment qu'elle n'est pas ouverte, et de puissantes pentures de fer attachent à l'intérieur la serrure aux deux autres battants ! La mort de la comtesse a mis fin, en l'année 1844, à cet assaut imaginaire, contre lequel elle s'était fortifiée. La porte à double fond lui a parfaitement survécu ; mais elle s'ouvre pour des pensionnaires, mariées ou non, pour des convalescents, pour de jolies Anglaises, dont la société même n'est déjà pas un si mauvais médecin, si elles n'ont hérité en rien des peurs chroniques de Mme de Viersac.

Le 64, restauré par un ancien agent de change, nous représente l'ancien hôtel de Mathieu Gouttard, médecin ordinaire du roi en 1737, et de feu la dauphine. Puis voici le 79, petite et vieille maison au coin de la rue Pauquet de Villejust, qui a appartenu à M. de Bure à la fin du règne de Louis XV, si nous ne la confondons pas avec une maison peu distante et encore plus rapprochée de Sainte-Périne. Guillaume-François de Bure, libraire, né en 1731, mort en 1782, était aussi un bibliographe distingué; plusieurs de ses parents, portant le même nom, ont contribué de la même manière à sa notoriété. Au 95, porte cintrée; c'est encore un petit bâtiment. Ancel s'y trouvait près de la maison où se retirait le grand libraire.

Du 97, parlons avec plus d'abondance. Nous lui devons un surcroît d'égards, puisqu'un nouveau boulevard va couper en deux son jardin. Lequel en 1729, mesurant un arpent 29 perches 16 pieds, était à la disposition de Joseph-François-Pierre-Antoine-Hyacinthe Lanquin Delavalle, bourgeois de Paris, et cette propriété tenait en même temps à deux cantons, car la seigneurie de Chaillot était à cette époque divisée non-seulement en fiefs, mais encore en divers cantons. Pierre Magu était plus tard propriétaire de la maison et de l'enclos dont nous parlons, tenant aux religieuses de Sainte-Geneviève, remplacées au temps où nous sommes par l'institution de Sainte-Périne.

A la fin du règne de Louis XVI, Magu avait pour acquéreurs M. et Mme Gastellier, les plus honnêtes bourgeois qu'on ait connus ; une de leurs filles fut demandée en mariage par le trop célèbre Marat, et jugez de l'alarme jetée par cette démarche dans une maison royaliste ! Les trois filles de M. et de Mme Gastellier ne paraissaient plus dans la rue. Heureusement l'accueil plus que froid fait à la demande du tribun n'attira pas de représailles. Deux de ces jeunes personnes, mariées depuis à des négociants recommandables, M. Habert, M. Blerzy, ont cessé de vivre sous le règne de Louis-Philippe, et on en est réduit à regretter, depuis qu'elles ne sont plus, tout ce que cette maison avait su inspirer de sympathie et de respect. A cette famille s'honore de n'être pas étranger le rédacteur du présent recueil.

Le comte de Villoutreys, beau-père du comte de Castellane, a occupé un logement sous le toit de Mme Gastellier, dans des circonstances d'exception. Amoureux déclaré de la femme du général Rapp, qui était fille de Vanderberghe, propriétaire alors d'une portion de la Folie-Beaujeon, il devait en rendre raison à cet illustre capitaine ; mais l'empereur s'était opposé à une rencontre, en faisant arrêter Villoutreys ; on ne lui avait rendu la liberté qu'à la condition de s'interner dans une maison de Chaillot à son choix. Le comte a épousé ensuite la générale en secondes noces. Chacun sait, au surplus, que Rapp, lors de la rentrée des

Bourbons, s'est exilé peu de temps en Argovie. Pair de France, il a reçu au château des Tuileries la nouvelle de la mort du prisonnier de Sainte-Hélène, et Louis XVIII, qui le surprenait en larmes, lui a dit : — Général, pleurez, et ne détournez pas la tête en ma présence ; je vous estime assez pour ne pas m'étonner de vos regrets.

Le 70, très-grand hôtel élevé sous Louis XIV, réparé avec bienséance et augmenté, comme bâtiment, par M. le baron Hély d'Oissel, propriétaire actuel, acquéreur du duc de Trévise, semble d'une extraction nobiliaire qui n'a jamais dû déroger. Ses balcons de croisée et ses deux grandes portes, qui ne tiennent qu'à un mur précédant une cour d'honneur, sont revêtus de ce chiffre : R. B. Dans le papier terrier des dames de Chaillot, on voit que M. René de Bourgogne possédait deux maison en 1777, en face des filles de Sainte-Geneviève et de la petite ruelle du même nom. Toutefois ce détenteur ne descendait, Dieu me pardonne, ni des ducs dont M. de Barante a écrit l'histoire, ni du petit-fils de Louis XIV ; n'en déplaise à la particule qui, dans les actes, précède l'ombre de son nom, ce n'était qu'un mercier de la rue des Bourdonnais, retiré sur de bonnes affaires. Il n'a fait que rétablir, en y greffant une profusion d'initiales, l'hôtel de Léonor Goyon de Matignon, évêque et comte de Lisieux, ancien évêque de Condom. Ce prélat de la fin du grand règne avait eu pour prédécesseur son oncle, au siège épiscopal d'Évreux, et Gédéon

Dumetz, un président aux comptes, comme propriétaire à Chaillot ; les Matignon étaient douze frères et sœurs, presque tous placés haut par des fonctions ou des alliances. Entre l'évêque et le mercier les deux Billard avaient eu la maison ; l'un était prêtre, l'autre conseiller du roi. On y mesurait en ce temps-là trois arpents ; le 70, avec ses dépendances, ne va plus au-delà de deux.

Nul n'ignore la destination de Sainte-Périne, institution fondée par Du Chayla, promoteur d'une souscription, avec la protection de l'impératrice Joséphine. Le dernier bâtiment venant à angle droit du côté des Champs-Élysées porte le nom de cette princesse, qui l'a fait ériger. Non loin avance sur la rue un corps de bâtiment plus vieux, que distingue un fronton surmontant une porte condamnée ; l'ancienne cour abbatiale des religieuses de Sainte-Geneviève subsiste derrière ce portail, et des constructions monacales lui servent d'encadrement. Comme un des deux boulevards projetés doit traverser diagonalement Sainte-Périne, on parle de reporter à Auteuil cette maison, qui relève elle-même de l'administration de l'assistance publique. Parmi les anciens fonctionnaires et les veuves d'employés, déchus d'une position meilleure, qui se rabattent sur Sainte-Périne, sont venues prendre place des personnes tout à fait connues, telles que la générale Compans, née comtesse de Lannoy, une dame de Broglie, la comtesse de Schomberg, Mme Fusil, de la Comédie-Française.

M. de Calabre, dont la famille était originaire de Champagne, possédait le 76 ; son père avait été pourvu de la charge de secrétaire du roi en 1748. Un des cinq directeurs nommés par la constitution de l'an III, le général comte de Barras, que nous avons déjà trouvé rue Bleue, est mort dans cette maison le 29 janvier 1829 ; on sait que les scellés ont été mis sur ses papiers, mais que le gouvernement, à cet égard, a eu un procès à soutenir, qu'il a fini par perdre : échec glorieux pour un gouvernement, mais dont on tire toujours, pour commencer, des conséquences manquant de gratitude! Malgré le mauvais état de sa santé, l'Alcibiade du Directoire avait tenu encore table ouverte, dans les dernières années de sa vie, rue de Chaillot ; Mme de Barras, femme bienveillante et pleine de religion, habitait le pavillon du fond. Le général Guilleminot a laissé à son gendre cette propriété, ainsi qu'une ou deux autres dans ces parages.

Le 74 fut l'hôtel de la princesse de Bavière ; des boiseries rehaussées de peintures de ce temps-là, en égayent aujourd'hui encore la résidence. Le facteur de pianos Erard en a été en possession durant un certain nombre d'années.

En 1841 le général Guilleminot a cessé de vivre, dans la maison dite de la Coquille, au n° 82 ; c'était un officier des plus instruits, né en Belgique ; l'affection qu'il portait au général Moreau avait été la cause d'une disgrâce, mais dont l'empereur l'avait bientôt relevé ! Un logement dans le même hôtel a été occupé par Mme Molé, actrice du théâtre de l'Odéon qui a postérieurement épousé le comte de Valivon. Rappelons aussi sa qualité d'auteur. Ayant traduit un drame de Kotzebue, *Misanthropie et Repentir*, elle y a créé le rôle d'Eulalie. On s'est étonné tout d'abord du succès de cet ouvrage, dont le style naturel faisait valoir l'intérêt pathétique. Mais quand Mlle Mars a repris la pièce avec Talma, au Théâtre-Français, le triomphe a été immense ; l'auteur avait renoncé à son rôle, en même temps qu'à jouer la comédie, et il était prouvé une fois de plus que le drame bourgeois était possible !

Presque en face de la rue des Vignes, l'ancienne maison de santé tenue par le docteur Pinel, devint pour quelque temps, sous Louis-Philippe, le couvent de l'Assomption ; puis les religieuses qui s'y étaient réunies laissèrent inachevées des constructions nouvelles, rue de Chaillot, pour se transférer à Auteuil, un futur faubourg de Paris, où Sainte-Périne probablement sera encore leur voisine.

Toutes les maisons, au reste, qui suivent celle de Barras, sur cette rive de la rue de Chaillot, furent successivement édifiées sur le sol de l'ancien fief Becquet, érigé au xve siècle par Henri VI, lors de l'occupation de Paris par les Anglais. Derrière elles s'étendait, depuis la rue Bizet jusqu'aux Champs-Elysées, le fief de la Cerisaie. Les terrains encore nus sur lesquels avaient reposé l'un et l'autre de ces deux fiefs, furent acquis, sous Louis-XV, par le chevalier de

Janssein, qui en fit un charmant jardin, qu'on ne tarda pas à ajouter à la nomenclature des curiosités de Paris. Toutefois Janssein en vendit une portion en 1770 à M. de Chalabre, lequel donnait à jouer d'une manière à peu près publique, et la mort de ce chevalier suivit de près la date que nous citons.

Mme de Marbœuf reprit l'œuvre à un autre point de vue, et le jardin d'agrément de Janssein, en 1787, portait la dénomination de Folie-Marbœuf et rivalisait presque avec les Folies-de-Chartres. On y donna, sous le Directoire, des fêtes d'été, avec bals, illuminations, feux d'artifice ; mais le jardin ne gardait plus alors que le nom de sa propriétaire, adopté après cela par un nouveau quartier. Aussi bien quelle était cette famille de Marbœuf? Mme de Sévigné nous a parlé plusieurs fois d'une dame bretonne, qui portait le même nom. La marraine du quartier Marbœuf est dotée dans les actes du titre de comtesse, et elle demeurait au Faubourg-Saint-Honoré, en face de la rue d'Anjou. D'autre part, un M. de Marbœuf gouverna l'île de Corse, réunie à la France depuis 1768. Cet ami de Mme Lætitia Bonaparte, fit entrer son jeune fils à l'école de Brienne : attention qui a porté fruit, comme vous savez !

Le comte de Choiseul-Gouffier, en revenant de son voyage en Grèce, acheta un terrain, détaché de la Folie-Marbœuf, et il y fit bâtir une maison, sur le plan du temple d'Erechthée. De la main de ce grand voyageur fut planté aussi un beau cèdre, qui maintenant dépend de la propriété de Mme la comtesse de Montijo, mère de S. M. l'impératrice. Au reste, M. de Choiseul n'épousa la princesse Hélène de Bauffremont qu'après avoir été le mari, en premières noces, de la fille du marquis de Gouffier; la tante de sa première femme s'était retirée, veuve du baron d'Anery, au couvent des Dames-de-Chaillot. En 1844, M. Emile de Girardin acquit de M. Way, chapelain de l'ambassade d'Angleterre, l'ancien séjour du comte de Choiseul-Gouffier, dans les dépendances duquel il se trouvait alors une chapelle protestante.

De maisons à citer, il ne nous reste plus que le 113; passons donc pour la dernière fois de la rive droite à la rive gauche. Si nous eussions frappé à cette porte, il y a trente-cinq ans, le suisse n'eût ouvert qu'un guichet, prudemment protégé encore par une grille, pour nous demander : — Qui va là?

C'était une maison bien gardée : en tout état cause on n'y pouvait parler qu'à l'intendant. Des bruits toutefois sont venus jusqu'à notre éditeur et collaborateur, M. Rousseau, pour éclairer le mystère dont s'entourait autrefois cet hôtel. Une jeune femme, héritière présomptive d'une famille de l'ancien régime, s'était éprise d'un général, qui avait fait glorieusement son chemin dans les campagnes de la République et du commencement de l'Empire; mais ces titres n'avaient pas suffi pour que le père de la demoiselle oubliât la naissance obscure de son amant, et la famille avait tout sacrifié aux scrupules de la mésalliance. La jeune femme était devenue folle; on lui avait donné pour asile cette maison, qui alors était isolée. Son intendant, quand elle n'exista plus, acheta une propriété dans laquelle il avait appris à commander à la fortune, en même temps qu'à tout le monde. Ce corps de bâtiment qu'occupait la folle par amour va tomber, au surplus, sous le marteau de la démolition; un autre hôtel, que depuis peu de temps on a érigé par derrière, y gagnera de l'air et du jour à profusion.

La maison de M. Girardin a été dégagée de même, en 1852, du côté des Champs-Elysées, par la suppression d'une caserne, qui avait, depuis cinquante ans, pour vis-à-vis, à l'autre coin de la rue, le café Allan-Migout. Cette caserne avait été construite, comme corps de garde, près de la barrière de Paris, qui se trouvait à l'angle de la grande rue de Chaillot, avant d'être reculée en 1787 jusqu'à la butte de l'Etoile. On prévoit même que bientôt les murs de l'octroi enfermeront dans Paris, comme jadis Chaillot, le territoire de Neuilly.

RUE DE LA CHAISE.

Mme de Courtavenne. — Le baron de Chemilly. — La comtesse de Béthune. — Le comte de Vaudeuil. — Les Petites-Maisons. — Les 400 pauvres. — Pension Michelot. — Le 29 juillet 1830.

N° 1. — Mme la marquise de Massol tient de son père, le vicomte de Brosses, cette portion d'hôtel, qui date du règne de Louis XVI et qui s'est détachée d'un autre corps d'hôtel, situé à l'encoignure de la rue. Mme de Courtavenne s'arrangeait de celui-ci, pendant que M. de Brosses acquérait l'autre. Le voisine du vicomte, à la première nouvelle de la prise de la Bastille, fit faire ses malles en deux temps; mais elle croyait si bien que l'émigration serait l'affaire de quelques jours, qu'elle avait laissé un couvert dressé dans la salle à manger, pour des amis qu'elle attendait de province; ce dîner de cérémonie eut largement le temps de refroidir, et la nation se contenta de faire réchauffer l'argenterie, qui fut mise en fusion dans le trésor public. Le corps de bâtiment de Mme de Courtavenne alla lui-même se fondre dans une propriété voisine, qui appartient à M. le marquis de Croix, rue de Grenelle-Saint-Germain n°s 29 et 27.

N° 3. — M. de Croix dispose également de cette propriété, séparée de son hôtel, sur la rue de la Chaise, par la maison de Mme de Massol. C'est un ancien hôtel de Chemilly, vendu en 1764 à Préaudau de Chemilly, par les héritiers de Claude Cahours, baron de Beauvais. La baronnie de Chemilly, en Anjou, avait appartenu sous le règne de Louis XII à Joachim de Montespédon, seigneur de Beaupréau ; c'était le dernier rejeton d'une famille dont le nom allait s'éteindre, faute de descendance mâle, si la baronnie et son titre n'étaient passés, comme héritage, dans les maisons de Gondi, de Colbert-Maulevrier ; la même baronnie avait été ensuite par Henri II érigée en comté, pour Charles de Bourbon, prince de la Roche-sur-Yon. L'hôtel de Chemilly portait, en 1787, un autre nom, celui de Béthune-Pologne. On sait que cette branche de la maison de Béthune était alliée au roi de Pologne, Jean Sobieski. La comtesse de Béthune se défit de la propriété en 1810, et le chagrin avait fait de cette vieille dame une femme extraordinaire ; la lecture des *Ruines* de Volney et des *Nuits d'Young*, voilà ses seules récréations ; le crâne de son mari, qui ne la quittait pas, légitimait la source de ses regrets, sans que le temps ralentît leur cours ; ses idées noires l'empêchaient même de souffrir que l'on fît sa chambre.

N°s 5 et 7. — Sur le plan de Paris en 1739, plus de murailles et moins d'édifices que de nos jours, figurent sur la rive gauche de la rue de la Chaise. La ville de Saint-Germain-des-Prés, car on appelait ainsi le vaste domaine censitaire entourant l'abbaye royale, inscrivait donc sur son terrier bien moins de contribuables que les bordereaux actuels du percepteur. Deux hôtels, qui font face à la rue de Varennes, paraissent encore très-distincts l'un de l'autre ; du premier dispose, depuis peu d'années, M. le duc d'Uzès, qui occupe le second de ces hôtels, dont la grande porte est majestueuse. D'origine l'un était plus complétement incorporé à l'autre. Par une restauration bien entendue, le 7 fit dernièrement peau neuve, et déjà, sous Louis XVI, on admirait les plafonds peints, la décoration intérieure, les dessus de porte, les médaillons en bas-relief de cette résidence des Vaudreuil, rétablie une première fois en ce temps-là sur les dessins de M. de la Brière, architecte. Une collection de travaux estimables et de meubles de boulle d'un fini merveilleux, toilettes, encoignures, armoiries et secrétaires, y méritaient d'autres éloges. Les tiroirs de ces secrétaires regorgeaient, dit-on, de billets doux; les plus jolies femmes de la cour, à ce qu'il paraît, n'avaient jamais tout dit au comte de Vaudreuil, grand-fauconnier de France; ou, du moins, elles ne craignaient pas de se répéter. Il quitta la rue de la Chaise pour partager l'exil du comte d'Artois, pendant que son père, le marquis de Vaudreuil, ainsi que lui lieutenant-général, puis député aux États-Généraux, passait lui-même en Angleterre. Le comte ne revint qu'en 1814; ses biens avaient été vendus; on le nomma gouverneur du Louvre et pair de France. L'un des deux hôtels de M. d'Uzès fut occupé, sous Napoléon Ier, par le prince Aldobrandini-Borghèse, qui avait épousé la fille de Mme de Larochefoucault, dame d'honneur de l'impératrice Joséphine.

(La fin de la notice de la rue de la Chaise paraîtra dans la livraison suivante.)

Paris. — Imprimerie de Pommeret et Moreau, 42, rue Vavin.

LIV. 21

LES ANCIENNES MAISONS

Des rues de la Chaise, du champ de l'Alouette, des Champs-Elysées, des Charbonniers, de Charenton, Charlemagne, Charlot et de l'avenue des Champs-Elysées.

NOTICES FAISANT PARTIE DE L'OUVRAGE INTITULÉ :

LES ANCIENNES MAISONS DE PARIS SOUS NAPOLÉON III,

PAR M. LEFEUVE,

Monographies publiées par livraisons séparées en suivant l'ordre alphabétique des rues.

RUE DE LA CHAISE.

(Fin de la notice.)

N° 9. — Encore un grand hôtel, qui date de l'ancien régime, mais qui n'est pas visible sur le plan annexé en l'année 1713 au terrier de Saint-Germain-des-Prés, et que nous avons présentement sous les yeux. Nous n'y trouvons que l'hôtel de Chemilly, de ce côté de notre voie publique, et celle-ci, avant d'aboutir à la rue de Sèvres, sert de limite aux beaux jardins de l'Abbaye-aux-Bois.

N° 26. — A l'autre angle de la rue de Sèvres, en face du mur de l'Abbaye-aux-Bois, édifice qui va, à son tour, disparaître du plan de Paris, se trouve l'hospice des Petits-Ménages, dont les constructions neuves datent de 1843 et fondé en 1801 dans les anciens bâtiments des Petites-Maisons. Boileau, lorsqu'il a dit avec assez d'irrévérence pour Louis-le-Grand, en parlant d'Alexandre-le-Grand :

> Heureux si, de son temps, pour de bonnes raisons,
> La Macédoine eut'eu des Petites-Maisons !

faisait une allusion directe à l'établissement de la rue de la Chaise. Créée en 1557, cette maison où les fous et les folles étaient renfermés, devait en partie son existence aux générosités de Jean Luillier de Boullencourt, président des comptes. Un siècle après sa fondation, la Ville achetait les deux arpents et demi de territoire, dont l'institution disposait, et elle en faisait le siége principal du grand bureau des Pauvres, en y fondant un hospice des teigneux, séparé de la maison des fous et ayant une chapelle à part ; puis on y réserva, non loin de la teignerie, un corps de bâtiment aux malades infectés de la maladie vénérienne. On y établit enfin une maison de refuge pour 400 pauvres, âgés de 70 ans au moins ; de vieilles gens pouvaient s'y retirer, moyennant 1,500 livres une fois payées, et on donnait 3 livres chaque semaine tant à ces pensionnaires qu'aux indigents, les hôtes de la charité. Vénériens, teigneux, fous et pauvres s'y trouvaient en même temps, mais non pas réunis, à la fin du règne de Louis XV. C'est le procureur-général qui avait la haute direction des affaires de ce grand bureau, et surtout la haute-main sur les Petites-Maisons, où les questions d'entrée et de sortie étaient d'utilité publique par excellence. La chapelle de cet hôpital particulier avait un maître-autel orné d'une *Résurrection*, peinture estimée de Balthazar; on y conservait également un crucifix d'ivoire, œuvre excellente de Jaillot, que Lebrun avait envoyée aux Petites-Maisons en faisant rayer ce sculpteur des cadres de l'Académie. L'insanité de l'esprit était bien moins considérée alors comme une maladie à traiter, que comme un cas de légitime défense, permettant à la société de prendre toutes les précautions pour elle-même ; tous les fous étaient garrottés, ce qui expliquait leur fureur, et aux liens succédait souvent la chaîne aux anneaux de fer. La rue de la Chaise doit-elle son nom à la chaise à porteur du président de Boullencourt? ou bien à quelque siége, compliqué d'instruments de gêne et de coërcition, où l'on faisait asseoir les forcenés? La dénomination de rue des Teigneux, portée d'abord par cette voie publique, était d'une étymologie moins ambiguë : en 1787, il y existait encore un hospice des enfants atteints de la teigne. Que si nous remontons enfin à l'origine même de la rue, on la traitait de chemin de la Maladrerie, à cause d'une léproserie de Saint-Germain, située au même endroit que la teignerie et que les Petites-Maisons, mais supprimée par ordre du parlement, avant ces dernières créations.

N° 24. — Terrain vaste, arbres éparpillés entre plusieurs corps de bâtiment ; celui du fond ne remonte qu'au commencement du siècle ; celui de devant date, au contraire, de l'époque où Gomboust (année 1652) nous indique à cette place une manufacture de tapisserie. En 1737, l'édifice principal de cette fabrique était transformé en hôtel, où résidait Taupinart de Tillière, écuyer, conseiller du roi, substitut du procureur-général et administrateur de l'Hôtel-Dieu, et il y avait succédé à son père, d'abord bâtonnier des avocats, puis bailli de la duché-pairie de l'archevêché. Joly de Fleury, contrôleur-général des finances, occupait après cela l'hôtel. Michelot, chef d'une institution de jeunes gens, qui prospérait sous la Restauration, s'y trouva quelque temps le locataire de l'administration générale des Hospices, avec laquelle il finit par traiter de l'immeuble ; une fois propriétaire, il ne tarda pas à en faire, au lieu d'une pension, une maison ordinaire de revenu. Au reste, cet ancien maître de pension était l'auteur d'une *Géographie* très-répandue, et de plus il avait pour beau-frère Joseph Droz, de l'Académie française, mort tout doucement, comme il avait écrit, dans la maison même de son gendre. Un ancien magistrat, M. Auguste-Nicolas, auteur de livres fort appréciés, habite maintenant le pavillon du fond.

N°^s 22, 20, 18 et 16. — Taupinart de Tillière y avait pour voisin le comte de Maulevrier, qui tenait un hôtel à bail de Charon, écuyer, gentilhomme ordinaire du roi. Toutes les maisons, d'ailleurs, placées entre l'hospice et la rue de la Planche, maintenant ajoutée à la rue de Varennes, tenaient par derrière au bureau des Pauvres et aux dépendances de l'hôtel du duc de Saint-Agnan, lesquelles sous Louis XV faisaient retour sur la rue de la Chaise.

N° 10. — Son escalier, qui porte assurément le cachet du temps de Louis XVI, était franchi le 29 juillet 1830, par M. Bonnelier et plusieurs élèves de l'Ecole polytechnique, investissant en toute hâte l'appartement de M. Charlet, secrétaire des commandements de la duchesse d'Angoulême : on y avait dénoncé la présence de valeurs importantes appartenant à la princesse. Le délateur ne s'était pas trompé : dans une armoire de fer, enfoncée par les délégués, on trouva tous les titres de 100,000 livres de rente sur le grand-livre, beaucoup de numéraire, des parures de diamants et de perles, des ostensoirs précieux et autres objets de piété.

RUE DU CHAMP-DE-L'ALOUETTE.

Champ de l'alouette ! un joli nom de rue et qui en dit bien l'origine. Des murs neufs et de vieux murs en ruine cachent aux passants ce qu'est devenu le champ, depuis qu'une rue tortueuse le traverse. Quant à l'alouette matinale, elle chante encore, non loin des rives de la Bièvre, où il ne reste plus qu'un arbre, des deux rangées de la saulaie d'autrefois. A l'endroit où était jadis une barrière, un petit pont permet à la rue, dont le sol a été exhaussé, d'enjamber le ru des Gobelins, et le cours de ce ruisseau, d'ailleurs, a été maintes fois détourné.

Les merveilles de l'architecture n'attirent pas l'attention sur deux vieilles maisonnettes de maraîcher, restaurées de notre temps ; mais nous y recherchons en vain l'image de Saint-Louis, qui pendait au seuil de l'une d'elles, et qui avait valu son premier nom de rue Saint-Louis à celle du Champ-de-l'Alouette. Si les maisons sont encore assez rares sur cette espèce de chemin vicinal, qui n'en comptait que 6 en 1714, les numéros du moins n'en conviennent guère, et ils se pressent quelquefois dans le vide, par une louable prévoyance, notamment tout le long de l'ancien jardin des Cordelières. En revanche, le 52 est une construction à plusieurs corps, qui donne aussi sur le boulevard des Gobelins, flanquée d'un clos par-ci et d'un jardin anglais par-là. C'est un ancien hôtel Neubourg, déjà visible sur le plan de Turgot, du côté de la rue Croulebarbe. Plusieurs villes et bourgs, un duché ont porté le nom de Neubourg ; toutefois ladite maison de plaisance n'a été habitée, que nous sachions, par aucun membre de cette famille palatine de Bavière, devenue électorale en 1685, branche de Neubourg, issue de la maison ducale de Deux-Ponts. La bonne femme qui dispose de cette propriété depuis la première république a commencé, sous la Restauration, à y blanchir le linge des Hospices, et la même buanderie y coule toujours ses lessives.

AVENUE DES CHAMPS-ÉLYSÉES.

En 1816, Marie de Médicis crée, sur d'anciennes cultures de maraîchers, la promenade du Cours-la-Reine, que ferment des fossés et des grilles. Vers 1670, se plantent la grande allée du Roule, dite depuis l'Avenue des Champs-Élysées, ainsi que les Quinconces. Au Rond-Point se trouve ensuite le pont d'Antin, jeté en 1719 sur un égout, et la promenade, à cette époque, sert toutes les nuits de repaire aux malfaiteurs. A la fin du XVIIIe sièle, les hôtels du faubourg Saint-Honoré projettent leurs jardins magnifiques du côté des Champs-Élysées, et la Folie-Marbœuf, le Colysée, la Folie-Beaujon, l'ancienne résidence de Mme de Pompadour (maintenant Élysée-Napoléon) bordent cette espèce de parc aux grandes allées, aux carrés disposés pour les jeux de paume, de quilles et de ballon, dont les abords ont été embellis principalement par Louis XV. Un monument en l'honneur de Marat et de Le Pelletier y surgit, sous la Convention, détruit après la chute de Robespierre. Puis la place Louis XV, devenue place Louis XVI à titre d'expiation, et les Champs-Élysées se trouvent concédés à la ville par

Charles X, mais à la condition qu'elle y dépense 2,300,000 francs.

Depuis cette dernière date, l'aspect des rives de l'avenue s'est métamorphosé, en même temps que s'en améliorait la viabilité. Là pourtant commençaient et finissaient, dès les règnes précédents, toutes les réputations de la mode, au point de vue des équipages, et les amours y menaient déjà grand train. Le palais de l'Industrie, des théâtres, des cafés, des parterres, des jets d'eau, animent et décorent la promenade qui, depuis l'Exposition universelle, a perdu le caractère d'un spacieux boulevard parisien, pour devenir en plein air le caravansérail de toute l'Europe. Mais il y aurait vraiment ingratitude à oublier que Marbœuf, Beaujon et le Colysée, et de superbes hôtels riverains avaient déjà donné, depuis près d'un demi-siècle, à cette longue avenue, une physionomie splendide et agréable. Par delà le Rond-Point, deux lignes d'hôtels luxueux, de création toute moderne, font conduite à l'avenue, dite précédemment de Neuilly, jusqu'à la barrière de l'Étoile, qui est menacée elle-même de reculer au-delà du Bois de Boulogne. Ce quartier de Paris est devenu, comment en douter? le faubourg Saint-Germain du règne de Napoléon III.

Par conséquent, les anciennes constructions y sont tout à fait clair-semées, et nous parlons ailleurs des plus remarquables, parce qu'elles se trouvent à l'encoignure des rues qui donnent sur les Champs-Élysées.

On pourrait croire que l'hôtel qui porte le chiffre 44 date de la fin du siècle précédent ; mais le docteur Villette, acquéreur pour partie du merveilleux jardin qui, sous le nom de Colysée, faisait l'admiration de Paris, s'est bâti la maison au commencement de la Restauration. Au premier coin de la rue d'Angoulême se reconnaît un hôtel, qui nous a occupé quand nous faisions la notice de cette rue, et qu'habitait Marescalchi, sous le règne de Napoléon Ier. Puis vient un petit hôtel à pavillon, possédé depuis longtemps par la baronne de Montalleur, chef-d'œuvre de l'architecte Ducret.

Au 70, est fixé un marchand de chevaux, dont l'établissement sur l'avenue date du premier empire ; c'est le plus ancien de ceux du même genre qu'on ait comptés dans les Champs-Élysées. La magnifique pelouse qui apparaît au travers de la grille du n° 74, rappelle une pension de garçons, que tenait, sous Charles X, Pierre Blanchard, dont le nom était attaché à la publication d'un grand nombre de livres écrits pour les enfants ; on dit même que Mme Campan, qui a publié ses mémoires, a transféré au même endroit, pendant un temps, la pension de demoiselles qu'elle dirigeait si bien ; qu'alors cette habitation se trouvait fréquentée par Bouilly, auteur de l'*Abbé de l'Épée*, et par la famille du poëte Legouvé. La large porte du 78 ouvre sur un jardin qui précède l'ancien hôtel d'un prince régnant. Nous voulons dire M. le duc de Brunswick, lequel une révolution n'a dépossédé que depuis lors du gouvernement de son

Etat. A ce prince succéda, comme propriétaire, M. le comte de Caumont-Laforce, aujourd'hui duc, et qui s'est fait construire un autre hôtel en face de l'ancien jardin Beaujon. Quant à l'angle de la rue de Berri, on y revoit le grand hôtel édifié autrefois pour Mme de Langeac par Chalgrin, et dont le salon, à plafond peint par Barthélemy, donnait alors sur ce qu'on appelait le Grand-Cours. Chalgrin, cet architecte du roi Louis XVI et de Monsieur, aimait éperdûment sa femme, et cette passion tout à fait légitime, mais qu'il n'était pas de mode d'afficher au xviiie siècle, donna lieu à ce jeu de mots : sans *l*, il n'y aurait que *Chagrin*.

Le 99 et le 101 ne remontent guère qu'au commencement du présent siècle. A la place du 109, qui fait coin actuellement sur la rue du Château-des-Fleurs, il s'élevait, sous Louis XVI, un bâtiment dont il reste un corps par derrière, et une échoppe à bière y attenait, que fréquentaient en ce temps-là les habitués du promenoir de Chaillot.

RUE DES CHAMPS-ELYSEES.

Grimod de la Reynière. — Mlle Lorphelin. — Pelet de la Lozère. — Lagrenée. — Junot.

Le fermier-général Grimod de la Reynière s'éleva jusqu'à l'emploi d'administrateur général des postes, après avoir commencé sa fortune dans les fournitures de l'armée du maréchal de Soubise, pendant la guerre de Sept ans, à l'issue de laquelle il s'était fait bâtir le magnifique hôtel qui se retrouve n° 5, rue des Champs-Elysées. Depuis lors on y a vu l'ambassade de Russie, puis celle de Turquie ; aujourd'hui cet immeuble, propriété de l'Etat, est occupé par le Cercle impérial. Le financier Grimod qui avait enrichi sa demeure d'une belle collection de tableaux de l'école française et d'estampes rares, avait épousé Mlle de Jarente. Le jour de son mariage, dit la chronique, il demandait à Malesherbes, son beau-frère : — Croyez-vous qu'elle me rende heureux ? — Cela dépend, lui répondit nettement le plus honnête homme de son temps, du premier amant qu'elle aura.

Un fils unique, fruit de cet hymen, prit spécialement à tâche de rappeler à sa mère, la nièce d'un évêque célèbre par des amours fastueuses, qu'elle s'était mésalliée en épousant le fils d'un charcutier. Le jeune Alexandre Grimod de la Reynière, beaucoup plus voltairien que Voltaire, se moquait, bien avant la prise de la Bastille, des grands airs toujours affichés par sa famille, et il rappelait à satiété que les cervelas et les saucisses étaient les véritables armes de sa maison. — Pourquoi ne pas acheter une charge de conseiller ? lui disaient ses amis. — Parce qu'étant juge, répondait le jeune homme, je commencerais par condamner mon père. En me faisant avocat, je ne pourrai que le défendre.

L'avocat offre ensuite un grand dîner, dans l'hôtel de son père, à ceux de ses confrères qui fourniront le mieux leurs preuves de roture ; d'autres fois il invite pêle-mêle, abbés, mousquetaires, charcutiers, et au dehors il fréquente le Caveau. Puis, quand la mort le laisse maître de la place, la table de Grimod de la Reynière est constamment ouverte aux beaux-esprits, qui lui font la réputation de gourmand illustre et généreux, pendant que mille facéties et mascarades le signalent comme original au premier chef. Mlle Contat et d'autres actrices participent à ces fêtes, mais qui n'ont pas toujours pour décoration principale les emblèmes de la profession de son grand-père. Une fois, entre autres, il tend de noir la salle à manger, et derrière chacun de ses convives une bière fait l'office de servante. Il imagine, un autre jour, d'éprouver l'affection de ses amis, en faisant adresser à chacun d'eux une lettre de faire part dans la forme ordinaire, qui les prie d'assister à ses prétendues funérailles. Beaucoup manquent à l'appel, et se contentent de regretter sa table ; ceux qui viennent pour rendre au défunt les derniers devoirs, trouvent un cercueil placé devant la porte, et les domestiques en grand deuil. On se lève pour se rendre à l'église ; mais une porte s'ouvre, et le mort ressuscite, et un somptueux couvert derrière lui s'est dressé, où ses vrais amis vont s'asseoir. Cependant la Révolution a enlevé à Grimod la majeure partie de sa fortune ; force lui est donc de diminuer son train. Pour éclaircir encore le nombre de ses amis, l'amphytrion trouve un très-bon moyen, c'est de se faire journaliste. De 1803 à

1812, il a encore pour parasites d'Aigrefeuille et Camerani, ainsi que le docteur Gastaldi; il préside un nouveau jury de sa création, qui prononce sur les découvertes culinaires, et il écrit l'*Almanach des Gourmands*, qui le fait accueillir à la table de Cambacérès. En 1814, il se retire à Villiers-sur-Orge, dans son château.

Au 8, qui tient la place de l'ancien magasin de marbres du roi, nous trouvons, pendant le premier empire, la pension de Mlle Lorphelin, ancienne institutrice des quatre filles du prince Victor de Broglie sous Louis XVI. Cette maison d'éducation tient alors tête à celle que dirige avec éclat Mme Campan, ci-devant femme de chambre de Marie-Antoinette; mais Mme Campan, non contente d'être déjà chargée de l'éducation de plusieurs princesses Bonaparte, fait attaquer l'établissement rival par un des rédacteurs du *Journal des Débats*. On reproche à Mlle Lorphelin d'élever ses pensionnaires trop pour le monde, et surtout de leur faire jouer la comédie. Il est vrai que les représentations données de loin en loin par ces demoiselles ont un succès immense en ce temps-là, et que l'élite de la société intrigue longtemps d'avance près de Mlle Lorphelin, afin de pouvoir y assister. Le maréchal, comte Serrurier, qui vote en 1814 la déchéance de Napoléon, cesse toutefois, en 1816, de gouverner les Invalides; remplacé dans ce poste par le duc de Coigny, il fixe sa résidence dans la maison naguère occupée par les jeunes élèves de Mlle Lorphelin. Puis, à la fin du règne de Charles X, le même hôtel est celui du duc de Raguse. Nous y voyons mourir, en l'année 1841, le comte Pelet de la Lozère, ancien conventionnel et membre du conseil des Cinq-Cents, où il s'est constamment montré le défenseur des libertés de la presse; et l'immeuble appartient encore de nos jours à l'ancien ministre des finances du même nom, homme d'Etat aux vues libérales, mais d'application conciliante.

En face, voici le n° 9, habité sous l'ancien régime par le prince de la Trémouille, époux de la veuve du prince de Saint-Maurisse. Lagrenée, peintre, fils et neveu de peintres, victime du choléra en 1832, disposait de la propriété. La belle Mlle Bazire avait quitté de bonne heure la Comédie-Française, pour partager le nom du plus aimable des membres de cette famille, qui était homme de plaisir.

Au 12, où demeurent maintenant les princes de Beauvau, nous eussions rencontré en son temps le général Junot, duc d'Abrantès, mari d'une femme d'esprit. Moins dépourvu de goût que d'instruction, Junot aimait les livres, les belles éditions, les manuscrits précieux, les gravures en première épreuve, et cette passion rendait insuffisants les grands revenus dont il jouissait; sa bibliothèque fort curieuse lui coûtait bien plus cher encore que cet ancien hôtel de la marquise de Cauvisson, dont il avait fait un palais. Les deux colonnes qui en décorent le seuil datent de cette restauration. Quant à Mme de Cauvisson, elle avait eu pour voisins, dans la rue des Champs-Elysées, les d'Andlau, et par conséquent, nous devons penser que ceux-ci habitaient jadis la maison de M. le comte Pelet.

Que si nous remontons, pour finir, jusqu'au plan de Turgot, autrement dit en 1739, nous ne trouvons que des murs encore et des chantiers à la place des hôtels dont nous venons de vous entretenir. Presque tout le terrain, du côté des numéros pairs, a pour propriétaires, durant le grand siècle, Paul Duparan, seigneur en Brie et conseiller du Roi, puis Noël Odeau, puis le célèvre Law. La rue s'appelle de la Bonne-Morue, sur le plan de 1714, et finit à la porte du Cours-la-Reine, après avoir porté antérieurement, comme simple chemin, le nom de l'Abreuvoir-l'Evêque. Toutefois, dès le milieu du xviie siècle, il est bâti du même côté une maison à deux corps, à quatre étages, à deux boutiques, pour Rousse, conseiller du Roi; elle porte l'enseigne de Sainte-Anne; les actes la désignent comme sise au faubourg Saint-Honoré, en la grande rue, parce que sa porte principale y donne. Mècre, lieutenant de cavalerie, en est propriétaire, lorsque des lettres patentes de Louis XV, en 1757, donnent à la rue son nom actuel, en prescrivent l'alignement en coupant en écharpe ladite propriété, ordonnent enfin l'établissement de l'égout qui se trouve encore sous le trottoir. C'est à la place de cette construction, doyenne à coup sûr de la rue, qu'ont été élevées deux autres maisons sous la Restauration.

RUE DES CHARBONNIERS.

Sous cette invocation il existe deux rues, l'une faubourg Saint-Antoine, l'autre faubourg Saint-Marceau ; la première donne rue de Charenton, et la seconde rue des Bourguignons.

Celle-ci date de 1540 ; sous le nom de Chemin des Charbonniers, elle se trouvait encore dépourvue de maisons au XVIe siècle ; mais déjà Henri IV eût pu y appliquer son grand mot, qui est devenu si populaire : « Charbonnier est « maître chez soi. » Deux constructions qui datent de ce règne, le 4 et 6, masures déjà vides, implorent le marteau de la démolition ; on dirait presque d'un suicide. L'enseigne des Trois Chapelets décorait autrefois le 7. Le 9 tient bon, il porte ses deux siècles avec une certaine aisance : maison de petite bourgeoisie. Dussault, qui avait rédigé avec Fréron l'*Orateur du peuple*, feuille rivale de celle de Marat, dut s'y soustraire aux regards, après le 18 fructidor, et la découverte de sa retraite le contraignit à en chercher une autre ; mais le 18 brumaire lui permit de quitter ensuite l'incognito, pour concourir, non sans éclat, à la rédaction des *Débats*. Une poterie, n° 12, a succédé à un jardin, et l'école des Frères, qui lui fait vis-à-vis, tient elle-même la place d'une serre. La maison contiguë aux classes n'a rien encore, Dieu me pardonne ! qui sente le sac à charbon ; on y vit et on y respire sans poussier qui monte à la gorge et un jardin encore s'épanouit derrière la muraille du 14, dont la seconde porte est rue des Bourguignons. Cette dernière rue et la nôtre étaient privilégiées, comme une partie de celle de l'Arbalète, en ce que les ouvriers pouvaient s'y passer de maîtrise.

L'autre rue des Charbonniers portait antérieurement la désignation de Clochepin, et d'abord celle du Port-au-Plâtre. Elle a changé du blanc au noir; ce n'est pourtant pas une rue politique. Sur le plan de Turgot est très-bien indiqué son n° 25, maisonnette qui déjà ouvrait sur la rue de Charenton, mais qui en ce temps-là possédait un jardin longeant la petite rue. Une jolie fille, nommée Rose-Marie, que le maréchal de Soubise avait lancée dans la circulation galante, et qui, au lieu de monter en grade, ce qui eût été difficile, avait fini, de chute en chute, par s'affoler d'un simple mousquetaire de la 2ᵉ compagnie, casernée rue de Charenton, logeait dans cette maison en 1757, et elle finit par s'y jeter dans un puits : elle avait vu la veille défiler, sous sa fenêtre, ceux des mousquetaires noirs qui venaient d'assister à la funeste bataille de Rosbach, et une recrue occupait dans les rangs la place de son dernier amant, frappé d'une balle sous les yeux du premier. Les prières suprêmes de l'église furent refusées à Rose-Marie, et son corps retiré du puits fut inhumé la nuit par deux soldats. Pour purifier enfin ce coin de rue de la souillure que, disait-on, lui avaient imprimée le genre de vie de cette fille et sa fin, on mit dans la maison voisine, qui se bâtit vers le même temps, présentement n° 23, une petite statue de la Sainte-Vierge, dans une niche que chacun peut y revoir. Le reste de la rue n'était que marais en 1739.

RUE DE CHARENTON.

Mousquetaires noirs. — Cour de Bourgogne. — Filles anglaises. — Folie-Rambouillet. — Vallée de Fécamp. — Marengo.

Cette rue, qui compte maintenant 460 maisons, était autrefois divisée. De la petite rue de Reuilly à celle Montgallet, elle s'appelait de la Planchette; puis, de la rue Mongallet à la barrière, elle portait le nom de la Vallée de Fécamp, qui lui venait d'un terrain, le bas-Fécamp, sur lequel ladite voie avait été percée au xve siècle. M. Rousseau, notre éclaireur, s'est engagé dans cette longue rue, hissé sur l'impériale d'un omnibus ; c'était le moyen de voir les choses de haut. Poste d'observation roulant, qui ne l'a pas empêché de prendre ses notes comme s'il était à pied. Nous allons fidèlement transmettre ses remarques au lecteur, en les accompagnant de notes puisées à plusieurs autres sources.

Beaucoup de vieux bâtiments, plus ou moins refaits, qu'habitent principalement des ébénistes, bordent la partie inférieure de la rue, bien que l'on n'y trouvât encore qu'un petit nombre de constructions avant le règne de Louis XV. On est en train de démolir celui qui porte le n° 10, et qui date du xvie siècle tout au moins. Le 20 remonte à la même époque ; sa porte cintrée est assez basse pour qu'il soit impossible à un grenadier de notre temps de la franchir, tête nue, sans se baisser : preuve nouvelle que, depuis Louis XII, la taille du moins n'a pas décru. Au 24, vieilles ferrures, grande porte cintrée. Une croix indique à peine, pour les passants, qu'au fond de la cour du 26 est l'église Saint-Antoine, ancienne comme chapelle, contiguë en effet à l'hospice des Quinze-Vingts, ex-hôtel des Mousquetaires noirs, édifié par la Ville dans la première année du siècle précédent, consacré aux aveugles depuis 1780.

En face des Mousquetaires il n'y avait encore que des chantiers en 1739. Maintenant plusieurs passages communiquent, sur cette rive, avec le faubourg Saint-Antoine, notamment la cour de Bourgogne, véritable cité ouvrière, avec bâtiments uniformes, à l'intérieur desquels chaque pièce forme aisément logement à part, et le tout semble avoir fait partie ou d'un couvent ou d'un hospice : les petits carreaux des fenêtres et la margelle d'un puits supprimé attestent, dans tous les cas, une origine séculaire. N'est-il pas erroné d'y voir une des dépendances de l'ancien hospice des Enfants-Trouvés, remplacé de nos jours par l'hôpital Sainte-Eugénie ? Nous ne doutons pas, quant à nous, que ce n° 59 n'ait fait corps avec une maison fondée dans le faubourg en 1646, sous le titre de la Providence, par le prêtre Antoine Barbéré, et fermée dès le milieu du xviiie siècle. C'est bien de ce côté de notre voie, mais c'est plus haut, que les Enfants-Trouvés avaient leur porte de derrière. Sur la rive des numéros pairs, au coin de la rue Moreau, nous reconnaissons plus sûrement encore une portion d'un ci-devant couvent de Filles anglaises, dit aussi de Bethléem. Ces religieuses de la Conception s'étaient réfugiées à Paris et derrière la Bastille dès 1635, dit l'abbé Lebeuf ; trente ans plus tard, selon d'autres historiens ; et nous en concluons qu'elles ont eu là un établissement provisoire, avant de s'y installer d'une façon définitive. De leur chapelle donnant rue Moreau, la première pierre ne fut posée que le 2 juin 1672, par la chancelière Le Tellier, et il y avait alors deux ans qu'elles s'étaient rendues acquéreuses d'une maison avec jardin à l'encoignure de ladite rue, après un court séjour faubourg Saint-Jacques ; tout cela, sous la conduite de Mme Jernigan, abbesse. Leur propriété fut criée en trois lots, les 7 et 17 vendémiaire an VIII.

Au 80, qui vient après d'autres masures, ses contemporaines, nous remarquons encore une porte bâtarde, à cintre bas, qui démontre sans doute l'exhaussement du sol après coup : l'ancienne édilité de Paris était pourtant avare de ces surprises. N° 90 et 92 : façades du temps de Louis XVI, qui semblent avoir toujours été celles de deux grandes fabriques. Au 103 commençait jadis le jardin de l'Abbaye royale de Saint-Antoine. Aussi bien, le reste de la rue, à cela près d'un petit nombre de chantiers, de manufactures, et aussi d'étalages de marchands d'ustensiles de ménage d'occasion, est demeuré cultivé en marais.

Le chemin de fer de Mulhouse a jeté un pont, près du n° 202, où une culture modeste représente le jardin de l'hôtel des Quatre-Pavillons, créé sous Louis XIV par le financier Rambouillet, et ce dernier n'appartenait nullement à la famille d'Angennes de Rambouillet. Ses heureuses dispositions, ses fruits d'élite, ses fleurs à profusion firent d'abord de ce clos une des curiosités de Paris : les dames de la place Royale, sous prétexte de le visiter, y acceptaient des rendez-vous, et l'amour y jouait aux quatre coins. Le Roi, les grands seigneurs y faisaient demander de beaux fruits. On appelait également ce lieu fort à la mode Jardin de Reuilly et folie Rambouillet ; ce dernier nom est resté à une rue tracée depuis sur son emplacement. Cet autre hôtel de Rambouillet, car on appelait ainsi la maison qui s'y élevait, à égale distance des Quatre-Pavillons, dont la destination n'était pas étrangère à la galanterie ; cet hôtel, disons-nous, n'était ni une contrefaçon du célèbre bureau d'esprit du même nom, ni une simple maison de plaisance ; les ambassadeurs des puissances étrangères non catholiques, celui du roi de Siam comme celui du souverain des Trois-royaumes, s'y rendaient et y stationnaient, en attendant les carrosses de la cour, pour faire leur entrée solennelle. Sous le règne suivant, un nouvel acquéreur, qui préférait l'utile à l'agréable, changea les bocages en vergers et les parterres en potagers; il n'en laissa subsister que la porte principale, qui se retrouve encore, avec son petit guichet grillé, et le logement du jardinier, qui a gardé deux croisées sur la rue garnies de vieilles balustrades en fer. On assure que Delaunay, le gouverneur de la Bastille, possédait, sous Louis XVI, les restes du jardin Rambouillet.

Que si l'hôtel où faisaient antichambre les ambassadeurs protestants fut choisi par le Roi, avant de révoquer l'Edit de Nantes, et sans aucune arrière-pensée, il n'en est pas moins vrai qu'il s'y éveillait des souvenirs peu de nature à leur être agréables. L'ancienne vallée de Fécamp, sur laquelle serpentait le haut de la rue qui nous occupe, avait été, de toute notoriété, le théâtre d'un massacre de réformés, revenant tant à pied qu'en carrosse de leur prêche de Charenton, le 26 septembre 1621. Il est vrai que cette odieuse exécution avait été l'œuvre d'une bande de brigands, échappés de la forêt de Bondy, et sachant que le commerce avait fait riches la plupart de ces protestants.

Mais nous voici à la barrière, devant laquelle l'omnibus s'est arrêté, forçant M. Rousseau à fermer son calepin, pour mettre pied à terre. Notre envoyé dit que l'aspect en est triste, et trouve étrange que bien des gens viennent, le lundi, noyer leur raison dans le vin, sur une route qui mène à Charenton. En juillet 1800, cette porte de Paris n'en était pas moins en grande fête : par là rentrait en ville le premier consul, peu de temps après la victoire de Marengo, et les acclamations de la foule ouvraient la marche! Jusqu'en 1815, la barrière de Charenton en a gardé le nom de Marengo.

RUE CHARLEMAGNE.

Vers la fin du grand règne, un président, sieur de Châteaugiron, recevait les visites, les paniers d'œufs et les chapons fins des plaideurs, dans un hôtel fort respectable, qui porte le n° 18 ; la cour en est fermée sur la rue, de nos jours encore, par un mur que surmonte un balcon à jolie balustrade en fer. C'était souvent le jour de l'an pour les juges de cette époque-là, sans que les étrennes engageassent leur conscience, l'usage autorisant la robe à faire bon accueil aux bourriches, que depuis on a remplacées par de simples cartes de visite. Comme président, M. de Châteaugiron recevait toute l'année; mais comme seigneur, c'était le premier mai ; il s'était rendu pour ce jour-là dans sa terre, située près de Rennes. Une singulière coutume voulait que chaque vilain qu'il avait pour vassal vînt apporter, sur le pont-levis du château, après la messe, en présence du bailli, sous peine de perdre la jouissance de ses fruits pendant l'année, une ceinture de laine bigarrée, dite la ceinture du berger, et qu'il chantât en même temps une chanson qui commençait ainsi :

> Belle bergère, Dieu vous gard,
> Tant vous êtes belle et jolie ;
> Le fils du Roi, Dieu vous sauve et gard,
> Vous et la votre compagnie ;
> Entrez, je suis en fantaisie...

Les procureurs qui habitaient le 25 et le 20 de la même rue regardaient comme très-superflu ce nombre immense de ceintures, et ils se contentaient de remplir la leur sans musique. Gilles Charpentier, trésorier-général de l'ordre de Saint-Louis, léguait vers le même temps à Jean Charpentier, conseiller du roi, le n° 24, où il reste un bel escalier à rampe de fer; M. Charpentier de Sainsot, qui s'en défit en 1823, avait eu pour prédécesseur Charpentier de Foissel. Du même côté, pendant les derniers siècles, se trouvaient les murs derrière du couvent de l'Ave-Maria, maintenant caserne.

La reine Blanche, nous diront les voisins, a eu logis dans cette résidence, qui, sous le nom de passage Charlemagne, met la rue Saint-Antoine en communication avec la nôtre. Une belle tour et des sculptures pleines d'intérêt laissent, en effet, une apparence princière à cet ancien séjour royal, puisque la tradition le veut. Les reines avaient alors tant de logis qu'elles voyageaient par étapes dans Paris et aux environs, en se trouvant partout chez elles, et l'enceinte de Philippe-Auguste longeait la rue de Jouy ainsi qu'une portion de celle Charlemagne, dite de la Fausse-Poterne-Saint-Pol, parce qu'elle aboutissait à une fausse porte. Seulement la cour et les vieux bâtiments du passage dépendaient bien plus tard de la maison professe des Jésuites, dont la chapelle est aujourd'hui Saint-Paul-Saint-Louis. Le cardinal de Bourbon avait donné à ces Pères en 1580 un grand manoir, acquis de la duchesse de Montmorency, dit hôtel Rochepot, puis Damville. On sait que Damville avait pour frère l'amiral de Coligni, dont les états de service paraissent avoir inspiré les attributs de marine qui figurent parmi les sculptures, dans ce qu'il reste de cette résidence historique. Le lycée Charlemagne, fondé par Napoléon Ier dans une autre partie de l'ancienne maison professe, a donné son nom à la rue en 1844, puis au passage ouvert au commencement du règne de Charles X. Cette ancienne agglomération de plusieurs maisons en une seule explique comment la voie qui nous occupe, où presque tout est vieux assurément, passait en 1714 pour n'avoir pas plus de 12 maisons.

Le 9, toutefois, se trouvait divisé au xviiie siècle en trois maisons, réunies en 1784 par Pierre de Jassaud, seigneur de Bournonville, ancien officier du roi. Une tour, sise du côté de l'Ave-Maria, et puis un escalier, pourvu jusqu'au premier d'une élégante rampe de fer, à laquelle font suite des balustres de bois, attestent une origine plus reculée. Jassaud de Bournonville tenait un de ces corps de logis de Mlle de Benoimont, dont la famille Taillandier avait eu le père pour acquéreur. Un autre corps de bâtiment lui venait de Jean Pantaléon, vicomte de Buttler, capitaine au Royal-Dragons. Plusieurs grands-oncles de Buttler, qui descendaient de Robert, duc de Normandie, avaient été généralissimes des armées de la Grande-Bretagne; la reine Élisabeth avait eu un enfant d'un membre de cette famille illustre, son cousin au cinquième degré, et ce rejeton semi-royal avait suivi Jacques II en France. Mlle de Jassaud, fille de Mme de Bournonville, née Boischantel, eut en mariage une dot de 200,000 livres, de laquelle faisait partie le précité n° 9, situé en censive et mouvance de l'archevêché de Paris, et même, dit-on, le fragment qui subsiste encore d'un vieux séjour dans le passage Charlemagne.

Le 7 et d'autres maisons de la rue ont quelque peu la prétention davoir servi de dépendances au pied-à-terre de la reine Blanche, mais la plupart furent habitées, pour sûr, par des prêtres de l'église Saint-Paul, démolie sous la République, et de là venait la dénomination que porta longtemps notre rue, celle de rue des Prêtres-Saint-Paul.

RUE CHARLOT.

Charlot. — Les Cambis et les Sourdis. — Les Capucins. — MM. de Brévannes et Charnacé. — M. Debelleyme. — Les Polignac et les Colbert. — Van Robais. — Bayard. — L'oculiste. — Le Collier de la Reine. — Hôtel Mascarani.

La rue Charlot, dite aussi d'Angoumois, fut ouverte en 1626, ainsi que les rues de Berri et d'Orléans, qui font partie de la rue Charlot depuis 1851. La Tynna, dans son *Dictionnaire des rues de Paris*, dit que Claude Charlot, paysan du Languedoc, qui était devenu un riche financier, fit bâtir des maisons dans la rue qu'on plaça sous son invocation. D'autres chroniqueurs rappellent que ce traitant, adjudicataire des gabelles et des cinq grosses fermes, possédait une terre jadis érigée en duché. Nous retrouvons, au surplus, un de ses parents, Joseph Charlot, seigneur de Prinzé, conseiller au Châtelet et échevin de la ville, de 1635 à 1637, sous la prévôté de Michel Maureau; et puis Pierre Charlot, échevin, trente-quatre années plus tard. Il est assez probable que le paysan parvenu a traité en effet du vaste territoire sur lequel ont été élevés presque tous les hôtels dont nous allons parler et qui, à l'origine, faisait partie de la culture du Temple; mais dans les actes il a eu pour prête-nom un associé, Michel Sigon, accensé par le grand-prieur de France, et cette spéculation considérable remonte à l'année 1608. Le nom d'aucun Charlot ne figure sur les titres que nous avons pu compulser.

Le 3 appartenait, dès la fin du règne de Louis XV, à un grand fabricant d'étoffes; un avocat, M. Hutin, en disposait quelques années après; toutefois, la propriété avait fait corps avec l'hôtel Montmorency, comme dépendances, et du corps gigantesque de cette résidence, démembrée au XVIe siècle, une côte avait été tirée pour former l'hôtel de Sourdis. L'impasse de Sourdis, ruelle décrivant un angle droit qui reliait autrefois la rue d'Anjou à celle d'Orléans, sépare encore le 3 du 5, fragment lui-même de l'ancien séjour du même nom, et que les héritiers de Nicole Gruyn, veuve du comte de Cambis, lieutenant-général, ambassadeur en Angleterre, avaient vendu, en 1766, à Mlle d'Erbais. Cette épouse séparée de biens du sieur Langlois avait acquis, vers le même temps, une autre portion du même domaine patrimonial, laquelle porte le n° 8, et son vendeur, de ce côté de la rue, avait été Villeron, marquis de Cambis, maréchal de camp. Les Cambis, outre qu'ils servaient dans les armées, étaient une maison fort lettrée; ils avaient une bibliothèque et faisaient des livres; une baronne d'Aigremont, née Cambis, leur en avait donné l'exemple au XVIe siècle. Le père de Mlle Gruyn, garde du trésor royal, avait occupé le 5 antérieurement, et déjà une alliance avait rattaché cette famille de robe à celle du lieutenant-général; une autre fille du trésorier royal avait épousé un Cambis, avant de convoler en secondes noces avec un La Vieuville, marquis de Saint Chamans. Quant aux Sourdis, qui avaient précédé les Cambis dans lesdits hôtels, c'était une famille dont le crédit ne remontait pas seulement à Gabrielle d'Estrées, nièce d'une marquise de Sourdis, née Babou de la Bourdaisière. Déjà, sous Henri III, Réné d'Escoubleau de Sourdis, capitaine de 50 hommes d'armes, s'était jeté dans la ville de Melun, que sa bravoure avait gardée au roi ; il avait épousé Anne de Rostaing, et de ce lit étaient sortis les grands propriétaires dont nous parlons. Deux évêques de Bordeaux, et l'un d'eux a porté la pourpre, appartenaient à la même race.

La rue n'était encore qu'en projet quand les pères capucins s'y établirent, sous Louis XIII, à la place d'un ci-devant jeu de paume, entre les rues actuelles du Perche, des Quatre-Fils, Vieille-du-Temple et Charlot. L'église Saint-François, restaurée depuis peu, était justement celle des religieux dits les Capucins du Marais. Un des leurs, Athanas Molé, frère de Mathieu Molé, procureur général, puis premier président, puis garde des sceaux, contribua puissamment à la fondation de la maison, ainsi que le duc d'Elbeuf et Regnault, quartinier de la ville. La totalité du terrain, qu'ils achetèrent en trois fois, avait eu pour propriétaires, avant ces pères, Clozier de Juvigny, gentilhomme de la chambre, le marquis de Bournonville et le sieur Matice. Sous Louis XVI, le père temporel des Capucins était Mahiou, un conseiller du roi ; leur sacristain, Louis de Bapaume ; le gardien du couvent avait nom Emmanuel de

Douay, et ces trois représentants renouvelaient la reconnaissance du droit de cens à la Commanderie du Temple.

En vertu d'un arrêt de la cour des Aides, rendu en l'an 1634 contre Nicolas de Villantrois, Claude Corneil, secrétaire d'Etat, entrait en possession du 7; puis à un siècle de là, cette maison, dont la paroisse était Saint-Jean-en-Grève, échéait en héritage à Le Pileur de Brévannes, conseiller au parlement. Après l'hôtel Brévannes venait l'ancien hôtel de Retz; en 1652, il ne portait pas d'autre nom. Or, nous ne savons pas au juste quand les Gondi ont commencé à l'occuper; c'est seulement en l'année 1679 que le coadjuteur a cessé de vivre; mais Pierre de Gondi, duc de Retz, est le seul dont la résidence n'y fasse pas doute. En 1750, Le Camus, marquis de Bligny, capitaine aux gardes, cède l'hôtel de Retz à Brion, marquis de Marolles, et le fils de ce dernier y a pour successeur la famille de Charnacé, le règne de Louis XVI finissant. Déjà était fermée à cette époque la ruelle du Maine, sur laquelle cette maison et les suivantes avaient une seconde issue, et qui donnait sur la ruelle de Sourdis.

Depuis un siècle, la rue qui nous occupe a vu la grande fabrique remplacer la magistrature, dans la plupart de ses hôtels, et, pour ainsi dire, n'a pas craint de retrousser l'ancienne robe, pour ne s'en faire qu'un tablier ; la magistrature de la science a succédé à la judicature, dans plus d'une de ces résidences, et des savants y veillent de plus près aux progrès de l'esprit humain, depuis qu'il s'applique surtout à l'industrie. Toutefois, la rue Charlot a conservé pour habitant jusqu'en 1848, un président, homme d'un rare esprit et d'une infatigable activité : c'est nommer M. Debelleyme. La porte de son hôtel, n° 10, était toujours ouverte à deux battants, selon les us de la magistrature d'autrefois; et lorsqu'il y donnait une signature ou une audience, c'était l'annexe du palais plutôt que sa propre maison. Au figuré, les juges n'ont rien à eux; ainsi le veut l'ancienne coutume, et les plaideurs finissent trop souvent par étendre jusqu'à eux, dans le sens propre, cet axiome consolant. La maison de M. Debelleyme fut investie un jour de guerre civile, en juin 1848; des plaideurs, qui gardaient rancune d'une ordonnance de référé, introduisaient l'instance de l'émeute dans les appartements accessibles du président, qui se trouvait alors au Palais, et cette circonstance fut un rappel au devoir qui fit tomber bien des menaces. Son hôtel, il est vrai, a déjà vu passer plus d'une révolution, et la sérénité plus que séculaire de ses êtres paraît n'en avoir pas souffert : son jardin, sa cour vaste, ses salons décorés de peintures et dorés, déposent d'une longue impassibilité, qui fait croire à la paix de leur conscience absente. En 1714, c'était l'hôtel de Turmony, et quarante ans ensuite celui de Leleu, un conseiller du roi, son avocat au bureau des finances.

Presque en face, que trouvons-nous ? Une propriété que

Thouin, jardinier en chef du jardin du roi, tenait des filles de Moncheny, qui l'avait fait bâtir à la fin du xviie siècle. Au même temps remonte l'occupation de l'hôtel contigu à la maison de M. Debelleyme, par Mesliand, conseiller au parlement. Quoi de la maison suivante, qui fait le coin de la rue de Poitou ? Jamais sa porte n'a été carrossable ; mais une jolie rampe de fer battu se retrouve dans son escalier, et Boula de Montgodefroy en descendait, avant 89, lorsqu'il allait siéger en parlement.

La porte cintrée du 24 replie ses deux battants sur un ancien hôtel, occupé en 1815 par le maréchal marquis de Pérignon, et bâti pour Robert Godefroy, receveur général des finances au commencement du xviie siècle. Car il est évident qu'un certain nombre de maisons s'élevait aussi, dans cette seconde partie de la rue Charlot, avant qu'elle portât légalement sa dénomination originaire de rue de Berri. Guillaume Brossier, trésorier-général de l'extraordinaire des guerres, en 1646, possédait une maison voisine, qu'habitait sous Louis XVI Bruno, comte d'Agay, conseiller du roi ; le comte de Villars en posséda une autre, plus rapprochée de celle de M. Debelleyme, et bâtie par un sieur Rousseau, cessionnaire de Michel Sigon.

(La fin de la notice de la rue Charlot paraîtra dans la livraison suivante.)

Paris. — Imprimerie de Pommeret et Moreau, 42, rue Vavin.

LES ANCIENNES MAISONS

Des rues Charlot, Chanoinesse, des Chantres, Chapon, Chartière, de Charonne, Château-Landon, Chaudron et Chauchat,

NOTICES FAISANT PARTIE DE L'OUVRAGE INTITULÉ :

LES ANCIENNES MAISONS DE PARIS SOUS NAPOLÉON III,

PAR M. LEFEUVE,

Monographies publiées par livraisons séparées en suivant l'ordre alphabétique des rues.

RUE CHARLOT.

(Fin de la notice.)

Ne remarquez-vous pas, un peu plus loin sur la même ligne, un hôtel à l'ombre duquel un petit jardin se dissimule, et dont la porte cintrée, répondant au chiffre 28, rappelle une construction du temps de la Fronde? Dans la seconde moitié du siècle xvii, Robinot de Bérancourt disposait de cette propriété, qui était, soixante ans plus tard, à M. de la Garde, père de la marquise de Polignac. Aussi bien le poëte saint Sidoine Apollinaire parle déjà, au ve siècle, du château seigneurial des Polignac dans le Velay, comme de sa maison paternelle; il en résulte qu'au xviiie, Apollinaire de Polignac, évêque de Meaux, 1er aumônier de la reine, honore dans saint Sidoine un de ses grands-oncles. L'aumônier de la reine, le marquis de Sainte-Hermine, gentilhomme d'honneur du comte d'Artois, ainsi que sa femme, née Polignac, et la marquise de Balincourt, née Polignac, comme héritiers de Mlle de la Garde, épouse du marquis de Polignac, 1er écuyer du comte d'Artois, vendent l'hôtel à Brillon de Saint-Cyr, maître des comptes.

Non loin de là, mais sur l'autre côté de la voie, ont eu pignon, dans des proportions plus modestes, Robineau d'Ennemont, substitut du procureur-général, et de la Noue, valet de garde-robe de Louis XVI. Un autre immeuble, le 21, qui, sous le rapport de l'âge, ne le cède pas à la rue, a servi de résidence aux Colbert, comtes de Maulevrier, qui l'avaient reçu d'un oncle, nommé Martin Plufort, lequel avait traité, quatre mois avant de mourir, en l'année 1672, de deux maisons pour les fondre en une seule : la vie de l'illustre ministre de Louis XIV, parent de ceux dont nous parlons, s'est prolongée cinq ans de plus que celle de Martin Plufort. Le jardin de cette habitation a rejoint longtemps, par derrière, le jardin de l'hôtel Bertin, sis rue d'Anjou ; et sur les dépendances de celui-ci, trois bâtiments donnant sur notre rue ont été édifiés au commencement du xviie siècle pour François Barbon, payeur de rentes de l'Hôtel-de-Ville. Les n°s 31 et 33 ne font qu'un dans le principe, puis se trouvent divisés en trois ; au corps de logis principal on arrive alors par l'avenue qui sépare l'une de l'autre deux moindres constructions par-devant, et Chuppin, trésorier général du marc d'or, en jouit vers 1750.

La fille de Lenoir, trésorier de France à Caen, a épousé le président Maupeou, en 1687 ; veuve après treize années de mariage, elle a gardé le n° 50 jusqu'en l'an 1714 ; ensuite Puisieux, Despériers de Fresne, puis Cazalis, écuyer du petit commun du roi, y ont parlé successivement en maîtres. Le toit quasi-seigneurial qui fait suite a abrité Salomon Van Robais, précédemment le fondateur de la manufacture royale de draps d'Abbeville.

Saluons encore le 58 et le 60, qui s'honorent, parce que la tradition le veut, d'avoir été le séjour du chevalier Bayard. Après cette accolade courtoise, ouvrons la lice à quelques dates qui vont être étonnées sans doute de donner l'une contre l'autre. Serait-il permis d'oublier que, sous Charles VIII, Louis XII et François Ier, le titre de chevalier sans peur et sans reproche fut glorieusement gagné par Pierre du Terrail, dit Bayard, nom d'une terre qu'il possédait en Dauphiné ? Or, le Terrier de la Commanderie du Temple constate que Sigon, deux ans avant la mort de Henri IV, prit à cens le terrain sur lequel s'érigea l'immense hôtel dont nous parlons, régnant d'abord jusqu'à la rue de Bretagne, et qui avait alors trois portes, trois corps de bâtiment, aux ordres de Millot, secrétaire de la chambre du roi, et de Durey de Sauroy, trésorier à l'extraordinaire des guerres, qui, par suite d'arrangements de famille s'appela du Terrail, comme sa mère, issue du chevalier Bayard. De là vient toute la confusion. Les hoirs du trésorier furent, au milieu du xviiie siècle, Marie Durey de Sauroy, femme de Timoléon duc de Cossé, et Joseph Durey de Sauroy, marquis du Terrail, maréchal de camp, et auteur de plusieurs romans. Celui-ci avait épousé Mme de Crussol d'Uzès de Montausier ; il fonda avec elle un prix annuel à l'académie de Dijon, et il fit jouer des pièces de sa façon, sur le joli théâtre de son château, à Epinay. Le marquis laissa la propriété de la rue Charlot à son neveu, le duc de Cossé-Brissac, gouverneur de Paris, et ce dernier la transporta, en 1775, au baron de Wenzel, déjà propriétaire de la maison qui vient après. C'est ainsi que l'hôtel Bayard, comme on l'appelle dans le quartier, n'est en réalité qualifié que Sauroy, dans les actes. Mais combien peu de traces a conservées cette demeure, du séjour de ses premiers hôtes ! M. Durand, ancien notaire, qui depuis a disposé du 58, a marqué son passage en faisant râcler les dorures, qui étaient les vestiges d'une magnificence primitive. Aux peintures, qui ne pouvaient s'enlever, il semble qu'on en ait voulu, tant elles sont dénaturées ! Par conséquent, que reste-t-il ? Des murs, une pièce à panneaux sculptés, les boiseries d'une chambre à coucher, et puis un balcon de pierre, qui domine une portion de jardin affectée aux ébats d'une pension de jeunes personnes.

Quant au baron du Saint-Empire, Michel Wenzel, il était oculiste de LL. MM. impériales et britanniques ; il exerçait son art, n° 62, dans un édifice digne de sa clientèle extérieure, acquis de la marquise des Réaulx ; cette dame se l'était fait adjuger en 1763, en vertu d'un décret poursuivi sur les héritiers du colonel de Bragelongne. Jusque-là l'origine est aristocratique et justifie le luxe d'une rampe de fer qui décore l'escalier de l'hôtel. Il n'en est pas moins vrai que le colonel avait acheté de Gaultier, maître perruquier, une partie de ce bien de ville. Il y avait, au surplus, bien des maisons qui, d'un hôtel à l'autre, rue Charlot, appartenaient en ce temps-là à des marchands et à des artisans. Près des rues de Bretagne et de Normandie, on y trouvait Huyot, menuisier ; de Sègre, bourgeois de Paris, et puis un liquoriste de la rue Saint-Antoine, et puis un marchand de vin de la rue des Martyrs, acquéreur du marquis de Sourdis. Sébastien Cramoisy avait traité avec Sigon des lots de territoire sur lesquels il élevait des constructions pour les revendre, tout comme le font en ce temps-ci un grand nombre d'entrepreneurs : aussi bien cette famille des Cramoisy a prospéré, et plus d'un de ses membres a été préposé, dans l'origine, à la direction de l'imprimerie royale. Le niveau des affaires accomplissait de cette façon, sans tapage, ses révolutions de tous les jours !

Richer, maçon, avait construit à ses risques et périls, dès 1614, deux maisons contiguës, un peu avant la rue de Forez ; la plus petite était cédée plus tard par Triperet, trésorier-général de la police, à Bernier, échevin, qui la transmettait aux Boulogne, maîtres-maçons, puis architectes; la plus grande avait eu de même pour possesseur Raimond d'Albert, lieutenant de police. Mais avant de franchir la rue de Vendôme, indiquons encore au lecteur, dans le n° 57, l'ancien hôtel Boulainvilliers, où fut généreusement recueillie une jeune fille, qui descendait de la maison royale de Valois par un fils naturel de Henri II, et qui devint madame Lamotte. La marquise de Boulainvilliers, femme du prévôt de Paris, en prenant sous sa protection une enfant que ses parents avaient abandonnée, était loin de prévoir la triste notoriété que l'histoire du collier de la reine donnerait par la suite à son nom.

En 1695, pour faire place à la rue de Vendôme et au boulevard, appelé le nouveau cours, ainsi que pour prolonger la rue Charlot de ce côté, il y eut un échange de terrain entre : 1° le grand prieur de France et les religieux du Temple, d'une part; et 2° les prévôt et échevins de la ville, et mademoiselle Le Trolleur, d'autre part. Claude Bosc, seigneur d'Ivry-sur-Seine, et prévôt des marchands, donna d'abord son nom à ce tronçon de rue. Sur ce point, deux hôtels appartenant à Jean-Baptiste Beausire et à sa femme, née Le Trolleur, avaient en commun un jardin, et payaient cens, non plus au commandeur du Temple, mais à Sainte-Opportune. Une de ces grandes maisons porte présentement le n° 83; Gabriel De Sègre en traita avec Beausire; Fargesse avec De Sègre, et le marquis de Mascarani avec Fargesse en 1750. Riche personnage, n'en doutez pas.

que ce François-Marie de Mascarani, marquis de Paroy, président des comptes en 1752! Il avait acheté 325,000 livres au prince de Carignan la seigneurie de Château-Chinon, et cette terre érigée en comté passait, entre ses mains, pour avoir une valeur triple. L'autre maison, celle qui a fait place à de modernes constructions, fut acquise par Malo, seigneur de Sérizy et conseiller au grand conseil.

RUE CHANOINESSE.

Pour éviter les redites, autant que possible, renvoyons le lecteur, pour la rue Chanoinesse, à la notice relative à la rue Basse-des-Ursins, où se trouvent, la moitié du temps, les mêmes maisons à deux portes. Le cloître Notre-Dame formait comme une autre île, une autre cité, dans l'île de la Cité : ses rues demeuraient à la charge de MM. du chapitre, quant aux boues et lanternes. Au débouché de la rue Chanoinesse sur celle de la Colombe, était la porte des Marmousets servant d'entrée primitivement au cloître, lequel on fermait, au surplus, de chaque côté tous les soirs, la veille encore de la première séance de l'Assemblée nationale à l'Archevêché. Grâce à un bref de Benoît VII, confirmé par lettres patentes de Lothaire, roi de France, vers 980, les maisons canoniales pouvaient déjà être vendues par les chanoines à un de leurs collègues ; le droit d'en disposer a été étendu à toutes les classes d'acquéreurs, d'héritiers, par la loi du 24 juillet 1790, sur le traitement du clergé (*art.* 27), à la charge, pour les vendeurs, de payer au domaine national, entre les mains du receveur du district, le sixième de la valeur des immeubles, suivant l'estimation qui en serait faite.

L'ancienne chapelle de Saint-Agnan, dont nous avons déjà parlé, est au 26 sur la rue Chanoinesse. Cette chapelle gothique avait été l'une des 52 églises que l'on comptait dans l'île de la Cité ; pendant la République, c'est-à-dire au moment où Notre-Dame était un magasin de tonneaux, on y disait secrètement la messe. Puis vient une construction à large seuil cintré, c'est le 24, que suit une autre propriété, dont la porte est ferrée de grosses têtes de clous. Immeuble encore à deux façades, qui a été peu de temps divisé, et que Louis-Augustin Viet, chanoine, cédait, par acte du 2 prairial an III, passé chez Dosne, notaire, moyennant 100,000 livres en assignats, au citoyen Ambroise Séjourné ; le vendeur tenait la maison de son propre frère, Pierre-Bernard Viet, aussi chanoine, suivant conditions stipulées entre eux, et agréées par le chapitre de l'église de Paris, aux termes d'un acte capitulaire du 6 avril 1785.

Le même sieur Séjourné achetait, dans la même étude, le 28 vendémiaire an V, l'hôtel voisin, qu'on désignait alors comme situé cloître Notre-Dame, n° 21, et où nous retrouvons deux escaliers à balustres de chêne. Dans un appartement qu'a occupé, dans ces dernières années, l'abbé Montès, aumônier général des prisons, figurent, au premier étage, des boiseries avec encadrements, cinq dessus de porte peints à l'huile, emblèmes des arts libéraux, et des glaces surmontées d'attributs dorés en relief, tels que triangles, livres, serpents. Des ornements du même style décoraient le rez-de-chaussée, habité, depuis 1792 jusqu'au règne de Charles X, par Bouilly de Dorée, ancien procureur, puis avoué. Cette propriété est encore à la disposition du petit-neveu de M. Séjourné, qui en avait traité avec les héritiers Radix. Le chanoine Jacques-Louis Radix, conseiller-clerc au parlement, la possédait lui-même en vertu d'une délibération capitulaire du 17 mai 1776, pièce en latin constatant que Devienne, chanoine, s'était démis en faveur de Radix, autorisé à jouir de la maison sa vie durant, ou jusqu'à ce qu'il fût promu à un évêché. Parmi les hoirs de ce dernier, nous remarquons Marie-Charles Radix, veuve de Jean-Baptiste Talon, mort conseiller au parlement en 1772, et laquelle avait pour enfants : 1° Antoine-Omer Talon, qui avait émigré, et dont, par conséquent, la part héréditaire revenait au domaine, auquel l'avait rachetée un autre membre de la famille ; 2° Marie-Geneviève audit nom, épouse divorcée du ci-devant marquis de Villaines, exempt des gardes-du-corps ; 3° Marie-Victoire, mariée au ci-devant marquis d'Escorches de Sainte-Croix, enseigne aux gardes françaises. Les mêmes titres citent aussi, comme ayant-droits du sus-nommé chanoine, Claude-Maximilien Radix de Sainte-Foix, un de ses frères, lequel avait été ministre plénipotentiaire de Louis XVI, près du prince de Deux-Ponts, puis enfin l'émigré Malbec, un de ses neveux, etc. Si, qui plus est, nous remontions à l'origine première de la propriété, ne trouverions-nous pas qu'elle n'a fait qu'une avec le vieux séjour, qui répond au 18, côté de la rue Chanoinesse, mais que nous avons déjà vu au 9, dans la rue parallèle? Le 16 se rapporte, à son tour, à cette résidence de Racine, indiquée dans la même rue basse. Le plus ancien corps de logis du 10, qu'on a remis à neuf, passe pour avoir servi de résidence au chanoine Fulbert, oncle d'Héloïse : l'usage cessa d'en être une prébende ecclésiastique, lorsque l'immeuble qui faisait retour à la République, comme étant aux droits du chapitre, fut vendu par Ramet, ministre des finances, en vertu d'un arrêté pris par le Directoire exécutif, le 29 thermidor an VI. M. le comte de Saint-Marsault, préfet de Seine-et-Oise, dispose du 8, qui, d'ancien hôtel de chanoine, est devenu le siége de l'état-major des pompiers.

De l'autre côté de cette rue, qui parfois est moins large que la porte de ses hôtels, le 19 est pourvu de titres de propriété, remontant jusqu'à cet édit de Charlemagne qui exempta d'impôts toutes les habitations dépendant du cloître. Des vignes y grimpent sur les murs, et une rampe de fer jusqu'à l'ancien logement de l'abbé Gatignon. Depuis 1808, l'immeuble est dans la même famille. Puis, dans un renfoncement, voici le n° 17, qui n'est vraiment pas plus moderne ; mais rien qui le concerne n'est venu jusqu'à nous, d'antérieur aux dispositions légales qui ont émancipé ce bien de main-morte canonial, en 1790. Ajoutons, comme note générale, que tout ce même groupe d'habitations capitulaires a servi de quartier-général au cardinal de Retz, qui y rassemblait ses amis pour les opposer aux partisans de Mazarin.

RUE DES CHANTRES.

Abélard, Héloïse habitèrent ces lieux,

Cet alexandrin figurait naguère, sous la forme d'une inscription peinte, rue des Chantres, n° 1. La maison ayant été refaite en 1849, on retrouve maintenant cette légende, sur sa façade, au quai Napoléon. De plus, on lisait à l'intérieur :

Abélard, Héloïse, 1118,

et on pouvait franchir l'escalier en spirale, sur les degrés duquel les deux amants n'avaient que trop échangé d'adieux. Mais une porte en était témoin, qui reste encore visible n° 2. Cette porte, qu'on n'ouvre plus, libre à nous de la croire condamnée uniquement par vénération ; elle est juste assez large, pour qu'Héloïse et Abélard pussent y passer les mains entrelacées, en s'y retenant tour à tour ; flanquée de deux petits supports sculptés en pierre, qui remontent à sept siècles, on dirait qu'elle attend encore la statuette de l'un et de l'autre. Longtemps un pont l'a protégée, mettant en communication le manoir qui n'est plus avec celui qui reste, dont l'ouverture donne rue Basse-des-Ursins. Un petit jardin, du côté de la rivière, bordait la maison démolie, où se trouvait, dit-on, sur un des pas de vis de l'escalier, le cabinet de travail d'Héloïse. On sait que les livres n'y manquaient pas ; mais les paroles d'amour y faisaient tort d'abord aux lectures, et puis les baisers aux paroles.

A proprement regarder, les deux rives de la petite rue des Chantres se trouvent actuellement dépourvues de devantures d'habitation. Cette ruelle a subi avec patience, si ce n'est héroïsme, la suppression totale de ses portes, comme par contre-coup suprême des infortunes de l'illustre théologien, qui fut son hôte. Son nom, qui date au moins du XVIe siècle, rappelle son occupation par les chantres de la cathédrale, beaucoup moins amoureux qu'ivrognes, s'il faut en croire le *Lutrin* de Boileau. Ceux d'à présent, pour habiter encore la même rue que leurs devanciers, se rendraient coupables d'escalade ; mais la police a pris ses précautions, en y faisant placer trois becs de gaz, dont la lueur condescend à éclairer de profil des bâtiments dont la face est ailleurs.

RUE CHAPON.

Le demi-monde sous Louis XV. — Les Carmélites. — Le Cimetière.

Une femme dont les galanteries, pendant les derniers lustres du règne de Louis XV, ont laissé quelques traces dans les chroniques scandaleuses, était fille de Guynebault, marquis de la Millière. Ce rejeton d'une famille protestante du Poitou, qui avait hérité trop jeune de 25,000 livres de revenu, abjura, quand il fut ruiné; une pension, son dernier refuge, lui permit de subsister encore, avec la fille de son jardinier, qui était devenue sa femme, et de laquelle il avait trois enfants. L'un des trois eut une compagnie, mais quitta la milice pour vivre d'expédients; puis venaient deux filles, et celle dont nous parlons ici avait pour sœur cadette une pensionnaire des Carmélites de la rue Saint-Jacques. En cessant de vivre, le marquis laissa des procès, pour toute fortune; sa veuve eut à faire des démarches près de M. de la Valette, intendant de Dijon, et du procureur général, et de l'avocat général, et elle ne réussit, dit-on, à se les rendre favorables qu'en amenant avec elle l'aînée de ses filles, élevée dans un couvent de Provins, où elle se destinait à faire des vœux. Deux beaux yeux sont toujours, en pareil cas, le meilleur avocat. Puis la novice tomba malade, la prise de voile fut reculée. Nivers, le médecin du couvent, ne remit sur sa tige cette rose de Provins, passée lys, et ne lui restitua ses vives couleurs qu'en horticulteur passionné : la convalescence ne fleurit que pour s'épanouir en grossesse. Mlle de la Millière fut prise en pension par Nivers, médecin décrié au parloir, mais que toutes les malades appelaient. Par malheur, il était marié ; entre l'arbre et l'écorce, il n'y a pas place pour le doigt, et Mme Nivers tenait à être l'arbre, sans qu'une autre en portât les fruits dorénavant.

Obligée de se réfugier chez Bellissen, procureur au Châtelet, père d'une de ses amies de couvent, et qui demeurait rue Saint-André-des-Arts, la jeune mère n'y revint pas à bien. Des exempts de police un jour l'y arrêtèrent, en l'accusant d'un vol commis chez une marchande de modes. Il n'en fallait pas davantage pour que le procureur lui interdît l'entrée de sa maison ; seulement, il avait pour beau-fils M. de Mandeville, lieutenant au régiment de Rouergue, qui, n'y regardant pas de si près, la recueillit avec amour. Protégée qu'elle était toujours par le procureur général, elle dut à son crédit une dot de 12,000 livres, provenant d'un legs confié au magistrat, qui avait été stipulé pour faciliter le mariage d'une demoiselle de condition, mal partagée du côté de la fortune. Le lieutenant épousait Mlle de la Millière, en se parant d'un titre de marquis, que d'Hozier lui eût marchandé. Il y avait en effet une terre de Mandeville, près Bayeux ; mais, sous Louis XVI, le comte de

Trévières jouissait de cette fiefferme, incorporée dans son comté. Deux autres Mandeville, ceux-là marquis, avaient successivement gouverné Dieppe ; mais ils étaient alliés à des d'Aligre, Mortemart et Colbert. La soi-disant marquise, par conséquent, appartenait déjà au demi-monde, que le nôtre croit avoir inventé.

M. de Moras, qui lui voulait du bien, pourvut son mari d'un brevet de capitaine dans les Indes ; mais l'officier s'arrêta en Orient, rebroussa chemin, et passa aux mousquetaires noirs. Mme de Mandeville était une brune piquante, grande, bien prise, avec de beaux yeux ; nous l'avons vue au pastel, quai Voltaire ; elle ressemblait, ainsi faite, à Louis XV, ce qui lui mérita une cour. Les fonds secrets lui manquèrent encore moins, car elle avait maison montée, trois laquais à grande livrée, et menait bon train rue Chapon, dans un hôtel qu'on retrouve à notre époque, portant le n° 16. Malheureusement, l'esprit de cette *femme du monde*, comme on disait alors de ce genre de femmes, ne brillait guère, et Nivers, son amant de province, avait perdu lui-même à la regretter le peu qu'il en avait : ce malheureux, pour jouer un dernier tour à son épouse légitime, une fois sa maîtresse envolée, s'était pendu dans sa chambre à coucher.

L'ancienne demeure de Mme de Mandeville est maintenant au pouvoir d'un grand orfèvre de la rue Saint-Martin, M. Detouche. La plupart des numéros pairs, dans cette région de la rue, qu'occupent surtout des fabricants de boiseries, sont des anciens logis de magistrat, maisons dans tous les cas bâties sur des terrains donnés à cens par les dames de l'hospice Sainte-Catherine, et que l'administration générale des hospices a mises en vente, au commencement du présent siècle. Leur maître à tous est l'ancien hôtel de Jean-Bart, n°s 2 et 4, propriété d'une magnifique ampleur ; mais nous frapperons une autre fois à sa porte principale, rue du Temple, 115. Cette partie de la rue, entre la rue du Temple et celle de Beaubourg, s'appelait Robert-Begon, et puis Capon, au xiiie siècle ; des maisons, au nombre de 26, y remplacèrent, dans le courant du grand siècle, des bouges qui jusque-là s'y affectaient à la débauche. Les évêques de Reims, dont l'hôtel s'y trouvait placé dans le principe, se plaignaient fort d'un pareil voisinage ; mais ils cédaient bientôt, au chapitre ainsi qu'aux évêques de Châlons, ladite maison de ville.

Un de ceux-ci, M. de Marchaumont, en traita, l'an 1619, avec des Carmélites qui, depuis deux années, transfuges du faubourg Saint-Jacques, s'étaient contentées, rue Chapon, d'un logement qui ne leur suffisait plus. Catherine de Gonzague et de Clèves, veuve de Henri d'Orléans, duc de Longueville, les aidait de sa bourse, ainsi que le prince, fils de cette duchesse douairière ; Anne d'Autriche protégeait aussi l'établissement, dans cette rue, d'un second prieuré et couvent de la Sainte-Mère de Dieu, ordre de Notre-Dame du Mont-Carmel. La rue de Montmorency bordait les jardins de ce monastère, qui a servi de refuge à tant de femmes nées pour le monde, mais curieuses de mourir deux fois, pour ainsi dire. Un hôtel à façade ornée de sculptures, le n° 13, en dépendait ; la plus grande partie des autres bâtiments conventuels, vendus le 23 prairial an V, subsistent encore rue Chapon, rue Beaubourg, rue Montmorency, ainsi que nous l'avons dit ailleurs : sous le Directoire, on y dansa, puis on y joua la comédie.

La voie dont nous parlons comportait 27 bâtiments, en l'année 1714, dans sa partie appelée rue du Cimetière-Saint-Nicolas-des-Champs, entre les rues Beaubourg et Saint-Martin. La cour de Saint-Martin-des-Champs servait d'abord de cimetière à la paroisse Saint-Nicolas ; mais dès le siècle XIII, l'espace y manquait à la fosse, et le cimetière fut transféré dans un clos, donné à cette paroisse par les religieux de Saint-Martin-des-Champs. L'entrée en était rue Transnonain, aujourd'hui Beaubourg, vis-à-vis l'hôtel de Châlons, plus tard couvent des Carmélites. Le curé et ses paroissiens s'étaient engagés à percer une rue, pour conduire à l'asile mortuaire, et ladite rue porta son nom ; tel est l'état-civil de cette voie de communication, réunie à la rue Chapon en 1851. En procédant à des réparations, tout dernièrement, n° 31, n'a-t-on pas retrouvé des ossements humains, qui pouvaient être les dépouilles mortelles d'un sujet de Philippe-le-Bel ?

RUE CHARTIÈRE.

Une petite statue de Henri IV se remarquait encore, sous Louis XVI, au coin des rues Chartière et Fromentel, et que voulait dire, je vous le demande, cette figure de roi vaillant, mais qui n'était pas un grand clerc, au milieu des colléges de la montagne Saint-Hilaire? Impossible d'y voir autre chose que le souvenir d'un rendez-vous galant. Redites-nous donc, échos savants, quelles leçons de galanterie (mais les maîtres en cette faculté apprennent toujours plus qu'ils n'enseignent), quelles leçons enfin, le héros d'Arques et d'Ivry est venu prendre et donner dans les parages de la pédagogie! La tradition multiplie à cœur-joie les rendez-vous d'amour que donnait Henri IV, et elle se plaît à croire que la même maîtresse en recevait sur tous les points de la grand'-ville. Nous retrouverons donc la belle Gabrielle jusque dans la rue Fromentel. On ajoute que les écuries de cette hôtellerie sentimentale étaient dans la petite rue Chartière, n° 11, derrière le collége des Jésuites. La compagnie de Jésus était bannie de France depuis l'assassinat de Henri III; mais six ans après la promulgation de l'édit de Nantes, un autre édit royal la rappela.

Le relais dont nous parlons se trouvait dans l'ancien collége de Cocqueret; mais il ne faut pas s'étonner que ces classes, dites petites écoles sous les Valois, fussent après eux, réduites à l'état d'écuries. Nous avons déjà fait l'histoire de cette fondation scolaire et du collége de Reims, contigu à Cocqueret, dans l'*Histoire de l'ancienne Sainte-Barbe* (2e époque); comme collége de plein exercice, elle avait été supprimée en 1551[1], par sentence de la Faculté des Arts ; c'est seulement vingt années après qu'une partie de ses bâtiments avait été vendue à des particuliers. Il paraît néanmoins que, du côté de notre rue, une maison conserva le nom de Cocqueret assez longtemps. Le précité n° 11, dont la porte cintrée est décorée d'une coquille, et parfaitement reconnaissable, se voit encore traité de collége de Cocqueret sur le plan de Paris en 1652. Hurtaut, dans son *Dictionnaire de Paris en 1779*, cite l'immeuble, comme survivant à sa destination, mais sans principal, sans boursiers, et métamorphosé en manufacture de carton.

Au reste, près de la figure du chef de la dynastie des Bourbons, au bas de la rue, était situé le Puits-Certain, ressource précieuse pour le mont Saint-Hilaire, avant qu'on y fît venir de l'eau d'Arcueil ; ce bienfait primitif était dû à Robert Certain, curé de Saint-Hilaire, puis principal de Sainte-Barbe, sous le règne de Henri II. Plus tard, un pâtissier de la défunte place Cambrai prit pour enseigne : *Au Puits-Certain*.

Presque toutes les maisons de cette rue du XIIIe siècle appartinrent à des colléges, les occupant ou les donnant en location. Les ruines qui devraient porter à présent le n° 8, dépendaient du collége de Marmoutiers, créé en 1329 avec le collége du Plessis, vendu en 1641, au prix de 90,000 livres, pour agrandir le collége des Jésuites, et avec l'agrément du cardinal de Richelieu qui, comme abbé de Marmoutiers, restait supérieur du Plessis. Amador-Jean-Baptiste de Vignerod, bientôt pourvu de la même abbaye, céda ensuite à la maison de Sorbonne, pour faire plaisir à son oncle, le cardinal de Richelieu, le droit de supériorité sur le Plessis, en se réservant la collation aux bourses. Le collége de Clermont ou des Jésuites, aujourd'hui lycée Louis-le-Grand, longe toujours une bonne portion de la rue; on y revoit son ancienne chapelle, bâtiment rond, aujourd'hui classe de chimie. C'est depuis le règne de Louis XIV que cette maison a aussi englobé l'ancien collége du Mans, fondé en 1519 sur les rues de Reims et Chartière par le cardinal Louis de Bourbon, dans l'hôtel des évêques du Mans, puis transféré, non sans procès, à l'entrée de la rue d'Enfer.

Enfin nous rencontrons à notre époque, depuis le n° 13 jusqu'au 19, des murs et des corps de logis faisant partie de l'école préparatoire aux écoles du gouvernement, annexe de la maison de Sainte-Barbe. C'est bel et bien l'ancien collége de Reims, dont nous n'exposerons pas une seconde fois l'origine, mais que releva, sous la Régence, François de Mailly, archevêque de Reims; les plus vieux bâtiments qu'on y retrouve datent de 1745 ; mais cette reconstruction, qui coûta 72,000 livres, endetta si fort les boursiers, qu'il n'en restait plus qu'un, qui pût y être défrayé, à l'époque de la réunion obligatoire des boursiers des petits colléges. Toutefois diverses fondations avaient fait Reims propriétaire de 11 maisons, dans les rues de Reims, des Sept-Voies et Chartière. On en tira, après la réunion, environ 1,000 écus par an, en y prenant vingt locataires, et le revenant-bon servit encore de provision pour 8 bourses à Louis-le-Grand, érigé sous Louis XV en chef-lieu de l'université de Paris.

RUE DE CHARONNE.

Le vin des funérailles. — La Madeleine-du-Trainel. — Les Filles de la Croix. — Notre-Dame-de-Bon-Secours. — La Vocation de la particule. — L'hôtel de Mortagne. — Vaucanson.

La classe ouvrière, à Paris, conserve religieusement l'usage de vider quelques verres de vin pour dire adieu à chacun des morts qu'elle enterre. Le petit et le grand Charonne ont leurs guinguettes, leurs cabarets, où se boit hors barrière le vin des funérailles, et le Père-Lachaise ne les en laisse pas chômer. Une rue ramène ensuite au faubourg Saint-Antoine les compagnons d'atelier du défunt et la famille qui compte un membre de moins. Cette rue, longue et manufacturière, n'était encore qu'un chemin sous Louis XIII.

Une fabrique, dont le chef, ancien maire du 8ᵉ arrondissement, est le neveu de Richard Lenoir, occupe, n° 100, l'ancien couvent des religieuses de la Madeleine-du-Trainel. Cette communauté, fondée au Trainel, en Champagne, vers le milieu du siècle XII, fut transférée rue de Charonne en 1654; Anne d'Autriche y posa la première pierre de sa chapelle. Le garde des sceaux d'Argenson fut aussi l'un des bienfaiteurs de cette maison soumise à la juridiction de l'archevêque de Paris; la duchesse d'Orléans, avant de s'y retirer, en augmenta beaucoup les bâtiments, qui comprenaient aussi le n° 102 actuel, et qui furent vendus le 5 brumaire an X.

L'édifice qui se trouve à côté et que fait remarquer une porte monumentale, sans compter plus d'une autre porte, est encore occupé par les sœurs de la Croix, de l'ordre de Saint-Dominique; elles y sont rentrées en 1817, mais c'est seulement depuis quelques années que leur position y est légalement déterminée : elles n'ont que l'usufruit de cette propriété, que s'est réservée le Domaine. Leur territoire était beaucoup plus vaste avant la République, mais on ne l'avait pas aliéné pendant le quart de siècle où elles avaient cessé d'en jouir. Dans leur sanctuaire était placé le cœur de Mˡˡᵉ Ruzé d'Effiat, fille du maréchal, aux dépens de laquelle s'était établie la maison, près de la fin du règne de Louis XIII. Précédemment, ces religieuses, protégées également par la duchesse d'Aiguillon, n'avaient fait que passer rue Matignon-du-Louvre, rue Plâtrière, dite aujourd'hui Jean-Jacques-Rousseau, et tout d'abord au faubourg Saint-Marceau.

« *Cité de Bon-Secours*, » nous dit un écriteau qui attire les regards vis-à-vis. Cet immeuble et les deux immeubles qui le touchent à droite et à gauche, constituaient le prieuré de Notre-Dame-de-Bon-Secours, créé au commencement des troubles de la Fronde par la dame Claude de Bouchavanne, veuve d'un conseiller du roi, et mis sous la conduite de sa sœur, Madeleine-Emmanuelle, religieuse au couvent de Notre-Dame de Soissons.

Les monastères de filles, allez-vous dire, pullulaient donc dans ces parages? J'en conviens; et les plus grandes dames, les plus distinguées, à coup sûr, participèrent, pendant plus d'un siècle, à ces sortes de fondations, après avoir plus ostensiblement attaché leurs noms aux passes d'armes et aux tournois, durant le moyen âge. Plus tard, les femmes d'élite étaient reconnues aux dédicaces de livres qu'on leur offrait; elles créaient alors des salons, et la réputation en était faite par l'esprit, un hôte favori, qui y coudoyait la noblesse et que les privilégiés de la fortune y ménageaient. Depuis que l'industrie moderne et ses constantes préoccupations tiennent les femmes du monde à l'écart, elles demeurent étrangères, si ce n'est dans leur chambre à coucher, aux progrès de la production, et elles se bornent à figurer, avec un éclat calculé, aux colonnes du passif, comme consommation prodigieuse. Où retrouver, je vous prie, leur portion d'influence, leur mouvement en propre et leur initiative, au milieu des lices financières où elles n'ont armé personne chevalier? Les plus ardentes, les plus fines, les moins patientes, les sensibles et les agissantes, m'apprendrez-vous à quoi elles se rattrapent dans notre société actuelle? Que la plupart de ces recrues nouvelles faites par la bonne compagnie aient l'œil, mieux que leurs devancières, sur les dépenses de l'office, sur leurs cahiers de musique, au piano et sur l'honneur de leurs maris, d'accord; que ces dames fassent acte de présence à tous les bals de charité, et que ces demoiselles prennent pas mal de billets aux loteries du baron Taylor, je le veux fort! Mais une autre ambition encore agite, il faut le reconnaître, les innombrables ménages des parvenus, et presque tout l'esprit des mères, avec celui des filles, y passe. Les moins actives s'en remuent, comme les mélancoliques y rêvent; les impatientes s'en torturent, les plus heureuses disent : M'y voilà!... L'idéal est, pour toutes presque sans exception, non plus un mari, mais un nom; la blonde jeune fille trouve déplorable celui que son excellente mère subit elle-même en rougissant; la veuve en a deux, au lieu d'un, qui lui inspirent la même horreur. Où trouver un titre, fût-il nu, une particule nobiliaire, ne fût-elle qu'au milieu d'un nom à différents compartiments, mais qui ne rappelle plus la source des flots de soie et de dentelles, ne transformant que la personne? Ancien régime ou Empire, que m'importe! magistrature ou gabelles, qui le saura? Mais, pour l'amour de Dieu et de ma dot, il me faut une carte de visite, laquelle n'ait plus rien de commun avec le chocolat, l'indienne, le notariat, la houille, la cote de la Bourse! Ainsi parlent, de seize à soixante, les plus enviées et les plus provocantes, entre les prétendues disponibles, et tout le reste, pour elles, ne vient qu'après! Vocation de la particule, tu recrutes dans la bourgeoisie un bien grand nombre de novices! On voyait, au contraire, des princesses de naissance qui venaient, à l'époque dite des raffinés, s'appeler sœur Marthe, rue de Charonne.

Eglise et monastère de Bon-Secours furent relevés et agrandis par l'architecte Louis, de 1770 à 1780; puis, vendus par l'Etat, les 21 floréal an VIII et 5 brumaire an X. Richard Lenoir en fit bientôt une filature de coton, et c'est pourquoi son nom est emprunté par le passage voisin; Napoléon Ier, avec une partie de la famille impériale, se rendit à une fête chez ce grand manufacturier : — L'un et l'autre, lui dit-il, nous avons fait une rude guerre à l'industrie anglaise, mais jusqu'ici le fabricant a été plus heureux que l'empereur... La meilleure portion du couvent appartient, depuis l'année 1848, à Mme Ledru-Rollin; une manufacture de papiers peints, entourée de bien d'autres ateliers, s'y retrouve à la place de l'école du Commerce, qu'on y voyait sous Louis-Philippe.

Par exemple, je ne saurais vous dire pourquoi le n° 77, dont l'édifice se délabre, est traité de *la Vieille Pension* par les commères du quartier ; quelques autres bâtiments séculaires se remarquent dans la partie basse de la rue. Entre autres, voici le 57, petit hôtel à façade bien sculptée, qu'habita une princesse, à ce que disent les voisins ; mais je crains un peu qu'ils se trompent tant sur la qualité que sur la quantité, car c'est l'ancien quartier des petites maisons. Celle-là, en tous cas, ne faisait qu'une avec le 55, école primaire au temps du Directoire.

Enfin, voici l'hôtel Mortagne, qui n'a perdu son premier nom qu'en le laissant à une impasse ; les petits soupers, pour sûr, y florissaient. La seigneurie de Mortagne a plusieurs fois, au reste, changé de mains. Le maréchal Goyon de Matignon, prince de Mortagne, l'avait vendue aux Loménie ; le cardinal de Richelieu l'avait acquise, après cela, pour la laisser à son petit-neveu, avec substitution au profit des aînés. L'hôtel Mortagne fut habité, au siècle dernier, par M. de Vaucanson, célèbre mécanicien. Les Canards sont, je crois, la pièce la plus connue ; mais il en créa beaucoup d'autres. Poursuivi, menacé par un groupe d'ouvriers, à Lyon, il imagina, en revanche, une machine avec laquelle un âne exécutait une étoffe à fleurs. Puis il fournit à Marmontel, pour la première représentation de *Cléopâtre*,

un aspic, qui sifflait en s'élançant sur le sein de l'héroïne.
— Comment trouvez-vous cette tragédie? demandait-on à l'un des spectateurs. — Ma foi, je suis de l'avis de l'aspic, répondit-il... Mort en 1782 et enterré à Sainte-Marguerite, Vaucanson avait donné son cabinet à la reine; mais les intendants du commerce réclamèrent les pièces relatives aux manufactures. Vandermonde, mathématicien et musicien, adopta les idées de la Révolution, qui l'avait trouvé directeur du cabinet de Vaucanson. Le Flûteur et le Joueur d'échecs passèrent alors en Allemagne, et les autres automates furent dispersés en même temps. Quant à M. de Vandermonde, il coopéra, en 1793, avec Bertholet et Monge, à un *Avis aux ouvriers en fer*, sur la composition de l'acier, par ordre du comité du Salut public, et ce factum était le résultat de longues expériences faites rue de Charonne. Puis, l'empereur logea à l'hôtel Vaucanson des peintres qui furent congédiés, à ce qu'on dit, par suite d'inconduite; et Grégoire, artiste en son genre, mais qui travaillait sur le velours, en fit une manufacture que visita en 1814 l'empereur d'Autriche. On y rencontre de nos jours un décorateur-ornemaniste, et très-souvent des amateurs viennent saluer, dans ce n° 51, l'ancienne demeure du grand mécanicien. Sa porte majestueuse, sa large cour et ses sculptures offrent un aspect de l'autre siècle; il reste même une petite portion du grand jardin qui, autrefois, s'étendait jusqu'à la Roquette.

RUES CHATEAU-LANDON ET CHAUDRON.

— Qu'avez-vous vu, mon cher monsieur Rousseau, dans cet ancien *Chemin des Potences*, dont le nom contribuait sans doute, avec le voisinage de Montfaucon, à éloigner tous ceux qui pouvaient craindre que dame Justice leur y assignât rendez-vous? M'est avis que tous les habitants de pareille avenue devaient être de fort honnêtes gens.

— On y trouve peu de maisons neuves et peu d'anciennes, bien que des garnis y sentent toujours le chanvre, en ce qu'une corde leur tient lieu d'oreillers. Bref, trois ou quatre masures datent sans doute de l'époque où la rue de Château-Landon n'était encore qu'un chemin. Mais j'y ai découvert l'origine du nom qui lui reste. Château-Landon n'était ni un village, ni un nom de famille, comme l'ont cru d'autres chroniqueurs; c'était tout bonnement un castel, construit pour quelque sieur Landon, sous Louis XIV, et devenu après coup la maison de campagne d'un couvent. Au n° 39 se retrouve, à coup sûr, cet ancien lieu de plaisance; le jardin du 41 en dépendait évidemment, ainsi que des terrains assez considérables par derrière.

— Maintenant, ô consciencieux explorateur, rendez-moi compte, je vous prie, de vos découvertes rue Chaudron. La Tynna prétend qu'une enseigne de chaudronnier, placée à l'angle de la rue Château-Landon, a valu à cette autre rue, formée au commencement du xviii° siècle, la dénomination qui la distingue. Mais d'autres veulent que son nom lui vienne de Joseph Chaudron, qui fit établir en 1718 une fontaine au coin du Faubourg-Saint-Martin et du chemin de Pantin (rue Lafayette).

— La rue Chaudron, bien qu'elle date de tantôt deux siècles, à notre époque, ne paraît encore que tracée, et sur un sol fort inégal. En face du château dont nous venons de dire un mot, une vieille bicoque paraît y trébucher, dans un petit renfoncement; mais il s'en exhale une poussière à faire éternuer les gabelous de la barrière des Vertus : on y bat sans cesse des tapis. En vue de la rue du Faubourg-Saint-Martin, voici bien une maison proprette, avec une entrée en jardin; il est vrai qu'elle fait exception. Les autres constructions sont en petit nombre, mais elles ne marquent plus : ne branlent-elles pas un peu la tête? Quelques poules, qu'on y voit gratter au pied des murs, ne semblent pas déjà si rassurées, et il est vrai qu'aux étages supérieurs pas mal de chambres sont à louer, comme des écriteaux l'indiquent. De ce côté-là, Paris n'est jamais plein. Mais ce n'est pas qu'on y craigne, en réalité, l'éboulement. Comment donc expliquer l'abandon et le discrédit qui font de cette rue du Chaudron, parallèle au mur de l'octroi, une sorte de second chemin de ronde? Entre chiffonniers, il est passé de mode d'avouer qu'on y couche à la nuit, car le quartier Mouffetard l'emporte, et pourtant le prix du gîte n'a rien d'exorbitant. Le chiffre en a valu à la rue du Chaudron le sobriquet de rue *Quat'-sous*.

RUE CHAUCHAT.

M. de Vitrolles. — La présidente Pinon. — Maisons Cuisinier et Davillier. — La ferme. — Mlle Chameroy.

En 1779, le vidame Jean-Joseph de la Borde, seigneur de la Ferté, conseiller-secrétaire du roi, maison et couronne de France et de ses finances, préside à la formation d'une petite rue, dont le parrain est Jacques Chauchat, avocat, conseiller du roi, échevin de la ville de Paris. Celui-ci se rend acquéreur du château de Becquet, près Montmorency, sous le premier empire; mais il n'en est que plus loin, comme de juste, d'habiter la rue, sa filleule. Celui-là, tout au moins, y séjourne pendant quelque temps, dans cet hôtel, n° 9, dont l'encoignure sur la rue de Provence s'arrondit en un agréable pavillon. M. de Vitrolles, gendre de M. de Folleville, occupe l'hôtel sous la Restauration, et combien tout Paris s'étonne, lors de l'avénement de Charles X, du silence qui se fait tout à coup autour du nom de M. de Vitrolles, l'hôte assidu du pavillon Marsan! Il est vrai que cet agent du prince de Talleyrand a servi avec zèle la famille royale, lorsqu'il y avait du danger à le faire; il est vrai que tout le monde lui attribuait ensuite, sous Louis XVIII, une grande influence ultra-royaliste sur Monsieur. Oui, mais les bonnes grâces de la cour ont fini par mettre dans l'aisance le conseiller intime du comte d'Artois, et quand son prince devient roi, il demande à ne plus quitter la rue Chauchat, pendant que d'autres passent ministres!

La citoyenne le Boulanger et le citoyen Thévenin, propriétaires, obtiennent, dès 1793, l'autorisation de prolonger la rue Chauchat jusqu'à la rue Pinon, maintenant Rossini, le long des bâtiments de l'ancienne halle de l'octroi, transformés plus tard en un temple; mais l'exécution de ce projet n'a guère lieu qu'en l'année 1821. C'est à tort que plusieurs auteurs, à ce propos, avancent le veuvage de cette dame le Boulanger : son mari, le président Pinon, propriétaire de la Grange-Batelière, n'est qu'arrêté sous la Terreur, et il échappe même, à l'aide d'un déguisement, à la curée parlementaire du 20 avril 1794 ; son beau-frère, le président de Gourgues, est moins heureux, et tout le reste du grand banc de la cour sert de pâture à l'échafaud, le premier président, M. de Sarron en tête, ainsi que le doyen, M. Pasquier, père d'un futur chancelier de France.

Pour en revenir aux maisons, jetons un coup d'œil sur le 17, pourvu d'une autre issue rue de la Victoire : cet avantage n'est-il pas fait déjà pour lui mériter la confiance du corps de ballet de l'Opéra? Mais des locataires moins volages ont eu accès dans ce charmant petit hôtel, que s'était fait bâtir le père de M. Cuisinier, propriétaire d'à présent, musicien-amateur et Mécène des artistes. De ce nid de mélodie, au reste, rossignols et fauvettes ne se sont envolés qu'en emportant attachées à une aile maintes romances signées *A. de Montis*. MM. Sanson et Davillier, à côté de là, ont rajeuni une propriété, dont le fond seulement date de l'ancien régime.

Une ferme, qui remontait à l'époque où le terrain de cette rue se trouvait hors de ville, apparaissait encore au nº 18, il y a trente ans ; une masure et une cour, ses dépendances, en demeuraient visibles rue du Faubourg-Montmartre il n'y a qu'une année. Le prolongement de la rue Drouot va faire à son tour disparaître la remise du loueur de voitures qui a succédé à la ferme, du côté de la rue Chauchat.

Mais le 16, quant à lui, est un hôtel refait, bien que M. le baron Evain n'en ait pas modifié beaucoup les proportions ni le caractère extérieur. Mlle Chameroy, danseuse, saurait encore le reconnaître, pour avoir abrité ses amours à la fin du siècle précédent ; par exemple, elle n'aurait jamais assez de mémoire pour faire ensuite l'appel des mêmes amours. Aussi bien cette jeune femme est morte en couches, à peu près en 1802, et l'enfant qu'elle avait conçu était regardé comme le sien par Eugène de Beauharnais. Quoique le concordat entre le pape et le premier consul fût encore tant soit peu récent, le clergé a tenté d'abord de refuser à la danseuse les dernières prières de l'Eglise ; mais le gendre du premier consul a fait gronder vicaires et curé, à cause de leurs hésitations, et le service funèbre, en fin de compte, s'est célébré. Mlle Chameroy, il n'en faut pas douter, était une bonne fille : elle demandait pour donner. Béranger n'avait qu'elle en vue en composant une jolie chanson sous le titre de *la Sœur grise et la Danseuse*, et il y faisait dire à la défunte :

> Avec le prix d'une caresse
> Souvent j'ai sauvé la vertu !

Paris. — Imprimerie de Pommeret et Moreau, 42, rue Vavin.

Liv. 95

LES ANCIENNES MAISONS

Des rues du Chaume, de la Chaussée-d'Antin, de la Chaussée-des-Minimes, et du Cherche-Midi.

NOTICES FAISANT PARTIE DE L'OUVRAGE INTITULÉ :

LES ANCIENNES MAISONS DE PARIS SOUS NAPOLÉON III,

PAR M. LEFEUVE,

Monographies publiées par livraisons séparées en suivant l'ordre alphabétique des rues.

RUE DU CHAUME.

La Merci. — Le théâtre. — Hôtel Sourdis-Rostaing. — Lefebvre d'Ormesson. — Le gentilhomme trois fois mort. — La porte de l'hôtel de Guise.

Un accord fut passé, en l'année 1370, entre messire Matthieu de Roquencourt, prêtre, chevalier, maître-d'hôtel de Charles V, au nom et comme gouverneur de la chapelle de Braque, et frère Luc Pasquier, procureur des religieux de l'hôpital du Temple, à l'égard des droits seigneuriaux qui d'origine grevaient cette chapelle au profit de la Commanderie. A cette même date, on élevait la Bastille, et la ceinture de la ville s'élargissait de ce côté, en supprimant l'enceinte qui, depuis deux siècles à peu près, se restreignait à l'angle des futures rues de Paradis et du Chaume, point sur lequel Philippe-le-Bel avait fait pratiquer la porte de Braque ou du Chaume. La voie qui nous occupe paraît avoir porté, outre sa dénomination, celle de Grande rue de Braque jusqu'au xvie siècle ; mais, grâce à Germain Braque, échevin sous Charles VII, la chapelle qu'y avait fondée Arnould de Braque, son aïeul, se trouvait amortie à perpétuité, en vertu de lettres patentes du roi, depuis 1447, et par conséquent érigée en fief à part. Or Tristan de Rostaing, en 1566, avait acquis de damoiselle Deshayes un hôtel contigu à cette petite église, et une sentence du prévôt de Paris, sous le règne de Henri III, l'avait obligé à produire ses titres de propriété, et par suite, le chevalier Tristan avait été condamné à payer diverses sommes au grand Prieur de France, seigneur du lieu.

Les choses en étaient là, lorsque la reine Marie de Médicis, qui patronait les religieux de la Merci, ou de Notre-Dame-de-la-Rédemption-des-Captifs, établis depuis 1515 rue des Sept-Voies, les aida à se transférer dans la chapellenie de Braque. L'ordre de la Merci avait pris naissance dès 1218, à Barcelone, comme congrégation de gentilshommes qui se consacraient, corps et biens, à racheter des prisonniers de guerre ; les états de service de ces chevaleresques rédempteurs, ayant saint Pierre de Nolasque pour modèle, avaient donc commencé entre la quatrième et la cinquième croisade, avant que la règle de saint Augustin s'imposât à leur commanderie, sans que toutefois leur ordre, comme chevalerie, s'effaçât sous la discipline monastique. L'église de ces pères succéda, rue du Chaume, à la chapelle de Braque, vers 1631 ; des tronçons de piliers et une porte en survivent, de nos jours, chez un marchand de charbons. Quant au reste de leur territoire conventuel, une portion en avait déjà appartenu, Louis XII régnant, à leur gouverneur et chapelain, révérend père en Dieu, messire Charles de Hautibois, évêque de Tournay. L'adjonction de l'hôtel Rostaing vint compléter, en 1632, leur établissement définitif. Ils en traitèrent avec Antoine d'Escoubleaux, marquis de Sourdis, avec le chevalier du même nom, dernier seigneur de la chapelle de Braque, représentant Anne de Flageot, épouse du comte de Serres, avec la comtesse d'Apecher, avec dame Françoise des Serpents, épouse de Hugues de Chasteauneuf, baron de Rochebrune, et avec la marquise d'Aligre : lesdites dames d'Aligre, de Châteauneuf, d'Apecher et de Serres, étaient les héritières de leur sœur utérine et consanguine, Marguerite de Rostaing, femme de Flageot, laquelle avait hérité, avec une autre sœur, Anne de Rostaing, de Tristan de Rostaing, leur père. Une grande maison porte le n° 15, qui fut précisément cet ancien hôtel de Rostaing, dit aussi de Sourdis dans les actes, ce qui n'expose que trop à le confondre avec l'hôtel du même nom rue Charlot ; les religieux se l'approprièrent, par une restauration complète, peu de temps après la chapelle.

Il y avait déjà un siècle et demi que ces pères étaient rue du Chaume, dans la circonscription de la paroisse

Saint-Nicolas-des-Champs, lorsque Christophe Dimier, commandeur de l'ordre royal et militaire de Notre-Dame-de-la-Merci, et Jean-Jacques Aubert, docteur en théologie, procureur de ladite communauté, renouvelèrent au comte d'Artois, grand Prieur de France, à cause de sa commanderie du Temple, la reconnaissance censitaire imposée autrefois au sire de Rostaing. Eglise et monastère furent enfin mis aux enchères, les 15 brumaire et 9 nivôse an VI. Le réfectoire des pères se transforma bientôt en une salle de spectacle, dont un sieur Cabanis était le directeur. Pendant que Martinville et Barba, qui devinrent plus tard, l'un journaliste et l'autre libraire, jouaient tout d'abord la comédie au théâtre de la Cité, Lagrénée débutait sur la scène de la rue du Chaume, tant comme auteur que comme acteur.

A l'autre angle de la rue de Braque, il existe un hôtel dont nous nous sommes entretenus dans la notice consacrée à cette rue, et où résidait la famille parlementaire de Bailleul, sous Louis XIV. Mais sur des dépendances originaires de l'hôtel de Sourdis-d'Estaing, la rue Rambuteau commence son parcours : le président de Mesmes en avait fait l'acquisition, y comprise une maison réservée à Anne de Rostaing, veuve de René d'Escoubleaux de Sourdis.

Nous retrouvons ensuite, n° 5, un hôtel à grande porte ornée de mascarons, et à vieilles ferrures servant de rampe à l'escalier, ainsi que de grilles aux croisées. Salut à l'ancienne résidence d'André Lefebvre, seigneur d'Ormesson près Montmorency, conseiller au grand-conseil, commissaire de la Chambre ardente! Ce membre d'une race illustre dans la robe avait été formé aux belles-lettres par le célèbre abbé Fleury, qui avait composé pour l'instruction de cet élève une *Histoire du Droit français ;* il eut un grand nombre d'enfants, notamment une fille, qu'épousa le vertueux chancelier d'Aguesseau, un des grands hommes de la magistrature, et une autre à laquelle s'unit François Feydeau, seigneur du Plessis, maître des requêtes. Celle-ci laissa l'hôtel dont il s'agit au président Feydeau, son fils ; la marquise Duquesnoy, née Feydeau, l'occupa ensuite, puis Nicolas Vernier, membre du grand-conseil.

Du 2, immeuble séculaire, nous n'avons rien de particulier à dire. Comme il est sis, de même que le 5, entre la rue des Blancs-Manteaux et la rue de Paradis, et comme le plan de Paris, en 1739, ne fait commencer la rue du Chaume qu'au coin de la rue de Paradis, en ajoutant à la rue de l'Homme-Armé le bras de rue qu'il en retranche, il en résulte un reste d'incertitude, qui, selon nous, a pour principe une faute commise dans le susdit plan de Paris. N'en sont pas exempts les cochers, à l'époque même où nous tenons la plume ; lorsqu'on se fait conduire rue du Chaume, ils oublient invariablement qu'elle prend sa source rue des Blancs-Manteaux, et prennent pour le n° 1 celui de l'ancien hôtel Rostaing. Nous nous reconnaîtrions beaucoup mieux au n° 4, si une construction moderne n'y remplaçait pas un séjour contemporain de Charles IX. En ce temps-là y résidait noble homme François Civille, qui prit dans plusieurs actes la singulière qualité de gentilhomme *trois fois mort, trois fois enterré*, et le fait est qu'à plusieurs reprises il avait coupé court à ses propres funérailles en s'éveillant d'une léthargie qu'on avait prise pour la mort. De sursaut en sursaut, il était parvenu à dépasser l'âge de maturité, bien qu'il fût encore fort épris d'une de ces filles-d'honneur de Catherine de Médicis, dont Brantôme s'ébaudit à célébrer les charmes, sans se porter garant de leur constance. Sur quoi la nouvelle reparut que ce seigneur avait fermé les yeux ; sa maîtresse ne s'en émut guère, car elle comptait sur une résurrection, comme bien d'autres gens à la cour. Mais cette fois le trépas tint bon ; la demoiselle-d'honneur pleura, une fois perdu pour elle, ce même François Civille qu'elle avait moins aimé de son vivant, et elle semblait inconsolable de ne pouvoir plus le tromper. La maison de ce gentilhomme, un quart de siècle après sa mort, servait encore de parloir amoureux, mais cette fois à Gabrielle d'Estrée, qui y recevait Henri IV. La maison est restée debout jusqu'en 1846.

Que si la rue du Chaume, au reste, doit son nom à un toit modestement couvert de tiges de blé, elle a, depuis, abrité des princes, et nous y voyons un palais. Les Archives de l'empire occupent l'ancien hôtel de Guise, plus tard au prince de Soubise ; nous en esquisserions l'histoire, si ce n'était pas un monument public : à cet immense dépôt de documents, nous n'adressons, en vue du présent travail, que des questions relatives aux maisons. La porte principale, au temps des Guise, en donnait rue du Chaume ; quand François de Rohan, prince de Soubise, fit rétablir l'hôtel, sur les dessins de Lemaire, l'entrée en fut portée rue de Paradis telle que nous la retrouvons ; mais pour revoir la porte des ducs de Guise, il suffit de jeter les yeux sur celle de l'Ecole des Chartres, et justement de ce côté les Templiers avaient élevé un bâtiment, avant les princes de la maison de Lorraine. Le jardin de l'hôtel était assez considérable, bien que diminué sous les princes de Soubise ; il en restait assez pour qu'on sût gré au grand-aumônier de France, le prince-cardinal de Rohan, d'en avoir fait une promenade publique, pendant le règne de Louis XVI ; et du reste, il existait de longue date, à travers le palais, sous le nom de passage Soubise, une communication pendant le jour entre la rue de Braque et celle Vieille-du-Temple. Il y eut au XVIIIe siècle, pendant douze ans, des concerts d'amateurs, donnés dans la résidence princière, et qui obtinrent une grand notoriété ; ils cessèrent en l'année 1780.

RUE DE LA CHAUSSÉE-D'ANTIN.

Bouffé au café Foy. — Mme d'Epinay, Necker, de Staël, Récamier et Le Hon. — Le général Moreau. — La Guimard. — Hôtels de Padoue et Mallet. — Le sculpteur Clodion. — Mirabeau. — Le général Foy. — Le comte Roy. — Le cardinal Fesch.

Que toutes nos fautes nous soient remises, aussi bien que nous pardonnons à M. Amédée Achard, dont le mérite est surtout chose de forme, d'avoir pris, dans *Paris chez soi*, l'ancien hôtel Montmorency, bâti sur les dessins de Ledoux, pour celui de Mlle Guimard, construit par le même architecte ! Mais, depuis lors, ladite maison a fait place à une construction moderne, n° 1, rue de la Chaussée-d'Antin ; il en résulte que nous n'avons pas plus à nous en occuper, dans ce recueil, que des hôtels Montesson, Montfermeil, etc., qui de la même rue ont disparu.

L'autre coin, sur le boulevard, est non moins veuf d'une caserne de gardes-françaises, qu'a remplacée une compagnie de garçons et de cuisiniers, commandée par Bignon, restaurateur en vogue. Les gentilshommes de l'ancien régime se ruinaient fréquemment pour le service du Roi ; mais, à la tête du café Foy, il n'a fallu que peu d'années à Bignon pour faire sa fortune. Il est vrai qu'un ou deux de ses prédécesseurs, à ce qu'on dit, furent moins heureux. N'appelait-on pas M. Nigaud, ou d'un nom approximatif, celui qui eut pour principal client le gros Bouffé, directeur du Vaudeville à quatre ou cinq reprises ? A ce viveur fort émérite,

Nigaud avait un jour à présenter une note assez élevée, car il buvait beaucoup de champagne et ne réglait chaque addition que par le mot sacramentel de : — Garçon, c'est pour moi !... Le chef de l'établissement se plaignit d'abord, ce jour-là, de la dureté des temps, précaution oratoire n'annonçant rien de bon ; Bouffé s'en aperçut à temps et se promit de l'empêcher, par une diversion obligée, de présenter déjà sa fameuse note. Ce fut en lui révélant, à titre d'ami, que le succès de sa maison était une question littéraire, c'est-à-dire de publicité intelligente, et que si l'opinion de la presse lui devenait enfin favorable, gloire et richesse lui seraient acquises. Cet expédient de viveur au pied du mur reposait, au fond, sur une idée bien juste ; si jamais on écrit l'histoire des cabarets, des cafés et des restaurants, nous y verrons toujours des gens d'esprit commencer, à leurs propres frais, la fortune de maint imbécile. — Mais l'heure est venue, disait Bouffé, pour les poëtes et les journalistes, de ne plus se ruiner en détail, lorsqu'ils érigent en millionnaire un gâte-sauce, un garçon de café ! Nous autres, directeurs de théâtre, nous comptons bien avec la presse, et nous sommes trop heureux qu'elle goûte, la première, à nos plats ! Il faut marcher avec le siècle. A votre place, mon cher monsieur Nigaud, je frapperais un grand coup, en conviant des hommes influents à un banquet, digne de les captiver : tous les petits plats dans les grands ! — Très-volontiers, monsieur Bouffé, répondit le restaurateur ; mais où demeurent donc les gens d'esprit dont vous parlez? — Presque tous en garni, et sans domicile fixe, reprit cet osé débiteur; mais je les connais, comme si je les avais faits. Chargez-vous de faire bien les choses, et comptez sur moi pour les gens! — Ah! quel service vous m'allez rendre, s'écria aussitôt Nigaud, en renfonçant la note dans sa poche!

Au jour dit, un couvert splendide était dressé, au café Foy; toutes les raretés de la saison et les merveilles de la cave s'y étaient donné rendez-vous, et le directeur déclassé en faisait les honneurs à plusieurs acteurs du Vaudeville, à des régisseurs d'autres théâtres, et à des amis personnels, fraîchement libérés de Clichy, dont l'extérieur peu cultivé concordait, en effet, avec celui de bien des poëtes. Nigaud, qui prenait tout son monde pour l'élite même de la presse, allait et venait pour veiller au service et juger par ses propres yeux de l'effet que produisait le menu sur les convives. Or, tout allait le mieux du monde; la joie ruisselait dans tous les yeux, comme le champagne dans les coupes; deux ou trois invités entre autres avaient bien l'air de manger pour huit jours, dont la moitié pour combler l'arriéré, et l'amphytrion apparent daigna se retourner, au dessert, du côté de celui qui l'était réellement, pour lui dire : — Ces messieurs sont contents de vous, mon cher!

M. Nigaud espérait le lendemain éprouver à son tour une vive satisfaction : levé dès cinq heures du matin, il sentait son cœur battre, chaque fois qu'un porteur de journal glissait une feuille sous la porte ; il se baissait avec avidité pour la débarrasser de sa bande ! seulement il n'y trouvait pas mot du somptueux dîner de la veille. Même manége les jours suivants ; même déception pour résultat. Lorsqu'il s'en plaignit à Bouffé : — Croyez-vous, demanda celui-ci, qu'on puisse bien juger d'une grande pièce sur une seule représentation ? — Mais alors, je vais faire faillite, lui dit notre homme, et voici votre note, que je vous supplie d'acquitter entre nous. — Pauvre ami, j'en suis désolé, répliqua l'autre ; mais si vous faisiez tort de cette note à vos créanciers, vous les tromperiez gratuitement. Ayez la probité d'en renforcer votre bilan ; j'aime encore mieux qu'elle fonde entre les mains de personnes que je ne connais pas, qu'entre les vôtres. Tous les syndics savent ce qu'ils ont à faire de mes factures en souffrance.

Les quittances de loyers, rue de la Chaussée-d'Antin, n° 5, sont signées de nos jours au nom de Mme la comtesse de Sommariva. Ce petit hôtel était au sieur Canuel dès 1784, et il avait appartenu à une femme illustre, fille de Tardieu des Clavelles, gentilhomme de Flandre mort au service du Roi, veuve de Denis-Joseph de la Live d'Epinay, introducteur des ambassadeurs. Les biens de campagne de cette protectrice de Jean-Jacques, de cette amie de Grimm, avaient été acquis eux-mêmes, à côté de Montmorency, par le comte de Sommariva. En face de Canuel, le 9 messidor an vi, le citoyen Crémieux achetait une maison, dont la dame Wattebled, née Larbalestrier, se trouvait adjudicataire par arrêt du 12 janvier 1788 ; Crémieux la divisa en deux propriétés, dont l'une donne rue du Helder; l'autre porte le n° 6, dans notre rue.

Le 7, ce magnifique hôtel, dans lequel se trouvent les bureaux de la compagnie du chemin de fer de Lyon, a pour auteur l'architecte Cherpitel, agissant pour le compte de M. Necker, à qui Mme d'Epinay a justement écrit des lettres survivant à l'un et à l'autre. Necker n'est encore que ministre de la république de Genève, près du Roi, et il demeure place Vendôme, lorsqu'il acquiert de divers un terrain sur la rue de la Chaussée-d'Antin, ainsi nommée parce qu'elle suit une direction qui a eu pour point de départ l'hôtel du duc d'Antin. Toutefois, un des cédants du Génevois, Jean-François Letellier, entrepreneur des bâtiments du Roi, n'a eu lui-même la jouissance d'une portion de cet emplacement qu'à titre d'emphytéose, que lui ont consenti les religieux Mathurins pour 99 années, et qui court depuis plus de sept ans, lorsqu'il transporte ses droits tels quels à l'ambassadeur de Genève, en 1775. Le futur ministre de Louis XVI, né en 1732, est venu faire d'abord son noviciat commercial à Paris, chez le banquier Vernet; puis, en qualité d'associé, il est entré chez Thélusson, et il a consacré ainsi à faire sa fortune vingt années. Suzanne Curchod de Nasse, sa femme, accueille dans son nouvel hôtel les beaux

esprits de ce temps-là : Thomas, Buffon, Grimm, l'abbé
Raynal, Saint-Lambert, Marmontel. Qui plus est, une petite
place dans son salon, sur un tabouret de bois, est réservée
à Mlle Necker, dont elle a commencé l'éducation avec assez
de roideur, pour que l'impulsion en contraste avec le ton
des réceptions ; mais on sait que cette dernière, si elle a toujours été jeune, n'a jamais été un enfant. Extrêmement
charitable, la mère fonde un hospice, qui porte encore le
nom de son mari. Dès la première année de son installation dans cette résidence, M. Necker est appelé à la direction du Trésor, sur la demande de M. de Maurepas, et
l'homme d'Etat sort tout à fait de la chrysalide du banquier.
Il ajoute à sa belle propriété un petit hôtel, sis rue Basse-
du-Rempart, probablement le n° 20, peu de mois après
avoir donné une première fois sa démission de ministre. Au
surplus, bien des royalistes reprochent à presque tous les
actes de la vie politique de M. Necker, encore ministre en
1789, d'avoir provoqué l'explosion de la Révolution française, qui ne l'en a pas moins fait figurer au nombre de ses
réprouvés. Outre qu'il laissait deux millions, bien à lui,
dans les coffres du Trésor royal, il a vu ses propriétés sé-
questrées au nom de la Nation, et son nom a grossi la
liste des émigrés. Sa fille, devenue Mme de Staël, admira-
trice passionnée de Rousseau, n'était pas sans prétendre
elle-même, comme écrivain, comme génie, au panthéon
démocratique ; confidente de Barras, elle faisait partie du

cercle constitutionnel, qui siégeait à l'hôtel de Salm, opposé au club de Clichy, et c'est elle, à coup sûr, qui a présenté au Luxembourg M. de Talleyrand, au retour des États-Unis, débarqué sans autre ressource que cette caution féminine, qui est devenue un lien d'intimité. La Notre-Dame du 18 fructidor a ensuite usé de son crédit pour faire cesser la proscription de l'exilé de Coppet, son père, ainsi que peut nous le rappeler la pièce inédite que voici :

« Ministère de la Police générale de la République.

« *Liberté.* *Egalité.*

« Paris, le 13 thermidor, l'an VI de la République Françoise, Une et
« Indivisible.

« Le Directoire Exécutif,

« Vu les diverses réclamations tendantes à ce que le nom de Jacques Nec-
« ker soit rayé de la Liste des émigrés, et les pièces à l'appui de cette récla-
« mation ;

« Ouï le rapport du ministre de la Police générale,

« Arrête :

« Article 1er. Le nom de Jacques Necker, ex-directeur des finances,
« sera définitivement rayé de la Liste des émigrés du Département de la
« Seine, ainsy que de toutes autres Listes d'émigration où il auroit pu
« être inscrit.

« Article. 2. Le séquestre apposé sur ses biens, meubles et immeubles,
« sera levé avec restitution des fruits et la jouissance de ces biens.

« Article 3. Dans le cas où tout ou partie de ses biens auroit été vendu,
« en exécution des Loix, le montant lui en sera remis, à la charge par lui de
« payer tant les frais du séquestre que ceux de la vente, si elle a eu lieu.

« Article 4. Le présent arrêté ne sera pas imprimé, les ministres de la

« Police générale et des Finances sont chargés de son exécution, chacun en
« ce qui les concerne.

« Pour expédition conforme :

    « Pour le Président du Directoire Exécutif,
       « Merlin.

  « Par le Directoire Exécutif : pour le secrétaire-général,
     « L. M. Réveillière Lépeaux.

« Certifié conforme,
    « *Le ministre de la Police générale,*
      « Lecarlier. »

Le 25 vendémiaire an VII, Necker, par l'entremise d'U-guiet, fondé de pouvoir, cède ses deux propriétés, au prix de 37,383 piastres, 4 réaux ; somme qui paraît stipulée payable en argent espagnol, pour éviter le payement en assignats. Mais la rue sur laquelle donne le plus important immeuble, s'appelle du Mont-Blanc, depuis la réunion de ce département à la France. Les preneurs de ces deux hôtels sont Jacques-Roze Récamier, banquier, et sa femme, née Jeanne-Françoise-Julie-Adélaïde Bernard, qu'ont rendue célèbre sa beauté, son influence et son esprit. Elle commence par donner aux incroyables, rue du Mont-Blanc, des bals dont le luxe est inouï : les éventails, les bouquets des danseuses, y sont renouvelés avec munificence, autant de fois que la chaleur de la danse en a altéré la fraîcheur, et de plus, une provision de chaussures, prévoyance inconnue des fées, empêche qu'aucune invitée passe d'une gavotte à une sauteuse, avec un soulier qui s'affaisse, et quitte le bal en Cendrillon. Mais à ces fêtes du Directoire, dont le Consulat rehausse encore l'éclat, succède un silence délicat, vers le commencement de l'Empire. D'un côté, Mme Récamier a donné passagèrement refuge, dans sa maison de campagne de Saint-Brice, à Mme de Staël, dont le père a voulu rester à Coppet, et les Necker sont des plus mal en cour; de l'autre, M. Récamier a fait des pertes d'argent considérables, disgrâce contribuant à éloigner sa femme d'un monde qui en souffre beaucoup plus qu'elle-même. Donc le 1er septembre 1808, M. et Mme Récamier, qui demeurent alors rue et division du Mail, n° 19, traitent de leurs deux maisons du quartier de la Chaussée-d'Antin, avec le riche épicier Mosselmann, établi rue Saint-Denis, en face de celle du Ponceau. C'en est fait, allez-vous penser, des salons où Mme de Staël, dont le talent n'a jamais eu de sexe, jouait tout enfant avec des philosophes, ses camarades; c'en est fait également des grâces, si Mme Récamier s'éloigne. Longue avenue, tu ne mènes plus qu'au deuil; cour et jardin, que ne vous entendez-vous, pour étouffer l'édifice deux fois veuf, que vous n'embrassez plus sans regrets! Mais cet hôtel prédestiné sourit à une maîtresse nouvelle et qui grandit sous ses lambris, pendant que les deux précédentes partagent l'exil, qui les fait enfin presque sœurs. Blonde étoile du matin, salut! Qu'importe le prestige des souvenirs, puisqu'une autre séduction commence! Chaque génération veut la sienne. En un mot, Mlle Françoise-Zoé-Mathilde Mosselmann, née dans l'ancien hôtel Necker, porte à ravir un autre nom, qui lui vient d'un ambassadeur du roi des Belges ; c'est maintenant, pour ne rien vous taire, Mme la comtesse de Hon. Cette sœur cadette ne doit rien aux aînées, bien qu'à Paris plus d'un adorateur mette ordinairement en compte les jolies femmes l'une avec l'autre, ce qui porte au crédit de la dernière venue les économies de ses devancières. C'est à peine si les hypothèques de bonnes fortunes, prises comme à perpétuité par certains merveilleux de l'époque directoriale, sont atteintes par la prescription sous le règne de Louis-Philippe : le mérite n'a pas d'âge, en France, et la galanterie en est un. La jeune ambassadrice n'a pas même trouvé d'inscriptions, au nom de la fille du ministre et de la femme du banquier, sur l'hôtel qu'elle tenait d'elles : son père en avait fait place nette en s'acquittant de ce qui restait dû tant à dame Louise-Germaine Necker, veuve du baron de Staël-Hostein, qu'à Mme Récamier, devenue l'Egérie de l'Académie française, consultée sur chaque élection dans un salon de l'Abbaye-aux-Bois.

Fort peu de chose est à dire des maisons répondant aux chiffres 8 et 10, dont l'une seulement a gardé son jardin du côté de la rue parallèle ; elles avaient sous Louis XVI, comme bâtiments, moins d'importance ; un sieur Daniel parlait en maître dans la première, dans l'autre un sieur Périer. Entre le 10 et le 18, se trouvait un hôtel moins exigu, à la famille Mallebranche. Venait ensuite Pierre Nolargue

Leblanc de Verneuil, qui avait fait bâtir au milieu d'un terrain concédé par les Mathurins pour 99 années, emphytéose appelée à expirer en 1881 ; le lendemain même du décès de ce détenteur primitif, autrement dit le 20 floréal an III, ses droits territoriaux et son immeuble étaient acquis par le citoyen Lakanal, prêtre, professeur, vicaire-général constitutionnel, avant d'être conventionnel, plus tard censeur au lycée Bonaparte jusqu'en l'année 1809, et aussi membre et organisateur de l'Institut évincé en 1816, réintégré ensuite sous le ministère Decaze. Cet admirateur de Marat fit élever sur le devant de sa propriété deux corps de bâtiment (n°s 18 et 22), avec passage réservé au milieu pour la construction antérieure ; il se mit sur les bras de la sorte une triple charge, sous laquelle il fallut plier. Forcé de vendre en trois lots, il eut pour acquéreur de l'hôtel principal le général Moreau, qui, dans le salon du rez-de-chaussée, concerta le plan de la campagne du Rhin avec ce même général Bonaparte, dont il était encore l'égal en grade. Sur les bureaux installés par Moreau, commandant en chef d'une armée, on a jeté depuis huit étages, au bout de l'avenue, à main droite : que ce fardeau leur soit léger ! MM. de la Bouillerie, Delamarre, Letissier, Prat et Bergonier, ont successivement possédé cette résidence mémorable, habitée en 1816 par un autre général, Bourmont, dont le nom, comme celui de Moreau, réveille des souvenirs étouffés. L'appartement du commandant en chef, dont les ornements réparés n'ont pas encore changé de style, attenaient à une salle de bain, petite construction en aile qu'il avait fait élever lui-même à la hauteur de sa chambre à coucher, c'est-à-dire du premier étage. Lorsqu'on supprima cette annexe, on découvrit sous la baignoire, au lieu de dalles noires et blanches, qu'elle était suspendue par deux barreaux de fer sur une cachette, ménagée dans la pierre.

La rue dont nous parlons est revenue, sous Louis XVIII, à ce nom de la Chaussée-d'Antin, qu'elle partage avec un quartier. Un magasin de nouveautés a pris la même invocation, à la place d'un hôtel, dit le temple de Terpsychore, érigé pour une danseuse aux frais du prince de Soubise. Son nom? le voici : la Guimard. Courtisane qui recevait le financier Laborde, comme l'évêque de Tarente, par la porte du prince de Soubise, sans compter les portes dérobées. Mais plus de porche décoré de colonnes! plus de bas-reliefs, plus de peintures de Fragonard! et encore moins de de salle de spectacle où sur billets d'invitation sollicités longtemps d'avance, les prêtres et les femmes honnêtes assistaient, dans des loges grillées, aux représentations données par l'élite des danseurs, chanteurs et comédiens, aux amis de Mlle Guimard! A présent, tout est bien changé! Quelle étoffe souhaitez-vous, Madame? Cette couleur vous sied à merveille; vous mesurez au moins 12 mètres. Le magasin de nouveautés n'a utilisé que les murs de l'hôtel qui lui a fait place, et qu'occupaient les bureaux de Perregaux, quand ce banquier, lequel avait refusé de prendre Laffitte pour commis, le rappela un moment après, l'ayant vu se baisser en sortant pour ramasser soigneusement une épingle. Laffitte, grâce à cette épingle, a pu succéder à Perregaux, dont le maréchal Marmont est venu prendre la fille, dans la demeure dont voici la place, afin de la conduire à l'autel. Ajoutons que les sections, pendant la République, avaient occupé l'ancien temple de la déesse de la danse, mis en loterie par la Guimard en 1786, à raison de 5 louis le billet, qu'il y avait eu 2,500 billets, et que le gagnant n'en avait pris qu'un seul : c'était la comtesse de Dulau.

De l'autre côté de ce bazar immense, est le siége central d'un autre chemin de fer, la ligne d'Orléans. Naguère on y prêtait l'oreille à des accords, les yeux y étaient éblouis par les lumières du Casino, salle et jardin publics où des fêtes se multipliaient, inauguré comme tel sous Louis-Philippe par des concerts, que Paganini y donnait ; une rotonde à cet effet avait été ajoutée par derrière à l'hôtel du duc de Padoue, faisant partie du majorat constitué par l'Empereur en faveur de ce général, par décret du 28 mars 1812. Une loi du 10 juin 1853 a autorisé le fils et héritier du général, titulaire de son majorat, à céder cet immeuble à la Compagnie d'Orléans, à la condition par le duc d'employer le prix en acquisition de rentes ou d'immeubles destinés à entrer en remplacement des biens aliénés dans la composition du majorat. Mais le général de l'empire, parent de Napoléon, n'avait pas eu à faire bâtir cet hôtel à fronton, précédé d'une belle avenue, et suivi d'un jardin qui, sur le passage Sandrié, finissait autrefois par une élégante orangerie, dont le pendant était une volière, séparée de la serre par un petit labyrinthe. Si nous prenons la peine de remonter à son origine, nous trouvons tout d'abord que la vente amiable en était provoquée l'année 1811, par Pierlot, receveur-général de l'Aube, acquéreur de M. et de Mme Cottin, le 27 pluviôse en l'an x. Ces derniers avaient acheté le tout, en 1784, de Jean-Baptiste marquis de Lavalette, propriétaire grâce à sa qualité de légataire universel, pour les biens existant en France, du marquis de Castéra, son oncle, décédé quatre années avant. Ce marquis s'était arrangé, très-peu de mois avant sa mort, de ladite propriété, avec les héritiers de Louis de Pernon, qui avait édifié l'hôtel sur un terrain que lui avait vendu en 1768 un avocat distingué, Legouvé, père de l'auteur du *Mérite des Femmes*. Toutefois une partie du sol, sur lequel a surgi l'hôtel Pernon, dit plus tard de Padoue, était prise à long bail des pères Mathurins, tant par Louis de Pernon que par Louis Signy, architecte, qui transporta ses droits à ce dernier. De ces diverses circonstances, confirmées parfaitement quand le majorat fut assis, il résultera légalement, pour les années 1767 et 1768, la distraction d'une partie du jardin au profit du domaine, substitué aux pères Mathurins.

Le même avocat Legouvé, qui s'était essayé avant tout dans la tragédie, en composant celle d'*Attilie*, imprimée, mais non représentée, était aussi propriétaire, avec le baron de Thun, ministre de Wurtemberg, d'un terrain contigu à celui de l'hôtel de Pernon, sous la censive de Saint-Denis-de-la-Châtre, et qui avait appartenu peu de temps après la mort de Louis XIV à Claude de Prat, seigneur de Plainville. Un secrétaire du roi, ayant nom Boucher de Saint-Martin, prit moyennant finances en 1769, la place de l'auteur d'*Attilie*, et par ses ordres il s'éleva une petite maison, dont la clef s'afferma à Bouret de Vézelai, un fermier-général ; Mme Boucher de Saint-Martin traita ensuite de la propriété avec l'abbé Bertin et son frère, lesquels eurent à leur tour pour successeur M. de Mallet, officier de cavalerie, fils ou neveu du président Mallet, qui avait figuré parmi les possesseurs originaires du terrain avec Mlle Quarante. En 1791, M. de Mallet transportait cet immeuble à une famille financière du même nom, qui ne tenait nullement à la sienne. Les aînés de ces barons Mallet, qui de nos jours encore dirigent là une maison de banque considérable, sont justement nés sous ce toit ; ils ont fait leur salle à manger d'une pièce consacrée par leurs prédécesseurs à un petit musée chinois. Aussi bien de l'hôtel de Necker, aurait dépendu, nous dit-on, la maison adjacente, qui fait l'angle de la rue Neuve-des-Mathurins ; d'autres prétendent que sa construction remonte à 1766, et en font les honneurs à Mlle Duthé : elle appartient dans tous les cas, depuis plus d'un demi-siècle, à la famille d'Erard, le facteur de pianos.

Louis XVI régnant, on traitait le 24 d'hôtel Quéveron, et M. Février disposait de la maison d'après, refaite plus tard par le baron Méchin, avec l'intention d'y ouvrir un passage débouchant sur la rue du Helder, puis reprise par M. Mirès à titre pur et simple de placement. Voyez dans la maison d'ensuite aux allures aristocratiques, et qui ne manque pas de profondeur, l'ancienne demeure de Clodion ; des ateliers de cet artiste sortaient les ravissantes terres-cuites, qui n'ont fait que gagner depuis en renommée, éparpillées dans le monde élégant. Qu'était-ce encore que le 32 ? un hôtel à trois corps, répondant au nom de Montigny, et dont M. Sartoris, le banquier, a laissé une partie à Mme la marquise de l'Aigle, sa fille. Ces résidences de la fin de l'autre siècle ont déjà changé de vis-à-vis ; néanmoins Ethis de Coray était alors chez lui au 31, et nous retrouverions dans la plus ancienne des constructions multiples du 27 *bis* le domicile de M. de Lavau de Pansemont, président du conseil des Anciens, gentilhomme de Bretagne, qui avait commencé par faire la guerre d'Amérique. Traditions qui s'effacent devant le plus grand nom à coup sûr, se rattachant à l'histoire de la rue !

En 1791, le 2 avril, le peuple en obstrue les abords ; l'orateur vient de mourir, dont la vie politique s'explique par ces mots, confession suprême : — J'ai voulu guérir les Français de la superstition de la monarchie, et y substituer son culte... Ainsi a parlé Mirabeau qui, à l'article de la mort, n'a voulu se réconcilier qu'avec le prince de Talleyrand. — S'il a expiré, crie la foule, c'est que la cour l'a fait empoisonner!... Ainsi le peuple compte pour rien les fatigues incessantes, soit travaux, soit plaisirs, soit représentation, de ce nouveau colosse de Rhodes, ayant un pied dans l'île du mouvement, un autre pied rivé au continent, dans le camp de la résistance. Quelle consternation unanime, quelle émotion et quels regrets! Les théâtres se ferment, l'Assemblée nationale arrête que tous ses membres assisteront aux obsèques du grand homme, et la nation, pour recevoir ses cendres, improvise le Panthéon! Rien ne manque à l'apothéose.

Le lendemain de la cérémonie, la rue où l'orateur a cessé de vivre est proclamée rue Mirabeau : dénomination qu'en ce temps-là il lui semble impossible de perdre ; puis sur une table de marbre noir, s'inscrit, au seuil de sa maison, un distique de Céenier :

> L'âme de Mirabeau s'exhala dans ces lieux !
> Hommes libres, pleurez! tyrans, baissez les yeux !

Ces vers ont disparu, dès 1793, et la maison a changé de face vers 1843, bien qu'on ne l'ait pas démolie; c'est le n° 46 : on y revoit une cheminée, style Louis XVI, du cabinet de Mirabeau.

Après avoir payé notre tribut, en passant, à de tels souvenirs, nous sentons bien que l'intérêt pâlira des recherches relatives au n° 50, dont un bas d'escalier, décoré d'une galerie de balustres, fait toutefois plaisir à rencontrer. Un bon bourgeois, M. Delore, en a gratifié ses pénates peu après la mort de Louis XV; Mme Caubert, propriétaire actuelle, est une nièce de Delore. Un pont jeté sur un égout, près de là, se distingue sur le plan de 1739; on l'appelait pont de l'Hôtel-Dieu, et la même dénomination se donnait alors à la voie, parce qu'elle touchait à une ferme, dont jouissait ledit hôpital. Quel nom, d'ailleurs, n'a pas porté la rue, qu'habitent aujourd'hui les femmes qui, de cette ville capricieuse, changent le plus souvent de toilettes! A la fin du xviie siècle, on a dit : Chemin des Porcherons, ou bien de l'Egout-de-Gaillon, ou bien encore de la Chaussée-de-Gaillon. Avant qu'un arrêt du conseil ait prescrit, en 1720, le redressement de la voie prolongée jusqu'à la barrière des Porcherons, on l'a désignée bachiquement comme chemin de la Grande-Pinte, eu égard à l'enseigne de ce même cabaret qu'a tenu plus tard Ramponneau. Trois petits hôtels, 53, 55 et 57, bâtis depuis un peu moins d'un siècle, dans le voisinage de la ferme, au delà du pont de l'Hôtel-Dieu, à gauche, se ressemblaient comme trois frères jumeaux; mais leur air de famille se perd, depuis que M. le président Benoît-Champi a fait exhausser le premier.

Surélevé lui-même de deux étages, le 62 a remplacé, en outre, par une porte en chêne la grille qui le mettait à jour. En dépit de son travestissement, reconnaissez-y un hôtel honoré du séjour de Joséphine de Beauharnais, beaucoup avant qu'en 1825, le général Foy y mourut. Des questions décisives pour un gouvernement menaient encore, pour ainsi dire, le deuil : l'enthousiasme formidable, produit aux funérailles du plus éloquent avocat de la cause du libéralisme, fit que la contre-révolution recula, mais pour peu d'années, devant l'abîme qu'elle avait pu mesurer. La France était bien centre-gauche ! L'âme ardente du soldat qui s'était fait écrivain, orateur, planait encore et remplissait l'air de promesses, où la cour ne voyait que des menaces. Pendant que la Chambre se disposait à jouer de nouveau, mais avec un peu plus de calme, cette partie de boston interminable où se gagne et se perd une majorité, la galerie, c'est-à-dire la France pour laquelle jouaient Royer-Collard et Casimir Périer, votait un monument superbe sur la tombe du général Foy, et un million s'offrait à ses enfants par une souscription nationale.

Quelque réminiscence encore nous arrête deux maisons plus haut. Voici le domicile mortuaire du comte Roy, ancien ministre des finances. Mmes de Talhouet et de Lariboisière, ses filles, ont vendu à M. Bonnard, fondateur du comptoir portant son propre nom, ce qu'on appelait d'abord le grand hôtel; quant au petit, c'en est fait de lui, et d'une grande partie du jardin. De Charles Geyler, le 20 frimaire an XII, Roy avait acheté l'immeuble.

Puis au n° 70 revient notre dernière visite ; aussi bien la rue s'y termine, au point même où se dressait la barrière des Porcherons. Or, le hasard nous a fait reconnaître, il y a peu d'années, une chapelle, qu'on avait transformée en un gymnase, dans une maison contiguë ouvrant sur la rue Saint-Lazare ; afin de mieux détourner cette chapelle de sa destination, comme une jeune fille de ses devoirs, on n'avait pas eu recours à l'enlèvement ; mais, abusant du voisinage, on l'avait distraite, à coup sûr, de l'hôtel du cardinal Fesch, oncle de Napoléon Ier. Après avoir été, à la suite de son neveu, commissaire des guerres en Toscane, Fesch a repris l'habit ecclésiastique à l'époque du concordat ; il a gardé cette maison, bien que nommé archevêque de Lyon. Mais élu en 1810 président du concile de Paris, le prélat n'a pas craint de combattre les mesures de violence exercées par l'empereur sur le Saint-Père à cette époque ; une demi-disgrâce en a été la conséquence ; elle a duré jusqu'aux Cent-Jours. Pour peu de temps, le cardinal Fesch reparaissait avec Mme Lœtitia Bonaparte ; Napoléon alors l'a embrassé et créé pair.

RUE DE LA CHAUSSÉE-DES-MINIMES.

Allongée en 1805 sur l'emplacement de l'église des Minimes supprimée par la République, la rue où nous voici se restreignait auparavant à une sorte de carré, et formait comme une boîte dont une maison de la place Royale figurait le couvercle, ouvert à angle droit sur des arcades pour charnières. Commencer à la place Royale pour aboutir rue des Minimes, n'était-ce pas de la modestie pour une voie de communication? Elle n'en avait pas moins porté la dénomination de rue du Parc-Royal lors de son ouverture, en 1607, à la place d'un chemin bordé par des terrains appartenant aux seigneurs de Vitry.

Le bureau de bienfaisance de l'arrondissement occupe, n° 10, un bâtiment qui dépendait jadis du couvent des Hospitalières. Fondé en 1624 pour le soulagement de pauvres filles et femmes malades, cet établissement fut fermé en 1792; mais il est remplacé depuis lors, au delà d'une petite avenue dite l'impasse des Hospitalières, par une filature à l'usage des indigents, laquelle est la propriété de l'administration générale de l'Assistance publique.

La maison du n° 5, au commencement du règne de Louis-Philippe, se complaisait à tenir clos et couvert, au second étage, un vieux ménage dont elle était l'aînée assurément comme construction, mais qui avait toutefois célébré depuis huit ou dix ans la cinquantaine. Sous les auspices de leur oncle commun, Jacques Verberecht, sculpteur du roi, demeurant rue Basse-du-Rempart, le cousin Plon avait obtenu, sous Louis XV, les dispenses nécessaires pour épouser la cousine Dorothée Verberecht. Ce vieux couple amoureux, tout au moins de ses habitudes, dînait sur le coup de deux heures, et, une fois ou deux par semaine, Mme Mongolfier prenait place à la table. Le couvert de celle-ci se trouva mis un jour, sans qu'elle parût; les époux Plon n'apprirent que le lendemain la singulière mésaventure qui les avait privés de voir à l'heure dite la veuve de l'aéronaute. En montant dans un omnibus, cette bonne dame avait commencé par se tromper de direction; elle avait, d'autre part, oublié de se munir des cinq sous, prix d'une place alors dans ces voitures, et, pour surcroît, en mettant pied à terre à l'extrémité de la ligne, elle avait senti le vide se faire absolûment dans sa mémoire, accident dont, jusqu'à ce jour, elle n'avait eu à souffrir que par absences courtes et partielles, bien qu'au fond ce fût une femme de sens et de conduite. — Votre nom? lui demanda une dame, qui venait de lui prêter cinq sous. — C'est singulier, c'est affreux, lui dit-elle; je ne m'en souviens plus du tout. — Votre adresse? — Je ne la sais plus... Mme Mongolfier s'était assise sur une chaise, à la porte d'un pâtissier, et elle y torturait en vain sa mémoire; quelqu'un la reconnut en passant, qui s'informa, en l'appelant par son nom, de ce qu'elle faisait à cette place. Aussitôt, le nuage se dissipa et la présence d'esprit reparut. Par malheur, il était trop tard pour que Mme Montgolfier se rendît à l'invitation qu'elle avait acceptée la veille, et déjà ses deux hôtes avaient mal digéré sans elle, rue de la Chaussée-des-Minimes, le pot-au-feu, leur ordinaire.

RUE DU CHERCHE-MIDI.

N° 4 : — Bâtiment élevé sans retraite sur la rue et en très-bon état encore, que décorent sobrement quelques festons de pierre, et dont la cour est occupée par un chantier de bois à brûler ; ancien couvent des Prémontrés de Sainte-Anne, dits aussi de la Croix-Rouge et les Prémontrés réformés, établi l'année même où mourut Mazarin. Au temps de la campagne d'Egypte, la marquise de Saint-Simon habitait le premier étage de cette maison. Au-dessous d'elle demeurait Blangini, avec sa femme et six enfants, petits prodiges ; cette famille donnait des concerts. La marquise produisit dans le monde l'artiste jusque-là peu connu, dont elle commençait la fortune, et qui ne tarda pas à devenir fort à la mode. On sait que la princesse Pauline Borghèse, sœur de Napoléon Ier, à laquelle

Blangini dédia une ou plusieurs de ses compositions, daigna faire très-souvent pour lui, tout éveillé, le sacrifice consommé une seule fois par Marguerite de Navarre, sœur de François Ier, en faveur d'un poëte qui dormait, et dont le talent seul était alerte, Clément Marot.

N° 5 : — Construction à porte cintrée, de l'époque où l'on distinguait par des enseignes les maisons l'une de l'autre, maintenant à la disposition de M. Labric, médecin de l'hospice des Petits-Ménages. Toussine Marigny la cède à Jean Mariel en 1694, portant l'image de Saint-Nicolas; puis un boucher y fait étal, après quoi elle est occupée par Bullion, marquis de Gallardon, conseiller du roi, garde à la prévôté; en 1726, Claude Le Roy, écuyer, en fait l'acquisition, puis la revend à Peirenc de Moras, conseiller du roi, maître des requêtes de son hôtel.

N° 9 : — Anciennes écuries d'un hôtel de Montmorency, que nous reconnaîtrons un peu plus haut. Un M entrelacé figure aux grilles des croisées; mais il est fort possible que ce chiffre se rapporte à une famille du Maine, celle du marquis de Montecler, qui a joui de cette résidence. Le présent détenteur, qui d'ailleurs n'habite pas Paris, s'appelle M. Maillé-Saint-Prix; la lettre majuscule en fer battu se trouve donc aussi, par hasard, l'initiale de son propre nom.

N° 11 : — Le même métal décrit, n° 11, des arabesques magnifiques, rampe d'un escalier qu'ont gravi les Sully-

Charost, et plus récemment le comte de Nicolaï, antérieurement à M. Cherrier, propriétaire actuel.

N° 13 : — Nous lisons dans les notes prises par M. Rousseau en vue du présent recueil, que cette vaste propriété est réputée d'origine conventuelle; notre envoyé toutefois garde quelques doutes, car il a cru s'apercevoir de la médiocrité des matériaux de construction mis en œuvre justement dans un de ses corps de logis qui remontent aux siècles précédents. Et le fait est qu'en général les compagnies religieuses agissent, même en architecture, comme en vue de l'éternité ! N'en déplaise à M. Rousseau, les dames du Saint-Sacrement possédaient un hôtel avec jardin, rue du Cherche-Midi, et y avaient pour locataire, dans les dernières années du règne de Louis XIV, moyennant 2,500 livres, Mme de Voysin, une conseillère d'Etat; or l'immeuble que voici touche encore par derrière aux jardins de la rue Cassette, qui ont appartenu, presque en totalité, de ce côté, aux dames du Saint-Sacrement, comme nous ne l'avons pas caché dans la notice de ladite rue Cassette. Par conséquent, il est assez logique de tenir pour l'ancien séjour de la conseillère de Voysin, cette maison récemment léguée à Mme la comtesse Hullin, par le général du même nom.

(La fin de la notice de la rue du Cherche-Midi paraîtra dans la livraison suivante.)

Paris. — Imprimerie de POMMERET et MOREAU, 42, rue Vavin.

LES ANCIENNES MAISONS

Des rues du Chemin-Vert, Childebert, de Choiseul, Christine, de la Cité, des Ciseaux, de la Clef et du passage Choiseul,

NOTICES FAISANT PARTIE DE L'OUVRAGE INTITULÉ :

LES ANCIENNES MAISONS DE PARIS SOUS NAPOLÉON III,

PAR M. LEFEUVE,

Monographies publiées par livraisons séparées en suivant l'ordre alphabétique des rues.

RUE DU CHERCHE-MIDI.

(Fin de la Notice.)

N° 14 : — Paraît avoir appartenu à l'abbaye de la Croix-Rouge, voilà pour sa destination ; de jolies rampes du style Louis XIV lui font remplir à cet égard toutes les conditions d'âge requises.

N° 15. — Edifice en forme de galerie qui paraît détaché d'une construction encore plus importante ; on y remarque des degrés pourvus d'une belle balustrade. C'est le reste d'un hôtel princier, et nous trouvons précisément, sur un plan manuscrit attaché, en 1713, au terrier de Saint-Germain-des-Prés, un hôtel de Montmorency signalé comme vis-à-vis des Prémontrés. On en fit passagèrement une maison d'éducation sous la République.

N°s 17 et 18. — Qui songe à s'étonner que les peintres

aient à eux des hôtels, quand leurs toiles logent dans des palais ? C'est l'exception, et que n'est-ce la règle ? Si M. Duval-le-Camus a surélevé d'un atelier avec la meilleure grâce du monde, une habitation de gentilhomme, et dans laquelle est mort le baron Le Mercier, gendre du maréchal Jourdan, sur la rive gauche de la rue, était-ce une raison pour qu'à main droite M. Mailand, son confrère, qui, de même, est en réputation, ne s'accommodât pas d'une résidence seigneuriale, pour un temps, échue aux hospices, créée néanmoins sous Louis XVI ; puis hôtel de Lambrechts, ministre de la justice sous le Directoire et député sous la Restauration ?

Nos 19, 21 et 23. — Qu'un rendez-vous nous soit à charge, et que l'heure prise en soit midi, nous cherchons tous midi à quatorze heures. Une enseigne, qu'avait inspirée cette vérité, a valu son nom à la rue, qui s'est longtemps appelée par corruption Chasse-Midi, et justement nous retrouvons cette enseigne, médaillon en pierre d'un module voyant, sur la façade du 19, qui fit corps avec un couvent dont la chapelle, dédiée à saint Joseph, était au 21, la porte principale au 23. En 1634, des religieuses augustines de la congrégation de Notre-Dame s'y installèrent, sur un terrain acquis du sieur Barbier ; puis, de 1669 à 1790, ce fut le prieuré des bénédictines de Notre-Dame-de-Consolation, et, sur son emplacement, vendu par lots de l'an IV à l'an VIII, s'ouvrit bientôt la rue d'Assas.

N° 31. — Pension de jeunes gens tenue sur le pied militaire, pendant la première République.

N° 37. — Au commencement du règne de Louis XV, il était bruit d'un hôtel de Vérue, construit dès le siècle précédent ; on allait admirer des tableaux de maîtres flamands, un mobilier splendide, un écrin du prix le plus élevé et une volière toute peuplée d'oiseaux rares, chez la comtesse de Vérue. C'est aujourd'hui le siége des conseils de guerre, et la prison militaire se dresse en face, au lieu du Bon-Pasteur, communauté fondée par une protestante convertie, en faveur de filles repenties.

N°s 30, 34, 36, 40, 42. — Voici encore des hôtels, mais qui datent de la seconde moitié du xviii° siècle. Le 40 fut la résidence du comte de Rochambeau et de son fils, dont la belle carrière militaire commença aux Etats-Unis. La maison qui suit fut le chef-lieu du district pendant la République.

N° 41. — Immédiatement après ce 41, dont le rez-de-chaussée est séculaire, et où se trouve un café d'artistes, décoré de jolies peintures dues au pinceau de ses consommateurs, MM. Foulogne, Harpignies, Guérard, Defaux, Cléry, Hamon, Glück, Nazon, Francis Blin et Eugène Tourneux, il est, en ce moment, procédé à un abatis de maisons, qui s'étend jusqu'au n° 71 ; ce côté de la rue, qui appartenait aux hospices, va donc entièrement changer de face, et les rues Saint-Maur, Sainte-Placide vont, avant peu, se prolonger jusqu'à celle de Vaugirard.

N° 44. — Le 28 avril 1831, dans cet hôtel, est mort l'abbé Grégoire, ancien évêque constitutionnel, dont la carrière politique a eu la plus grande importance. Quand le cardinal Fesch, afin de l'engager à rendre une visite à Pie VII, lui avait dépêché des prêtres, chargés de la négociation, Grégoire s'était fâché de ce que ceux-ci l'appelassent monsieur le sénateur, et il leur avait dit : — Comme sénateur, messieurs, je n'y suis pas ; mais l'évêque veut bien vous recevoir… Cette maison, au surplus, qui venait la première dans la rue des Vieilles-Tuileries, réunie en 1832 à celle du Cherche-Midi, est des plus riches en souvenirs. Edifiée en 1770 pour la bisaïeule de la dame qui la possède maintenant, elle a eu également pour locataire la comtesse Lacoste, femme d'un membre de l'ancien Corps législatif ; cette dame avait pour gendres Moreton de Chabrillan et Courtemer, tous deux aides de camp du général Lafayette, lorsque celui-ci commandait la garde nationale, en 89. De plus, Garat, successeur de Danton au ministère de la justice, et qui a eu comme tel à notifier à Louis XVI son arrêt de mort, a habité l'arrière-corps de logis. Rappelons incidemment que Garat a figuré parmi les premiers sénateurs qui, à la rentrée des Bourbons, votaient la déchéance de Napoléon.

N°s 71 et 73. — La rampe de son escalier fait remonter le 73 jusqu'à l'époque de Louis XV, et il est évident que l'autre maison n'en était pas séparée dans le principe. La veuve d'un colonel, Mme Fournier, dispose de l'hôtel principal, où a cessé de vivre en 1840 un de ses parents, le général Hullin, l'un des vainqueurs de la Bastille, commandant de la place de Paris sous l'Empire, retiré à Hambourg sous la Restauration, et aveugle sur la fin de sa vie.

N⁰ˢ 87, 89 et 91.—Le savant Cabanis, qui épousa la sœur du général Grouchy et de la veuve de Condorcet, demeurait au coin que voici de la rue de Bagneux ; c'est le seul médecin dont Mirabeau consentit à recevoir les soins pendant sa dernière maladie. Lors de son édification, sous l'ancien régime, ce triple bâtiment était un. La plus grande part en est, quant à présent, à disposition de M. Lucas de Montigny, le petit-fils du prince des orateurs, dont nous venons de prononcer le nom. Le maréchal Lefebvre, duc de Dantzig, dont la vie militaire était une suite d'actions d'éclat, parmi lesquelles figurait un service personnel rendu à la reine le 10 juillet 1789, résidait là également.

N⁰ 97. — Retraite qu'a appropriée à son usage, par une restauration de bon goût et en y ajoutant un fort joli jardin d'hiver, M. Le Normant, depuis longtemps libraire et imprimeur du *Journal des Débats*. En face de sa propriété, qui peut compter pour centenaire, se trouvait l'hôtel de Bissy, jeté bas sous le règne de Louis-Philippe : La famille des comtes Thiard de Bissy avait fourni un cardinal et un des poëtes de la pléiade de Ronsard. Aussi bien, dans la partie haute de la rue du Cherche-Midi, les écriteaux portaient le nom de rue du Petit-Vaugirard, antérieurement à 1832.

RUE DU CHEMIN-VERT.

Mlle Desjardins. — Levé, échevin.

En 1714, pas de maisons ; en 1739, une seule habitation de maraîcher, au milieu de la rue, à gauche, et une construction à chaque angle au bout de la rue. Ainsi, trois toits, à cette époque, dans toute la rue du Chemin-Vert, et nous en retrouvons au moins deux parmi les maisons d'à présent.

Le premier se reconnaît à droite, en face la rue des Amandiers-Popincourt. De nos jours, un garni y abrite ses cabinets et ses chambrées ; sa petite porte n'a rien de prétentieux ; les vérités qui l'intéressent ne se sont pas toutes noyées dans son vieux puits. Une bière, portée à bras, sortait par cette petite porte, la première journée du mois d'août, en 1778 ; pas une âme ne suivait la bière, dans laquelle était cahoté le corps d'une femme, morte la veille, nommée la fille Desjardins. Le mobilier de la chambre qu'elle occupait avait été enlevé dans une voiture, avant le corps de la défunte, par un marchand de meubles du faubourg Saint-Antoine, qui l'avait gardé à son nom, comme n'en étant pas payé. Mlle Desjardins, qui cessait de vivre à l'âge de 36 ans, avait pourtant joué son bout de rôle sur la scène des hautes galanteries, et son nom avait figuré au moins une fois au répertoire des anecdotes racontées à

Louis XV par les soins de M. de Sartines. Donc, en guise d'oraison funèbre, consacrons un léger souvenir à la jolie femme trépassée.

Elle était fille d'une mercière du Palais-Royal, retirée à Belleville avec 4 ou 5,000 livres de rente, et déjà les yeux noirs de cette demoiselle, âgée de dix-huit ans, parlaient d'amour sans le vouloir, quand sa mère arrêta les siens sur un mariage dont elle fut seule à voir les agréments. Poussée à bout, la jeune personne se sauva chez son frère, qui était marié et directeur de théâtre à Rochefort. C'était un ménage fort honnête, bien que les deux époux jouassent la comédie; la nouvelle-venue fit comme eux. Quelqu'un, qui avait tout pour plaire, s'éprit de Mlle Desjardins, qui toutefois lui résista, parce qu'il était grand seigneur; à peine enlevée, elle rentra chez son frère, bien qu'elle aimât en secret son ravisseur, qui n'était autre que le duc de Montmorency. Mais enfin ce qu'elle avait refusé à la surprise, l'ingénue revint l'offrir à l'amoureux, qui en désespérait, et qu'elle suivit à Paris. Le duc la mit rue des Martyrs, dans une maison où Labatte, tapissier, qui avait la spécialité de ces garnitures impromptues, apporta tout ce qu'il fallait. Pour que rien ne fût ébruité, l'amant imposa à Labatte de ne pas mettre en circulation, et même de conserver sous pli, jusqu'à échéance, la lettre de change de 5,000 livres sur la conservation de Lyon, dont il payait ses fournitures. Mais les indiscrétions de Labatte, qui avait l'habitude de prendre à contre-pied ces sortes de recommandations, édifièrent un agent de police qui en fit son rapport, plus tard, c'est-à-dire le 4 juillet 1760, en y ajoutant les notes que voici :

« Ce seigneur est marié ; son épouse est extrêmement aimable et
« l'adore. Il est pour elle d'une indifférence qui approche même de la
« dureté ! Toutes les fois qu'elle le voyait sortir de chez lui, elle passait les journées à le pleurer, et enfin elle l'a guetté pendant quinze
« jours, avant son départ, passant les nuits sur son balcon, pour l'embrasser avant qu'il partît. Elle lui sauta au col, ce jour-là, et lorsqu'il
« fut monté en chaise, elle rentra dans son appartement à lui, qu'elle
« n'a pas quitté depuis, pleurant jour et nuit. J'ai su ces particularités
« par des gens attachés à son service. Il est naturel d'imaginer, d'après tous ces torts, que ce seigneur serait très-fâché qu'on sût ses
« engagements secrets avec la demoiselle Desjardins.

« Cette demoiselle est la même que j'arrêtai à la foire Saint-Germain, travestie en homme, le 26 mars dernier, et qui fut relaxée le
« même jour, suivant les ordres du magistrat. Elle est connue sous le
« nom de la baronne de Fraqueville. »

L'autre maison, celle que le plan de Turgot nous montre au milieu de la rue, était le 27 ou le 31, si ce n'est même l'un et l'autre. Le premier de ces numéros peut-il compter ? Dans tous les cas, il est à peindre, comme seigneurie de la misère, ce groupe de deux ou trois bicoques délabrées, bariolées, pour ainsi dire borgnes et boiteuses, avec des loques çà et là pour girouette. L'autre, au contraire, est pourvu d'une grande cour, flanquée de deux petits pavillons ; ses dépendances s'étendaient loin ; son chantier était un jardin. Voilà bien un logis d'échevin ! Lorsque la fille

Desjardins, déchue de toutes les manières, finissait misérablement à une portée de mousquet de cette maison, Jean-Denis Levé, échevin, y demeurait; la rue s'appelait alors rue Verte et Chemin-Vert, tout à la fois, après avoir porté un siècle avant le nom de *Ruelle qui va à Popincourt*, et tout à fait dans le principe celui de *Ruelle des Neuf-Arpents*, lui venant de ce qu'elle s'était ouverte sur un terrain de cette contenance, dit *la Culture de Saint-Eloi*. Messire Levé, par son crédit, fit prolonger la rue jusqu'au rempart, en regard de celle du Pas-de-la-Mule, et servit de parrain à ce nouveau bout de rue, de son vivant. De son hôtel était propriétaire, sous Charles X, un autre magistrat municipal, M. Mouffle, maire du VIIIe arrondissement.

RUE CHILDEBERT.

Pour celle-ci, le cardinal de Bissy, abbé de Saint-Germain des-Prés, la fit ouvrir, sur l'enclos monacal, dans l'année même où mourut Louis XIV. Childebert Ier, roi de France, qui avait fondé l'abbaye, y avait été enterré en l'année 558 ; la nouvelle rue lui fut dédiée.

Rien ne représente plus aujourd'hui ces rues faisant partie d'un cloître, et toutefois livrées pendant le jour à la circulation publique, aux rumeurs d'un quartier bien plus vivant qu'il ne l'est aujourd'hui, et au commerce, tout comme les rues laïques. Aux différents étages des maisons 1 et 3, telles que nous les voyons, rue Childebert, moines, prêtres et pensionnaires de l'abbaye avaient leurs chambres, communiquant l'une avec l'autre ; au-dessous desquelles se suivaient des boutiques, où se vendaient surplis et rabats. Au rez-de-chaussée du 5 il y avait, sous Louis XVI, et une mercière et un marchand d'élixir de longue vie. Le 11 était tout aussi bien une habitation à deux fins, et puis le 13 ; dans cette dernière maison, par parenthèse, demeurait M. Arnheiter, mécanicien, avant d'avoir ses magasins au 8 : il n'y a donc pas moins de 40 ans que ce fabricant d'instruments d'agriculture habite la petite rue Childebert. Par exemple, le 2, le 4 et le 6 n'avaient qu'un seul étage, lorsqu'en jouissaient les religieux ; on les a exhaussés depuis. Les personnes adonnées n'importe à quel commerce, en deçà des grilles qu'on fermait tous les soirs, profitaient d'une rare immunité, en ce qu'il était interdit d'opérer chez elles une saisie ; dès qu'il avait le pied dans l'enclos, un huissier y perdait ses droits. N'en abusait-on pas pour faire banqueroute ? La chose arriva quelquefois.

Un marchand de vin, nommé Chanfort, égayait le n° 10, dès le temps des moines ; plus tard sa veuve prit sa place, en faisant la cuisine pour tous les peintres, sans en excepter un, dont le pinceau becquetait une palette aux environs de l'ancienne abbaye. Mme Chanfort servait deux œufs sur at, à ses habitués, pour trois sous ; hâtons-nous de confesser qu'elle les faisait cuire dans la graisse. La moyenne du prix de ses dîners n'allait guère qu'à 60 centimes, le vin compris. Qu'on se garde pourtant de comparer sa maison à toutes celles où les rapins d'aujourd'hui sont réduits à prendre leur pâture, moins saine à coup sûr, mais plus chère !

RUE ET PASSAGE CHOISEUL.

Les Ferriol et le comte de Choiseul-Gouffier. — L'hôtel des Domaines. — Mme l'amirale Bruéys. — Maison Delisle. — Lafarge. — M. de Sartines. — Oberkampf. — MM. Mallet. — Mme de Boufflers.

Sur le plan de Paris en 1739, vous distingueriez l'hôtel Ferriol, situé rue Neuve-Saint-Augustin ; mais ce plan de Turgot oublie de constater que, déjà depuis neuf années, M. Ferriol, beau-frère du cardinal de Tencin, frère d'un ambassadeur à Constantinople, s'était entendu avec ses deux fils, Antoine Ferriol, sieur de Pont-de-Vesle, ci-devant lecteur du roi, et Charles-Augustin de Ferriol, sieur d'Argental, conseiller au parlement, pour transporter l'hôtel à la famille de Gabriel-Florens de Choiseul-Beaupré. La veuve de ce dernier, née Marie-Françoise Lallemant de Betz, conjointement avec son fils, le comte de Choiseul-Gouffier, obtient, en 1776, l'autorisation d'ouvrir, sur les jardins de cette résidence, qui s'étendaient jusqu'au rempart, une impasse, érigée en rue trois ans plus tard.

En 1786, le créateur de la rue de Choiseul vend à Louis XVI une vaste propriété à l'angle de la rue Neuve-Saint-Augustin; on en fait le siége des Aides et gabelles, qui devient ensuite l'hôtel de l'enregistrement et des domaines. Ainsi, au commencement de l'Empire, le domicile de M. Duchâtel, directeur de l'enregistrement, se trouve au premier étage, n° 2, rue de Choiseul, et les bureaux de son administration occupent les deux maisons suivantes. Au mois d'avril 1830, l'Etat vend la totalité, qu'il a divisée en trois lots. Tout nous laisse croire que le fond des constructions de l'ancien siége des Domaines a fait partie de l'hôtel Ferriol, séparé par la rue nouvelle d'un de ses propres corps de bâtiment, que nous revoyons n° 3, et dont M. Pâris de Lamaury, avoué retiré, était propriétaire avant 1830. Le fils d'un tailleur enrichi dispose de ce dernier immeuble, où demeure aussi un avocat d'élite, M. Boinvilliers.

Le comte de Choiseul-Gouffier a fait, au surplus, autant de parts qu'il s'est présenté d'amateurs du territoire disponible. La plupart des maisons de la rue sont donc contemporaines du 9, édifié par Nisard, un maître charpentier, l'an 1781, puis adjugé, le 11 floréal an XIII, à Leclercq, avoué, père du libraire du même nom. L'architecte Louis a fait comme Nisard, quant à l'immeuble contigu ; on veut toutefois que les prémices en aient été cueillis, sous le manteau, par le duc d'Orléans, Philippe-Egalité, dont c'eût été la petite-maison. Rien de particulier à dire des autres maisons bordant la même rive, sinon que l'état civil du 15 reconnaît pour auteur de ses jours l'architecte du duc de Penthièvre.

Transbordons la pêche aux souvenirs une seconde fois sur la rive droite, qui est plus poissonneuse; le courant froid des maisons neuves, près de l'embouchure du boulevard, fait pulluler le fretin sur l'autre bord. Les Betmann, riches banquiers de Francfort, ont occupé le n° 10, lors de la rentrée des Bourbons, et ensuite Huvé, architecte, qui a mis à la Madeleine la dernière main. La vénérable comtesse de Bruéys jouit, comme revenus, de cette propriété. L'amiral, son mari, qui était de la famille du poëte, auteur de *l'Avocat Pathelin*, a commandé en chef la flotte conduisant en Egypte le vainqueur d'Italie; le combat naval d'Aboukir lui a coûté la vie. Une statue s'érige à Uzès en l'honneur de ce brave marin, que Napoléon regretta comme un ami, et justice enfin lui sera rendue par les soins de l'amirale, sa veuve, que n'a pas refroidie un retard de soixante-dix années.

Vient après cela une grande maison de commerce, dont le nom paraît synonyme d'élégance en matière de toilettes féminines. Toutes les capitales du monde envoient prendre dans la maison Delisle l'ordre du jour officiel de la mode. Le créateur de ce comptoir du goût appliqué à la soie, aux châles et aux dentelles, a pourtant cessé de vivre sous le règne de Louis-Philippe; les modes passent, il passa comme elles, sans agonie, et bien plus rapidement encore, pour avoir mal digéré du homard. La caisse Lafarge précéda dans ce local le magasin de nouveautés ; quand ce dernier s'y installait, l'année 1831, il y payait loyer à Mme Hubert, dont l'affection, s'il faut croire un on-dit, avait été la mise unique dans la tontine de Lafarge, auquel elle avait survécu. Mais avant la tontine, de qui était-ce l'hôtel ? D'un ministre de la marine, plus connu comme lieutenant de police, M. de Sartines. Ni l'esprit, ni l'activité de ce prédécesseur de M. Le Noir ne faisaient doute, et il avait sur une si grande échelle organisé son espionnage, qu'à un ministre de l'empereur d'Allemagne le priant un jour, par une lettre, d'arrêter un voleur qu'on croyait à Paris, il avait répondu que cet homme était à Vienne, dans telle rue, sous tel déguisement, sortant tous les jours, à telle heure. M. de Sartines émigra en Espagne ; mais son fils, maître des requêtes, paya de sa tête tribut à la Révolution, le 17 juin 1794, avec sa femme et sa belle-mère, Mme de Sainte-Amaranthe. L'hôtel Sartines, qui, par son origine, diffère absolûment des autres propriétés de la rue, communiquait, avant que celle-ci fût percée, avec la rue Neuve-Saint-Augustin par une avenue, et avec le rempart par un passage, qu'on retrouve sur le boulevard, dit usuellement l'impasse de la Glacière ; ses ailes sont devenues des façades, et il s'est transformé deux fois, pour ouvrir rue de Grammont d'abord, et puis, en outre, rue de Choiseul.

L'impasse de la Glacière se relie par derrière et à la

Galerie-de-Fer, établie en 1835 à la place d'une galerie de bois que l'incendie avait détruite, et au 22 de la rue de Choiseul. MM. Mallet tiennent cet immeuble considérable, à titre héréditaire, du célèbre manufacturier Oberkampf, beau-père des deux barons Mallet. Mais de la même succession ne dépendaient pas les terrains sur lesquels Tavernier, leur architecte, commença, en 1825, le passage Choiseul, à l'autre extrémité de la rue. Cet appendice considérable ajouté à la rue, pour le compte des MM. Mallet, provient, comme territoire, des anciens hôtels de Gesvres, de Radepont et du contrôleur général ; une portion en fut de même acquise de l'administration de la loterie. Christophe-Philippe Oberkampf n'acheta donc à Mme de Boufflers, le 21 floréal an IX, que la superbe propriété qui fait retour sur le boulevard, et dont la cour s'est bardée de fer pour constituer la galerie. Taboureux, comme expert-juré, constatait en l'année 1780, l'état des constructions faites pour Mme Hippolyte de Camps de Saujeon, veuve du marquis Edouard de Boufflers-Rouverel, sur les confins de la propriété morcelée par M. de Choiseul. La belle terrasse dont jouit le cercle des Arts, fondé en 1837, fut donc inaugurée par la marquise de Boufflers, qui nonobstant avait pour locataire, vers la fin du règne de Lous XVI, la comtesse de Lamassais, avec son neveu, le comte de Saint-Laurent.

Presque toutes ces dames de Boufflers, le diable s'en mêlait-il ? avaient été malheureuses en ménage ; M. de

Boufflers, colonel du régiment de Chartres, puis d'un régiment de dragons, avait trop négligé celle-ci, en s'affichant avec Mme de Sparre, et, veuve par anticipation, elle avait été presque heureuse que son fils, le comte de Boufflers, suivît de bonne heure le mauvais exemple de son père; du moins elle y avait gagné que sa bru lui tînt compagnie. Il va sans dire qu'en allant de son côté, le comte de Boufflers accusait également sa femme de tous les torts; l'usage sacré des récriminations est réciproque, en pareil cas; seulement bien hardi qui prononce sur ces griefs contradictoires. Même position et vie commune avaient fait comme les deux sœurs de la belle-mère avec la bru; elles s'aimaient par remords ou par consolation, mais à n'en vouloir pas démordre, et comme si la famille, le monde n'existaient plus qu'à elles deux. Un soir pourtant on demande à la plus jeune : — Si vous voyiez votre mère et votre belle-mère près de se noyer l'une et l'autre, laquelle des deux sauveriez-vous ? — Je sauverais ma mère, répond vite la comtesse ; mais ensuite je me noierais avec ma belle-mère.

RUE CHRISTINE.

Rue de Choiseul, nous nous sommes flatté de découvrir des maisons plus anciennes que la rue ; rien n'empêche qu'il en soit de même rue Christine. On a taillé cette voie de communication en 1667, en même temps que la rue Dauphine;

sur les terrains de l'hôtel et collége de Saint-Denis, et on lui a donné pour marraine Christine de France, seconde fille de Henri IV et de Marie de Médicis, princesse qui épousa le duc de Savoie et qui refusa, étant duchesse-régente, de livrer à son frère, Louis XIII, son propre fils, le jeune Emmanuel-Philibert : Richelieu en conçut pour elle de la haine. Ses rares qualités faisaient dire qu'elle était belle sans orgueil, digne avec affabilité ; trois langues, le français, l'italien et l'espagnol, lui étaient familières, et il n'y en avait pas trop pour exprimer avec élégance tous ses sentiments délicats. L'hôtel Saint-Denis appartenait à l'abbaye royale du même nom, avant l'ouverture de la rue, qui devait couper en deux ses principales constructions ; il avait été édifié en vue des anciens murs, fossés, remparts et contrescarpes, qui allaient de l'ancienne porte de Nesle à celle de Saint-Michel ; comme emplacement, comme édifice, il était d'une grande importance, bien que ses bâtiments fussent traités de masures dans un arrêt du parlement relatif au percement projeté, et rendu en 1595. A la barre de cette cour furent adjugés, le 18 septembre 1606, les neuf lots de cette propriété considérable, lesquels devaient border la rue Christine. Il s'en fallait que chacun de ces neuf lots eût un terrain nu pour objet. On avait démoli partie des bâtiments ; partie en allaient être refaits, et ainsi sont venus jusqu'à nous des restes de la propriété des plus riches moines de toute la chrétienté.

Le 1 et le 2, par exemple, n'ont fait qu'un, dans leur origine ; leurs portes datent du xviie siècle à son début. Mais leurs deux corps de logis par derrière sont à coup sûr de même venue ; leur séparation ne peut dater que de l'année 1607. D'estimables rampes de fer garnissent leurs escaliers ; on y remarque, n° 2, un chiffre C. M., que les gens du quartier prennent à tort pour les initiales de deux noms qu'associa un amour dont la fin fut très-dramatique : Christine de Suède, Monaldeschi. Le portier du n° 3 aura lui-même grand'peine à croire que la reine de Suède n'ait pas resté autrefois dans la maison où il tire le cordon ; ce fort brave homme s'est constitué, dit-on, un petit fonds d'érudition, dont la biographie de cette princesse, morte en 1689, a fait royalement tous les frais. Il lui importait notamment que dans les anciennes écuries, qui se sont révélées, ainsi que des cuisines, dans les caves, le palefroi de Christine eût piaffé. Par malheur, cet hôtel, qu'un jardin accompagne encore, ne figure que parmi les reliefs du festin de pierre servi jadis, sur un vaste plateau, par l'architecte d'une abbaye. Un souvenir plus moderne s'attache à son premier étage, habité vers 1805, par Lanefranque, médecin de la maison impériale.

De même un médecin de Louis XIV, Denis Allain, demeurait au n° 4, propriété actuelle de M. Huguier, dont le nom grossit également la liste des célébrités médicales. Denis Allain y avait pour voisins, par le fond, les Grands-

Augustins. La maison, faite ou refaite en 1608, pour Étienne Letellier, appartenait au milieu du règne de Louis XVI à Jean-Louis Carnot, écuyer, commissaire des guerres de l'artillerie et de la marine à Toulon. C'était plus tard, avec le 6, un hôtel garni, dit de Christine, que les chemins de fer ont fait changer de place. Le 5, percé d'une porte cintrée, a pu voir passer Henri IV; un libraire en dispose, M. Germer Baillière. De même forme est la porte du 10, hôtel du Rhône.

Consacrons, pour finir, une mention honorable à une résidence de robe, dont l'aspect s'est bien conservé, n° 9. Le chancelier d'Aguesseau et sa famille vendaient, en 1728, à à Ambroise Gaudin cette maison, et deux autres qui lui étaient contiguës, rue Dauphine. Mme Gaudin, dix-huit années après, la laissait à son fils, Clément de Boissi, qui céda à Bunel; puis vint la famille Des Etangs, qui depuis un siècle a fourni au Palais, de père en fils, un procureur et deux avoués. M. Chevalier, opticien, du Pont-Neuf, a traité de l'immeuble dernièrement avec MM. Des Etangs.

En somme, toutes les maisons de la rue ont sur la tête plus de deux siècles; mais, à l'échéance du premier, elles n'étaient qu'au nombre de neuf, avec trois lanternes.

RUE DE LA CITÉ.

Les premières armes de la Guimard. — La Pomme-de-Pin. — La Bouteille-d'Or. — Le vaudevilliste Fontan. — Le Marché-Palu.

La portion de la rue de la Cité, située entre le pont Notre-Dame et la rue des Marmousets, s'appelait rue de la Lanterne, nom tiré d'une enseigne qu'elle portait dès 1326 ; on la désigna également comme rue et place Saint-Denis-de-la-Chartre, à cause de l'église de ce nom, vendue seulement le 29 frimaire an VII, qui était sise près du pont, et dont le pourtour, dépendance dudit prieuré, était un lieu de franchise pour les artisans sans maîtrise.

Dans une maison qui répond de nos jours au néfaste chiffre 13, ancienne rue de la Lanterne, et vis-à-vis de l'église de Sainte-Croix, naquit, le 10 octobre 1743, Marie-Madeleine Morelle, fille d'honnêtes gens, débauchée par le juif Bernard. Morelle était le nom de la mère, qui pendant fort longtemps alla voir Bernard au Châtelet, où il était détenu pour dettes ; mais ce dernier mourut dans sa prison, et pour faire bientôt une danseuse de son enfant qui grandissait, la survivante ne craignit pas d'emprunter sur des espérances, dont se payèrent deux amateurs, qui consentirent à quelque avance, et c'étaient M. d'Harnoncourt, M. le président de Saint-Lubin. La jeune élève de Terpsichore, dont le talent s'était développé, débuta avec agrément, en 1759, dans les ballets de la Comédie-Française, sous le nom de Mlle Guimard ; son corsage avait déjà fait comme son talent, bien qu'elle ne fût pas grasse, et sans qu'on la pût dire jolie, elle avait l'œil fripon en diable. On dit que plus tard ce fut la main, et le fait est que ses amours, dans la suite, brillèrent d'un faste sans égal. Mais elle passait encore pour sage, après une année de théâtre, en dépit qu'elle aimât un jeune danseur, Prévost-Hyacinte, qu'elle avait eu pour maître de ballet; sa mère, dont la vigilance était hostile à cette inclination de coulisses, la produisait de préférence dans les foyers de la Comédie, théâtre d'opulentes séductions, en affirmant qu'elle avait quatorze ans, bien qu'elle en comptât trois de plus. Mlle Guimard y fut en butte aux hommages de Bertin, trésorier des parties casuelles, protecteur à grands frais depuis plusieurs années d'une de ses camarades, Mlle Hus. Celle-ci n'avait jamais reculé devant une rivale ; chef d'emploi, en amour, elle craignait les doublures. Non-seulement la maîtresse en titre du trésorier avait rang, comme danseuse, dans les divertissements chorégraphiques ; mais, de plus, elle jouait la comédie, elle était aussi tragédienne, et il y avait à redouter, pour qui marcherait sur les brisées de ses amours, qu'elle remplît tout de bon le rôle de Médée. Il est vrai que si Mlle Hus était femme à se venger de Mlle Guimard, sa mère pouvait bien la défendre. Bref, la partie était casuelle ; néanmoins on en vint à bout. Mlle Guimard quitta la maison de la Cité pour s'installer près de la Comédie, dans un appartement que Bertin avait fait meubler, et ce dernier ne gênait pas ses maîtresses, Prévost-Hyacinte s'en aperçut.

A la rue de la Lanterne faisait suite la rue de la Juiverie, habitée par des juifs, surtout au xiie siècle ; on y trouvait pourtant une autre église, la Madeleine, et la halle de Beauce, affectée au commerce du blé, dont le privilége fut donné par Philippe-Auguste à son échanson, puis par cet échanson à Philippe de Convers, chanoine de Notre-Dame ; ce marché se tenait dans la rue, et il en motiva en 1507 un premier élargissement, qui de nos jours n'était plus suffisant, mais dont la date nous indique l'âge des plus anciennes maisons sujettes encore à reculement, ainsi que de la plupart de celles qui, pour la seconde fois ayant à opérer un retrait, ont décidément disparu. Parmi celles qu'a fait supprimer le percement de la rue Constantine figurait le cabaret de la *Pomme-de-Pin*, faisant face à une rue de la Madeleine, et que Rabelais a célébré, dont Regnier a chanté ensuite la décadence momentanée, mais qui a de nouveau flori, sous les auspices du grand Crenet, des frères Brossin, du conseiller Brilhac. Chapelle y a grisé Boileau, et à ces deux convives se joignaient une fois par semaine Molière, Lafontaine et Racine, qui y a écrit *les Plaideurs*. Lulli, Mignard, Furetières et Dufresnoi ont fréquenté les mêmes tables. Le peu de luxe du service n'en tenait pas éloignés les simples mousquetaires ; mais les gens de qualité qui s'y pressaient, dans le grand siècle, empêchaient qu'on rinçât les verres où les gens d'esprit avaient bu. Nous n'avons plus de *Pomme-de-Pin!* En revanche, voici une brasserie, dont la création remonte à 1795 : la cervoise, plus que jamais, s'épanche, sur la lisière du marché concédé autrefois à l'échanson royal. Ce n'est pas que le vin y ait tari ; voilà, tout près de la brasserie, un cabaret ouvert dès 1630, la *Bouteille-d'Or*, dans une maison qu'on a refaite depuis peu pour la mettre à l'alignement, et qu'occupait au xvie siècle un cordonnier, à l'image du *Sabot-d'Or*. La famille Boudaille a tenu, pendant un siècle, la *Bouteille-d'Or;* les Béjot ne lui ont succédé qu'en l'année 1829.

Le 43, vieille maison qui avance, fut le domicile du vaudevilliste Fontan, fort peu soigneux de sa personne, et qui buvait comme Chapelle. Un jour qu'il passait rue Vivienne, dans un état d'ébriété qui le forçait à prendre le mur pour canne, un monsieur de sa connaissance le salua ; Fontan de s'écrier aussitôt, en oubliant de lui ôter son chapeau :
— Faut-il que ce monsieur soit poli, de me reconnaître dans un pareil état !... Mais ce n° 43 vient après la rue Saint-Christophe, vis-à-vis celle de la Calandre, et ces deux voies de communication séparaient la rue de la Juiverie de celle du Marché-Palu, aboutissant au Petit-Pont. Dès le siècle xiii, étaient connus la rue et le Marché-Palu. Ce nom venait de *palus*, marais, s'il faut en croire tous nos histo_

riographes. Toutefois l'île de la Cité, incontestable berceau de notre ville, n'avait rien de marécageux ; une enceinte de murs la gardait des inondations, et assurément rues et monuments, habitations et habitants, s'y pressaient fort l'un contre l'autre. Nous oserons donc chercher, à notre tour, une étymologie plus rationnelle, et rappeler que le même mot latin veut dire aussi échalas, poteau, pieu. Il existe encore un marché à l'angle du susdit Petit-Pont ; n'y revoit-on pas, tout comme il y a six siècles, des pieux chargés, chaque matin, du pavillon portatif des marchandes ? Tibulle a dit :

Hic docuit teneram palis adjungere vitem.

En 1714, il y avait :

Rue de la Lanterne	25 maisons,	4 lanternes.
Rue de la Juiverie	41 —	4 —
Rue du Marché-Palu	10 —	3 —

La réunion de ces trois rues date de 1834.

RUE DES CISEAUX.

Nous avons essayé de retrouver l'hôtel des Ciseaux, dont cette rue tire sa dénomination, comme l'indique fort justement le *Dictionnaire des Rues de Paris*. Surgissait-il rue du Four-Saint-Germain ? Son titre venait-il d'une enseigne de tailleur ou de coutelier ? Une famille portait-elle ce nom ?

Dernière version s'accordant mieux avec la qualité d'hôtel reconnue à l'habitation. On en revoit un précisément à l'angle de la rue du Four ; ses proportions n'ont rien de vaste ; mais il a pu se détacher d'un plus grand, et aussi de son jardin, car le jardin est surtout ce qui élève une maison au rang d'hôtel. De bonne bourgeoisie, pour le moins, était cette bâtisse d'encoignure, remontant pour sûr à l'époque où d'une rue qualifiée des Fossés-Saint-Germain, on a fait une rue des Ciseaux, autrement dit au milieu du grand siècle. Sa façade donne sur les deux rues ; des arcades y sont dessinées, répétant les arceaux de ses caves, qui sont encore vierges de gerçure. Par suite d'une licitation, le 20 mars 1662, une sentence des requêtes du palais en rendait adjudicataire le collége des Ecossais, et la seule mutation qui, depuis lors, se soit produite, date de 1847 ; seulement il a fallu une ordonnance royale pour autoriser M. Caire, administrateur temporaire des fondations catholiques anglaises et écossaises en France, à aliéner ledit immeuble.

Le 5 et le 6 de la même rue, qui se contentait déjà de 9 maisons et de 2 lanternes, en 1714, paraissent plus anciens que la propriété des écoliers écossais.

RUE DE LA CLEF.

La maison de correction et les pensions bourgeoises. — Henriot. — La dynastie Savouré. — L'hôtel Danès.

La rue de la Clef tire son nom d'une enseigne, selon MM. Lazare frères ; en tout cas cette enseigne n'était pas celle de la maison n° 5, les titres de propriété de cet immeuble démentent à cet égard nos honorables devanciers, qui ont dû se tromper de porte, voilà tout. Probablement un serrurier s'est mis sous cette invocation, et les captifs de Sainte-Pélagie ont dû souvent la prendre pour un sarcasme. La Clef, quelle amère dérision ! Sainte-Pélagie en a plus d'une, mais accrochée aux ceintures des geôliers. Prison pour dettes, elle a fait rire ; politique, elle a donné lieu aux récriminations et aux chansons. Mais on y enferme de nos jours, faute de Bérangers et de Courriers, les hommes de paille de l'annonce, pour contravention matérielle à des lois qui régissent la presse des réclames, et des biographes trop faméliques pour que l'annonce les rassasiât, et puis des marchands à faux-poids, des laitiers trop savants, des gérants de société sans commandite, des complices d'adultère, des médecins manquant de diplôme, des usuriers ne prêtant qu'à la semaine, des cochers dont la montre allait mal, des voleurs à leurs premières armes, des mouchards en apprentissage, etc. Mais n'oublions pas notre titre, qui interdit à nos recherches historiques l'accès des édifices publics : en voilà un. Contentons-nous de mentionner que Sainte-Pélagie fut, sous l'ancien régime, une maison de pécheresses repenties. La rue s'appelait d'abord de Saint-Médard, parce qu'elle conduisait à l'église. Puis elle porta la dénomination de rue Courtoise, dont la clef nous échappe encore ; une partie des pensionnaires du couvent de Sainte-Pélagie y était écrouée déjà, de par le roi, pour sauver l'honneur des familles, ce qui pouvait être fort utile, mais non pas fleur de courtoisie.

Une de ces filles forcément repenties n'en voulait guère aux ci-devant rois de France du séjour d'une année et demie qu'elle y avait fait, dans un âge déjà tendre ; la preuve, c'est qu'en 1805, après avoir usé et abusé de toutes les autres années de sa vie, elle vint se retirer au n° 25, en regard de sa maison de correction, dans une de ces pensions bourgeoises comme il en reste plusieurs rue de la Clef. Elle avait nom Mme du Petitpas, et environ quatre-vingt-cinq ans d'âge, bien qu'elle ne regrettât la perte que d'une seule de ses facultés. Est-il besoin de dire laquelle ? Comment s'appelait-elle Petitpas ? point délicat à éclaircir, car déjà, sous l'ancien régime, sa famille avait fait casser un mariage clandestin qu'elle avait contracté en état de minorité avec un Italien de passage en France, et elle avait ensuite convolé en second, puis en troisième divorce, sous les gouvernements républicains. Tous les jours, lorsqu'elle fut revenue rue de la Clef, elle montrait à Mme Simon, qui tenait la pension bourgeoise à cette époque, le donjon sombre et sans croisées d'en face, en regrettant fort, si ce n'est le châtiment, de ne pouvoir plus l'encourir. M. Rousseau, notre honorable avant-coureur, tient ces détails d'une voisine, qui en 1807, a vu mourir Mme Simon. La pensionnaire était fort saine d'esprit et de corps, en dépit d'une longue jeunesse; mais il y avait alors sous le même toit un certain nombre de gens infirmes, et, qui plus est, dans un corps de logis à part, cinq ou six fous et folles, gardés à vue. Le docteur Chansaud est mort centenaire dans cette maison de santé et de convalescence, dont il était le médecin, et qui de notre temps compte encore des pensionnaire d'âge et de sexe différents, sous la direction d'une bonne dame, Mme Vallon.

Henriot, chef de factieux, héros des journées de septembre, agent de Robespierre, dont il a partagé la fin, logea quelque temps rue de la Clef, dans une maison qui semble en disconvenir, tant son aspect est plein de sérénité! Le nombre qu'elle affiche est 29. Cet Henriot, natif de Nanterre, domestique chez un procureur au parlement, qui l'avait renvoyé, s'était trouvé employé aux barrières en qualité de commis, lorsque l'insurrection y avait apporté la flamme, dans la nuit du 12 au 13 septembre, et cet agent de l'octroi, craignant quelques mauvais traitements, avait cru plus prudent de se ranger parmi les incendiaires : tels avaient été les débuts du promoteur de tant d'insurrections.

Un jour on heurtait violemment à la porte du n° 9, chez M. Savouré, chef d'une institution de jeunes gens, qui vint lui-même savoir ce qu'on voulait. C'était l'affreux voisin Henriot et plusieurs autres terroristes, ayant à lui intimer l'ordre de faire dîner ses élèves dans la rue. Les tables furent bientôt disposées, pour obéir à ces traîneurs de sabres parlant au nom de la Nation ; mais Mme Savouré refusa prudemment l'argenterie et eut l'idée de servir aux élèves des mets qu'ils pussent porter aux lèvres sans faire usage de cuillers ni de fourchettes ; le fromage et les artichauds firent donc les frais de ces agapes par ordre. Déjà une fois le citoyen Henriot avait fait irruption pareille pour enjoindre au maître de pension d'abattre un certain nombre de bustes qui décoraient la façade sur la rue, et qu'il prenait pour des figures de saints ; or ces malheureux plâtres représentaient des dieux de la fable, et même, du côté de la cour, en a conservé huit ou dix, qui ne différaient aucunement des premiers.

La pension Savouré, au reste, fut fondée rue Copeau, aujourd'hui Lacépède, vers l'an 1730, dans le temps où les jansénistes, sous la conduite du supérieur Besoigne, successeur de Durieux et de Gillot, étaient expulsés de Sainte-Barbe, à l'instigation des jésuites de Louis-le-Grand, leurs

adversaires. Pendant 128 ans, de père en fils, la famille Savouré dirigea toujours la maison, et cette dynastie paraît devoir se perpétuer. Jean-Louis Savouré, premier du nom, eut dix-sept enfants d'un seul lit; Jean-Baptiste en compte onze. En sa qualité de janséniste, Rollin accorda, dès le principe, son patronage aux Savouré; il leur prodigua ses conseils et ses encouragements. L'auteur du *Traité des études* leur fit mettre en honneur les doctrines de ce bel ouvrage. « L'honneur est l'âme de tous les arts, di-
« sait l'illustre recteur de l'Université de Paris, mais du
« nôtre principalement. Quels que soient les préjugés d'un
« siècle corrompu par la frivolité, il n'est rien de plus
« grand que notre profession; rien qui exige des sentiments
« plus purs et plus élevés. C'est l'esprit et non le
« corps qui est confié à nos soins. Un père remet son fils
« entre nos mains; il demande que nous cultivions son esprit,
« que nous formions son cœur à la vertu, que nous y
« gravions les principes de la religion et de la piété. Quel
« emploi! Est-il des fonctions plus nobles et plus excel-
« lentes? » (*Opuscules de Rollin*, tome 1er, p. 430.)

Presque seul, cet établissement d'éducation résista sans interruption aux crises de la Révolution, en substituant des cours particuliers à ceux des colléges de Lisieux et de Montaigu, dont l'exercice se trouvait supprimé. Son droit de chapelle datait de la création; Napoléon Ier le sanctionna, et récemment Pie IX le confirmait. Parmi les élèves remarquables de cette institution, citons le prince Jérome, l'amiral Baudin, Gay-Lussac, les généraux de Grouchy, MM. Naudet, d'Houdetot, Delécluze, Silvestre de Sacy, les docteurs Chomel, Donné, Vernois, l'architecte Rougevin.

M. Lacroix, professeur de mérite, est une étoile de plus pour cette pléiade. Il a mis au jour une notice historique sur la maison, berceau de ses études, vers le même temps où l'auteur du présent ouvrage publiait, de son côté, un livre sur l'ancienne Sainte-Barbe. Grâce à M. Lacroix, nous savons notamment que la pension Savouré fut transférée dès 1779 dans le local qu'elle occupe maintenant. C'était d'abord l'hôtel Danès ; il a passé dans la maison de Rohan, avant que les Savouré l'acquissent ; jusque-là rien qui nous taquine. Mais la notice ajoute que Pierre Danès, précepteur de François II, puis évêque de Lavaur, fut propriétaire rue de la Clef, et rien dans son architecture, dans ses décorations à l'intérieur, n'autorise à croire l'édifice une construction du xvie siècle. Trois plans de Paris vont passer sous nos yeux ; cherchons-y cet hôtel Danès. Le plan de 1652, n'en souffle pas le plus petit mot. Aucun trait ne l'indique davantage sur celui de 1714, dans lequel figure un corps de garde de gardes-françaises au coin de la rue d'Orléans, et qui compte en tout, rue de la Clef, 23 maisons. Interrogeons enfin Paris en l'année 1739 ; même absence de désignation. Décidément il y a erreur de date ; toutefois la noble et ancienne famille des Danès n'en a pas moins joui de cette résidence, dans la personne d'Antoine-Pierre-Hilaire **Danès**, comte de Serris, baron de la Mothe, conseiller au parlement, puis conseiller royal, président de la cour des Aides, gouverneur de Saint-Denis, et puis lieutenant-général de la ville, prévôté et vicomté de Paris, en 1770. L'ancien hôtel de ce grand personnage est menacé de perdre une partie de son joli jardin, et les pensions bourgeoises placées sur la même ligne doivent être également écornées : le percement probable d'une rue nouvelle met en émoi tout le quartier. Il est de fait qu'on y trouve encore de la verdure et que les *squares* y sont tout faits. — Grâce pour mes arbres! épargnez mon gazon! s'écrie plus d'un propriétaire.

LIV. 25
LES ANCIENNES MAISONS

Des rues de Cléry, de Clichy, Cloche-perche, du Cloître-Saint-Merry, Clopin, du Clos-Bruneau, Clos-Georgeau, Clovis, de Cluny, Cocatrix.

NOTICES FAISANT PARTIE DE L'OUVRAGE INTITULÉ :

LES ANCIENNES MAISONS DE PARIS SOUS NAPOLÉON III,

PAR M. LEFEUVE,

Monographies publiées par livraisons séparées en suivant l'ordre alphabétique des rues.

RUE DE CLÉRY.

Les censives. — Les Cochery. — Hôtel Poquelin. — Mme Lebrun. — Ducis — Le carrefour. — André Chénier.

Sur un titre du temps de Louis XIII, la rue de Cléry est encore désignée rue des Gravois et *Chemin le long des fossez allant à la porte Saint-Denis*. Un hôtel de Cléry projetait ses dépendances jusqu'aux fossés de la ville, et la rue fut ouverte en 1634, ainsi parlent plusieurs livres, d'ailleurs fort estimables ; pour cette fois ils font tort de plus d'une année à la rue, qui était pourvue de constructions antérieurement, et dans laquelle pourtant aucune maison ne répondait plus au nom de Cléry, l'année d'avant celle indiquée ; ledit séjour, par exemple, existait sous le règne de François Ier, et la rue servit de chemin de ronde, entre l'hôtel et les fossés, tant que la porte Montmartre resta près de l'endroit où notre rue prend encore sa source.

N° 1. — Dépendait du fief de l'Arche-Saint-Mandé, adjugé au sieur de l'Arche, le 26 novembre 1656, et qui s'étendait sur les rues de Cléry, Montmartre et Saint-Joseph, sous la censive du roi. Jean Cochery était possesseur de la maison, vingt ans avant, et Charles Gouin, maître chirurgien, vingt ans après.

N° 2. — En 1633, appartenait à Pierre Cochery, lequel y avait des chantiers attenants à ces bâtiments. A ce coin de la rue Montmartre était un marchand de vin en 1787 ; un autre s'y trouve de nos jours.

Il ne tiendrait qu'à nous de poursuivre assez loin cette nomenclature, de porte en porte. Mais des noms propres qui se présentent, sans évoquer de souvenirs, nous aimons à faire bon marché. Le 9 appartenait, du vivant des Cochery, à la conseillère Gagny ; la profondeur de cette sorte de cité, administrée par un portier, dont la loge est pourvue d'une grille et d'un guichet, comme un bureau de papier timbré, lui vient de son ancien jardin. Le 11, autre hôtel du grand siècle, qui a gardé une rampe de fer, fut élevé par Deroux, puis arrangé pour Damand, trésorier du marc d'or, vers la fin du règne de Louis XV. Ajoutez foi sans aucune crainte au mascaron qui décore la grande porte du 13, et qui en reporte l'origine au même temps ; mais méfiez-vous des deux tourelles plaquées depuis peu sur la cour, et qui vous feraient penser au moyen âge. La porte cintrée du 14 fut également franchie par Pierre Cochery, qui en était propriétaire, un siècle et demi avant le chevalier l'Embert.

N° 17. — Encore le même Cochery, présidant à la création de cette propriété sur l'ancien emplacement de la voirie de Saint-Magloire, dit le fief du Clos-aux-Halliers. De l'abbaye de Saint-Magloire, représentée par l'archevêché de Paris, et de l'abbaye de Montmartre, pour une dîme, relève ce fief allant jusqu'à l'égout, futur boulevard Poissonnière. L'hospice de Sainte-Catherine est toutefois seigneur censitaire du quart du terrain passant des mains de Pierre Cochery, qui vend le reste du même lot à d'autres, dans celles de Louis-Henri de Berthelot, qui y laisse à ses filles, Mme de Lansac et la marquise de Vernouillet, l'hôtel dont il s'agit céans. Louis-Robert Hallé de Chevilly l'acquiert en 1767 ; après lui vient sa veuve. A cet immeuble fait vis-à-vis, dans le principe, un vaste espace où se tient le jeu du *Pal-le-Mail*, et avant peu il s'y érige une série de maisons bourgeoises, qu'on y retrouve.

N°s 19 et 21. — Robert Poquelin, prêtre et docteur en Sorbonne, est regardé comme un des nombreux frères de Molière ; il a pris la qualité d'oncle en signant au contrat de mariage d'un neveu et d'une nièce du plus grand des poètes dramatiques ; un autre membre de cette famille, dont le prénom est identique, n'a pas eu moins de vingt enfants. On fait naître le théologien en 1630 ou bien 1632 ; on assure qu'il est mort en décembre 1714 ou en janvier 1715. Nous découvrons, en ce qui nous concerne, qu'aux termes d'un acte passé devant Lefèvre, notaire à Paris, le 8 juin 1700, il a fait donation à Louis de Lubert d'un grand hôtel avec jardin, contenant 759 toises de la ci-devant voirie de Saint-Magloire, quoique tributaire du cens à Sainte-Catherine, et qui s'est divisé depuis en deux maisons susindiquées. Lubert ensuite lègue la propriété à une de ses filles, qui a pour héritiers sa sœur, Marie-Madeleine, fille majeure, et son frère, Louis-Pierre, lesquels vendent l'hôtel Poquelin, en 1778, à Jean-Baptiste Pierre Lebrun, marchand de tableaux, époux de Mme Vigée-Lebrun, peintre célèbre. Le mari forme de son côté, une riche galerie dans la maison. Mme Lebrun, dans son appartement, reçoit une fois par semaine tous les princes de l'esprit, des arts et de la mode ; les derniers venus, fussent-ils maréchaux de France ou princes de Prusse, s'asseoient par terre, faute de place. Grétry, Garat, Martin, Viotti, Sacchini et Cramer font de la musique avec elle ; sa voix a des sons argentés. Une fête à la grecque s'improvise une après-dînée, chez M^{mo} Lebrun, qui joue aussi fort bien la comédie ; M. de Pezai, neveu de Cassini, et qui demeure dans le même hôtel, contribue à la mise en scène de ce souper chez Aspasie : en Athéniennes paraissent des invitées, telles que Mme Chalgrin, fille de Vernet, Mlle de Bonneuil, future comtesse Regnault-de-Saint-Jean-d'Angely ; des convives sont à demi couchés autour d'une table, et le chypre circule dans des coupes, les cordes vibrant d'une lyre d'or, et une ode exhalant ses strophes harmonieuses des lèvres d'un poëte couronné. Portée en 1793 sur la liste des émigrés, quand Mme Lebrun rentre en France, après un laps de neuf années, elle est reçue par son mari, dans une maison bâtie rue du Gros-Chenet, aux dépens du jardin de l'ancien hôtel Poquelin; mais elle donne encore des concerts, rue de Cléry, dans une salle qui, sous la Terreur, a discrètement servi à dire la messe, bien que la maîtresse de maison exilée en eût fait plusieurs fois une salle de spectacle, peut-être même Molière à ses débuts. Dans la même salle, sous la Restauration, ont eu lieu une exposition de peinture, au profit de quelque bonne œuvre, et les concerts du chevalier Berton, compositeur, fils et petit-fils de musiciens, habitant alors la maison.

N° 23. — A Picard, trésorier des parties casuelles, au milieu du siècle XVII, puis à sa veuve, puis à M. de Bragelongne, puis à M. de Chastulé : voilà pour les propriétaires. Mais Ducis, en 1808, y avait un appartement; il y fut honoré pour la seconde fois d'avances dues à son mérite, mais que ses opinions lui imposaient de refuser. Bien que déjà, nouveau Joseph, il eût laissé le manteau de sénateur entre les mains du tentateur, on lui offrait encore la croix d'honneur. — J'ai refusé pis, osait répondre Ducis.

N° 25. — Les Picard en ont également disposé, et la famille de Cuisy au siècle suivant. Un des grands noms de ce temps-ci, qui a commencé au barreau, se rattache à la même maison, où un logement de garçon suffisait, vers 1830, à M. Baroche, président actuel du conseil d'État. Les savants du quartier la prennent, mais bien a tort, pour le ci-devant hôtel Leblanc, habité par Necker, loué par Mme d'Esfourniels en 1774 à la régie des droits réunis, et puis 3e mairie, section de Brutus; cette propriété voisine a disparu, en 1842, laissant passer la rue de Mulhouse.

Une statue de sainte Catherine, à l'angle de la rue Poissonnière, rappelle que l'hospice de ce nom, ayant pignon sur le carrefour, exerçait son droit de censive sur les hôtels que nous venons de citer. En face, une maison avance en angle aigu sur la rue du Petit-Carreau; Gabriel Herbault, secrétaire du roi, en fut adjudicataire au Châtelet, en 1738, et la transmit aux siens. Là, finissait en 1714 la rue de Cléry proprement dite, forte de 39 maisons, de 15 lanternes.

Elle portait le nom de Mouffetard, depuis ce carrefour jusqu'à la porte Saint-Denis, et 9 lanternes pour 42 maisons, suivant l'ancienne contrescarpe, restée sous la censive du roi. On y remarquait déjà une construction à façade sculptée, au second coin de la rue Poissonnière; elle avait alors une grande porte. Desgouttières, marchand de vins, se faisait adjuger, en 1784, l'encoignure qui fait vis-à-vis. La 4e maison, du même côté, avait enseigne *Au roi Louis XIII*; un rôtisseur, nommé Ruelle, l'avait acquise en 1682, des héritiers de Forestier, menuisier, qui l'avait fait bâtir trente-cinq années avant sur un terrain au sieur Anne de Louis. Beaucoup de menuisiers-ébénistes occupaient déjà ladite rue. Néanmoins Berthelot de Pleneuf, baron de Blaye, munitionnaire des vivres, y possédait une grande propriété, 5ᵉ avant la rue Sainte-Claude, qui passa dans les mains du roi, puis à Leblanc, ministre de la guerre. Enfin un autre immeuble, à gauche, faisant retour sur la rue Beauregard, à l'extrémité de celle Cléry, garde mémoire de l'arrestation d'André Chénier, condamné à mort le 7 thermidor an XI ; le poëte s'y livrait à l'étude, beaucoup plus qu'aux conspirations ; mais il avait fait insérer dans le *Journal de Paris* des lettres qui le rendaient un des chefs du parti, proscrit le 7, mais triomphant le 9 du même mois.

RUE DE CLICHY.

La robe en gage. — M. Boutin. — Tivoli. — Mˡˡᵉ Coupé.

Elle fut d'abord appelée chemin de Clichy, en raison du village dont elle prenait la direction ; puis rue du Coq, à cause d'un château considérable qui se trouvait en bas, rue Saint-Lazare.

Trois acacias se couvraient, au printemps, de grappes blanches et parfumées, au premier coin de la rue à droite ; à leur ombre, on vendait des melons pendant les chaleurs de l'été, et, dès que leurs feuilles avaient jonché le pavé, un Auvergnat faisait rougir sa poêle pour y griller le fruit du marronier. Derrière cette sorte de tonnelle, qu'a renversée le vent du progrès sous la dernière République, un comptoir en étain étalait déjà ses gobelets, et un homme en tablier brun, pourvu d'un sac à la malice comme celui des escamoteurs, débitait aux buveurs, n'ayant pas d'autre cave que celle du coin des rues, le vin d'un cru qui n'aura jamais de nom, mais à un prix plus élevé que l'ordinaire des meilleures tables. Du paysage rétrospectif que notre plume vient d'esquisser, arbres et fleurs ont disparu ; il ne reste plus que la fabrique. A côté du comptoir d'étain, depuis un temps immémorial, se tapit, au n° 4, un petit garni, le refuge des bonnes sans place qui, au lieu de chercher de nouvelles conditions, prennent souvent le parti d'en faire. Une jeune femme y vécut, au commencement du règne de Louis-Philippe, dans un état de dénûment que son amour pour un tout jeune homme rendait alors intéressant ; ayant laissé en gage sa dernière robe chez le costumier du Prado, elle garda trois mois la chambre ; le peu d'argent que l'amant se procurait était remis tous les soirs au marchand de marrons d'en bas, qui faisait quelques provisions, mais si peu plantureuses que cette fille en est restée maigre, et le loyer courait toujours : la robe de cette Mimi Pinson ne fut dégagée qu'après Pâques. Que les temps sont changés ! elle roule maintenant voiture ; ses amples robes font un frou-frou à dépiter mille autres femmes. Faut-il vous dire enfin son nom? Il trône dans une chanson connue, intitulée les Reines de Mabille.

Un des fondateurs de la compagnie du canal de l'Ourcq, M. Hainguerlot, a laissé à sa fille, Mme de Vatry, un hôtel, légation d'Espagne il y a douze ans, et qu'au siècle dernier édifia le financier Boutin, l'un des trésoriers généraux de la marine. En ce temps-là, on appelait Folies toutes les créations nouvelles de maisons de campagne à la ville; Boutin fut plus heureux que Méricourt, Regnault et beaucoup d'autres : sa propriété fut traitée tout bonnement de Jardin-Boutin. Merveille, en effet, que ce jardin! il était dessiné surtout dans le genre anglais, une innovation pour la France; mais il avait tant d'étendue, qu'on avait pu y faire aussi la part de la manière de Lenôtre. Du commencement de ladite rue de Clichy aux environs de la barrière Monceaux, bien fin qui eût vu autre chose! Outre ses arbres, ses espaliers, ses fleurs et ses pièces d'eau, on vantait du riche financier la collection de minéralogie, le cabinet d'histoire naturelle et les serres pleines de raretés. Cet hôtel, qu'embellit encore une spacieuse cour ombragée, n'était alors qu'un pavillon d'honneur, avec son escalier grandiose; le domaine avait, rue de Clichy, une entrée principale, c'est vrai, mais à l'usage du jardin, qu'on demandait souvent à visiter. Un autre hôtel plus important, aujourd'hui n° 102, rue Saint-Lazare, avait le pas sur celui-là. Des fêtes brillantes eurent lieu, sous le Directoire, à Tivoli, ci-devant Jardin-Boutin. On était altéré de plaisirs; les incroyables du temps mirent à la mode ce Tivoli où l'on dansait, sans préjudice pour divers autres jeux, pendant toute la belle saison. C'était pourtant l'époque où les Clichiens, dont les réunions se suivaient dans ce séjour voué aux divertissements, furent déportés à la Guyane. Tivoli, durant le Consulat, fut encore de bonne compagnie; sa décadence ne commença qu'aux dernières années de l'Empire. Napoléon y donna un banquet à la garde impériale. Puis, quand vint la Restauration, les fêtes avaient changé d'allures; s'en abstenir était de bon ton. Aussi bien Tivoli, sous le règne de Charles X, fut transformé en un quartier nouveau par Mignon et par Inguermann.

Mlle Coupé, qui nous est présentée comme une danseuse par le livre de *Paris chez soi*, disposa, rue de Clichy, de tout ce qui se trouve en face de la prison, à peu près jusqu'à la barrière, y compris la rue d'Amsterdam et les constructions qui la bordent. Elle avait, dans le haut de la rue, vis-à-vis de la Bouxière, fermier-général, un hôtel, qui devint une pension; il en subsiste un pavillon, 88, rue d'Amsterdam, habilement refait par M. Pigeory, pour Mme de Nujac, femme d'une élégance appréciée, qui ne manque pas une course de Chantilly. Quant au grand parc de la Bouxière, il fut un second Tivoli, quand le premier n'exista plus. Une autre pension occupe un peu plus bas, 57, rue de Clichy, la seconde maison de Mlle Coupé, qui a donné asile dans l'une ou l'autre, épisode du drame de la Révolution, à Vergniaud, à Boyer-Fonfrède et à Roger-Ducos, qu'on recherchait. Portons le premier hôtel au compte du duc de Grammont, puisque l'amour lui coûtait cher; mais l'autre fut payée 80,000 fr. par Robert Jaunel, intendant général des postes, et ladite dame n'en fut que l'usufruitière, une réserve étant faite de nue-propriété pour les enfants de Mlle Lumigny, amie qui vivait avec elle. Mlle Coupé, à laquelle les Biographies n'ont pas su consacrer d'article, fut première cantatrice à l'Opéra, de 1750 à 1754. C'est le contraire de la cigale à laquelle disait la fourmi :

> Vous chantiez, j'en suis fort aise;
> Eh bien, dansez maintenant.

Cette femme de théâtre ne sera plus prise, comme avant nous, pour une danseuse. On lui adressa ce quatrain :

> Coupé, mille amours sur vos traces
> Viennent entendre vos chansons;
> Vous les attirez par des sons
> Et les retenez par des grâces.

RUE CLOCHE-PERCE.

Il a paru, en 1733, un ouvrage sur Paris signé Sauval ; mais Sauval, conseiller au parlement, n'en avait écrit qu'un fragment, comme simples notes, qu'il ne destinait pas à l'impression ; ses collègues avaient fait le reste. On y apprend (page 597), que la rue Cloche-Perce fut dite vers 1660 de la Grosse-Margot, à cause d'un cabaret. Bien que Sauval et Cie ne représentent pas, à nos yeux, une autorité infaillible, cette version est plus vraisemblable qu'une tradition, voulant que la spirituelle et galante Marguerite de Valois ait séjourné au n° 14. Cette princesse, dont le cœur fut tiré à presque autant d'exemplaires que ses contes et ses poésies, s'il faut en croire le sens qui est resté à l'abrégé de son propre nom, peut bien avoir rendu ou reçu quelques visites rue Cloche-Perce ; Charles IX lui-même avait dit : — En donnant ma sœur Margot au prince de Béarn, je la donne à tous les huguenots de France... Mais la résidence avérée de cette reine de Navarre était, en 1606, son palais de la rue de Seine. D'ailleurs, il est peu présumable que Louis XIV, qui régnait à l'époque indiquée par Sauval, ait toléré qu'une rue de Paris portât, du chef de la première femme de son aïeul, la dénomination de Grosse-Margot. Mieux vaut donc croire à une enseigne. La rue, d'ailleurs, se trouvait habitée dès le milieu du xiiie siècle, et elle s'appelait comme un de ses habitants, Renaut-le-Fèvre (Fèvre signifiait fabricant). Quant à Cloche-Perce, le mot vient à coup sûr d'une cloche percée, pendue à la porte d'un marchand. Or le 14 attend, porte béante, quelle compensation notre recueil va lui offrir, après l'avoir décapité de ses reminiscences royales. Etait-ce l'hôtel ou le poëte Desmarets de Saint-Sorlin, qui a collaboré aux tragédies de Richelieu, réunissait ses collégues de l'Académie française, quand les séances de cette compagnie n'avaient encore qu'un siége nomade? Non pas, car Desmarets demeurait dans l'ancien hôtel du cardinal Nicolas de Pelvé, archevêque et duc de Reims, mort sous le règne de Henri IV, après avoir pris le parti de la Ligue antérieurement contre ce prince; et l'hôtel de Pelvé a été dernièrement rasé, en dépit de ses trois portes cintrées, par la nouvelle rue de Rivoli. Les états de service du 14 ne remontent, pour nous, qu'à 1748, comme résidence de Mignot de Montigny, président du bureau des finances, et dont le père lui-même a été trésorier de France. On comptait alors 12 maisons et 4 lanternes rue Cloche-Perce. Cette pauvre petite voie publique est maintenant comme un ver de terre dont survivent la tête et la queue, bien qu'une voie magistrale ait emporté tout le milieu de son corps inarticulé. Les deux tronçons cherchent à se rapprocher; mais un abîme les sépare : des deux côtés, l'étiage actuel empêche, par des talus de pierre, le retour de l'ancien niveau qu'a abaissé la rue de Rivoli.

RUE DU CLOITRE-SAINT-MERRY.

Les épiciers en gros. — L'héritière des Gouffier, ducs de Roanne. — La rue Taillepain. — Hôtel Dabos. — Esprit Viennet. — Les juges-consuls.

L'angle de la rue Saint-Martin et de la rue du Cloître-Saint-Merry s'appelait la *Barre de Saint-Merry*, et il y existait une barrière attenante aux prisons du chapitre de Saint-Merry et au lieu qui servait aux assemblées capitulaires. L'aspect du n° 24, voisin de ladite encoignure, et possédé longtemps par les chanoines, n'a pourtant rien d'une geôle du moyen âge ; le 22 est resté lui-même jusqu'à la première République au chapitre de Saint-Merry, lequel y a eu pour locataire, au milieu du XVIIe siècle, Ragueneau, avocat en parlement. Pour en augmenter le produit, les chanoines ont fait rebâtir l'une et l'autre maison sous Louis XV, époque où le commerce en gros et l'industrie, y succédant à la magistrature, dominait déjà rue du Cloître, comme dans tout le quartier des Lombards. Les épices, il est vrai, ne faisaient pas peur au *palais* ; dame Justice, a dit un vieux poëte sans vergogne,

> Pour avoir mangé trop d'épice,
> S'est mis tout le *palais* en feu.

Le 18, dans lequel réside M. Moinery, président naguère du tribunal de commerce, date de 60 ans par-devant; mais, par-derrière, il a trois siècles, grâce à son origine commune avec le 20, dont la façade ne dissimule pas l'âge. Avant l'invasion des Lombards, nous voulons dire des négociants en gros, on y trouve messire Pierre Hennequin, président à mortier; puis Nicolas Hennequin, président du grand conseil; puis Henri de Gouffier, marquis de Boissy, époux de Rénée-Marie Hennequin. Charlotte Gouffier, fille de Marie-Rénée, épouse François d'Aubusson, comte de la Feuillade, lieutenant-général; mais Charlotte a pour frère Artus Gouffier, seul héritier du titre de duc de Roanne, créé pour Claude Gouffier, marquis de Boissy, par Charles IX. Ce seigneur désintéressé abandonne à sa sœur la totalité de ses biens, en l'année 1666, résigne volontairement son duché et son marquisat, en faveur de Charlotte, qui les apporte à son mari, substitution que confirme Louis XIV. La seule réserve que fasse le donateur a pour objet l'hôtel héréditaire qu'il habite au cloître Saint-Merry. Artus acquitte une dette de cœur, qu'il colore du titre d'échange, en gratifiant de cette propriété une dame, qu'un événement récent rend opportun de consoler, Marguerite Archambault, qualifiée dans l'acte de cession veuve de *noble homme Pierre Héliot, en son vivant bourgeois de Paris.* Certes, on n'est as plus gentilhomme ! Un autre eût enrichi la veuve sans y faire la part du défunt; mais Artus de Gouffier, en distribuant des titres, en a fait porter un au mari de la tendre Marguerite, qui sonnait mal de son vivant; le moins que sa mémoire mérite, c'est une seigneurie posthume, et le voilà, par acte notarié, transformé en ombre amphibie, noble homme par-ci, bourgeois par-là, de qualité une fois mort, roturier et vilain la veille! C'est alors que se divise l'hôtel; Mme Héliot en vend une partie à Petitjean, chapelier; Savari, garde-maître des eaux et forêts de Normandie, et sa femme, Louise-Catherine Ragueneau, acquièrent, d'autre part, le n° 20 d'à présent : les deux maisons tiennent, par derrière, à l'hôtel Pontcarré, qui, plus tard, vers la fin du règne de Louis XV, devient l'hôtel d'Abbeville. Pierre-Paul Savari, sieur de Bontervilliers, gentilhomme de la maison du roi, transporte, en l'année 1704, la propriété de son père à Jacques Molin, marchand, bourgeois de Paris; puis Delbos de la Borde, président-trésorier de France au bureau des finances de Guienne, en dispose après Jacques Molin, et la baille, à son tour, à Le Conte, épicier-droguiste, qui en était déjà le locataire, ainsi que Gerbet, son confrère. Des Le Conte, en 1808, l'immeuble passe, par voie d'acquisition, entre les mains du sieur Chevalier, lequel, trente-six années après, est le vendeur de M. Broux, père du propriétaire actuel.

Aussi bien le cloître Saint-Merry comprenait dans son périmètre la rue Brise-Miche, ainsi que la rue Taillepain, qui cotoie le n° 18 ; mais ladite ruelle est sous clef, depuis que les quatre propriétaires riverains ont obtenu de la pourvoir d'une double grille. On s'est borné, au reste, à reproduire de notre temps une mesure déjà prise, en 1779, à la requête des chefciers et chanoines de Saint-Merry, qui s'étaient fait autoriser à verrouiller la rue Taillepain, par le bureau des présidents-trésoriers de France, généraux des finances et grands-voyers de la généralité de Paris. Antoine-Maximilien Dabos, seigneur de Binanville, conseiller au parlement, était alors propriétaire du 16, que son fils, le marquis Dabos de Binanville, premier chambellan de Monsieur, frère du roi, réunit au 14, vers le commencement du règne de Louis XVI; cette famille tenait par alliance à celle des Bauyn de Cormery, qui a donné un officier général aux armées du roi. Quant à ses deux maisons du cloître Saint-Merry, elles touchaient par derrière à l'hôtel d'Orléans, d'après une description de 1783, ce qui prouve qu'à cette époque-là on ne comptait plus la pauvre rue Taillepain. Mais, que dis-je ! les Dabos avaient déjà vendu le 14 à Robert Aniel, huissier à cheval au Châtelet; ils ne possédaient plus que l'autre maison, confisquée par l'Etat ensuite et adjugée en 1791, au citoyen Simon Gabriel. M. le docteur Barroux signe aujourd'hui les quittances de loyers des deux immeubles, ramenés au sort commun.

Une inscription, n° 10, attire l'attention des curieux. *Fecit mihi magna qui potens est*, 1783. Dans cette maison sont réunis un fourneau économique de bienfaisance, un bureau de secours, une école pour les filles et un hospice transitoire de quinze lits. Esprit Viennet, mort en 1796, après avoir été curé de Saint-Merry pendant quarante ans, a fondé cet hospice dans une propriété à lui. Il avait prêté serment à la Constitution civile du clergé, en 1790 ; mais il avait refusé d'occuper, comme évêque de Paris, le siége d'un titulaire vivant. Ce curé bienfaisant a eu pour frère Jacques-Joseph Viennet, député de l'Hérault à l'Assemblée législative et à la Convention; il était l'oncle de M. Viennet, membre de l'Académie française.

La rue du Cloître Saint-Merry n'a été prolongée jusqu'à la rue du Renard qu'après avoir perdu son propre débouché sur la rue de la Verrerie. A l'endroit où elle faisait coude, s'élevait la maison de la juridiction consulaire, dite les Juges-Consuls, et dont la porte fut décorée d'une statue de Louis XIV, en marbre, par Guillain. C'est en 1844 qu'on a donné au bout de rue, détaché de celle du Cloître-Saint-Merry, le nom de rue des Juges-Consuls. Celle-ci, par conséquent, a hérité d'une belle maison à l'angle des deux rues, qui tient par derrière à l'église, et dont l'architecture virile, due à Richer, était vantée au dernier siècle. Ricard, trésorier de France honoraire, jouissait de cette résidence vers 1750 ; la rue du Cloître-Saint-Merry était alors portée, sur les états de l'Hôtel-de-Ville, pour 15 maisons, 6 lanternes.

RUE CLOPIN.

Elle doit sa dénomination à un logis du XIIIe siècle, et ce logis à un sieur Clopin. La rue, en revanche, a très-bien pu donner naissance, comme nom propre, au verbe *clopiner*; par respect pour ce dérivé, six siècles se sont succédé sans la gratifier d'un pavé, et encore bien moins de trottoirs; elle est toujours fort escarpée; on n'y marche que clopin-clopant. Elle fut dite aussi, au XVIe siècle, Chemin-Gaillard et du Champ-Gaillard, désignation qui se trouve expliquée dans la notice consacrée par nous-même à son aboutissant, la rue d'Arras, au coin de laquelle se trouve un marchand de vin. Jusque-là venait probablement, sous Henri IV, l'habitation de ces hommes d'armes occupant la partie élevée de la rue d'Arras; la salle-basse où se débitent le vin et l'eau-de-vie doit être un ancien corps de garde. Les chiffonniers et chiffonnières en ont fait leurs Frères-Provençaux. Une senteur saumâtre s'en exhale, qui remplace l'arôme de la truffe; ce qu'on y dépèce de harengs, frais en hiver, saurets l'été, pourrait se compter sur le plancher, jonché de têtes, de queues et d'arêtes. Mais les habitués des deux sexes, qui déjeunent sur le pouce chez ce marchand de vin, n'oublient jamais, quand leur poisson de mer de prédilection est tout frais, de jeter en l'air certaine petite membrane, luisante comme une pièce d'argent neuve, prise à tort pour son estomac, et que la rue Clopin appelle l'âme du hareng. Si le boyau reste collé au plafond, cela porte bonheur à l'homme ou à la femme qui en a constellé le ciel enfumé de la salle-basse, et il paraît qu'en général les convives ont la main heureuse : les mouches s'en réjouissent en automne, mais n'y réussissent pas à faire place nette.

L'ancien mur de Philippe-Auguste séparait autrefois la rue Clopin de celle des Fossés-Saint-Victor, dite des Anglaises; le rapprochement date du siècle XVII, et la seule maison d'à présent dont l'origine s'y rapporte, nous la voyons n° 6. Mais pour qu'en 1714 la rue Clopin ne fût forte encore que de trois maisons et d'une lanterne, il fallait que des murs la bordassent des deux côtés, car elle s'étendait ensuite, à cette époque, sur le territoire actuel de l'école Polytechnique, sans compter qu'elle avait pour débouché une petite rue Clopin, qu'on retrouve à l'état d'impasse rue Descartes. La portion de la rue supprimée en 1809 longeait ci-devant, du côté droit, le collège de Boncourt, fondé en 1357, et où Voiture avait été élevé, puis réuni au collège de Navarre, dont le mur donnait du côté gauche. Une arcade avait mis en communication l'un avec l'autre ces deux collèges, séparés par la rue Clopin, et que depuis 1809 remplace l'école Polytechnique.

RUE DU CLOS-BRUNEAU.

M. Rousseau, notre éditeur, est désolé que tous les frais de recherches, de rédaction et d'impression incombant aux présentes brochures, sur les maisons anciennes de Paris, l'empêchent d'en acquérir une, avec l'argent des souscripteurs. Les neuves, au point de vue du revenu, sont évidemment les meilleures. Quel dommage qu'elles se ressemblent toutes! L'ancien Paris s'est fait tout seul, quant aux maisons particulières ; chaque règne n'en a pas moins frappé de son empreinte ineffacée les rues ouvertes en vertu de ses lettres patentes, mais dues à une initiative qui différait à chaque instant. Sur cette chevelure, où frisent des traditions que nous tâchons d'accommoder, mais redevenue presque crépue pour avoir essayé de toutes les coiffures, les décrets impériaux tirent des raies imprévues, sans rendre chauve la tête volumineuse dont les cheveux druidiques se coupèrent à la malcontent cinq ou six fois en dix-huit siècles, ondulèrent pompeusement du temps de Louis XIV, et puis jetèrent tant de poudre aux yeux sous le règne de son successeur. Les tranchées opérées par le génie moderne entassent, il est vrai, les familles dans des habitations nouvelles plus pressées l'une contre l'autre, mais pour rendre à la voie publique l'ampleur retranchée au logement. Sans cette satisfaction donnée aux besoins d'une circulation multipliée par les chemin de fer, il nous eût été impossible d'entreprendre le travail auquel nous nous livrons. N'eût-il pas fallu toute une vie pour en trouver les éléments, si les sinuosités curieuses du vieux Paris, insurgé une fois de plus, nous avaient joué le tour de résister aux coups de ciseau de la ligne droite, diminuant les plis et replis des souvenirs de tant de siècles ?

C'est ainsi que la rue des Ecoles vient de supprimer tous les numéros pairs de la vieille rue du Clos-Bruneau, où nous a déjà entraîné la notice de la rue des Carmes. M. Rousseau, qui connaît bien Paris, a gagné par là une gageure ! On lui avait porté le défi de reconnaître, à la seule inspection de quatre maisons contiguës, dans quelle rue s'arrêterait un fiacre, qui l'amena par de longs détours, les stores baissés, au beau milieu de la rue dont nous parlons. Notre brave collaborateur aurait, certes, perdu son pari si le cocher l'eût fait descendre dans une rue de création récente : les traits particuliers y manquent à la plupart des constructions. Par exemple, on ne trouve pas deux rues du Clos-Bruneau, et franchement c'était assez d'une.

Il exista pourtant deux clos ayant cette dénomination ; l'un, à la place du Luxembourg ; l'autre, près de la rue Judas, pseudonyme de la rue du Clos-Bruneau, dont le nom fut aussi porté par la rue Jean-de-Beauvais. L'ancienne rue Judas est maintenant sur des échasses, à cause de l'abaissement du sol, déterminé par la rue des Ecoles. L'hôtel des Pyrénées s'y fait remarquer, n° 13, en situation pittoresque comme il convient à son titre montagnard ; puis il est récrépi à neuf. Les autres maisons de cette rive escarpée sont noires, comme si elles portaient le deuil de la rive dont la leur est veuve, après tant de siècles d'hyménée. L'enseigne d'un marchand de vin, au coin de la rue de la Montagne-Sainte-Geneviève, s'est de même inspirée de l'élévation du site ; un paysage alpestre y repose la vue, avec ces mots : *Au repos de la montagne.* Des balayeurs, des marchands de peaux de lapin et des étameurs de casserolles couchent, par chambrées, en vue de la voie nouvelle qui, disent-ils, leur fera froid l'hiver, et leur tiendra trop chaud l'été. Ils demandent une indemnité.

RUE DU CLOS-GEORGEAU.

L'orthographe des noms propres varie à l'infini. Les uns écrivaient *Jargeau*, les autres *Georgeot*, et pour les mettre d'accord, l'édilité parisienne s'est décidée à adopter une troisième orthographe, *Georgeau*. Ainsi s'appelait, ou peu s'en faut, un clos antérieur à la rue, dont le propriétaire se nommait Georges, si l'estampille municipale est tombée juste; or, ce nom propre fut importé en France par la domination anglaise, et il est évident que le duc de Bedford a gratifié un de ses serviteurs d'un enclos qui a pris son nom si le propriétaire s'en appelait Georges de son temps. Il eût été plus convenable, à coup sûr, de préférer, en cas de doute, la désignation de *Jargeau*, qui ne rappelait aucune invasion.

En 1610, Pierre Doria, sieur de Cernay, écuyer, a acquis un vaste terrain, dont faisait partie le clos Georgeau, et qui allait jusqu'au Marché aux chevaux, en ce temps-là rue d'Argenteuil. Et Doria se trouve encore un nom propre étranger, qu'une maison de Gênes a illustré! Une branche de cette famille s'est établie en Provence, il est vrai, et Pierre Doria devait en être; par conséquent, c'est un de ses rejetons, époux de Charlotte de Montcalm, qui, au siècle suivant, s'est fait tuer, comme lieutenant général, à la tête de l'armée en Canada. En 1620, la rue du Clos-Georgeau a été percée sur le terrain acheté par Doria. Dès 1647, elle était habitée; une lanterne et trois maisons comme contingent, elle n'allait pas plus loin. On y compte aujourd'hui dix numéros, c'est du progrès; mais les portes y sont moins nombreuses, les quatre maisons d'encoignure ouvrant sur les deux autres rues.

Houel vendit le 7 à Coulanges, dont la veuve se remaria avec Beausire, lieutenant au grenier à sel, vers la fin du règne de Louis XV. L'un et l'autre de ces immeubles furent, pendant l'ancien régime, sous la censive de l'archevêché. Du 1 se rendit maître, en 1754, l'architecte Jean Charpentier; mais cette propriété dépend plutôt de la rue de la Fontaine-Molière que de celle à laquelle nous sommes. Si nous ne vous parlons pas du 10, c'est que de même sa porte est ailleurs.

RUE CLOVIS.

N'attribuons pas aux rois mérovingiens l'ouverture de la rue Clovis; elle ne fut percée qu'en l'an XIII de la République, entre les rues Clotilde et Descartes, sur l'emplacement de l'abbaye de Sainte-Geneviève, et prolongée jusqu'à la rue des Fossés-Saint-Victor qu'en 1809. Le collége Henri IV, lycée Napoléon, a conservé une tour génovéfaine, dont nous vous parlerions assurément, ainsi que de Saint-Étienne-du-Mont, si les églises et les colléges actuels se trouvaient dans notre ressort. Aux maisons particulières d'un autre âge s'étend uniquement, chose convenue, la juridiction de nos enquêtes, et le malheur veut qu'aucune habitation ne partage avec la tour carrée et le monument consacré au culte précités, leurs droits d'aînesse sur la voie publique tracée, comme pour les séparer, aussitôt que l'Université eut divorcé avec l'Eglise. Cette rue déjà monumentale, appelée à dominer Paris du haut des ruines d'un monastère royal, n'était pas taillée dans le vide; au lieu de lui infliger un nom tiré du Panthéon moderne, le fondateur d'une dynastie nouvelle la fit monter sur le pavois du conquérant, père de la monarchie.

Faute d'anciens logis humains, nous découvrons le long de la rue Clovis, à travers des bocages encore plus élevés que la chaussée, des nids d'hirondelles historiques grâce au granit où ils s'attachent. Chaque année en renouvelle uniquement la mousse, dans les fissures d'un pan de mur, large environ d'un mètre et demi, et qui nous reste de l'enceinte de Philippe-Auguste. Ce fragment de clôture, vu de profil, qu'éclaire la nuit un bec de gaz, indique l'ancien niveau du sol; mais on n'y retrouve plus les créneaux qui d'abord couronnaient l'enceinte. Le collége de Boncourt et celui de Navarre avaient de ce côté pour limite la muraille de Philippe-Auguste. Une *Histoire de Paris*, publiée en 1781 par Poncelin, avocat au parlement, fut ornée de gravures précieuses par Martinet; nous y revoyons la belle entrée de ce collége de Navarre, que décoraient des statues et d'autres sculptures; la grande cour du collége y est également reproduite, puis le jardin du principal, enfin un des dortoirs de la maison qu'une ingénieuse disposition avait fait les modèles du genre. Des bâtiments et la chapelle de cet illustre établissement subsistent encore de nos jours, comme pour excuser Martinet de n'en avoir pas donné le dessin. Fondé en 1304, par Jeanne de Navarre, reine de France, au profit de soixante-dix boursiers, ce collége de plein exercice a compté pour élèves Henri III, Henri IV, le duc de Guise, le cardinal Louis de Bourbon, le prince Eugène de Savoie; on disait que le roi de France en était le premier boursier, de fondation, et que les revenus de sa bourse s'employaient à acheter des verges pour entretenir la discipline. Les archives de la nation de France étaient confiées aux écoliers de Navarre, avant que l'université de Paris les transférât à Louis-le-Grand. Réunie à celle de Boncourt, la maison n'a été fermée que par la grande Révolution. En vertu d'un décret daté de Saint-Cloud, le 9 germinal an XIII, Napoléon a décrété que l'école Polytechnique fût transférées dans les ci-devant colléges de Navarre et de Boncourt.

RUE DE CLUNY.

La maison des grands hommes. — Le collége.

L'*Hôtel de Saint-Quentin* occupait le n° 5; sa porte était rue des Cordiers, où la remplace de nos jours la boutique d'une marchande à la toilette. Des pierres en saillie, qui hérissent la façade donnant rue de Cluny, prouvent qu'une voûte a servi d'issue à cette rue, du côté de la rue des Grés. Au surplus, l'édifice est haut, et ne dirait-on pas que tout y parle? Un escalier à balustres de bois le mesure perpendiculairement; des fenêtres à coulisses, prenant jour sur différentes faces du bâtiment, le croisent d'étage en étage, mais avec moins de symétrie que dans les constructions modernes qui ne disent rien. Au quatrième, gémit une porte en chêne, lorsqu'elle met à découvert un pas usé, seuil d'une chambre mémorable dans laquelle Jean-Jacques Rousseau reçut d'abord Thérèse Levasseur. C'est même la maison des grands hommes, en ce que Mably et Condillac l'habitèrent, comme le philosophe génevois.

Sur la même ligne sont le 1 et le 3; l'une de ces vieilles bâtisses se tient parfaitement droite encore, sur un rez-de-chaussée que l'abaissement du terrain a déchaussé pourtant jusqu'au sous-sol; l'autre s'affaisse, comme un soldat obèse, n'ayant plus que ses pieds qui gardent l'alignement. Toutes les deux datent, comme la première, il n'en faut pas douter, de l'ouverture de la rue, qui eut lieu dans le xiiie siècle. On y remarque fort peu une boutique, où Robert donnait à manger, du temps de Mably et de Condillac, à raison de 12 et 16 sols, et qui traite encore au même prix, mais avec un menu différent. En 1714, cinq maisons, deux lanternes composaient le contingent de cette voie de communication, qui finissait à l'arcade précitée. Son prolongement jusqu'à la rue Soufflot ne remonte qu'à l'année

1849; mais le projet en fut conçu l'an XIII, et la prescription en eut lieu dès l'année 1826. Sur cinq maisons, nous en avons vu trois ; cherchons-en deux sur l'autre rive, qui a subi un reculement notable, la seconde année du règne de Louis-Philippe.

Sur cette ligne des numéros pairs, on a élevé des maisons encore neuves. Ne voyez-vous pas, n° 6, un hôtel garni d'étudiants, qui ne ressemble plus du tout au ci-devant hôtel Saint-Quentin? Franchissez néanmoins la porte, et vous parviendrez à reconnaître que le bâtiment du fond n'est pas nouveau. Autrefois, en effet, il se trouvait incorporé à une vaste propriété qui partait de la place Sorbonne, allait jusqu'à la rue des Grés et longeait toute la rue de Cluny, en s'étendant, grâce à l'ancienne arcade, sur une partie de la rue des Cordiers. La maison qu'habita Jean-Jacques dépendait, par son origine, de ce domaine considérable, siége du collége de Cluny, qui donna son nom à la rue. Il en reste surtout une chapelle dont le fronton, surmonté d'une crête sculptée, dépasse à peine la toiture d'une maison de la place qui porte le n° 7; mais cet ornement délateur n'est visible que du haut des marches de l'église. Un grand libraire, M. Hachette, a fait un magasin de livres de cette chapelle abandonnée, masquée sous toutes ses faces, abordable uniquement par la cour d'une autre maison neuve, le 21 de la rue des Grés. Plusieurs abbés, prieurs et docteurs en théologie, de la congrégation de

Cluny, furent inhumés dans les caveaux de la petite église, à son tour ensevelie dans l'ombre. Ce sous-sol, mis à découvert par la décroissance du niveau, donne accès, sous d'épais arceaux, aux porte-faix de la maison Hachette, qui, chaque jour, font un vide et en remplissent un autre, dans les rayons de cette bibliothèque de volumes en feuilles et brochés, profond tonneau des Danaïdes qui s'épanche sur le monde entier ! Le collége de Cluny regardait comme ses fondateurs Yves de Vergy, abbé de Cluny sous le règne de saint Louis, Yves de Chasant, son neveu et successeur, puis Henri de Fautières, abbé au commencement du xive siècle. Tous les prieurs et doyens subordonnés à l'abbaye de Cluny étaient obligés d'entretenir un ou deux boursiers dans ce collége, créé en 1269 au profit des religieux de leur ordre, dans l'hôtel des évêques d'Auxerre, attenant à la porte Saint-Michel. La maison était exclusivement destinée à l'étude de la philosophie et de la théologie. Quant au nombre des élèves, il devait s'élever à vingt-huit ; toutefois, on ne comptait, en 1779, que six boursiers et un prieur. L'importance de l'établissement, comme édifice, ne se fût pas trop justifiée, si les abbés de Cluny, n'avaient pas fait dans ce collége leur séjour, lorsqu'ils s'arrêtaient à Paris, avant que Pierre de Chalus eût acquis une partie du palais des Thermes. Nonobstant, les abbés de Cluny avaient déjà un hôtel faubourg Saint-Germain.

RUE COCATRIX.

La halle de Beauce, rue de la Juiverie, fut donnée par Philippe-le-Bel à son échanson, nous l'avons déjà dit; ajoutons que cet échanson avait nom Geoffroi Cocatrix, qu'il demeurait rue Cocatrix, titulaire d'un fief du même nom situé entre la partie méridionale de la rue d'Arcole et la rue des Deux-Ermites. Il y avait aussi hors Paris un Val-Cocatrix, terre qui fut réunie, ainsi que le fief de la Croix, aux seigneuries de Sintry et de Tremblay; Philippe-le-Bel s'y arrêta, les 11 et 12 août 1308, en revenant du Poitou; à l'occasion de cette résidence royale, la dîme du pain et du vin consommés par la cour fut octroyée à la léproserie de Corbeil. Des lettres du même prince se donnèrent au Val-Cocatrix, au mois d'avril 1326.

Nous avons souvent recours au plan que Jean de la Caille, imprimeur de la police, dédia en 1714 à Desmaretz, contrôleur général des finances. Nous y voyons que de son temps on comptait dix maisons et deux lanternes rue Cocatrix. Il est vrai que cette voie publique formait alors un retour d'équerre du côté de la rue d'Arcole, partie qui en fut retranchée, en 1843, par le passage de la rue Constantine. Des maisons jadis signalées par la Caille, huit ont disparu ; quelques-unes les ont remplacées ; les n°s 7 et 8 sont les seuls qui n'aient pas même changé d'alignement, et qui nous donnent par conséquent la mesure de la rue d'autrefois. Ne confondons pas le premier de ces immeubles, qui est exploité comme garni, avec une autre maison de la rue qui avait bien plus de prétention et dans laquelle Florentin, à l'enseigne de la *Toison-d'Or*, logeait les plaideurs de province, au milieu du xviiie siècle, moyennant 10, 15 ou 18 livres par mois, selon l'importance du procès qui les appelait salle des Pas-Perdus. Dans l'autre était logé, en 1748, Thiébault, greffier-commis au greffe civil du parlement.

Paris. — Imprimerie de Pommeret et Moreau, 42, rue Vavin.

LIV. 26
LES ANCIENNES MAISONS

Des rues du Cloître-Notre-Dame, Colbert, de la Colombe, des Colonnes, du Colisée, des places du Collége-Louis-le-Grand et de la Collégiale, de la galerie Colbert et de la Cour du Commerce.

NOTICES FAISANT PARTIE DE L'OUVRAGE INTITULÉ :

LES ANCIENNES MAISONS DE PARIS SOUS NAPOLÉON III

PAR M. LEFEUVE,

Monographies publiées par livraisons séparées en suivant l'ordre alphabétique des rues.

RUE DU CLOITRE-NOTRE-DAME.

La loi du 24 août 1790 détermina la position nouvelle de ces propriétés du cloître Notre-Dame, dont les titres principaux étaient un bref de Benoît VII, des lettres patentes de Lothaire, et la Nation les affranchit, moyennant le payement d'un sixième de leur valeur estimative, des conditions particulières qui avaient voulu perpétuer leur transmission de chanoine à chanoine. L'Assemblée nationale, avant d'émanciper l'avenir de cette main-morte ecclésiastique, s'était enquise du passé, et nous allons sonder, comme elle, les arcanes d'une situation amphibie, qui était plus que de l'usufruit, moins que de la toute propriété, pour les chanoines dont le nom était porté par les trente-trois maisons canoniales du cloître. On disait à coup sûr : Maison Cochu et maison Farjonel.

Et, en effet, elles étaient dans le commerce ; impossible de les prendre pour une partie de bénéfice ecclésiastique ; on ne les achetait pas du chapitre, mais d'un chanoine, en présence du chapitre, sans énoncer ce qu'étaient les conventions. L'un disait à la compagnie : — Je vends ma maison ; l'autre : — Je l'accepte, et le chapitre prenait acte, approuvait ; ses droits, comme seigneur foncier, n'allaient qu'à cent sols, qui se partageaient entre les capitulants. Chaque chanoine, il est vrai, ne devait posséder qu'une maison ; mais ils étaient 51, et toutes les maisons situées dans le périmètre du cloître, dont les rues étaient entretenues par le chapitre, ne se trouvaient pas canoniales. Quand le chanoine était mort *ab intestat*, le bureau du chapitre ouvrait une enchère, et les droits de mutation s'élevaient au cinquième du prix ; si, avant de mourir, le chanoine avait disposé *in extremis* de sa propriété, par-devant les commissaires du chapitre pour la validité, c'est le dixième qui revenait aux capitulants ; dans ces deux cas, au reste, les créanciers primaient les héritiers, quant à la portion disponible. Tout cela était tellement connu, qu'un chanoine empruntait avec la plus grande facilité, soit pour acquérir une propriété dans le cloître, soit pour la réparer ensuite. Ils avaient presque tous des dettes mais parfaitement hypothéquées, puisque plusieurs de ces maisons valaient de 60 à 100,000 livres. La veille de la Révolution, celle de M. Bochard, décédé peu de temps avant la loi nouvelle, lui avait coûté 79,400 fr., et il y avait fait 60,000 fr. de réparations dans l'année de l'acquisition; celle de M. Montagne, doyen, revenait de la même façon à 74,000 livres, plus 30,000, et il n'en était pas différemment pour les logis des chanoines Dumarsais, Desplasses, Leblanc, Viet, Delon, de Bonneval. Différentes conclusions capitulaires avaient été prises en 1775, en 1766 et en 1745 réglant les différents usages ayant pour eux la consécration du temps, la sanction des puissances spirituelle et temporelle; toutefois, les statuts et règlements conservaient au chapitre pris en corps le titre de propriétaire-foncier, tout en reconnaissant à ses membres la faculté de disposer de la jouissance des maisons par la seule voie des résignations au chapitre.

Les laïques habitant le cloître étaient surtout des magistrats; au milieu du xviiie siècle, on venait y solliciter un bon nombre de parlementaires. Les maisons canoniales étaient en possession de donner asile à des femmes, pourvu qu'elles fussent parentes ou domestiques du détenteur, et pourtant, en remontant à 1334, nous trouverions un arrêté par lequel le chapitre défendait à toutes femmes de franchir les portes du cloître. La preuve qu'avant cette date pareille prohibition n'existait pas, c'est qu'Héloïse et Abélard, ces évangélistes d'un amour que ne connaissait pas l'antiquité païenne, se donnaient rendez-vous dans une des parties du cloître, sous le prétexte il est vrai d'étudier. On sait qu'à l'origine la paix de cette enceinte était incessamment troublée par le concours qu'y attiraient les écoles épiscopales, si bien que le chapitre avait résolu avant peu de n'y conserver que celle de théologie.

Sur la place du Parvis-de-Notre-Dame actuelle et dans la rue du Cloître-Notre-Dame, qui d'un côté se confond avec elle, il y avait autrefois et l'entrée dudit cloître et le bureau des Pauvres qui donnait rue Saint-Pierre, tout près de Saint-Pierre-aux-Bœufs, vis-à-vis presque de Saint-Christophe, et Saint-Jean-le-Rond, touchant la cathédrale d'une part, de l'autre la porte du cloître, et un puits, mais à l'autre extrémité de la rue, voisin de l'archevêché, non loin de la rue Chanoinesse. Quant aux maisons sur lesquelles depuis tant de siècles se projette l'ombre de Notre-Dame, voici des documents, inédits comme les précédents, qui les concernent :

En 1660, Jacques Séguier, chanoine théologal de l'église de Paris, était propriétaire du 22 ; il était membre de cette famille Séguier portant avec éclat la robe depuis le milieu du xvie siècle et qui fut aussi celle, comme on l'a dit, du barbier de Charles IX. L'immeuble a jeté le froc aux orties, le 8 brumaire an IV, comme adjugé à un bourgeois laïque ; mais le cardinal Mathieu et sa famille furent depuis parmi ses locataires, ainsi que la duchesse d'Aumont.

Le chanoine Louis-Joachim-Elisabeth Cochu était probablement le plus endetté de toute la compagnie au commencement de la Révolution, et nous l'eussions trouvé sous le toit qui fait angle rentrant, n° 20, sur une petite place de forme inusitée, d'aspect naïf et vénérable. Cette maison, résignée *in extremis* entre ses mains par le chanoine Jondon, s'était chargée, depuis la transmission, d'un très-grand nombre d'hypothèques, preuve que tous les chanoines n'étaient pas riches; parmi ses créanciers, dont la longue liste se produisit à temps, on remarquait un limonadier, un bonnetier et un épicier. Celui-ci devint l'acquéreur du chanoine, qui se retira bien dégrevé rue Chabannais, n° 3.

Sur la petite place faisant retraite, se rencogne le 18, dont les glaces et les trumeaux ont été enlevés de notre temps, comme une garniture superflue au bureau de secours du IX° arrondissement, qui n'a gardé une rampe en vieux fer qu'en ne la croyant pas un objet de luxe.

Le 16, où se tient l'école des Frères, est un peu moins reculé, comme alignement ; en fait d'âge, il n'a rien à envier aux voisins : j'en atteste les balustres de bois d'un escalier. Maisons nées pour le célibat, elles en ont gardé la discrétion ; loin de se commander, elles s'arrangent d'un commun accord pour isoler la vue dont elles jouissent, en brisant cinq fois l'alignement. De là vient cet angle rentrant, sur lequel prennent encore façade, en divers sens, le 14 et le 12, qui n'ont pas toujours observé le vœu du célibat, convenons-en, puisque dans l'origine les deux propriétés n'en faisaient qu'une. L'abbé Cœur, à présent évêque, habitait le 14, comme le fait encore un chanoine, M. Trévaux, en y payant loyer. A M. Chillaud-Desfieux, dernier propriétaire canonial, avait été résignée ladite maison, le 27 septembre 1780, par M. de Chazal, chanoine à l'article de la mort, et 3,840 livres avaient été perçues en conséquence par le chapitre, comme dîme de l'*in extremis*. Avant Chazal, c'était le chanoine Bernard Gaujet, qui disposait de la propriété et qui la dégrevait d'une dette contractée par un de ses prédécesseurs, Pierre de la Chasse, envers Charles Perrochel, chantre et chanoine de l'église de Paris, puis passée à Jean-Jacques Farjonel d'Hauterive, chanoine de la même église et conseiller en la grand'chambre du parlement.

De la Chasse, décédé archidiacre de Josas, avait été propriétaire en même temps que Jacques-Etienne de Méromont, pénitencier; par conséquent, à leur époque, la maison était divisée; l'un et l'autre avaient succédé à un homme éminent, Edme Picot, chancelier de ladite église et de l'Université de Paris, confesseur de la fameuse Mme de Brinvilliers; ce double chancelier tenait la propriété par conclusion capitulaire du 4 janvier 1706, des vénérables doyen, chanoines et chapitre de l'église de Paris, entre les mains desquels elle avait été résignée par l'Université de Paris. Pour en finir, rappelons que Louis de Bernage,

tant le titulaire de ce logis au milieu du siècle xvii, céda
à son collègue et voisin du n° 16, Jean de Hillerin, un aise-
ment d'environ trois mètres carrés, cession qui enchevêtre
encore l'un dans l'autre ces deux immeubles mitoyens. Le
chanoine Feydeau avait été le prédécesseur de Hillerin, et
ne sait-on pas que la famille Feydeau a produit des sujets
brillants dans l'église et dans la magistrature?

Etienne Brémont, né à Châteaudun en 1714, avait la
vocation des sciences abstraites. Curé et grand-pénitencier
à Chartres, il prit ensuite le bonnet en Sorbonne et devint
chanoine à Paris; mais à l'époque de son changement
d'église, la *Gazette ecclésiastique* l'attaqua à propos des
prétendus miracles opérés sur la tombe du diacre Pâris.
L'abbé Brémont fut surveillé par le parlement, puis décrété
de prise de corps; il se sauva plus tard en Italie; seulement ses biens furent annotés pendant onze ans, et notamment sa maison dans le cloître, dont se remarquent la
belle porte cintrée surmontée d'un balcon, et la rampe
d'escalier en fer, 10, rue du Cloître-Notre-Dame. L'amour
de la patrie l'emportant sur les avantages qu'on lui offrait
en Italie, Brémont se plut à rentrer en France, où ses ouvrages obtinrent du renom, entre autres un livre en six
volumes, *De la Raison dans l'homme*, honoré d'un bref de
Pie VI. Cet ecclésiastique assistait, non sans émotion, au
spectacle révolutionnaire, où ses amis jouèrent le rôle de
victimes, lorsqu'un érysipèle goutteux l'enleva aux conso-

lations du travail, le 25 janvier 1793, c'est-à-dire quelques jours après la mort du roi. Les héritiers d'Etienne Brémont, par un arrêté des commissaires de l'administration des Domaines nationaux, le 12 juin de la même année, furent déclarés propriétaires, payement étant fait du sixième appartenant à la Nation, de la maison sise au ci-devant cloître. Celle-ci tenait, le 17 floréal an III, par-derrière aux citoyens Despinas et Desfieux, ci-devant chanoines, d'un côté au citoyen Rivière, ci-devant chanoine, et à la ci-devant maîtrise des enfants de chœur, d'un autre côté au citoyen de Lostanges, ci-devant chanoine, et au citoyen Desfieux, déjà nommé.

M. Bouchardat, ex-pharmacien en chef de l'Hôtel-Dieu, possède en ce temps-ci la maison du précité chanoine Rivière, au n° 10 de la rue. Une rampe de fer, bien que depuis longtemps le style en soit passé de mode, rajeunit encore cet hôtel qui a été la résidence du médecin de Charles VI. L'habileté de ce médecin royal est rappelée par Sismondi; son domicile dans le cloître, vis-à-vis de la porte Rouge, est constaté de même par Barante, dans l'*Histoire des ducs de Bourgogne*. Probablement ce médecin était prêtre, il s'appelait Renaud Fréron; c'était le plus estimé des médecins attachés au roi, dont la démence fut traitée plusieurs fois par des astrologues, des sorciers.

GALERIE COLBERT.

L'hôtel Colbert. — Mlle Labsolu.

M. Adam, du Comptoir national d'escompte, doit le jour au fondateur de la galerie Colbert, ouverte en 1826, non pas sur les ruines d'un hôtel, comme l'ont dit plusieurs écrivains qui ne prenaient pas la peine d'y aller voir, mais entre divers corps de bâtiment, encore debout au moment où nous écrivons, et qui restent de l'ancien hôtel Bautru-Serrant, plus tard propriété de Colbert, puis au marquis de Seignelay, son fils. Il existe une fort belle gravure qui représente l'extérieur de cette résidence à l'époque où Guillaume Bautru, comte de Serrant, l'occupait. La maison d'Orléans, à laquelle ce membre de l'Académie française avait dû sa fortune, fit établir ses écuries, dès 1720, dans le même local, qui échangea contre des râteliers les curiosités, les merveilles dont il était le réceptacle depuis que Levau en avait fait fait la résidence des Colbert ; on ne citait plus comme remarquable alors que la porte de ces écuries, morceau fort estimé des connaisseurs, et qui se trouve présentement remplacé, rue Vivienne, par les magasins de musique d'Heugel. Mais contigu au grand hôtel Colbert était le petit du même nom habité, après cette famille, par Paulin Fondre, receveur des finances de la généralité de Lyon, puis président à la chambre des comptes ; on vantait de ce financier le cabinet enrichi de glaces, de trumeaux et de marbres rares, décoré aussi bien d'une cheminée, précieux modèle. Les dépendances de l'hôtel Colbert comportaient d'autres constructions, outre les jardins, du côté de la rue Vivienne.

Mais du côté de la rue Neuve-des-Petits-Champs, dans le petit passage en équerre ajouté à la galerie deux ans après sa formation, est l'entrée du café Colbert, qui du rez-de-chaussée a gagné le premier étage de cet ancien corps de l'hôtel. Les élèves de l'Ecole polytechnique ont adopté pour lieu de rendez-vous cette portion de résidence historique, rendue publique par un *Géorama* avant que ce fût un café ; l'uniforme élégant et martial de l'école apparaît donc à chaque instant, le mercredi et le dimanche, à cette extrémité de la galerie. Un magasin de nouveautés occupe de même, mais d'une rue à l'autre en empiétant sur la galerie, l'ex-propriété du ministre dont le grand nom couvre, comme pavillon, la marchandise que fait voguer la mode sur cette embarcation affrétée à l'époque de l'ouverture de la galerie.

Que d'officiers en herbes projetèrent des regards d'envie sur les montres de ce magasin, au temps où Casimir Périer présidait à son tour aux destinées d'un règne ! Plus d'un élève de l'Ecole, avant de se rendre au café, allait et venait, plein d'une curiosité qu'il croyait presque de l'amour, devant une porte vitrée de la galerie, au n° 26 ; là, sous l'apparence d'une gantière, brillait une beauté accessible, mais

qui ne tenait compte, en fait de jeunesse, que de la sienne ;
elle imposait aux mieux favorisés de pourvoir aux atours
dont elle espérait une fortune, qu'en réalité lui ont faite les
galants qu'elle ménageait, notamment le frère d'un ministre. Jeune femme sous verre, on l'appelait Labsolu ; à sa
recherche la philosophie aurait perdu tout son temps à courir. C'est sa bonne qui vendait les gants ; elle en demandait.
Bref, à l'époque dont nous parlons, et en dépit de la belle
rotonde Colbert, le point important de la galerie était le
n° 26, que Mlle Labsolu n'a quitté que pour prendre un appartement, avec voiture et rentes sur le grand-livre, dans
la rue Olivier-Saint-Georges. A la bonne heure ! s'écrièrent
sur le coup plusieurs mères et beaucoup de portiers de
filles moins bien partagées ; parlez-moi d'avoir un nez grec
et de se coiffer à la chinoise, quand cela sert à quelque
chose ! Tant a fait de bruit Mlle Labsolu, que l'ombre de
son frais visage, aux lignes pures, aux souris plus souples
que ses gants, plane à jamais sur la galerie !

RUE COLBERT.

N°s 8 et 12.

La Destainville fut connue, elle aussi, des chalands de
l'amour vénal ; mais elle en était l'agent de change. Aux

débauches de ce genre, sous la Restauration, s'ouvraient comme deux comptoirs rivaux, la maison Germancey, la maison Destainville. Celle-ci se trouvait rue Colbert; mais elle emprunte de nos jours son nom à une femme Alexandre, qui en a respecté les traditions locales, à peu près comme a fait le wagon de celles de la diligence, en augmentant le nombre des voyageurs. Depuis soixante-dix ans, dans ladite rue Colbert, la pantomime abrège incessamment cette comédie des amours, que les gens de cœur tiennent à prolonger, dût-elle se terminer en drame. Mais une déplorable confusion a fait que la nommée Destainville passait, aux yeux de sa clientèle, pour une véritable comtesse. La terre de Stainville, qui appartenait aux Choiseul, a plusieurs fois servi, comme dénomination, à distinguer un membre de cette famille; une parente de l'illustre homme d'État, l'un des successeurs de Colbert, a dû habiter la maison, dont un ou plusieurs œils-de-bœuf et un joli perron, sur le derrière, surmonté de plate-forme à balustres, donnait alors sur un jardin. Le bâtiment en est visible sur le plan de Paris en 1739, et pourquoi n'eût-elle pas compté comme une des deux maisons reconnues dans la rue Colbert, un quart de siècle auparavant, ainsi qu'une fontaine, quatre lanternes, par l'édilité parisienne? D'origine révolutionnaire est l'équivoque relative au titre de comtesse, comme la profanation du lieu. La Destainville continua son commerce, moins honorable que lucratif, après la rentrée des Bourbons, que leur préfet de police eût odieusement trahis, en tolérant qu'une parente du ministre de leur aïeul fût descendue à ce département! Pure plaisanterie, par conséquent, que la couronne de comtesse attribuée à la pourvoyeuse, qu'il convenait de remettre à sa place pour l'honneur d'un nom qui va de pair avec celui que la rue porte!

Sur requête présentée à Louis XIV, par Jean-Baptiste Colbert, marquis de Chasteauneuf, secrétaire et ministre d'État, contrôleur général des finances, surintendant général des bâtiments de Sa Majesté, arts et manufactures de France, l'ouverture de la rue a été autorisée sur un terrain qui appartenait au ministre; une arcade a été percée sous la galerie de l'hôtel du duc de Nevers, un des deux héritiers de Mazarin, et cette arcade avait pour vis-à-vis l'hôtel Louvois, de même qu'à l'autre extrémité la voie nouvelle débouchait en face de l'hôtel de Torcy. Elle a porté, moins d'une année, la dénomination de rue Mazarin, pour prendre celui de son fondateur, immédiatement après sa mort.

Le duc de Nevers, héritier de la moitié du palais Mazarin, ne faisait pas usage de la portion de galerie dominant la nouvelle arcade et reliée à l'hôtel qu'on retrouve de nos jours au n° 12, rue Colbert; en 1698, il en avait cédé la jouissance à la marquise de Lambert, à titre de viager. Mme de Lambert, élevée par Bachaumont, amie de Fontenelle et estimée par Fénelon, a beaucoup embelli l'hôtel, pour en faire un bureau d'esprit, émargé de l'hôtel Rambouillet. Les mardis et les mercredis, on y dînait ; le premier de ces deux rendez-vous hebdomadaires était le grand jour, pour les réputations dont le cours allait à la hausse ; mais souvent la marquise appelait, au cercle du lendemain, des arrêts prononcés par celui du mardi. Antichambre de l'Académie, son salon était le seul où le jeu n'empiétât pas sur le terrain du bel-esprit. Combien de fortunes, en revanche, se faisaient ou se défaisaient tout près de là, quand le financier Law eut transformé le palais de Son Éminence en hôtel de la Banque royale et de la Compagnie des Indes ! De cette métamorphose, qu'a opérée l'architecte Mollet, date la prolongation de la galerie dite Mazarine jusqu'à la rue Colbert, ainsi que l'ouverture pratiquée à l'édifice rue Neuve-des-Petits-Champs. La chute du système de Law a permis d'installer enfin, comme sur ses ruines, la Bibliothèque royale ; mais les droits de Mme Lambert, qui se trouvait en ce temps-là dans sa soixante-quinzième année, continuaient à être respectés. Des procès l'avaient éprouvée cruellement, et les infirmités de l'âge s'étaient jointes à celle de plaider ; souffrante se traînait sa vieillesse. Malgré elle s'étaient imprimés ses *Avis à sa fille*, *Avis d'une mère à son fils*, et, dans ce dernier écrit, se remarquait l'excellent conseil que voici : « Mon « fils, ne faites jamais que les sottises qui vous feront beau- « coup de plaisir ; » elle se mettait au *Traité de la vieillesse* avec une douce résignation, car sa plume s'était fortifiée au préalable par un *Traité de l'amitié*. A l'âge de quatre-vingt six ans, la marquise a cessé de vivre, le 12 juillet, en 1733. Le cabinet des Médailles n'a été transféré de Versailles qu'après huit années d'intervalle, dans la galerie qui le retient toujours ; mais une indemnité avait été payée à la famille, pour les dépenses faites par la défunte dans la galerie et la maison. L'abbé Barthélemy, auteur du *Voyage d'Anacharsis*, ami fidèle et reconnaissant de la maison de Choiseul, a occupé, de 1753 à 1795, comme garde du cabinet des Médailles, le logement de Mme de Lambert, et cet hôtel, de nos jours encore, a pour hôtes des employés supérieurs de la Bibliothèque impériale.

PLACE DU COLLÉGE-LOUIS-LE-GRAND.

Formée en 1839 aux dépens de la rue des Poirées, cette place à double titre méritait de porter le nom du collége qu'elle a dégagé et qui a contribué aux frais de son établissement.

Le bouquiniste Loisel, installé au n° 3, après avoir été rue Saint-Jacques et rue des Grés, achète et vend des livres d'occasion depuis un demi-siècle pour le moins ; chaque édition de la grammaire de Burnouf, en dépréciant la précédente, lui a fait perdre quelque chose ; pourtant cet helléniste, son client, l'honorait autrefois d'une protection familière. La boutique de Loisel était occupée, avant lui, par un gargotier plus heureux, en ce qu'il regrattait à coup sûr, servant le matin en ragoût les rôtis rebutés la veille, et ne mettant rien au pilon, ainsi que le fait un libraire des ouvrages classiques répudiés par les programmes de l'Université. A la maison du bouquiniste est contiguë une maison du même âge, mais augmentée par douze marchands d'habits, qui se cotisèrent il y a quinze ans pour devenir propriétaires.

De l'autre côté de la place, voici le 4, qu'on a réfait également; le 6, où bruyaient autrefois les ateliers d'un serrurier; le 8 enfin, devenu l'hôtel du Lot. Cette hôtellerie, qui a beaucoup gagné en vieillissant, servit longtemps d'abri aux petits métiers; le saltimbanque y descendait. En 1741, quelques petites filles de la Savoie y furent casées par une commère, dans un grenier plus que modeste : elles allaient chanter par la ville. Celle qui jouait du triangle, accompagnant les autres enfants, changea de position à tout prix; mais les gens qui l'avaient connue à ses débuts, l'appelèrent toujours *la Savoyarde*. Son véritable nom était Beaumier; son pseudonyme, Mlle de Ville. Pour se faire 8,000 livres de rente, elle avait quitté son galetas, prête à ruiner toute la terre; ce qu'il lui restait dans les mains n'étant qu'une bien faible partie de ce qu'il y avait passé, sa fortune avait coûté cher à Kulan, chevalier de Malte; à Varenne, avocat en parlement; ancien élève de

Louis-le-Grand ; à Robinet, entrepreneur des hôpitaux de l'armée ; à Villarceau, conseiller au Châtelet ; à Roland de Trémeville, fils du receveur général des finances de la généralité de Riom. Permis de croire que de son temps la place du Collége eût été établie à meilleur compte, et de beaucoup, que cette parvenue des amours.

PLACE DE LA COLLÉGIALE.

La mère Prieur. — L'Hymne à l'Être-Suprême. — Vente de biens nationaux.

La mère Prieur, fermière rue Mouffetard, puis fermière encore quelque peu rue Pierre-Lombard, n° 3, au moment où nous tenons la plume, naquit en 1782. Elle a souvent le mot pour rire ; les anecdotes qu'elle nous raconte ont plus de montant parfois que le petit-lait. La mère Prieur est voltairiennne et regarde Philippe-Egalité comme un jésuite à exécrer ; son culte pour la monarchie lui fait voir dans Napoléon le glorieux vengeur de Louis XVI, martyr de ses condescendances pour les ennemis du bien public. Par conséquent, cette bonne femme, dont la mémoire est excellente, pense diamétralement le contraire de feu Mme Cavaignac, la veuve du conventionnel, cette jacobine trempée dans l'eau bénite. Elle fit sa première communion, très-vraisemblablement la seule, à l'église de Saint-Marcel, dont le titre fut d'abord partagé par la place de la Collégiale.

De cette église, bâtie à la même place où avait été enterré au vᵉ siècle saint Marcel, évêque de Paris, il reste encore quelque chose. On revoit, au n° 5, la voûte du clocher, dont la belle flèche fut rasée en 1804 ; cette voûte et les murs y attenant furent adjugés, le 11 frimaire an VI, à Ambroise Tinancourt, ensuite condamné aux fers par un jugement du 28 thermidor an VIII, qui emportait la confiscation de ses biens. Voici de même, n° 3, la porte et le bâtiment du cloître, adjugés le 29 avril 1793 à Pierre-Sylvain Maréchal, homme de lettres : des numéros sont encore déchiffrables à la porte des chambres, dans l'intérieur de cette propriété. Tinancourt avait deux enfants dont les droits furent considérés ; mais le citoyen Lhuillier, plus tard référendaire à la cour des comptes, racheta aux criées l'immeuble du condamné, fit ensuite un échange avec son voisin Maréchal, et depuis 1821, les deux propriétés sont réunies, par suite de mutations nouvelles. Maréchal, à l'époque de son acquisition, était admiré comme sophiste ; il composa une hymne pour la fête de l'Etre-Suprême, qui fut suivie d'hymnes à la Raison ; Grétry fit la musique de plusieurs pièces de sa façon, *Diogène et Alexandre, Denis à Corinthe, la Rosière républicaine ;* il écrivit, en outre, une pièce en prose, *le Jugement des rois.* Il mettait au jour chaque année une brochure philosophique, rappelant son *Almanach des honnêtes gens*, brûlé par le bourreau en 1788. Ce n'en était pas moins un homme serviable, au milieu des fureurs déchaînées par l'esprit de parti ; ses débuts, comme poëte pastoral, l'avaient autorisé à signer « le berger Sylvain ; » puis il avait hurlé avec les loups. Vers le commencement du Consulat, il habitait Montrouge avec sa femme et quelques autres femmes instruites, société qui lui inspira une déclamation nouvelle, *Projet de loi portant défense aux femmes d'apprendre à lire*.

La ferme dite de Saint-Marcel, qui appartenait au chapitre, se retrouve n°ˢ 13 et 15, près d'une seconde ferme qui, sous Louis XVI, était aux ordres du marquis d'Aubouin, dont le château avoisinait Villejuif. En ce temps-là, une foire était tenue à la Toussaint sur la place de la Collégiale. Cet espace était découvert au commencement du dix-huitième siècle ; mais, au milieu du précédent, un cimetière obstruait encore le passage entre l'église précitée et l'église de Saint-Martin, dont il subsiste pareillement des fragments. N° 6 est sa vieille porte en pierre, qui n'ouvrait pas dans le sens de la place ; des poules donnent un aspect rustique à cette maison de tonnelier, vestige d'un temple qu'environnaient et que pavaient si récemment encore plusieurs générations de tombes, confondues dans un vague souvenir. A Saint-Martin, qu'on ne jeta bas que vers 1806, avait été le chef-lieu de la section du Finistère.

Ce qu'on nommait le petit cimetière sert également de

basse-cour, n° 4, dans l'ancien presbytère du curé de Saint-Martin, qui n'avait alors qu'un étage, sur lequel était prise la salle des marguilliers. Le 14 floréal an IV, ce bâtiment fut adjugé au citoyen Piault, capitaine de vétérans, par acte dressé à sept heures du matin, en présence d'un citoyen Jean-Jacques Rousseau, commissaire du Directoire exécutif près l'administration municipale du XIIe arrondissement du département de la Seine, canton de Paris.

RUE DE LA COLOMBE.

Les colombes de l'antiquité faisaient leur nid dans des casques de guerriers, afin de prouver que la bonne intelligence régnait entre Mars et Vénus ; à plus forte raison, ces oiseaux de paix et d'amour trouvaient un refuge facile, au moyen âge, dans les mitres des saints évêques, sculptées sur la face des églises, et il n'en manquait pas dans la Cité. Paris est une forêt de Dodone où des colombes à voix humaine ont toujours rendu des oracles ; la plupart sont belles et fêtées, tant que leur cœur est pur de fiel, comme le dit Lucrèce de ses colombes,

Quas odium nullum, nec felleus inquinat ardor.

Quand la haine succède aux caresses, l'oiseau de Cypris devient une chouette.

De la petite rue qui nous occupe parle une charte de 1223, sans dire quelle image douce et blanche, quelle colombe fut d'abord son signe particulier. Peu de filles d'Ève faisaient parler d'elles, depuis la célèbre Héloïse, sur le territoire canonial ; or le cloître de Notre-Dame s'étendait, en suivant la rue de la Colombe, jusqu'à l'extrémité de la rue des Marmouzets. Un amour dénué de poésie y fut tout au plus inspiré à un Italien, M. de Salze, secrétaire de l'ambassadeur de Naples sous Louis XV, par une fille Mercier, dite la Cauchoise ; son oncle, chantre au lutrin de l'église de Paris, logeait dans une maison, n° 10, dont les fenêtres à coulisses et l'escalier de bois à balustres n'ont pas du tout changé de physionomie. Cet étranger, qui était abbé de cour, avait rencontré la Normande en se rendant chez un chanoine : elle était grande, corsée et brune, mais d'un teint de lait, comme ses dents ; on ne lui reprochait guère que d'être bête et de savoir où demeurait la Varenne, complaisante duègne de la rue Feydeau. M. de Salze fit offrir une chambre garnie, rue de Beaune, à la colombe sans défense ; mais il y mit une condition, c'est que, revêtue d'un manteau de lit, sans robe qui lui permît de sortir, elle garderait nuit et jour la chambre. La nièce du chantre ne dit pas non, et s'envola tout à fait de chez son oncle.

La rue ne comptait alors que 6 maisons et 2 lanternes ; c'est seulement en 1811 qu'elle a été prolongée jusqu'au quai. De ses vieilles maisons, qui plus est, la plupart ouvrent sur d'autres rues ; tels sont le 9, le 7 et le 5. Cette dernière propriété comporte les restes d'une chapelle Saint-Aignan, que nous avons déjà rappelée. Une ancienne porte cochère est aussi condamnée au 4, dont l'enseigne à Saint-Nicolas doit remonter au moyen âge ; néanmoins sa façade est décorée de rinceaux, et ses fenêtres de grilles d'appui, qui prouvent une reconstruction datant seulement du dernier siècle. On remarque au 8, grâce aux marches du café, un changement de niveau qui naturellement fait croire à l'existence d'anciens fossés, servant par là de limite au cloître ; car il est sûr que le sol de la Cité, au lieu de s'abaisser, s'est élevé. Le 12, construction haute dont l'escalier est ténébreux, s'appuie depuis longtemps sur le 14, dont le seuil est rue Chanoinesse ; l'origine de l'un et de l'autre remonte à celle de la rue de la Colombe.

RUE DES COLONNES.

M. Rousseau n'est ni marié, ni prêtre ; peu lui importe, lorsqu'il va prendre en ville des notes sur les maisons anciennes, qu'un gros numéro les signale. Paris n'est pas fait tout d'une pièce ; les traditions qu'on y recueille sont intéressantes ou font rire, et la méthode synthétique, dont le caractère convient éminemment à des recherches historiques, aide à recomposer un tout, quelque distincts qu'en soient les éléments. Nous ne sommes ni collecteur d'anas, ni purement archéologue, ni même un généalogiste, un biographe, un bénédictin, un rat de l'Université, un critique, un peintre de mœurs; mais le gibier que nous chassons nous entraîne par monts et par vaux. C'est un oiseau rare, l'inédit. Chasse trop longtemps réservée, et dont la science menaçait de se perdre! M. Rousseau la fait pour notre compte, de porte en porte dans les rues, pendant que nous explorons tout seul des fourrés beaucoup plus épais, savoir : les archives de la Ville, de la Police et de l'Empire, puis enfin les bibliothèques, pour mettre d'accord nos propres découvertes avec celles de nos devanciers, qu'il nous faut parfois rectifier.

Des trois ou quatre maisons de commerce, faisant la place aux alentours, et qui valurent à la rue des Colonnes son renom, comme foire d'amours, une seule a été retrouvée par le prud'homme, notre envoyé. Il paraît que la matrone, pendant l'Exposition universelle, pensa mourir sous une voiture; elle en est restée estropiée. Ce nom, si connu, de Buquet, qu'elle affiche dans son escalier, n'est pas son véritable nom ; il n'a pas même appartenu à sa devancière, courtière sous le manteau, qui l'avait emprunté d'un négociant américain, le protecteur en passant de sa jeunesse. La famille de ce négociant va peut-être apprendre, grâce à nous, quelle notoriété son nom doit au comptoir qui veut le perpétuer. La soi-disant Mme Buquet était d'abord marchande de vin, locataire d'Emilie Comtat, à côté du théâtre Feydeau, et elle avait pour concurrent, au coin des rues Feydeau et des Colonnes, un bonhomme dit *Père la Perruque*, ci-devant portier de Robespierre dans une maison de la rue Saint-Honoré. M. Hennette, directeur du cadastre du département de la Seine, a fait bail, 3, rue des Colonnes, à l'ancienne marchande de vin, d'une maison vendue en l'an VIII au sieur Chanteloup, par Bénard, architecte. Ce dernier avait édifié, en société avec Fichet, trois maisons touchant l'une à l'autre, sur l'emplacement de l'hôtel de Verneuil, acquis par Bénard et Fichet, de la famille de Baudecourt, avec obligation de suivre un plan mis au cahier des charges. Les galeries bordant la rue sont, en effet, les mêmes sur les deux rives; mais, outre les sculptures identiques, on peut remarquer, n° 5, des gerbes représentées en pierre, et qui d'abord étaient dorées; le boulanger dont la boutique est là fit les frais, il y a trente années, de ce décor emblématique. Il est dommage que toutes les industries n'aient pas pris le parti, dans la rue, d'exposer de pareils attributs, pour se distinguer l'une de l'autre. Longtemps il y eut n° 8 une dame, négociant des mariages, offrant par la voie des journaux d'excellents partis aux jeunes gens; par malheur on se trompait souvent, par suite du défaut d'enseigne, et qui peut même certifier qu'on n'entrait pas n° 3?

Il est constant, au reste, que la rue n'était premièrement qu'un passage; les héritiers de Chaspon de Verneuil eurent, par suite de licitation, le citoyen Baudecourt et plusieurs autres pour successeurs, comme propriétaires fonciers, en 1792. Ces détenteurs pétitionnèrent pour être autorisés à supprimer les grilles, et à faire une rue du passage; le théâtre Feydeau ne pouvait qu'y gagner un débouché pour les voitures, et d'ailleurs les propriétaires offraient de se charger, pour la rue, comme ils faisaient pour le passage, de tous les frais d'éclairage, de pavage, de nettoyage, en un mot d'entretien. Une déclaration du 10 avril 1783 s'opposait à ce qu'une rue nouvelle fût ouverte avec une largeur de moins de 30 pieds; mais M. de Baudecourt et consorts eurent raison de cette difficulté, en prouvant que la rue des Colonnes mesurerait 42 pieds, pourvu qu'on comptât ses galeries. Leurs vœux furent exaucés l'an VI.

RUE DU COLISÉE.

Le Colisée et les danseurs. — M. de La Ferté. — Le duc d'Uzès.

C'est le tour de l'ancien chemin des Gourdes, serpentant entre des marais, élargi et redressé en 1769. Que ce millésime évoqué soit comme une baguette de fée, enlevant quatre-vingt-dix années au Paris dans lequel nous vivons! A ce tortueux sentier des Gourdes succède la rue du Colisée. Une rotonde est en construction, entre la rive droite de la rue et le rond-point, dit la première étoile des Champs-Elysées. Le crayon de Le Camus, s'inspirant de l'édifice romain, dispose son amphithéâtre pour des musiciens, des danseurs, ces gladiateurs de tous les temps. Seize arpents permettent d'entourer le nouveau cirque d'un jardin assez vaste, assez varié, assez dix-huitième siècle pour abréger toutes les séductions. En 1770, le Colisée ouvre somptueusement ses grilles, et ensuite Le Rouge, ingénieur-géographe du roi, en publie une description topographique, avec l'enthousiasme d'un artiste qui a coopéré à l'œuvre.

Il y a Colisée en été, tous les dimanches et autres jours de fête, de 4 heures à 10 heures du soir ; des lampions le constatent, échelonnés dans l'avenue de Neuilly, à partir de la place Louis XV, et dans la rue de Marigny. Trente musiciens, d'uniforme vert et or, composent l'orchestre à l'ordinaire ; mais chaque jeudi a lieu une plus grande fête, avec surcroît de personnel concertant. Le prix d'entrée se double pour les grands jours, ce qui le fait monter à 3 livres. Une pièce d'eau pour les joutes et un espace découvert pour les feux d'artifice, que tirent chaque fois Séguin, Morel, Torré, virtuoses de la pyrotechnie, sont environnés de pelouses, de larges avenues, que relient des circuits ombragés. Aussi bien pour chaque fête il y a des fleurs nouvelles, semées ailleurs pour briller là, des gazons reverdis à fouler, et des charmilles rasées à point, ménageant aux couples qui s'y glissent l'étrenne de leur propre barbe. L'accessoire vient partout en aide au principal, dans cette quête aux aventures, prétextée périodiquement par les après-dînées et les soirées qu'on vient passer au Colisée. L'œillade, hameçon de la rencontre, fait des pêches miraculeuses autour du grand bassin d'eau douce où, par des exercices nautiques, préludent les divertissements. Enfin, grâce aux jardins publics, ces encyclopédies vivantes, la société française fait bon marché d'une étiquette qui se relâche, et gagnant des mœurs plus faciles à ce que les rangs se rapprochent, elle fête, comme un plaisir de plus, une égalité qui s'y prête. La même buvette y désaltère la noblesse et le tiers-état, qui s'y succèdent sans amertume; on commence même à prendre pour une saveur l'aigreur fermentée de la bière, qui fait concurrence aux sorbets. Puis, chez le traiteur du Colisée, dont le programme est publié, « Vous êtes traité à tant par tête, depuis la moitié « d'un écu jusqu'à un louis, et toujours servi propre- « ment. »

Des princesses, des ambassadrices, se donnent rendez-vous, il est vrai, sur les gradins de l'enceinte circulaire, sans préjudice pour les familles bourgeoises, bien que la Comédie-Française et la Comédie-Italienne ne soient nullement consignées au contrôle. Les divinités du théâtre font du monde entier leurs coulisses, et surtout des lieux où l'on soupe. Bien qu'elles soient en minorité, leur entrée produit quelque effet, au Colisée comme sur la scène, et celle de Mlle Guimard, qui n'apparaît que rarement et sur le tard, fait ouvrir grands les éventails, par pudeur ou par jalousie, et avancer plus d'un carrosse. Signalons deux autres danseuses, inférieures en réputation, mais qui ne manquent pas un jeudi. Voyez-vous cette figure à peindre, mais qui se détache déjà peinte d'un groupe animé, près de l'orchestre ? Quels yeux vifs, sans cesse attachés sur ceux d'un maître de ballet, et près duquel elle se tient ! Telle est Mlle Lafond, de la Comédie-Italienne, qui aime éperdûment Vestriss, et pour laquelle celui-ci a quitté Mlle Alard, des Français. Jusque-là vous ne comprenez guère, n'est-il pas vrai ? le luxe dont toute sa personne a parfaitement pris l'habitude ; vous seriez plus surpris encore, si vous voyiez l'appartement que cette danseuse, fille d'un pauvre petit tailleur, occupe rue Comtesse-d'Artois, dans une maison à sculptures, vis-à-vis la rue Mauconseil. Mais remarquez, un peu plus loin, l'intendant de ses menus-plaisirs, qui a le même titre près du roi ; c'est Papillon de la Ferté. Derrière Mlle Lafond, voici une de ses amies attachée aux ballets de la Comédie-Française, Mlle Vallée, dite Dupin ; ses galants, les compte qui pourra. J'en remarque pourtant un qui passe, et le seul dont la curiosité ait grandi en assiduités ; vous ne devineriez jamais qui ? Si je vous dis que jamais pareil monstre n'a franchi le seuil du Colisée, vous reconnaîtrez bien vite le duc d'Uzès, vieux et petit, bossu en tous sens, défiguré au point qu'une joue lui manque, agrandissant la bouche qu'elle fait dévier. Presque tous les soirs que Dieu fait, la Dupin soupe rue de l'Arbre-Sec, en face de cet affreux visage qui fait encore plus de grimaces en quittant son état de repos, et que reçoit-elle? Ah! ce n'est pas trop payé : trente louis par mois, sans les cadeaux.

Ainsi va le Colisée jusqu'en 1780 ; puis il reparaît sous ce nom une guinguette soldatesque, donnant aussi sur le rond-point. On veut qu'à l'ancien Colisée ait survécu, n° 44, une manière de pavillon, décoré de sculptures du temps ; un pensionnat de demoiselles a occupé ce petit bâtiment, augmenté par le sieur Catelouse, affermé aujourd'hui par bail à la maison de l'Empereur, dont les écuries, rue Montaigne, remplissent une portion de l'espace où était le jardin public. Ce côté de la rue, au surplus, a pour fondement une tourbière ; on y a bâti sur pilotis ; des débris de végétaux, accumulés depuis vingt siècles, forment un lit combustible par-dessous.

Au commencement du règne de Louis-Philippe, la rue comptait plus de chantiers, plus d'ateliers sous des hangars, plus de jardins qu'en ce temps-ci. En fait de maisons, on y voyait le 13, populeuse cité ouvrière, précédée par une avenue et ouvrant aussi rue de Ponthieu, rue d'Angoulême-Saint-Honoré; le 14, le 20, le 26, le 30, et cette dernière maison, assez petite et racornie, figure parmi celles qui succédèrent directement au Colisée ; le 32, le 34, le 36, en face desquels a demeuré Gautier, peintre des équipages du roi, dans une maison qui a fait place à d'autres ; le 35, aussi vieux que la rue, quant à son bâtiment du fond ; le 38 et le 40, construits pour Bonnet, carrossier, avec l'argent que venaient de lui rapporter ses fournitures au maréchal Davoust ; le 46, déjà incorporé aux écuries de la duchesse de Berri, maintenant écuries impériales ; le 53, maison rajeunie d'un demi-siècle par son enseigne, *hôtel de l'Alma*.

COUR DU COMMERCE.

Ancien fossé de Paris, proche le lieu où s'était élevé le pavillon de la porte de Buci, le terrain en fut partiellement concédé par le bureau de la ville en 1582 à Jean Bergeron, capitaine de ses cent archers, auquel succéda le sieur Bernard, et en 1651 aux frères Leblanc, qui devinrent propriétaires ving-trois années plus tard. Antérieurement à l'ouverture de la cour du Commerce, il n'y avait que des échoppes et deux jeux de boules à sa place. Parmi les boutiques de luthiers, de libraires et de papetiers, qui s'y succèdent de nos jours, se remarque, au n° 8, un cabinet de lecture très-suivi, formé du temps de la Convention par la veuve du conventionnel Brissot, qui avait pris un nom d'emprunt pour utiliser de cette façon le fonds de la bibliothèque de son mari, déjà monté sur l'échafaud. Dans la même maison était l'imprimerie de l'*Ami du Peuple*, que Marat avait placée là, en vertu d'une réquisition de la Commune, et à laquelle on ne pouvait arriver qu'en franchissant plus d'une grille.

Ducellier, membre de la Constituante, avait bâti dès 1773 les n°ˢ 17-19, qui ne constituent qu'une seule propriété, sur terrain qu'il avait acquis du président de Mesnières. Lemit, associé de Ducellier, avait eu en partage l'*Hôtel de Rouen* actuel, lorsqu'il y avait eu liquidation. La famille du constituant fit élever plus tard les maisons basses qui occupent le milieu de la cour du Commerce, et auxquelles tient la boutique d'une blanchisseuse, Mᵉ Lemor, qui d'abord n'était qu'un hangar, et où fut faite sur des moutons une première expérience de la guillotine, un instrument dont l'inventeur demeurait, comme nous l'avons dit, rue de l'Ancienne-Comédie.

L'immeuble qui répond à l'enseigne d'*Hôtel Molinié* fut habité par le célèbre Danton, que Robespierre y fit arrêter, dans l'appartement du deuxième étage, le 31 mars 1794, et du reste ce conventionnel avait été tout près de là le locataire de Ducellier à une époque où il n'était encore qu'avocat au grand conseil. En arrivant au Luxembourg, et avant d'être mis au secret, Danton dit aux autres prisonniers : — J'espérais, Messieurs, vous faire sortir d'ici; mais je viens partager votre sort.... Traduits devant le tribunal révolutionnaire, Danton et son collègue Lacroix ne craignirent pas de jeter des boulettes aux juges et aux jurés, et quelques jours après l'habitant de la cour du Commerce, dont on préparait le supplice, adressait au bourreau cette recommandation suprême : — Tu montreras ma tête au peuple, entends-tu, elle en vaut la peine.

Sous le nom de cours de Rohan, ou de Rouen, il existe un passage composé d'une triple cour et qui relie la rue du Jardinet à la cour du Commerce. De même qu'en deux endroits de la propriété des héritiers de Ducellier, il s'y retrouve le socle d'une tourelle, qui a fait autrefois partie des fortifications de Philippe-Auguste. Deux petits jardins suspendus y dominent l'ancien rempart ; un pensionnat de petites filles prend ses ébattements quotidiens sur ce mur dix fois séculaire. Un hôtel seigneurial est également reconnaissable, au milieu des masures encombrant les cours de Rohan ; on dit que Diane de Poitiers l'a habité, et que la maison princière de Rohan l'a possédé jusqu'à la Révolution. Il se peut en effet que les Rohan aient obtenu, d'Henri IV ou de Louis XIII, la concession d'une partie des vieux murs et du terrain environnant ; mais nous découvrons, quant à nous, qu'en 1743, M. de Marsal, avocat général, y exerçait des droits de propriétaire ; il ne pouvait donc plus rester en ce temps-là aux princes de Rohan qu'un droit de cens sur la portion d'hôtel qu'ils avaient eux-mêmes aliénée. Des vestiges de dorure sur le salpêtre reparaissent, dans les anciens appartements de grand seigneur et de magistrat que les curieux aiment à visiter, et en effet tout est intéressant dans la triple cour de Rohan !

Paris. — Imprimerie de Pommeret et Moreau, 42, rue Vavin.

Liv. 27
LES ANCIENNES MAISONS

Des rues de la Comète, de Condé, Coq-Héron, Coquillière, de la place de la Concorde et du quai Conti.

NOTICES FAISANT PARTIE DE L'OUVRAGE INTITULÉ :

LES ANCIENNES MAISONS DE PARIS SOUS NAPOLÉON III

PAR M. LEFEUVE,

Monographies publiées par livraisons séparées en suivant l'ordre alphabétique des rues.

RUE DE LA COMÈTE.

— M. de Chambray sera chevalier de Malte, disait l'un.
— Il épousera, disait l'autre, mademoiselle Rouillé, fille de Michel Rouillé, écuyer, seigneur de Fontaine, conseiller honoraire au parlement, et nièce à la mode de Bretagne de l'ancien ministre du roi qui a porté le même nom.

Les familiers de l'œil-de-bœuf se divisaient sur ce point à Versailles, et des paris furent engagés. Mais Louis-François de Chambray, marquis de Conflans, aide de camp du maréchal de Soubise, cornette des chevau-légers de la garde ordinaire du roi, porta par exception la grand'croix de l'ordre de Malte, tout en épousant bel et bien Marie-Angélique Rouillé. L'aide de camp du prince de Soubise devint, par ce mariage, propriétaire du tiers environ des terrains sur lesquels fut ouverte la rue dont nous parlons, en

1775, en vertu de lettres patentes datées de six années plus tôt. Il n'était qu'à titre honoraire chevalier de Malte, en considération des services rendus à cet ordre par son grand-oncle, le bailli de Chambray, lequel avait fortifié Malte. Le mari de mademoiselle Rouillé publia un ou deux ouvrages d'économie rurale et quelques recherches historiques.

Les maisons de ce temps-là sont les n°s 2, 4, 5, 10, 12, 14, 15, 17, 19, 20. Des arbres survivent de cette époque, où les vacheries y florissaient, et des tas de fumier, des basses-cours prouvent que la rue à cet égard n'a pas perdu toutes ses traditions; sa physionomie est encore d'une principale rue de village. Le marquis de Chambray, qui fut un soldat laboureur, possédait un petit pavillon que suivait alors un jardin; une maîtresse de pension et un grand marchand de vins ont pris la place, au n° 14, de ce combattant de Rosback, dans le quartier des Invalides.

Que si la rue de la Comète n'a jamais eu que cette dénomination, elle lui vient de la comète de Biela, qui préoccupa le monde savant en 1763 et en 1772.

PLACE DE LA CONCORDE.

Ce qu'était la place Louis XV. — Le Garde-Meuble. — Madame de Coislin. — M. de Pastoret. — M. Péan de Saint-Gilles. — Le duc de Crillon.

Dans un recueil agréable à lire, fait sous la direction de M. Lurine, et désigné d'abord sous ce titre : *Les Rues de Paris*, a été esquissée l'histoire de cette place de la Concorde, qui doit à une loi du 26 octobre 1795 la dénomination qu'elle a reprise en 1830, nom passablement ironique, pour une place dont les jours de fête eux-mêmes font des victimes, qu'étouffe la foule qui s'y presse ! Après le mariage du dauphin de France avec l'archiduchesse d'Autriche, il y eut le soir un feu d'artifice qui de cette façon coûta la vie à 12,000 personnes, nous dit Mercier, dans son *Tableau de Paris* ; voilà donc un beau jour qui, par hasard, fit encore plus de mal que plusieurs de ces mauvais jours où l'échafaud en permanence y rendit odieux à son tour, après plusieurs autres fanatismes, le fanatisme révolutionnaire. Comme place Louis XV, et bien avant que les chevaux de Marly, un chef-d'œuvre de Coustou, fissent partie de sa décoration, elle reçut, le 20 juin 1763, la statue équestre de ce prince, son fondateur, modelée par Bouchardon, fondue par Gor, et votée depuis quinze années par les édiles parisiens. La foire de Saint-Ovide profita la première des embellissements de la place, en y attirant de nombreux saltimbanques ; mais l'embrasement de leurs baraques, dans la nuit du 22 au 23 septembre 1777, mit forcément un terme à cette prise de possession. Plus tard, à la statue de Louis XV fut substituée celle de la Liberté, voisine de l'instrument de supplice, et ce n'en était que trop pour justifier la qualification transitoire de place de la Révolution. En 1826, Charles X eut le courage d'imposer, comme une expiation, le nom même de Louis XVI au lieu de son exécution, en adoptant le projet d'y ériger la statue de ce prince, dont le piédestal d'attente demeura vide, grâce aux journées de Juillet 1830. L'autre frère du royal martyr, le politique Louis XVIII, s'était contenté de ramener la place à sa désignation originaire, depuis le jour où, devant les troupes étrangères, on y avait chanté suivant le rit grec un *Te Deum*. Puis, l'an 1836, fut érigé l'obélisque de Louqsor, sur la place de la Concorde, que sa situation incomparable rend la plus magnifique du monde.

Un siècle tout au plus nous contemple du haut des terrasses à colonnes qui règnent au milieu de la façade des bâtiments bordant la place, du côté de la rue Royale. Après avoir doté la ville de l'espace découvert, dont l'ornementation a d'abord pivoté autour de la statue royale (concession de terrain méconnue sous la République, mais renouvelée par Charles X), Louis XV fit acheter en son nom les terrains qui attenaient à la nouvelle place, pour en faire l'hôtel des Monnaies ; mais avant peu la translation de cet établissement public fut décidée hôtel Conti ; on songea un moment à mettre place Loüis XV la première compagnie des mousquetaires de la garde ordinaire du roi ; un troisième projet, qui n'avorta pas moins, destinait les deux édifices séparés par la rue Royale à la réception des ambassadeurs. Gabriel, premier architecte de Sa Majesté, avait dessiné le plan de ces belles constructions jumelles, plan resté au cahier des charges ; mais l'exécution en eut lieu, quant à l'un des deux édifices, pour le compte de particuliers, concessionnaires de la ville. Car l'emplacement acquis de par le roi avait fait l'objet d'un échange avec les prévôt et échevins, lesquels avaient donné un pouvoir, le 22 avril 1774, à Taitbout, greffier en chef de l'Hôtel-de-Ville, pour retirer d'entre les mains des officiers de la Monnaie les titres de propriété relatifs aux susdits terrains. Bien des expéditions nouvelles ont dû, depuis lors, s'ajouter à ces actes ; tout n'en est pas indifférent au point de vue de l'histoire de Paris, que nous faisons par rues et par maisons.

Cet hôtel de Conti, transformé par Louis XV en seigneurie de la Monnaie, avait servi de garde-meuble à l'Opéra, lorsque M. de Marigny avait fait détruire les bâtiments offusquant la grande colonnade du Louvre. Pour le mobilier de la Couronne fut utilisé, place Louis XV, celui des deux édifices parallèles qui se repliait rue de Saint-Florentin. Armes précieuses, splendides tapisseries, présents offerts à des rois par des rois, s'y trouvaient réunis encore et visibles à de certains jours, au moment de la Révolution ; parmi toutes ces richesses figuraient les diamants de la Couronne, volés dans la nuit du 16 au 17 septembre 1792, et dont une partie fut impossible à ressaisir sur les complices de Cambon et de Douligny, dont le procès criminel eut l'échaufaud pour dénoûment. Le ministère de la Marine occupe de nos jours le ci-devant garde-meuble. Mais l'habitude est si bien prise de considérer le Régent, œuf en diamant que Cambon avait miré, comme couvé à tout jamais par les deux ailes monumentales des maisons de la place Louis XV, qu'à chaque instant les concierges donnent audience à des étrangers qui demandent à visiter le Garde-Meuble.

Les n°s 4, 6, 8, 10 sont pourtant demeurés toujours vierges du mobilier de la Couronne. La marquise de Coislin, par contrat du 21 juin 1776, acquérait la propriété qui fait angle sur la rue Royale ; née de Mailly, Mme de Coislin était une des femmes les plus spirituelles et les plus remarquées de son temps ; elle a prolongé assez longtemps son existence pour assister de sa fenêtre à la rentrée des Bourbons. Les partisans de M. Bonaparte avaient déjà essuyé les hauteurs de cette femme de la cour de

Louis XV, qui se flattait, même sous l'ancien régime, d'avoir mis un roi à la porte. Un soir, effectivement, on avait annoncé chez Mᵐᵉ de Coislin : — M. le comte de Wasa ! — Je ne le connais pas, objecta-t-elle. — Marquise, lui dit un de ses amis, vous savez bien que c'est le roi de Suède ; Sa Majesté a entendu parler de votre salon avec éloge, et elle daigne s'y présenter incognito. — En Suède, répondit la grande dame, je ne sais pas comment on s'arrange ; mais je ne reçois chez moi, à Paris, que les personnes que j'ai priées, ou qui m'ont fait demander audience.

Une année avant la marquise, Rouillé de l'Estang, écuyer, secrétaire du roi, trésorier-général des deniers de la Police, se rendait maître de l'hôtel adjacent, et le même fonctionnaire cautionna, à six ans de là, André Aubert, entrepreneur, lequel traitait avec la Ville de 1304 toises de terrain, attenantes à la maison de Rouillé dans le sens de la rue Royale ; ces 1304 toises, que la spéculation d'Aubert consistait à vendre en détail, en y bâtissant des hôtels, étaient ce qui restait vacant d'une contenance de 2,388 toises, sur lesquelles Trouard, intendant-général et contrôleur des bâtiments du roi, avait commencé à opérer de la même manière en 1775. L'hôtel de Rouillé de l'Estang passa à sa nièce, femme du chancelier Pastoret, professeur, membre de l'Institut, dont la carrière politique avait commencé par la première présidence de l'Assemblée législative. Le titre de marquis, conféré par Louis XVIII à M. de

Pastoret, échut, après lui, à son fils, ainsi que l'immeuble de la place de la Concorde. Longtemps cet héritier du nom fut, à Paris, ainsi que le chargé d'affaires du comte de Chambord, exilé ; puis, comme son père, il devint sénateur. Depuis sa mort, l'hôtel est à sa fille, Mme la marquise du Plessis-Bellière.

Le n° 8 fut fondé à la même date que les deux précédents pour Pierre-Louis Moreau. Etait-ce bien l'architecte du roi, portant ce nom, maître général des bâtiments de la Ville ? Nous serions porté à le croire. Il exista néanmoins un Moreau, seigneur de Beaumont, intendant des finances en 1756, époux de la fille du premier lit du fermier-général Grimod de la Reynière, et on sait que celui-ci, qui était un riche financier, demeurait près la place Louis XV, à l'autre coin de la rue des Champs-Elysées. A coup sûr, notre Pierre-Louis Moreau eut pour héritières ses deux filles, qui se partagèrent sa fortune ; Mme Lambot de Fougères laissa la maison à sa sœur, Mme la vicomtesse de Chezelles, et cette dame eut pour acquéreur, vers 1830, M. Péan-de-Saint-Gilles, notaire. Pendant la République, ou sous l'Empire, le limonadier Corazza avait fait un café des appartements de cette propriété ; il existait alors des restaurants dans les deux pavillons de la place, qui furent aussi des corps de garde, et qu'on a démolis lorsqu'on a comblé les fossés, transformés en jolis jardins sous Louis-Philippe.

Trouard, déjà nommé, édifia l'hôtel de Crillon, dont il

fit bail d'abord au duc d'Aumont (celui qu'on accusa plus tard, en qualité de commandant d'une division de la garde nationale, d'avoir favorisé l'évasion du roi). Le comte de Crillon succéda, comme locataire, au duc d'Aumont avant de faire acquisition de l'immeuble en 1788. Puis ce fut l'ambassade d'Espagne, au commencement de la Révolution : on revoit encore, sous une des arcades qui servent de galerie à toutes les maisons précitées, un éteignoir en fer à l'usage des torches des courriers. Ensuite les logements de la maison se divisèrent, comme hôtel garni, jusqu'au retour de ses propriétaires qui ne se firent pas attendre. M. le marquis de Crillon, qui l'occupe, est un des fils du premier acquéreur. Les initiés remarquent dans cette belle résidence une salle remplie d'armoiries et de trophées, entièrement consacrée aux souvenirs de l'époque d'Henri IV, par les descendants du Crillon auquel ce prince écrivait : « Pends-toi, brave Crillon ; nous avons combattu à Ar-
« ques, et tu n'y étais pas. »

RUE DE CONDÉ.

Hôtel Condé. — Les entrepreneurs. — Les gens de robe. — Orfila. — M. de Gramont-Caderousse. — Beaumarchais. — Les Liaisons dangereuses. — Gustave Planche. — Cadoudal. — Picard.

Passage est livré à cette rue, vers l'an 1500, sur le grand clos Bruneau; dix années plus tard, elle porte la désignation de rue Neuve-de-la-Foire, à cause de la foire Saint-Germain; puis elle est dite rue Neuve-Saint-Lambert. Vers le commencement du siècle suivant, Jérôme de Gondi, duc de Retz, maréchal de France, y achète l'hôtel bâti pour pour Antoine de Corbie, qu'il cède ensuite, moyennant 40,000 écus, à la reine Marie de Médicis, laquelle en gratifie Henri de Bourbon, prince de Condé, qui donne son nom à la rue. Cette gracieuseté royale semble, au surplus, une marque de gratitude d'un caractère particulier : antérieurement le prince de Condé a rendu service à la reine, en épousant mademoiselle de Montmorency, dont s'était épris Henri IV, et en cherchant refuge avec elle à Bruxelles et puis à Milan, jusqu'à la fin du règne de ce prince. Que s'il n'est rien de très-remarquable dans l'intérieur de cet hôtel, que les Condé ne quitteront que sous Louis XVI, pour occuper le Palais-Bourbon, une magnificence de bon goût en rehausse néanmoins les commodes appartements.

Les plafonds de la chambre de la princesse sont peints par de Sève; une bibliothèque, riche en cartes, est en quelque façon publique pour les recherches des savants ; le *Baptême de Notre-Seigneur*, œuvre de l'Albane, a quitté l'hôtel Lesdiguière, et de belles tapisseries, le château des Montmorency, pour décorer, en outre, la résidence des princes de la maison de Bourbon. Le jardin en est fort joli, et du côté de la rue de Vaugirard, où fait angle certain pavillon, visible sur le plan de 1652, mais transformé comme en un hôtel indépendant sur le plan de 1739 ; d'ailleurs, ce jardin n'est pas grand, bien que les dépendances de la maison princière longent aussi la rue Monsieur-le-Prince. Louis XVI, après avoir prêté aux comédiens et au public la salle de spectacle du palais des Tuileries, fait bâtir l'Odéon, à la place du susdit jardin, et ce théâtre aux abords réglés avec grandeur est un véritable monument.

Bien des gens en concluent, de nos jours, que de l'ancien hôtel Condé il ne reste plus l'ombre d'une pierre. Mais on était plus économe sous l'ancien régime qu'à présent ; après avoir renouvelé un quartier en y taillant une place et des rues neuves à coups de ciseaux pleins d'ampleur, on revendait les pans d'hôtel, les portions de maisons retournées, quand les morceaux en étaient bons, et la spéculation avait son regain, sans faucher jusqu'à la racine. On utilisa donc, en ajoutant au lieu d'abattre, différents corps de bâtiment qui survécurent au logis seigneurial et à deux hôtels contigus, l'un d'Angleterre, l'autre de Provence, édifices bien carrés qui pouvaient s'en être détachés. Ces deux maisons voisines avaient été acquises par ordre, comme la maison principale et comme plusieurs autres encore surgissant au futur carrefour de l'Odéon ; ce qu'il en resta fut vendu par les deux commissaires du roi, le 13 juillet 1779, à Machelet de Velye, un officier du point d'honneur, qui demeurait rue de Condé au n° 10 d'à présent, pour être rétrocédé par lots. De cette quantité de constructions déjà faites et de terrains propres à bâtir, dépendaient certainement les n°^{os} 9, 11, 13, 15, qui n'ont à eux quatre que deux puits, d'usage qui est demeuré commun à quatre autres propriétés sises sur la rue de l'Odéon, et formant, avec les premières, un double quadrille de maisons. L'une d'elles, c'est le n° 9, a eu pour locataires, M. Gravier, pair de France sous Louis-Philippe, et S. E. le cardinal Dupont, archevêque de Bourges ; le nom très-connu de Sacy y est encore porté, avec sa renommée de sagesse, par une demoiselle d'une rare érudition, laquelle a pour voisin le colonel Martner, commandant en second de l'école d'État-major. Cette maison et les trois qui suivent, passent pour n'avoir pas un siècle ; toutefois les plans de Chalgrin ont su tirer parti, à leur profit, de la bâtisse préexistante, en alignant, divisant, exhaussant. Quant à la porte principale de l'ancien séjour des Condé, qui jouissait du droit de barrière, réservé aux princes du sang, aux grands dignitaires de l'État, elle faisait face au n° 20.

Au chiffre que nous venons de citer répond un immeuble peu distinct d'un autre immeuble donnant rue de Tournon, et rétabli en 1849, mais dont voici le bilan historique. En 1612, décret sur Jacques Deunet, et par suite adjudication de sa maison au profit de Claude Veillard, seigneur de Malassis, trésorier de France à Orléans, qui la lègue à Poncher, conseiller du roi et maître des requêtes. Le fils de ce dernier est conseiller d'État et doyen des doyens des maîtres des requêtes, lorsqu'il vend, le 14 mars 1767, à François de la Chapelle, seigneur de Senant, sa propriété tenant alors à l'hôtel de Valois, à l'hôtel de la Fressillière et de plus à M. de La Paluz. Mme de Vieil-Castel, femme en premières noces de Poncher, le remplace comme propriétaire. Quant à M. de La Paluz prénommé, il ne dispose du n° 18, au milieu du xviiie siècle, que du chef de sa femme, Élisabeth Hennequin, veuve de Trudaine en premier lit; le marquis Claude-Joseph Delarue de Mareilles, décédé le 18 thermidor an v, au Vigan, laisse le ci-devant immeuble de La Paluz à sa famille; mais la rue de Condé s'appelle alors rue de l'Égalité, et le droit de censive, ayant appartenu au roi du côté gauche de la rue, à Saint-Germain-des-Prés du côté droit, ne figure plus dans l'inventaire, quoique les charges des successions se soient en général accrues. Sous le règne de Louis-Philippe, Orfila, médecin, professeur, habite à son tour le 18, et il y donne de beaux concerts; car le savant auteur du *Traité de Toxicologie* est chanteur dans l'après-dînée, et sa femme, fille d'un architecte, est passionnée pour le même art. Apollon était à la fois, dieu de la médecine et des beaux-arts. A Mme Orfila, veuve du physiologiste, les élèves d'un pensionnat succèdent depuis des années, dans l'occupation de cet immeuble, encore pourvu d'un jardin et d'une belle rampe d'escalier en fer, œuvre probable de Damono. Que dire enfin de cet hôtel de Valois, désigné comme contigu au patrimoine de Poncher? A cause de la proximité de l'hôtel des Ambassadeurs extraordinaires, qui se trouve rue de Tournon avant la mort de Louis XIV, avec retour rue de Condé, ainsi que l'hôtel de Ventadour, un certain nombre d'hôtelleries offrent asile aux étrangers, dans l'une et l'autre de ces voies parallèles : on compte en ce temps-là, rue de Condé, 37 toits, 16 mèches de lanternes. Valois, Provence et Angleterre, ainsi s'appellent probablement des hôtels garnis, rien de plus. En sus, n'en est-il pas un de Vienne, attenant par derrière à Joachim-Thomas Cohorn de La Paluz?

Puisque nous sommes dans les numéros pairs, gardons-nous de passer le 24, ancien hôtel de Gramont-Caderousse : il subsiste encore un marquis de ce nom-là, et un château dont les murs blancs se dressent sur la rive minée par le Rhône. Moins encore oublions le 26, qui a servi de logement à Beaumarchais, propriétaire rue Vieille-du-Temple et à côté de la Bastille, mais locataire rue de l'Égalité : il aimait à changer de section à cette époque, mais il n'en trouva pas une seule qui transformât en une bonne affaire son entreprise des 60,000 fusils. Le 28 fut bâti vers 1775, pour le président Le Rebours, qui émigra, mais qui, rentré en France pour conserver à six enfants ses biens qu'on allait confisquer, fit partie d'une fournée de victimes le 14 juin 1794. Le domicile d'Alquier, membre de la Convention, et que Chanderlos de Laclos a peint, dit-on, dans le chevalier de Valmont, héros d'un roman à effet, était de même au n° 30 ; mais, pendant la Révolution, Alquier avait d'autres liaisons, qui n'étaient pas moins dangereuses, avec le duc l'Orléans et Danton : un peu avant le 13 vendémiaire, an v, il fut assez prudent pour chercher gîte dans une cabane qui existait encore, auprès du Pont-Tournant, dans un fossé des Tuileries, et il y attendit les événements, prêt à rentrer au sein de la Convention, si elle prenait le dessus, ou à se jeter dans le camp des Parisiens, si l'assemblée était mal défendue. Au 14, habité de nos jours par M. Quatremère de Quincy, se retirait souvent Gustave Planche, pour écrire les meilleurs articles de critique qui aient paru de notre temps ; son frère et sa belle-sœur y donnaient l'hospitalité à cet homme de talent, Diogène de la *Revue des Deux-Mondes*. Un bel hôtel frappé du chiffre 12, nous semble avoir porté lui-même la qualification d'hôtel Sourdiac, sur un terrier de Saint-Germain-des-Prés, pièce qui remonte à 1713. Nicolas Laugereau, 1er chirurgien de M. le

Prince en l'an 1672, possède alors une maison, au coin de la rue des Quatre-Vents; Lantaigne, ancien greffier des dépôts des requêtes du palais, la vend un siècle après aux commissaires de Sa Majesté, qui la transportent en 1784 à Moreau, architecte du roi, lequel dans ces parages spécule avec l'appui de Moreau de la Vigerie, et cet immeuble, encoignure de carrefour, semble n'avoir pas même reculé, quoique antérieur à la rue de Condé.

Au seuil de cette propriété est arrêté Georges Cadoudal en 1804, le 9 mars, vers la chute du jour : des espions de Police l'ont vu monter, place du Panthéon, dans un cabriolet que mène un chouan déterminé ! Un officier de paix se précipite à la tête du cheval ; Georges le tue d'un coup de pistolet. Un second assaillant tombe grièvement blessé. Le jeune chef vendéen va échapper au procès, au supplice; mais un groupe s'est formé, l'enveloppe, et d'autres agents s'emparent de sa personne.

Reste à dire, quant aux nombres impairs, que le n° 1 se représentera, lorsque nous serons carrefour de l'Odéon. L'académie d'Arnautfiny, que nous devons croire un manége, occupait son emplacement, sous Louis XIV. N'omettons pourtant pas que Picard, acteur et auteur dramatique, a résidé dans la maison qui suit, avant de quitter le théâtre Louvois ; il ne fut que plus tard membre de l'Académie française et directeur de l'Opéra, puis de l'Odéon.

QUAI CONTI.

Le café Anglais. — L'orfévrerie au quai Conti. — L'officier d'artillerie. — L'acteur Caillot. — Hôtels Conti et Sillery. — Maire-Nyon. — M. de Cussé. — Le peintre Regnault.

Il y avait, sous Louis XV, un café anglais, quai Conti; on s'y réunissait pour lire la *Gazette de Westminster*, le *London evening Post*, le *Daily Advertiser*, etc. Cabinet littéraire, presque autant qu'officine de limonade et de café, il était tenu par Béchet, chef d'une dynastie de libraires, à l'époque où le quai Conti fut élargi, c'est-à-dire en l'année 1769. Ce café date, qui plus est, du commencement du XVIIIe siècle, et il existe encore de notre temps, à l'angle de la rue Dauphine, sous le nom de *Café Conti*, qu'il n'a jamais quitté entièrement. Avant que son extension fût prise par le quai, des échoppes l'obstruaient, entre le Pont-Neuf et le Château-Gaillard, et par devant l'hôtel de Nevers, en vertu d'une permission octroyée par Louis XIII au premier président du parlement. Rappelons que le Château-Gaillard, accordé par François Ier à Benvenuto Cellini, mais qui a fait retour à la Ville comme dépendance de l'ancienne porte de Nesle, était situé au bord de l'eau, sur le point auquel font à présent vis-à-vis les rues de Nevers et Guénégaud.

Sans se mettre sous l'invocation de l'illustre orfèvre florentin, plusieurs joailliers sont venus s'établir quai Conti ; mais on n'en voit plus aujourd'hui, bien que leurs établissements aient prospéré. Le fameux bijoutier de la reine Marie-Antoinette, à l'enseigne du *Petit-Dunkerque*, avait son magasin, n° 3, à l'endroit où se trouvent maintenant un horloger et un marchand de vin. Ses mascarons et autres menues sculptures prouvent que la maison est centenaire ; mais ce n'en était pas assez pour mériter que Napoléon Ier, quand sa voiture passait sur le Pont-Neuf, les fît remarquer à Marie-Louise. Les habitants de cette partie du quai ne pouvaient voir dans l'attention de l'empereur qu'une menace d'expropriation, qui faisait du tort au quartier : on pensait qu'à une rue nouvelle toutes les habitudes parisiennes, de ce côté, allaient être sacrifiées. Propriétaires et boutiquiers d'en gémir à l'avance, tout en s'y soumettant, car il n'y avait plus d'échevins pour délibérer à loisir, et encore moins de parlement pour se prêter aux remontrances. Toutefois il s'en fallait, et de beaucoup, que Napoléon songeât à modifier l'aspect du quai Conti. Une inscription placée, n° 5, depuis 1853, nous apprend à présent ce qu'en passant par là il montrait à l'impératrice ; tout un souvenir à conserver y tient en peu de mots ce que voici : *L'empereur Napoléon Bonaparte, officier d'artillerie, sortant de l'école de Brienne, demeurait au 5° étage de cette maison.*

Demay, joaillier de la Couronne, transfuge du pont au Change vers le milieu du dernier siècle, fit bâtir le n° 7,

dont une enseigne cache le balcon ; mais un tableau de
25 pieds, lors de la création de la Légion d'honneur, annonçait aux deux rives de la Seine qu'Halbout, bijoutier de
la Légion d'honneur et de la Cour des comptes, fabriquait
les nouvelles croix. Un autre orfévre nommé Caillot avait
donné le jour, quand le roi Louis XV était jeune, à Joseph
Caillot, comédien, qu'appréciait Grimm avec quelque enthousiasme, qui fréquentait Jean-Jacques Rousseau, et
enfin qui demeurait, avant la fin du même règne, dans la
maison de son beau-frère Demay. Cet acteur de la Comédie
italienne ne jouait déjà plus en ce temps-là que dans les
spectacles des petits appartements, dont il dirigeait les répétitions. La *Biographie Michaud* ne craint pas de dire qu'il
était capitaine des chasses du comte d'Artois ; mais cette
charge, réservée à des gens de qualité, était remplie par le
baron de Courville. En 1776, il prit tout à fait sa retraite,
avec sa mère et une de ses sœurs, dans une maison que
lui avait donnée le prince dont on l'a cru fort à tort le veneur, au bas de la terrasse de Saint-Germain. Ruiné à la
Révolution, Caillot se fit maître de musique, sans quitter
cet abri de campagne, et ne mourut qu'en 1816.

La rue Guénégaud n'est pas loin, dont le quai a porté le
nom, après qu'on l'eut dit quai de Nesle. Mais d'où vient
qu'il s'appelle Conti ? Toute la largeur du quai était remplie,
dans le principe, par le grand et le petit Nesle, dont la
tour regardait le Louvre, en reprochant à la Renaissance

de lui avoir enlevé les siennes. Ce même hôtel de Nesle où Benvenuto Cellini avait reçu du roi les commandes, les encouragements, les visites, passa aux ducs de Nevers, de la maison de Gonzague, dont la lignée, quant à la branche française, alla s'éteindre sur des trônes étrangers, deux princesses ne lui donnant pas de rejetons mâles. Puis aux Nevers succéda un secrétaire d'Etat, Henri du Plessis-Guénégaud, qui en fit un petit palais, pour le céder à la princesse de Conti, Marie Martinozzi, laquelle lui livra en échange la terre du Bouchet, à 6 lieues de Paris, et un ci-devant hôtel Conti, plus tard Lauzun, ensuite hôtel Laroche-sur-Yon. Le crayon de Mansard, celui de Lenôtre, le pinceau de Jouvenet et d'autres notabilités avaient embelli ce séjour; par exemple Mazarin lui avait porté préjudice, en élevant près de l'hôtel Conti un palais qui masquait sa vue, et qui ne l'écrasait pas moins à titre de comparaison. Dès 1739 une fontaine placée dans le mur de l'hôtel Conti, sur le quai, avait tari, bien que Santeuil et Corneille l'eussent chantée au siècle d'avant : desséchement de mauvais augure, annonçant comme une fin prochaine. Louis XVI, à son avénement, y trouva l'hôtel des Monnaies, édifié sur le terrain de l'autre. L'or et l'argent s'y usent, depuis un siècle, à force de changer d'effigie, à peu près à la même place où l'artiste de François Ier ajoutait la valeur réelle du chef-d'œuvre au prix purement de convention de l'un et de l'autre métal.

Néanmoins, à vrai dire, tout n'a pas disparu absolument de l'édifice supprimé par la construction de la Monnaie. Au fond de l'impasse de Conti, qu'on regarde, bien à tort, comme n'ayant été formée qu'en 1771, il suffit de pousser une reconnaissance pour découvrir un ou deux pavillons peu élevés, des œils-de-bœuf et une porte condamnée, reste de l'hôtel de Conti, qui était divisé en grand et petit hôtel, tous deux sous la censive royale.

Dans le même cul-de-sac, n°s 2 et 4, se trouve l'hôtel Sillery-Genlis, pareillement du dessin de Mansard; la décoration intérieure en était riche, en dépit de ses dehors qui n'avaient pas grande apparence. Un Sillery, arrière-petit-fils du chancelier, ainsi nommé, était de l'Académie française, vers la fin de la vie du grand roi, sous la minorité duquel Mazarin avait érigé la terre de Genlis en marquisat en faveur de Florimont Brulard de Sillery, lieutenant des gendarmes d'Orléans. L'époux de Mme de Genlis, député à la Convention, partagea les plaisirs, les opinions de Philippe-Égalité; il eut aussi la même fin, en 1793. Sa veuve était encore propriétaire de la maison et demeurait à l'Arsenal, lorsqu'en 1806 la librairie Maire-Nyon se transféra dans son aile de bâtiment en façade sur le quai Conti, n° 13. Les Maire-Nyon sont libraires depuis le XVIe siècle, de père en fils, de mère en fille, et depuis deux cents ans sur divers points du même quai. Mais, quant au principal appartement du ci-devant hôtel Sillery, il était occupé, sous la Restauration, par le célèbre baron Larrey, chirurgien en chef de l'armée d'Egypte.

M. de Cussé, référendaire à la Cour des comptes, dispose actuellement du 15; c'est le gendre de M. Halbout, que nous avons trouvé au 7. Sa maison a été construite sous Louis XIV, sur les fondements de l'ancien séjour de Nesle, tout comme le 17 et le 19, que Collinot-Peltrot, marchand de diamants sous l'Empire, tenait de M. Dutheil, de la Bibliothèque impériale. La division de ces deux derniers immeubles eut lieu sous la Restauration; un horloger genevois, en grande réputation, M. Meyer, laissa, avant 1830, la maison n° 19 à son gendre, Regnault, peintre d'histoire, auteur de l'*Education d'Achille*, de *Jupiter et Io*, etc.

RUE COQ-HÉRON.

Liste des propriétaires rue Coq-Héron en 1786 :

Côté gauche.	Côté droit.
Le comte de Marçay,	M. Delorme,
Le président de la Briffe,	M. Descaux,
M. Barbier de Beyne,	M. de Laborde,
Madame Duval,	M. Collignon,
La comtesse de Choiseul-Gouffier.	M. Andrieux,
	Les héritiers du marquis de Gouvernet,
	M. Barré,
	La ferme générale des postes.

Sur le tableau ci-dessus devrait en outre figurer le propriétaire de deux petites maisons à l'entrée de la rue, côté droit; mais son nom nous est inconnu. Il y avait donc encore sous Louis XVI le même nombre de propriétés, rue Coq-Héron, qu'au commencement du même siècle, c'est-à-dire 14 toits, avec 7 reverbères. Seulement, des gens considérables, que l'histoire n'a pas oubliés, s'y étaient succédé pendant un siècle et demi, dont les hôtels portaient encore le nom avant la grande Révolution.

Dans la propriété du comte de Marçay était mort, le 18 décembre 1759, le maréchal de Coigny, vainqueur de Parme et Guastalla, et dont le fils, lieutenant-général, colonel-général des dragons, avait été en faveur sous Louis XV. Avant le maréchal, qui avait eu Gentil-Bernard pour secrétaire, sous ce toit avait résidé Chamillart, contrôleur-général des finances et ministre de la guerre. Aussi bien la famille de Gesvres y avait succédé antérieurement aux Fontenay-Mareuil, qu'on y voyait encore en 1652 et qui avaient, trente ans plus tard, par l'érection d'une terre en marquisat, savonné leur nom de Duval. Or, l'hôtel Chamillart, qui s'étendait, au xviiie siècle, par son jardin, jusqu'à la rue des Vieux-Augustins, occupait l'emplacement des n°s 3, 5 et 7, sur la rue dont nous réveillons les souvenirs. Il subsiste un corps de bâtiment peu important, dans le fond du n° 3, dont la façade n'a que trente ans : on y héberge les étrangers. De cet immeuble était propriétaire M. Paul Dupont, imprimeur, il n'y a pas beaucoup d'années, et Casimir Périer l'était lui-même, avant M. Dupont, de tout le terrain de l'hôtel Chamillart, dans le sens de la rue Coq-Héron.

Le baron Thoinard de Vougy, fermier général, fit construire, en 1730, sur territoire acquis de l'archevêché, l'hôtel superbe qui, de nos jours, est le siége de la Caisse d'épargne. Cette institution prévoyante profite ainsi, comme d'une première mise, des profusions du financier, qui ont laissé dans la salle où s'exerce la vigilance d'un conseil sur les économies des petites bourses, des panneaux sculptés avec art et de jolis dessus de porte, frappés des armes de de Vougy. Un balcon magnifique, où le fer et la pierre luttent de solidité, règne en diadème sur la porte, mais à l'intérieur, et sur la foule des porteurs de livrets qui la franchissent le dimanche; des ferrures d'escalier, qui ne sont pas moins riches, prouvent également que la maison est douée à un degré providentiel du mérite de bien conserver. Thoinard avait pour gendres M. de Nicolaï, premier président à la Cour des comptes, et M. de la Briffe, président au parlement. Le poëte Demoustier, dont le père était parent de Racine, comme sa mère l'était de la Fontaine, fréquenta beaucoup cet hôtel, lors de la publication de ses *Lettres à Emilie,* lesquelles parurent par volume avec un succès merveilleux, de 1786 à 1798 : son Emilie demeurait là. Mme Benoist d'Ozy, femme d'un directeur des contributions indirectes et mère d'un vice-président de l'Assemblée nationale, inspirait son meilleur ouvrage à Demoustier : combien de femmes en furent jalouses! Pendant le Directoire, le ci-devant hôtel Thoinard fut occupé par la maison de banque des quatre frères Enfantin : l'un d'eux a eu pour fils le *père* des saint-simoniens. Vers le même temps en était locataire Etienne Clavier, helléniste et légiste, ami de Paul-Louis Courier, qui épousa sa fille en 1814. On sait que ce savant fut évincé de la magistrature, pour avoir répondu, lors du procès Moreau, à ceux qui l'engageaient à se prononcer pour la peine capitale, en l'assurant que le premier consul donnerait sa grâce au condamné : — Et moi, qui donc me fera grâce?... Clavier y a connu probablement M. Dupin qui, avant d'être président de la Chambre, y passa un grand nombre d'années et, qui plus est, devint le gendre du propriétaire.

A la Caisse d'épargne également appartient le n° 11, hôtel garni depuis cinquante ans, qu'elle tient du comte de Mallet. Le 13, dont l'aspect est sénile, se contente d'une trop petite porte pour n'avoir pas dépendu de la maison qui précède, ou de celle qui suit ; la tradition veut que cette dernière ait été, par son origine, le logis du prieur des Augustins : son escalier tournoie sur une belle rampe de fer, menant à des appartements, qui n'avaient pas autrefois de cuisines, et dont plusieurs chambres à coucher étaient pourvues d'un corridor, caché par des portes à coulisses. Vraisemblablement le 13 et le 15 ont vu l'impasse Coq-Héron se convertir en rue, par suite de la démolition de l'hôtel de Flandres, ordonnée par François Ier, en 1543.

Mme de Choiseul-Gouffier, pendant que son mari était en Grèce, résidait bien rue Coq-Héron, dans ce que les voyageurs de notre époque nomment l'hôtel des Gaules. Les signes de race de cette propriété sont des sculptures de toutes parts, une cour aristocratique, et un jardin, mais qui ne va plus, comme jadis, jusqu'à l'autre rue par-derrière. La comtesse de Choiseul y remplaçait les Phelypeaux, qui se sont perpétués de père en fils pendant au moins un siècle, dans les principaux ministères, sous les noms de Pontchartrain, Maurepas, Saint-Florentin et la Vrillière : ceux qui craignaient les lettres de cachet n'avaient garde de passer dans le quartier des la Vrillière.

Il est probable que le 19 a fait partie de l'hôtel Phelypeaux, dont la place était occupée en 1652 par les écuries de l'hôtel d'Epernon. On dit aussi que le couvent voisin allait jusque-là dans le principe; mais l'occupation monastique en remonterait au premier établissement des Augustins, bien antérieur lui-même à la transformation de l'impasse en rue.

Balthazard Phelypeaux, marquis de Châteauneuf, a épousé, en 1670, Mlle de Fourcy, fille de Jean de Fourcy, conseiller au grand-conseil, et de Marguerite de Fleuriau;

or, ce dernier nom se rattache à l'histoire de l'hôtel qui, aujourd'hui encore fait face à l'immense résidence de notre dynastie de secrétaires d'Etat. Un de leurs collègues, Fleuriau, chevalier d'Armenonville, dont le fils devint garde des sceaux en 1722, acquit ladite propriété de Barthélemy d'Hervart, contrôleur général des finances, qui venait de la faire bâtir magnifiquement sur le jardin de l'hôtel d'Epernon, déjà nommé; Jean-Louis de Nogaret de Lavalette, duc d'Epernon, avait créé l'hôtel préexistant sur les débris d'une maison à l'image de saint Jacques, qui appartenait, fin du xve siècle, au procureur Jacques Rebours. Les d'Armenonville descendaient d'une famille de marchands, comme Colbert et beaucoup d'autres. Le chancelier de ce nom mourut bientôt au château de Madrid, près Paris. On l'enterra à Saint-Eustache, et l'hôtel passa à son fils, le comte de Morville, ministre des affaires étrangères, membre de l'Académie française, qui figura, comme plénipotentiaire de Louis XV, dans l'accommodement signé le 31 mai 1727 et connu sous le nom de *Préliminaires de Paris*. Celui-ci eut pour fils le marquis d'Armenonville, bailli d'épée de Bar-sur-Seine, brigadier des armées du roi, et qui mourut dans la Bohême. Puis, en 1757, la maison devint l'hôtel de l'intendant général des postes.

Plusieurs immeubles ont dû quitter la place à l'extension de la bureaucratie des Postes, depuis le règne de Louis XVI; mais le 8 n'a été que refait il y a trente ans. Le 6, naguère le bureau des messageries Kellermann, puis Loisel, est encore, par-devant, une maison plus que séculaire; mais un autre grand corps de bâtiment, au moment que voici, est en train de s'élever par-derrière, qui nous donne tout à craindre pour son aîné. Dépendance de l'hôte lBullion dont elle était l'arrière-corps, cette propriété communiqua d'abord avec les galeries enrichies de peintures de Philippe de Champagne, Simon Vouet et Sarrazin; elle fut, dans la suite, convertie en loge maçonnique du Contrat-Social, accessible uniquement par la rue Coq-Héron.

Quand à l'hôtel de Flandre, des flancs duquel a été tirée la rue, il embrassait l'espace compris entre les rues des Vieux-Augustins, Jean-Jacques Rousseau et Coq-Héron. Gui de Dampierre, comte de Flandre, avait acquis vers 1292, d'un sieur Coquillier, une maison hors de ville, près l'impasse qui donna naissance à notre rue; il y ajouta trois arpens achetés à Simon Matiphas de Buci, évêque de Paris; et après lui, Robert, son fils aîné, acquit de l'évêque « le pourpris ou manoir » ayant servi aux Augustins lors de leur première installation. En 1493, l'hôtel appartenait encore à Marie de Bourgogne, fille unique du dernier duc de ce nom, qui épousa Maximilien, archiduc d'Autriche. Un demi-siècle après, les confrères de la Passion, forcés de quitter l'hôpital de la Trinité, vinrent jouer leurs mystères, pendant sept ans, hôtel de Flandre, avant de passer à l'hôtel de Bourgogne, rue Mauconseil.

RUE COQUILLIÈRE.

Hôtel de Soissons. — Mme Proud'hon. — Les Crisenoi. — Le serment du Jeu de paume. — Mme Talma. — Fleury.

L'hôtel de Flandre, que nous venons de citer, était en dehors du Paris circonscrit par Philippe-Auguste, dont une porte, appelée Coquillière, ouvrait entre les rues actuelles de Grenelle et Jean-Jacques Rousseau. Coquillier, qui avait vendu une de ses maisons au comte de Flandre, était d'une famille notable aux xiie et xiiie siècles, dont plusieurs membres sont connus, par exemple Robert et Adam Coquillier, comme signataires de plusieurs actes, et Odeline Coquillière, pour avoir fondé une chapelle à Saint-Eustache en 1262. Porte et rue devaient leur nom aux susdits Coquillier. De l'autre côté de la porte de ville se trouvait un séjour qui, tout à tour, porta la dénomination de Nesle, de la Reine, de Bohême, des Filles pénitentes et de Soissons. Jean de Nesles, sous le règne de saint Louis, en fit hommage à la reine Blanche, qui y rendit le dernier soupir; Philippe-le-Bel en gratifia Charles de Valois, son frère; puis Philippe de Valois, en 1327, c'est-à-dire avant de prendre le sceptre, en favorisa Jean de Luxembourg, roi de Bohême. La fille de ce prince, Bonne de Luxembourg, épousa Jean de France, qui monta sur le trône de son père, Philippe de Valois : le palais de Bohême, par ce mariage, revenait à la Couronne ; il était éclairé par des fenêtres grillées de fils d'archal, et presque étroites comme des meurtrières ; son grand luxe était la sculpture ; son jardin, pourvu d'un bassin avec jet d'eau, agrément peu commun alors, s'étendait depuis la rue d'Orléans jusqu'à Saint-Eustache à peu près ; sa chapelle, dite de la Reine, faisait coin sur la rue de Grenelle. La maison de Savoie, puis la maison d'Anjou disposèrent du manoir royal, qu'on se passait comme une bague au doigt ; Charles VI le racheta, pour en faire présent à son frère le duc d'Orléans. Puis Louis XII accorda aux Filles pénitentes une portion de ce séjour, pour y établir leur maison ; mais Catherine de Médicis transféra ces religieuses rue Saint-Denis, et elle fit contribuer les grands artistes de son temps au rétablissement du palais, pour y fixer sa résidence. L'hôtel de Soissons fut légué par la reine à sa petite-fille, Christine de Lorraine ; la testatrice, par malheur, avait laissé des créanciers, qui le firent vendre à Catherine de Bourbon, la sœur de Henri IV. Thomas-François de Savoie, prince de Carignan, fut le dernier propriétaire de cette hôtellerie princière ; ses créanciers requirent la démolition, en 1748, du palais qui avait tant de fois changé de mains à titre d'abandon, sans déroger jusqu'à la vente. M. de la Voypière, sous Louis XVI, possédait un hôtel, à l'angle de la rue du Four-Saint-Honoré, bâti avec les pierres de l'hôtel de Soissons, sur un point du même sol.

Impossible d'en dire autant d'un autre hôtel, que M. de la Granville avait en ce temps-là presque en face, entre la rue du Jour et la rue Platrière, maintenant Jean-Jacques Rousseau, et que M. Aguado accapara en dernier lieu; François Mausart avait créé pour Charles de l'Aubespine, marquis de Châteauneuf, cette propriété passée à la famille de Laval en 1765. En interrogeant les personnes qui habitent les maisons édifiées à sa place, dont l'alignement n'a été pris qu'en 1850, mais en vertu d'une ordonnance royale de 1847, notre éditeur a fait la connaissance de la portière du 14, qui a vu jeter bas l'œuvre de l'architecte du roi, et que chacun appelle *femme Proudhon*. Aucune alliance que nous sachions avec le sophiste socialiste, seul homme de talent révélé par la révolution de février, ne justifie pareille conjonction; mais les oreilles de la bonne femme lui tintent, depuis que sa maison fut un club, et elle raconte incessamment que si le tumulte des frères et amis de Sobrier et de Proudhon l'a étourdie pour le restant de ses jours, du moins les citoyens clubistes avaient pour elle plus d'égards, plus d'aménité, que les locataires d'à présent, portés à se croire tout permis parce qu'on augmente leurs loyers. En foi de quoi tout le quartier lui a voté, à l'unanimité, le sobriquet de mère Proudhon.

Une plaisanterie d'un autre genre fit traiter de ci-devant hôtel de Casse-Noisette, sous la première République, une propriété dont s'arrondit encore l'angle rue du Bouloi, avec un balcon pour ceinture, également nouée sur la rue Coquillière, et où siégeait à cette époque la 4ᵉ municipalité.

Avec le temps on a pris au sérieux la désignation de Casse-Noisette, qui avait de quoi nous dérouter. D'anciennes écuries de la maison ont été transformées, il est vrai, en une pharmacie ; mais, au lieu de broyer les noisettes au moyen d'un petit étau, les droguistes les passent au pilon, et d'ailleurs cette pharmacie, fondée vers 1750 au n° 22 de la même rue, n'est au 25 que depuis 1804. Des pièces inédites nous ont appris fort heureusement que cet hôtel, paraissant annexé à l'hôtel de la Douane sur le plan de Turgot, ainsi que les n°s 21 et 25 actuels, appartenait du temps de Louis XVI aux Crisenoi, de la maison de Chauvelin, laquelle a fourni un ministre, collègue du cardinal de Fleury, et s'est alliée aux Grouchy, aux Talon, aux Chamillart, etc. Louis Chauvelin de Crisenoi ne fut-il pas, dès le milieu du xviie siècle, receveur général des domaines et bois de la généralité de Paris ? Le domaine n'en a pas moins pris possession de l'hôtel Crisenoi, à l'époque révolutionnaire, pour le céder aux héritiers de Jacques Vaussy, en échange du célèbre Jeu de Paume où avait commencé par un serment l'ère nouvelle, et regardé pour cela même comme un monument national, en exécution de la loi du 23 messidor an vii, conformément à un arrêté consulaire du 19 prairial an ix, et par décision du ministre des finances du 12 messidor même année.

(*La fin de la notice de la rue Coquillière paraîtra dans la livraison suivante.*)

Paris. — Imprimerie de Pommeret et Moreau, 42, rue Vavin.

LIV. 28
LES ANCIENNES MAISONS

Des rues Coquillière, Contrescarpe, de Courcelles, des Coutures-Saint-Gervais, du Croissant et Croix-des-Petits-Champs.

NOTICES FAISANT PARTIE DE L'OUVRAGE INTITULÉ :

LES ANCIENNES MAISONS DE PARIS SOUS NAPOLÉON III

PAR M. LEFEUVE,

Monographies publiées par livraisons séparées en suivant l'ordre alphabétique des rues.

RUE COQUILLIÈRE.

(Fin de la notice.)

Les héritiers Vaussy étaient les mineurs Langlois, Mme Molènes, née Alison, Mlle Vaussy et Angélique-Nicole Langlois, épouse de Jacques-Joseph Talma. Permis de croire, par conséquent, que le crédit du tragédien Talma n'avait pas nui, près du premier consul, à a conclusion de cette affaire en suspens depuis le 20 juin 1789. A l'audience des criées, le 8 floréal an x, fut adjugé à Lemoyne, architecte, l'immeuble attribué à la succession, ancien hôtel Crisenoi, dont une aile tenait alors à Fouché, et le fond à la compagnie Saint-Simon. M. Tiolier, graveur général des monnaies, fut en 1808 l'acquéreur de Lemoyne.

Quelques années auparavant, le comité des halles et marchés tenait des séances, au ci-devant hôtel de Witmer, fermier général, exploité en hôtel garni depuis l'Empire, payant loyer sous la Restauration au général baron de Baltus. Le 22, maison dépourvue de profondeur, garde un escalier à balustres, bâton noueux soutenant sa vieillesse. Au surplus, de l'hôtel Bullion il y avait quelques dépendances sur la voie que nous étudions, et surtout l'hôtel Chamillart longeait exactement celle Coquillière jusqu'à celle des Vieux-Augustins ; les n°s 30, 32 et 34, construits d'une manière identique, en étaient donc, et il eût été à souhaiter que le contrôleur général apportât la même régularité dans le département des finances. Du 29 et de cinq autres maisons qui y tenaient, étaient en possession les Carmélites, aux siècles XVII et XVIII.

Le comédien Fleury avait son logement, en l'an VIII, dans une maison, que font reconnaître sa cour illustrée de sculptures, une rampe en fer tordu dans l'escalier, et le chiffre 44 dont la porte est guillemettée. La distinction de ses manières à la scène, dans l'*Ecole des Bourgeois*, l'*Homme à bonnes fortunes* et le *Chevalier à la Mode* avaient fait de Fleury un modèle, après n'avoir été qu'une copie du temps de l'ancienne cour ; mais il avait failli, sous la Terreur, être traité absolument comme un homme de condition, et jouer le seul rôle qu'on ne saurait répéter. Par ordre de Collot d'Herbois, Fleury, Larive, Dazincourt, Mmes Contat et Raucourt avaient été mis en jugement, à la suite des représentations de l'*Ami des Lois*, et ils eussent succombé assurément si M. de Bussierre, qui ne pouvait les sauver que par un moyen de comédie, n'avait soustrait le dossier de l'accusation au comité de sûreté générale, dont il se trouvait l'employé.

En fin de compte, il existe dans la rue quelques habitations trop décrépites pour qu'on ne les soupçonne pas un peu d'être du xiie siècle comme la rue. On y comptait avant la mort de Louis XIV 42 constructions et 17 luminaires; c'est à peu près le même nombre qu'à présent. Une croix surgissait au carrefour Saint-Eustache, au droit de la rue du Jour.

RUES CONTRESCARPE.

Plusieurs voies de communication portent ce nom, qui leur vient des anciennes portes de Paris, dont elles contournaient l'escarpe.

Le prolongement de la rue du Faubourg-Saint-Antoine jusqu'à la chaussée de Bercy retrécissait le fossé de la Bastille en 1781, et détruisait quelques échoppes, pour lesquelles les officiers de l'état-major de cette place-forte se contentèrent bénévolement d'une légère indemnité, payée par le bureau de la Ville; l'alignement de la rue Amelot, qui se trouvait ainsi continué, avait reculé dans le fossé la contrescarpe du bastion détaché de la demi-lune de la Bastille. C'en était fait, du reste, de la forteresse, qu'un peu plus de murailles et de fossés auraient été impuissants à défendre, lorsqu'on appelait rue Contrescarpe, en 1790, le boulevard qui en est devenu, sous le même titre, ainsi que la seconde édition, remanié vers la fin du règne de Louis-Philippe par l'édilité parisienne.

Une rue Contrescarpe-Dauphine ou de Saint-André s'était ouverte pareillement près de l'ancienne porte de Buci. On l'appelait néanmoins de la Basoche, en 1636, c'est-à-dire trente-six années avant qu'on démolît la porte, qui était devenue hors d'usage, comme le sont à notre époque les portes Saint-Denis et Saint-Martin. Cette rue courbe, sur le plan de 1714, accuse 10 maisons, qui sont les mêmes que de nos jours, et se rétrécit sensiblement, dès-lors, pour déboucher dans celle Saint-André-des-Arts. Des fenêtres à coulisses et à petits carreaux, voire même quelques œils-de-bœuf, lui donnent encore, du côté droit, un aspect assez vénérable; mais ses maisons doyennes sont, à coup sûr, du côté des chiffres impairs. Une niche, au n° 11, est veuve sans doute d'une image devant laquelle on se signait. Le 7, en dépit de sa stature, se contente d'être au rez-de-chaussée une remise de voitures à bras, bien que l'auberge du Cheval-Blanc, qui a gardé tout à côté une physionomie pittoresque, fût, au milieu du dernier siècle, le bureau des carrosses et messageries de Bordeaux, la Rochelle, Tours,

Vendôme, Orléans et Bourges ; il partait une seule voiture par semaine pour chacune des destinations ; le prix était de 96 livres pour Bordeaux, nourriture comprise, 6 sols en sus par livre de bagages. En remontant jusqu'au plan de Gomboust, nous retrouvons ces bâtiments d'auberge, formant déjà leur carré sur une cour, mais dépendant en 1652 de l'hôtel de Lyon, rue Saint-André-des-Arts.

Les murs du fossé de Paris étaient doubles également près la porte Saint-Marcel, que messire de Fourcy, en qualité de prévôt des marchands, obtint de faire démolir, en 1685, pour donner une pente plus douce aux abords des maisons qui existaient à cette époque rue Contrescarpe-Saint-Marcel, et qu'on reprit à 15 pieds sous œuvre, en donnant une indemnité à leurs propriétaires. Les fossés de l'Estrapade, sur lesquels régnait ladite rue, faisaient partie de la ligne de fossés creusés depuis cinq siècles entre les portes Saint-Victor et Saint-Jacques, et qu'on comblait sous Louis XIV.

Les deux propriétés de la rue qui, sous ce règne, dépendaient du quartier de la place Maubert, sont fort probablement les n°s 1, 3 et 5, que nous estimons antérieurs à la reprise opérée sous la prevôté de Fourcy. Le 2, dont les étages font nombre, nous paraît avoir pris assiette sur le nivellement susrelaté, ainsi que le 4 et le 6, dont les constructions basses servent d'ateliers. Un jeu de paume se trouvait au 7, vendu en 1740, à Baptiste Rouillé, officier, dont l'héritier fut Michel Rouillé de Fontaine, conseiller honoraire au parlement.

Audit immeuble se trouvait annexé le cabaret qui arbora, le premier, l'enseigne de la *Pomme-de-Pin*, tournebride dont la fondation remonte à la fin du XIIe siècle et dont Rabelais vantait les agréments. N'oublions pas que la même invocation fut prise par d'autres cabarets, notamment par celui de la rue de la Juiverie, qui se flattait d'y faire suite, et où Racine, Molière, Chapelle, Lafontaine se réunissaient. Une autre buvette risquait la même enseigne, sous Louis XVI, chez un concierge du jardin des Tuileries, à l'extrémité de la terrasse du bord de l'eau : c'était la Pomme-de-Pin des racoleurs. Célèbre étiquette, à coup sûr, et qui méritait d'autant mieux de survivre aux révolutions, que celles-ci ont multiplié jusqu'à l'abus ces sortes d'établissements qui n'avaient pas d'autre raison d'être que la mise en commun de l'esprit! Une portion du n° 7 s'est détachée du ci-devant jeu de Paume ; on y a édifié une maison moderne, qui appartient à la générale Avisard, mais qui porte, en vertu de conventions arrêtées entre la Ville et le précédent détenteur de ladite propriété, une inscription en caractères gothiques, rappelant qu'elle a pris la place du mémorable cabaret. Toutefois le dernier exploitant du fonds historique a cédé lui-même son enseigne à un marchand de vin, rue Mouffetard, dont la boutique fait face à l'inscription, grâce à la création d'une place datant seulement de 1853. Pierre Dupont fait acte d'apparition de temps à autre, comme le curé de Meudon, dans cette buvette aux souvenirs, où une toile, en regard du comptoir, représente la vieille porte Saint-Marcel.

Le 15, qui plie sous les années, est aussi l'endroit où fait coude l'avant-bras de cette rue Contrescarpe, qui reportait onze de ses maisons au contingent du quartier Saint-Benoît. Les n°s 12, 14, 17 et 19 semblent d'un âge plus avancé que le 21, maison à quatre portes, que le 23, qui compte huit étages, dont cinq d'escalier à balustres, filature de coton sous le premier empire. A cette dernière propriété est contiguë une maison à façade percée d'une niche ; vers la fin du siècle précédent, un charpentier y demeurait. Une partie de ces immeubles dépendit néanmoins dit-on, de la caserne de la rue Sainte-Geneviève, annexe de celle de Lourcine ; mais on serait porté à les prendre de préférence pour des couvents.

Impossible de retrouver au juste, car des indications se contrarient, à quel numéro de la rue habitait Catherine Théos, visionnaire exaltée dite la Mère de Dieu, condamnée par le tribunal révolutionnaire et exécutée avec dom Gerle, la marquise de Chatenois et Quéviemont, médecin du duc d'Orléans, le 27 prairial an II.

RUE DE COURCELLES.

Les Folies de Chartres. — Les Morts de l'Hôpital. — La princesse Borghèse. — Vers inédits. — Delorme. — La princesse Mathilde.

Delille a célébré en vers les charmes de ce parc de Monceaux, qu'il ne faut pas confondre avec le palais de Monceaux, habité près de Meaux par Catherine de Médicis. Les Folies de Chartres, créées en 1778 pour le duc de Chartres, prince d'Orléans, au territoire du village de Monceaux, n'ont verdoyé sur le sol parisien que quand les fermiers-généraux eurent ceint Paris du nouveau mur, qui descendit au moyen d'un fossé sur la lisière de ce domaine princier, afin de ne pas gêner la vue, tout en gênant la contrebande. Terrain nu et aride, transformé en jardin anglais, où Carmontel avait fait naître des accidents de fantaisie et amené l'eau en abondance. Le même ordonnateur avait parsemé la propriété, tout comme le peintre d'un paysage eût pu le faire sur la toile, de fabriques, de tombeaux, de forts crénelés, de temples, de pagodes, d'obélisques, de kiosques et de grottes. Ici, un château-fort en ruine, un moulin à vent hollandais, près de vignes plantées à l'italienne ; là, une pompe à feu fonctionnant. Puis, il y avait différents pavillons, celui du prince, le bleu, le jaune, le transparent, le blanc et le chinois; des bancs décorés de statues et auss le temple de Mars, se dégageant, comme principaux motifs, de la ritournelle des rochers, des cavernes, des pyramides égyptiennes, des ruines grecques et gothiques, des péristyles, des jeux de bagues, des rivières, des cascades, des balançoires et des jardins d'hiver. Comment vous dire toutes les pièces disparues de ce spectacle pittoresque, dont Carmontel était le machiniste? Parmi ce qui reste, on remarque la Naumachie, vaste bassin ovale, bordé d'une colonnade corinthienne; un autre bassin, de marbre blanc, où figurait un charmant groupe, de Houdon, le sculpteur du Roi, représentant une femme au bain, derrière laquelle une autre femme, exécutée en plomb et peinte en noir, figurait une négresse tenant d'une main une draperie de marbre blanc également, et de l'autre une aiguière d'or, dont elle répandait, sur le corps de sa belle maîtresse, l'eau qui retombait en nappe dans le bassin.

Un décret de la Convention (floréal an II) ordonna que la Folie de Chartres serait affectée à divers établissements d'utilité publique. Puis on y remit quelques jeux en vigueur, en y donnant des bals d'été, qui n'eurent pas longue réussite. Napoléon Ier gratifia de cette propriété Cambacérès, qui la rendit ensuite à l'Empereur, à cause des frais d'entretien que la jouissance en exigeait. Louis XVIII la restitua à la famille d'Orléans, qui la posséda légalement jusqu'aux décrets présidentiels de janvier 1852, bien que la révolution de Février en eût fait précédemment le quartier-général des ateliers nationaux.

Sur la rue de Courcelles, quels sont les vis-à-vis du parc? Une petite maison de grand seigneur, et du même temps, au n° 77, avec une tour pavoisant le jardin; un fragment de propriété du même genre, que vient de réduire le boulevard de Monceaux et qu'habitait M. Nisard, de l'Académie française; le 61, autre cottage acquis en 1848 des héritiers de M. Daingremont, officier supérieur, par M. Artaud, vice-recteur de l'Académie de Paris; puis les portes de derrière de l'hôpital Beaujon, fondé sous le titre d'hospice Saint-Nicolas, celles de la chapelle, du jardin et d'une sorte de purgatoire, d'où les morts que ne réclame personne sont dirigés dans les amphithéâtres où, sur un lit, froid comme eux-mêmes, une clinique posthume les attend.

Un corps de garde, supprimé depuis peu, était pris sur des constructions qui dépendent aujourd'hui encore des anciennes Folies de Chartres, mais qui servent de succursale aux écuries de l'Empereur. Là commençait naguère la rue de Chartres, qui s'appela rue de Mantoue, depuis l'an VI jusqu'à la rentrée des Bourbons, en commémoration de l'évacuation de cette ville par les Autrichiens, ayant eu lieu le 14 pluviôse an V. Mais avant que le fils aîné du duc d'Orléans y eût une propriété, la rue de Chartres portait la dénomination de Chemin de Courcelles, faisant suite à la rue de Villiers, dite de Courcelles en des lettres patentes de 1769.

Un bas-relief, un antique décore la façade du 40, depuis qu'il s'est séparé du 38, que M. le comte de Castellane achetait, en 1838, de la famille du comte de Vichy, qui lui-même l'avait acquis de François de Belle, général d'artillerie, le 3 pluviôse an x. En 1792, ledit hôtel, qui ne s'est pas divisé avant M. de Vichy, se trouvait à la disposition de Jacques-Ezéchiel de Trémouille, ci-devant conseiller du roi en ses conseils, et nommé président de la cour des Monnaies en 1781. Ce dernier l'avait hérité de son beau-père, M. d'Emery, lequel était mort porte-manteau honoraire du duc d'Angoulême, fils du comte d'Artois, après l'avoir fait élever sur un terrain à lui vendu par les héritiers de Lebouteux, maître-jardinier. Mais l'officier de la maison princière n'avait pas plus habité rue de Courcelles que son gendre, le président.

Tout porte à croire que, dans le voisinage des Folies de Chartres, un autre prince originairement a fait sa petite maison de la propriété dont nous parlons : une chaise à bascule a été retrouvée dans les greniers, comme pièce de conviction, avant que les médecins se fussent approprié l'usage de cette trappe mobilière. D'Emery et Trémouille y eurent ensuite pour locataires : 1° la marquise de Choiseul, jusqu'à la mort de l'illustre duc du même nom, ancien ministre de Louis XV ; 2° le marquis de Gouffier, mestre-de-camp de cavalerie, et la famille Gouffier s'y allia à celle de Choiseul, par le mariage de la fille du marquis avec le comte qui, sous le nom de Choiseul-Gouffier, joua depuis lors un assez grand rôle ; 3° Antonio de la Cerda è Veraa, marquis de la Rosa et de la Mota de Treco, succédant au marquis de Gouffier en l'année 1788, et premier maître d'hôtel du prince des Asturies.

La princesse Borghèse, sœur de Napoléon, occupa sous l'Empire ce même hôtel, dont l'état délabré, en ce qui regarde le n° 38, attend encore une Restauration. On y remarque une salle à manger qui a dû être fort jolie ; un paysage sylvatique en revêt les murs et le plafond ; des glaces figurent l'eau qui dort au lointain, et des nervures capricieuses qui parcourent le cristal, jouent le rôle de roseaux. Le jardin suisse, sur lequel s'éclairait la pièce, a été par malheur réduit et transformé en cour ; il en reste toutefois quelques arbres. Un beau portrait de Pauline Borghèse figure encore dans le plus grand salon, que d'autres portraits de la famille Bonaparte accompagnaient sous le premier empire ; il est signé Goubaud, et daté de 1811. Ce millésime rappelle pourtant l'année où l'empereur exila de la cour cette même princesse Pauline, qui avait été loin de montrer des égards à la seconde impératrice. La même date se rapporte encore à une belle statue de Canova, modelée sur la princesse, et qui fut envoyée au prince Borghèse, en Italie : seul rapprochement que celui-ci crut possible ! Pauline se contentait alors de cette maison, faute de l'Élysée ; elle y recevait, comme au château de Neuilly, des gens de lettres, des artistes, cour qui remplaçait l'autre, et le musicien Blangini y charmait d'indiscrets échos. La veuve de Murat, en 1837, revint en pèlerinage visiter cette habitation, qu'elle avait fréquentée avec assiduité ; son émotion fut vive, quand se rouvrit pour elle la porte de la chambre blanche, et des souvenirs assoupis se réveillèrent, que ni l'absence ni la mort n'avaient entièrement refroidis.

Sous la Restauration et sous Louis-Philippe, mais à des dates différentes, cet hôtel de la rue de Courcelles servait encore de séjour : à la princesse de Cantacuzène, laquelle y épousa le marquis de Bedmar ; à Charles Dickens, cette notabilité contemporaine de la littérature anglaise ; à sir Henry Lylton Bulwer, ambassadeur d'Angleterre à Constantinople, et au duc de Cambacérès.

Sa mauvaise étoile a voulu, car les maisons subissent une destinée, qu'un maître de pension en fût ensuite le locataire, pendant un certain nombre d'années. Le temps n'allait pas assez vite, au gré des jeunes élèves qui en dégradaient à plaisir tous les ornements intérieurs. On sait que cet âge est sans pitié !

C'est au 34 qu'habite Mme Rousset, nonagénaire, cousine du maréchal Moncey. M. le comte de Saint-Géniès a, dans les vers suivants, caractérisé le mérite de cette dame, chère à tous ceux qui la connaissent, par ses vertus et son esprit :

De vous garder longtemps, l'espoir nous est permis.
Pour conserver vos jours veillent des dieux amis,
L'Esprit qui, toujours jeune, est toujours sûr de plaire,
    La Grâce, unie à la Raison,
L'Amitié courageuse, éclairée et sincère,
La Bonté qu'on chérit, la Vertu qu'on révère,
    Et le Bonheur, leur compagnon.
    Ces habitants de la céleste sphère
    Daignent rarement la quitter :
    Ils viennent peu nous visiter.
Ainsi, votre présence au monde est nécessaire ;
Car ces aimables dieux, pour les représenter,
    Ont besoin de vous sur la terre,
    Et vous ordonnent d'y rester.

Or, le 34, le 32 et le 30 sont un groupe de charmants cottages, tout empreints de villégiature, occupés par Mme la duchesse douairière de Polignac, M. Edouard Thayer, sénateur, M. le comte Joachim Murat, député, M. Ulric Guttinguer, homme de lettres, etc. M. le comte de Persigny a figuré lui-même parmi les locataires de ces villas, situées au point de section du nouveau boulevard de Beaujon, qui va faire disparaître les unes et contrarier l'orientation des autres. Delorme, ex-avocat au parlement de Nancy, et pourvu, à ce qu'on dit, d'un titre de marquis, ainsi que M. Thiers d'un titre de baron, sans vouloir jamais s'en parer, et le moyen de lui en vouloir ! a fait bâtir presque toute cette cité ; le reste est de M. Belle, présentement architecte du Théâtre-Italien. Ce Delorme, en 1808, édifia une galerie, qui porte son nom dans un autre quartier, et pour laquelle il utilisa les matériaux du château de Villegénis, qu'il jeta bas pour le refaire à neuf et puis le vendre au prince Jérôme; il avait acheté de même, en 1816, l'ancienne salle de spectacle de la rue de la Victoire, afin d'y établir des bains. Le même gros propriétaire, beau-père du marquis de Tamisier, et qui habitait le maître-hôtel où lui succéda, rue de Courcelles, le général Herrera, ex-président de la République du Pérou, avait offert à la patrie, le 21 mai 1815, une rente de 6,000 fr., avec le sacrifice de sa personne, laquelle ne bornait pas ses galanteries aux gouvernements de son choix.

Le palais de la princesse Mathilde, protectrice des arts et des lettres, comme chacun sait à notre époque, n'a coûté qu'un million à Delorme: la reine Marie-Christine l'obtint encore à moitié prix, sous le règne de Louis-Philippe; l'empereur actuel l'eut pour 800,000 fr., et il en dota sa cousine, qui habitait d'abord le n° 12 de la rue.

Si nous passons ici le 16, c'est que nous en avons parlé suffisamment dans notre *Histoire du Lycée Bonaparte*, à propos d'une pension qui suit les cours de ce collége.

RUE DES COUTURES-SAINT-GERVAIS.

Ici la scène change encore. Des hôtels de robe courte et des maisons bourgeoises du XVIIe siècle occupent tout un côté; deux de ces propriétés ont dû se rattacher, corps de bâtiments latéraux, aux hôtels de messires Caumartin et Villedo, qui sont visibles rue Vieille-du-Temple sur le plan dressé par Gomboust, mais que remplace dans Turgot uniquement l'hôtel d'Epernon. De l'autre côté, un petit palais se cache, dont le *Magasin pittoresque* a mieux parlé que les livres sur Paris, propriété de M. Roussilhe, occupée par l'école centrale des Arts et des Manufactures, après l'avoir été un peu avant par une pension de l'université. La rue des Coutures-Saint-Gervais, ainsi que celle Saint-Gervais, fut ouverte en l'an 1620, sur les cultures du même nom, qui faisaient autrefois partie du clos de Saint-Ladre et de la Courtille-Barbette. Mais la rue Saint-Gervais fut dite aussi rue des Morins, parce qu'elle conduisait à des chantiers appartenant à une famille ainsi appelée. Au coin de la rue Vieille-du-Temple, place reste à des pans de maison sans rapport architectural avec les constructions de l'école centrale, auxquelles ils se trouvent contigus depuis la naissance presque de la rue; mais ils appartenaient sans doute aux dames hospitalières de Saint-Gervais; on remarque en effet à cet angle, sur un ancien plan de Paris, une sorte de galerie de cloître, et la chapelle du grand hôtel paraît y occuper l'encoignure opposée, du côté de la rue Thorigny. De plus, à l'époque révolutionnaire, on mit là en dépôt des livres sauvés du pillage dans la maison de l'archevêque, dans d'autres hôtels, et principalement dans des maisons religieuses du quartier; la bibliothèque de la Ville les restitua, un peu plus tard, au domaine public des études. Plusieurs de ces ouvrages précisément rappellent que la rue des Coutures portait encore, en 1653, outre cette dénomination, celle de rue de l'hospice Saint-Gervais. De cette communauté hospitalière, nous avons eu à parler au lecteur, dans la notice de la rue des Blancs-Manteaux.

Le *Tableau de Paris*, de Saint-Victor, commet une petite erreur en disant que l'hôtel Salé est au coin de la rue Cuture-Sainte-Catherine, attendu que le voici bien, école centrale depuis 1830. Or, le grain de sel est à décomposer, qui lui valut le nom qu'il conserva jusqu'à la grande révolution, car ce n'était pas un nom propre. En 1656, le traitant Aubert de Fontenai fit bâtir cette maison splendide, sur une partie de la Culture-Saint-Gervais qu'il avait acquise; comme il était intéressé dans les gabelles, et que l'établissement de cet hôtel lui coûtait une somme énorme, c'est lui-même qui fit l'épigramme, en disant : « Quel hôtel salé! »

Qui fuerant dulces, salibus vitiantur amaris.

On ne connaît pourtant le nom d'aucun des artistes distingués qui ont coopéré à l'œuvre. L'entrée par la rue Thorigny est magistrale; une belle page d'architecture sert de façade sur le jardin, et le verso vaut la photographie: des colonnes corinthiennes décorent aussi les cours; un escalier royal est paré de sculptures superbes; une salle dite de Jupiter et d'autres pièces montrent de belles peintures, parmi lesquelles sont des originaux, tels qu'un *Enlèvement d'Europe*, une *Diane* et un *Jupiter* : toutes ces merveilles vouées à l'incognito, comme si elles revenaient de Pompéi, prouvent encore qu'avant l'interrègne des traditions du goût, dans notre ville, on ne comptait pas les chefs-d'œuvre.

Il est vrai que le duc de Villeroi, probablement le quatrième du nom, dit en Bretagne le duc de Retz, époux de Marie-Rénée de Montmorency-Luxembourg, eut ses pénates dans cette résidence, postérieurement à Le Camus, secrétaire du roi, cessionnaire d'Aubert de Fontenai. N'en sommes-nous pas réduit à faire honneur au susdit seigneur Le Camus, d'un chiffre qui se répète plusieurs fois dans l'ornementation locale, où il n'entre que les lettres A. C. ?

Telles n'étaient pas du moins les initiales du nom de M. de Juigné, prélat qui érigea en titre l'hôtel Salé, pendant quelque temps, sous Louis XVI, en un palais archiépiscopal. L'escalier fut tendu en velours, couleur de pourpre, comme dans l'attente d'une dignité de plus, l'archevêque de Paris pouvant espérer de Pie VI le chapeau des princes de l'Eglise. Mais le passage de Sa Grandeur laissa des traces qui font bien quelque tort aux tableaux illustrant la demeure; des artistes, par ses ordres, posèrent avec leur pinceau quelque gaze sur les nudités de la peinture, voile abaissé par d'impérieux scrupules, avec des regrets transparents, mais que l'art en demi-deuil supporte comme un crêpe! M. de Juigné assistait à Versailles, comme député aux Etats-Généraux, à l'Assemblée du 24 juin 1789, à l'issue de laquelle sa voiture fut criblée de pierres. Le marquis de Clermont-Saint-Jean, à la famille duquel il était allié, l'accueillit en Savoie, quand les mauvais jours devinrent pires.

RUE DU CROISSANT.

Les falots de l'Opéra. — Le gouverneur de l'Ile-de-France. — Les Colbert. — L'hôtel de Mars. — Maison Badin. — Ce qu'était la rue avant 1739. — M. de Manneville. — Le chancelier Séguier. — Molière et Lafontaine.

Le théâtre de l'Opéra, pour lequel fut construite, sous le règne de Louis XVI, la salle de la Porte-Saint-Martin, donnait alors des bals comme à présent; amusants d'une autre manière, mais n'en ayant que plus de raisons d'être; moins animés, mais tout aussi cohue; moins petite Bourse des amours, car l'offre y devançait la demande, la grande affaire étant de plaire et de se faire regretter fin courant! Tripot de galanteries clandestines, où les bons mots, la belle humeur servaient de fiches à marquer les points; où l'enjeu profitait de l'incognito du masque pour grossir ou pour s'amoindrir à volonté; où les parties se jouaient toutefois au pair, avec les mêmes règles des deux parts, après que les cartes eussent été bien mêlées de ce qu'on nommait encore les bonnes fortunes ; où enfin le caprice et l'esprit luttaient à l'aventure contre les réputations toutes faites, dominos diurnes qui donnent le change, autant que les dominos du bal, sur le mérite personnel ! Ce n'était pas le samedi, mais le dimanche, qu'avait lieu le bal de l'Opéra, toutes les semaines, depuis la Saint-Martin jusqu'à l'Avent et depuis le jour des Rois jusqu'au Carême, outre les jeudi, lundi et mardi-gras. On y allait masqué ou non ; le prix d'entrée était de six livres ; les portes s'ouvraient à onze heures, elles se refermaient à six. Les carrosses de maître, les fiacres et quelques chaises à porteurs faisaient bien sentinelle dehors, pour protéger à la sortie contre la fraîcheur matinale l'ivresse qu'avaient produite les intrigues, la raillerie, le rire, la chaleur, la poussière et un va-et-vient prompt à changer de bras, de conversation et d'illusion. Il y avait aussi à la porte, comme à l'issue de tous les spectacles, un certain nombre de *falots*. On appelait ainsi des porteurs de lanternes numérotées, qui se chargeaient, quand manquaient les voitures, de reconduire les gens à domicile, jusqu'au palier de l'étage qu'ils habitaient, moyennant une rétribution variant selon l'heure et la distance.

Un de ces officieux lampadaires, en ramenant rue du Croissant, par une nuit de carnaval, M. David, un chevalier de Saint-Louis, ancien gouverneur général des îles de France et de Bourbon, l'escorta ponctuellement jusqu'au seuil même de son appartement, accepta sans réplique une pièce de 24 sols. Le lendemain seulement, M. David, bien que son âge tournât le dos à celui des étourderies, s'aperçut que sa montre était restée dans les mains du falot, qui l'avait aidé au départ à se draper de son manteau, et le froid, la mauvaise humeur, probablement le contre-coup de quelque déception au bal, l'avaient empêché de prendre garde au numéro de la lanterne. De courir néanmoins chez son ami le chevalier Duboys, commandant de la garde de Paris et chevalier du guet. — Mais, mon cher, lui dit celui-ci, le mal est sans remède. Je ne peux pas faire arrêter tous les falots, pour en pendre un que tu ne sais pas désigner, et les bourgeois attardés m'en voudraient si j'allais les priver, ce soir, de leurs réverbères ambulants. — Avoue plutôt, reprend le plaignant, que tous ces porteurs de lanternes sont des espions de police qu'on ménage. Pourquoi ne pas les choisir honnêtes? — Tu en parles à ton aise, réplique alors le chevalier du guet; mais où trouver un honnête homme qui se fasse *mouche* par dévouement.

L'ancien gouverneur colonial, victime de cette petite mésaventure, possédait un fort bel hôtel. Il était d'une maison anoblie à Salins ou d'une autre maison du Midi, de laquelle faisait partie Alexandre-Alphonse-Joseph, dit le marquis de David, fils de David, comte de Saint-André, puis de Beauregard, et dont les armoiries à allusion biblique comportaient une harpe d'or, avec ces mots : *Memento nomme David.* Par contrat du 30 décembre 1770, Jeanne David, fille du gouverneur, avait épousé Louis-Henri-François, comte de Colbert, lieutenant aux gardes-françaises, puis *lieutenant de roi au comté Nantois*, second fils de François Colbert, marquis de Chabanais, mort maréchal-de-camp en 1765. Il est probable que le père de la comtesse avait connu le marquis de Beauharnais, gouverneur et lieutenant-général pour le roi de la Martinique et autres îles; ce qui put valoir par suite à sa famille la protection de Bonaparte, pour rentrer dans la possession de cet hôtel et d'autres biens confisqués à l'époque de la Révolution. Pourtant Stofflet, qui avait été le garde-chasse d'un des frères Colbert, demanda lui-même, en 1794, pour faire sa paix avec la République, que son ancien maître recouvrât sa légitime propriété; de plus, presque tous les petits-neveux du ministre de Louis XIV servirent vaillamment l'Empire. L'un des cinq héritiers de Jeanne David, veuve du comte de Colbert, s'appelait Pierre-David de Colbert, lieutenant-général des armées du roi; un autre, Louis-Pierre-Alphonse de Colbert, passa maréchal-de-camp en 1814. Quant à l'aide-de-camp de Napoléon Ier, qui le fut ensuite de Louis-Philippe, il occupait encore, sous la Restauration, l'hôtel qui a gardé son nom et que, pour mettre ordre à ses affaires, il vendit, en y demeurant comme locataire. Le baron Louis, ancien ministre, occupait un appartement sous le même toit. Dans cet immeuble, que mesurent deux escaliers à ferrures de l'autre siècle et qui replie chaque matin sur lui-même les deux battants d'une porte colossale, fut fondé un journal, dont le premier numéro parut le 15 juillet 1836 ; la présente notice sur la rue du Croissant a vu le jour dans cette feuille, *le Siècle*, dont les bureaux y sont encore, ainsi que ceux du *Charivari*.

Un sieur Duval était propriétaire, avant la fin du règne de Louis XV, des constructions auxquelles ont succédé, aux n°s 12 et 14, l'immeuble où s'imprime *la Patrie*. M. Preissac de Marestang, dit le vicomte d'Eselignac, époux de Charlotte de Varagnes et fils du marquis de Gardouch, disposait de la maison voisine au même temps; l'enseigne de cet hôtel de Mars à l'usage des voyageurs doit remonter à l'époque déjà loin où les poëtes et les peintres maintenaient le paganisme à la mode : les dieux et les demi-dieux qu'on invoque, depuis lors, sont certainement plus ballottés, mais élus à d'autres scrutins.

Un gros propriétaire, M. Badin, signe aujourd'hui, en fort bon nombre, les quittances de loyer du 8; son devancier, au dernier siècle, possédait aussi des immeubles sur différents points de Paris, et donna à la rue Cadet son propre nom, prodigalité peu ruineuse. La demi-lune, ménagée à l'entrée de cette ruche aux petits ménages, est marquée sur le plan de 1739, où la maison figure avec jardin; n'y est pas indiquée de même l'échancrure de l'hôtel Colbert; au surplus, les plans des années 1707 et 1717 ne fortifient la rue qui nous occupe que d'une seule de ces innocentes demi-lunes, facilitant dans les rues trop étroites la circulation d'une voiture. Gomboust, en 1652, ne fait voir qu'un jardin, longeant ce côté de la voie à une distance suffisante pour que des maisons le précèdent, mais qui ne sont nullement accusées. La rue portait déjà, l'an 1612, son nom, qui lui venait d'une enseigne; les livres sur Paris en conviennent, mais leurs découvertes se restreignent, rue du Croissant, à ce trop peu de documents. Pour en vérifier la valeur, nous avons comparé l'enceinte de Paris sous Charles V à celle de Henri IV, et le fait est que le sol de la rue, exclu de Paris par la première, y fut incorporé par la seconde.

En 1739, étaient en façade sur la voie, tels que nous les voyons encore, les n°ˢ 1, 2, 3, 4, 5, 6, 7, 8, 10, 16, 18, 20 et 22. Sieurs Cardinal et Desnoyers payaient, un peu plus tard, droit de cens à l'archevêque de Paris pour le 6 et le 4, actuellement divisés en deux petits hôtels garnis, et pour le 2, dont le devant est vieux et bas avec une grande porte. Le 1 et le 3 sont le flanc gauche du ci-devant hôtel de Chalabre, mis en loterie sous la Révolution et qui donne rue du Sentier. Le 5, fier d'une rampe en fer, d'un mascaron et d'une prestance qui sent toujours le tiers-état, appartenait à un bourgeois, Guyot. Le 7, ouvrant rue Saint-Joseph, a gardé à ses fenêtres les grilles d'appui du temps de M. de Varagnes, jouissant de cette propriété qui formait équerre, en ce temps-là, sur un jardin, occupé aujourd'hui par une maison moderne et par la rue. A l'encoignure de ce n° 7, l'ancienne ruelle du Croissant change d'alignement et s'élargit en rue.

Le président Massu, contemporain de David, avait le n° 18, qui devint, sans que ce fût par son fait, un tripot où se jouait la belle et le biribi. M. de Pressigny, fermier général, était le second voisin du président, mais sa propriété avait accès principalement rue des Jeûneurs. Quant à l'immeuble en partie double, sis au coin de la rue Montmartre, il appartient en ce temps-ci à deux propriétaires différents, bien que l'issue en soit une et l'origine commune. Il était déjà divisé en 1769, car le fond en appartenait à M. Gamont et le devant, faisant angle, à M. Zilgens, dit Éclair, qui eut pour héritier son fils, un avocat au parlement. Un café se tient à ladite encoignure depuis assez longtemps ; lorsqu'on en refit la devanture, en 1852, une affiche fut trouvée intacte sous la boiserie qui annonçait, mais un peu tard, une vente pour 1784. Sur M. de Manneville, émigré, fut saisie la portion de cette propriété que M. Gamont avait eue. Or, demoiselle Charlotte-Jacqueline-Françoise de Manneville, cousine de la duchesse de Rochechouart, avait épousé, en l'année 1754, Colbert, comte de Maulevrier ; cette comtesse de Colbert était de la famille des Manneville, gouverneurs de Dieppe. Il vivait, d'autre part, un Jean-Robert Gosselin de Manneville, chevalier de Saint-Louis, en 1766.

Il n'y a plus que deux propriétés que nous n'ayons pas restituées aux détenteurs sujets du roi Louis XV. A M. de la Planche était une maison, à l'autre coin de la rue Montmartre ; à l'église Saint-Eustache appartenait le cimetière Saint-Joseph, qui venait après. Par suite d'un échange, le chancelier Séguier céda, en 1625, à Saint-Eustache, dont il était le premier marguillier, le terrain où il fit construire une chapelle dont il posa, seulement quinze ans après, la première pierre, bénite par le curé Etienne Tonnellier. Médiocre était l'architecture de cette petite église, qui n'avait ni fonts baptismaux, ni saint-ciboire ; mais, si l'on n'y baptisait pas, en revanche on enterrait les gens à l'ombre de son édifice, qui, avant d'être jeté bas, devint le chef-lieu d'une section pendant la République.

La dépouille mortelle de Molière reposait dans ce cimetière, en vertu du permis d'inhumation signé, en 1674, par M. de Harlay, archevêque de Paris ; on croit même qu'à côté de Molière gisaient les restes de Lafontaine, ce que depuis on a contesté. Néanmoins, avant d'établir le marché Saint-Joseph à la place de l'église et de l'asile mortuaire du même nom, l'autorité chargea des commissaires de relever les cendres des deux poëtes, qu'on alla déposer au musée des Petits-Augustins, et qu'en 1816 on transféra au Père-Lachaise, sans séparer ces deux grands noms, conviés ainsi que l'un par l'autre au banquet de l'éternité ici-bas promise au génie, comme aux âmes dans un autre monde.

RUE CROIX-DES-PETITS-CHAMPS.

Comment se rajeunissent les maisons. — Le bureau de l'Union. — Hôtels et hôtelleries. — Le duc de Gesvres. — Mme d'Etioles. — La Vaudry. — Les Luthiers. — Guerbois. — Les Petites-Affiches.

On fait fi de l'amidon en poudre, qui cachait la neige des années sur la tête de nos aïeules; mais, à son tour, le XIXe siècle, à force de remonter à la source de l'eau fabuleuse de Jouvence, a fait sourdre l'eau de la Floride, qui restitue aux cheveux grisonnants la nuance de la première jeunesse. Les révolutions des Etats, qui ont aussi leur coquetterie, dont les progrès se font sentir, ont ce mobile : ne dater que d'hier, en désavouant les jours qui précédaient. Ainsi qu'un très-grand nombre de dames, est-ce que bien des maisons elles-mêmes ne se rajeunissent pas par la tête ? Ne se coiffent-elles pas d'un ou de plusieurs étages qui les grandissent, sans recourir aux échasses? Fort heureusement M. Rousseau, qui, rue par rue, mesure chaque maison, pour nous transmettre successivement ses notes, croit ne blesser aucune bienséance en marquant celles qui portent perruque.

Par exemple, on a surchargé une maison fort originale, au coin de la rue de la Vrillière et de la rue Croix-des-Petits-Champs; autrefois, son dernier étage était le second, dont le joli balcon borde les bureaux de *l'Union*, feuille à la rédaction de laquelle nous ne sommes pas toujours étranger. Le ministre Portalis a constitué un majorat appelé à se perpétuer dans sa famille, et cette propriété y est inféodée, dont l'architecte, en 1733, avait nom Pierre Des-

maisons, chevalier de Saint-Michel, membre de l'Académie. Hébert, dans *l'Almanach de Paris pour* 1780, disait : « Elle
« forme une encoignure en tour ronde accompagnée de deux
« trompes ; la proportion de son ordonnance et la hardiesse
« de sa construction ont mérité l'approbation générale. »

Au reste, la rue Croix-des-Petits-Champs, ainsi nommée dès le xixe siècle, ne s'était prolongée jusqu'à la place des Victoires, lors de la création de cette place par le maréchal d'Aubusson de la Feuillade, qu'en prenant de ce côté la dénomination de rue d'Aubusson, qui ne lui resta pas. En 1615, il y avait encore un moulin, entre la rue Coquillière et le sol de ladite place, qu'occupait un hôtel d'Emery ; l'ancienne butte du moulin n'ayant pas été aplanie donna l'idée d'un changement de niveau qui, comme toujours, causa des préjudices, en encaissant le rez-de-chaussée des maisons, et en faisant descendre au rang de fossé le jardin du Palais-Royal. *L'hôtel de la Marine*, dont le meilleur passeport est pour nous une vieille rampe en fer tordu, accueille de fort longue date les voyageurs ; il y avait bien dans la rue, sous Louis XV, quatre hôtelleries, desquelles deux étaient tenues par des loueurs de carrosses, Gabaret et Francieu, hôtel d'Anjou et hôtel de Bourbon ; l'une de ces maisons, à coup sûr, occupait les anciens bureaux de la compagnie du Sénégal, maintenant hôtel de la Marine.

La famille de Lussan avait son grand hôtel au n° 38, trop bien remis à neuf, depuis onze ans, pour qu'on y revoie une tache d'huile qu'avait faite, disait-on, la mauvaise humeur de Colbert, en renversant sur le plancher la lampe du comte de Lussan, attaché au prince de Condé. Puis la maison fut dite du Lombard, lorsqu'un mont-de-piété, appelé alors mont de Milan, s'y installa au dernier siècle. Tripier, avocat estimé, qui l'habita ultérieurement, la laissa à ses héritiers.

Le 35, où se trouve un chemisier, a gardé dans sa propre cour une chemise brodée de sculptures, qui faisait partie du trousseau qu'apporta à cette résidence le duc de Gesvres, gouverneur de Paris, qui ne ferma pas la corbeille sans y mettre les armes du roi, comme premier gentilhomme de sa chambre; l'écu en est visible encore, mais privé de signes sur la porte, et une ancre de vaisseau, qu'y avait ajoutée, en 1750, une compagnie d'assurances, a été radiée également. On eût pu rehausser cette ancre, un peu plus tard, d'un jeu de cartes en sautoir; toutefois, la police n'eut pas besoin de cet indice pour y dépister un tripot, dont un autre duc de Gesvres, encore gouverneur de Paris, sut à peine qu'on purgeait l'hôtel où avait été son berceau. Celui-ci aimait fort à rire; son dos était chargé d'une bosse, qui lui fit dire au peuple, un jour d'émeute : — Mes amis, personne plus que moi n'a à se plaindre des abus *féodaux*.

Du vieux balcon fleurdelysé, qui régnait dans la cour, n° 31, il ne reste plus qu'une moitié, qui va être sacrifiée à l'établissement de magasins. Un escalier à jolie rampe lui survivra, dans le bâtiment du fond qui communique rue Neuve-des-Bons-Enfants, et aidera encore à reconnaître une maison bâtie, disent les actes, pour une des plaisantes d'Henri IV, qui en fit don aux religieuses de Crécy, auxquelles depuis 120 ans a succédé, comme propriétaire, la famille qui en jouit maintenant.

La présence dans les environs de plusieurs compagnies maritimes et d'une auberge de la Marine, justifie une tradition qui veut que ce département ait siégé n° 27. Aujourd'hui c'est l'hôtel du Levant, qui ouvre par une belle porte à clous, et dont les chambres ont conservé des dessus de portes peints et sculptés, auxquelles conduisent des degrés, protégés par une belle ferrure du même âge.

L'exhaussement du sol nous explique les vestiges de

peintures adhérentes aux caves du 25. Seulement, comme son joli balcon n'a pas du tout l'air, sur la rue, d'être descendu d'un étage, on peut jurer que l'auteur des raccords était un homme de talent. Cet immeuble adjugé au citoyen Marck, le 18 prairial an III, et pourvu alors d'un jardin, avait été l'hôtel du lieutenant général Scepeaux, marquis de Beaupréau, mari de Mlle Duché, père de la comtesse de la Tour-d'Auvergne. Néanmoins un banquier, nommé Rougemont, y demeurait vers la fin du règne de Louis XVI, époque où de grandes maisons de banque et de commerce étaient déjà créées aux alentours, notamment la maison Delessert, rue Coq-Héron, n° 3.

La propriété adjacente fut vendue par M. Mallat, gendre de Tripier, au baron de Nivière, avant de passer au père Brion, loueur de voitures. Au commencement de l'Empire, on y dînait, chez un traiteur appelé Barbet.

On avait dîné de même au 21, pendant tout le demi-siècle qui venait d'échoir, car il y avait une table d'hôte à 32 sols, prix moyen de ce temps-là, et jusqu'à des appartements qui coûtaient 400 livres par mois, à l'hôtel de Bretagne, dont l'enseigne, vers 1805, a été arborée en face de son premier local. Un roman fit descendre Faublas à cet hôtel, qui n'avait rien d'imaginaire, puisque nous en donnons l'adresse. Deux des fils du marquis de Juigné, colonel du régiment d'Orléans, tué à la bataille de Guastalla, et qui furent députés aux Etats-Généraux, comme leur frère, l'archevêque de Paris, donnaient à bail cette propriété; puis la Nation se l'appliqua. Un écusson ovale, en marbre noir, portant en lettres d'or l'enseigne de l'hôtellerie, en a été exhumée de notre temps, puis une borne fleurdelysée, d'une époque plus reculée. Aussi bien un passage usuel, sous le bâtiment du milieu, permet de gagner les construction du fond; ce tunnel entr'ouvre le cercueil, pour ainsi dire, du rez-de-chaussée, qu'on a enterré vif, en élevant les abords de la place des Victoires, et qui s'est transformé en un premier berceau de caves, qui garde le niveau du jardin du Palais-Royal. Un escalier de palais, bien conservé, carré et tout en pierre, et puis des mansardes sur la rue, qui semblent avoir servi de modèle à celles du château de Chantilly, font remonter à la fin du xvie siècle l'origine de ce bel hôtel, qui fut celui de l'abbé de Saint-Honoré. Au surplus, la maison, en jetant le froc aux orties pour ouvrir ses portes à tout venant, fut le berceau de royales amours. Les premiers rendez-vous de Louis XV et de la future marquise de Pompadour avaient lieu rue Croix-des-Petits-Champs ; une publicité ménagée par des indiscrétions graduelles préparait pour Mme d'Etioles la succession de Mme de Châteauroux : le roi entrait à l'hôtel de Bretagne par une porte rue Neuve-des-Bons-Enfants, où le suivaient deux de ses courtisans, et peu à peu la nouvelle favorite s'établit hautement à Versailles.

Un ordre moins relevé de galanteries avait sa chancellerie chez la Vaudry, qui logeait aussi dans la rue ; nous croyons que c'est au 28, dont la porte bâtarde se prêtait au mystère, comme le balcon aux œillades. Mais la réputation de cette voie publique n'en a pas été entachée ; elle avait une spécialité musicale et presque éolienne, comme quartier-général des luthiers, lorsque la harpe faisait fureur. Les facteurs d'instruments ne l'ont pas entièrement quittée ; mais on chercherait en vain le n° 11, dans une des maisons édifiées par le chapitre de Saint-Honoré, pour en percevoir le revenu, la boutique d'un luthier qui faisait danser des violons, du temps de Grétry, par un mécanisme à musique, et qui attroupa tout Paris successivement devant sa porte. On remarque, par exemple, au 32, un magasin de layetier-emballeur, portant la date de 1740. Est-ce par modestie qu'aucun millésime ne s'affiche chez le successeur de Guerbois, pâtissier, dont le renom pour les pâtés est constaté par une note, dans une édition de Regnard, contemporaine de l'auteur du *Distrait?*

N° 16, enfin, était le bureau des *Petites-Affiches*, de Ducray-Duminil; l'arrestation de ce second écrivain, successeur de l'abbé Aubert, dans son journal, depuis le 15 septembre 1790, fut provisoirement décrétée, le 14 nivôse an II, parce qu'il avait inséré dans ses affiches l'annonce d'une vente à faire en assignats démonétisés; par bonheur, il sut exciper de sa bonne foi, et revint rue Croix-des-Petits-Champs. Mais dans cette feuille, fondée en 1612, l'abbé Aubert donnait des fables, Demoustiers rimait des épîtres, et Ducray-Duminil faisait bien des articles; M. de Saint-Géniès lui-même y publia ses premiers vers, dans les pages réservées à la littérature, et que les annonces depuis ont envahies.

Voilà bien tout ce que nous savons sur les maisons de cette rue, qui devait son nom à une croix, placée à l'angle de la rue du Bouloi; voie de communication prenant sa source à la barrière des Sergents, point de l'enceinte de Philippe-Auguste, qu'un corps de garde marquait encore, au coin de la rue Saint-Honoré, démoli en 1805.

Paris. — Imprimerie de POMMERET et MOREAU, 42, rue Vavin.

LIV. 29
LES ANCIENNES MAISONS

Des rues de la Croix-du-Roule, Culture-Sainte-Catherine, Cuvier, Dauphine et de la place Dauphine.

NOTICES FAISANT PARTIE DE L'OUVRAGE INTITULÉ :

LES ANCIENNES MAISONS DE PARIS SOUS NAPOLÉON III

PAR M. LEFEUVE,

Monographies publiées par livraisons séparées en suivant l'ordre alphabétique des rues.

RUE DE LA CROIX-DU-ROULE.

Le buis du dimanche des Rameaux s'accrochait, par toutes petites palmes, à une croix, dite du Roule; la croix avait d'abord servi à reconnaître une sente bien modeste, n'ayant pas d'autre signature, qui, une fois nubile, se fit rue, et cette rue, comme bien des jeunes filles, dont la croix d'or devient gage d'amour, changea peu de temps après de nom, aussi bien que de vocation. On l'appela rue de Milan, en 1796, à cause de la prise de cette ville. Noble hyménée, qui se termina pourtant par une séparation, faisant reprendre à la rue son nom de baptême, sous Louis XVIII.

Que de jardins encore bordent la rue ! Il en est un, attenant à une maison rue du Faubourg-Saint-Honoré, qui rappelle une mésaventure, tempérée il est vrai par de gracieuses réminiscences, à un auteur dramatique bien connu.

Celui-ci ne passe jamais par-là, sans qu'un souvenir aigre-doux s'y réveille, qui remonte presque à l'époque où, quittant les bancs du collége, il passait à l'école buissonnière du plaisir, premier degré de celle du monde.

Mlle Pauline, des Variétés, que M. Rolet, ci-devant payeur de la garde impériale, avait mise dans cette bonbonnière, pralinée sous l'ancien régime pour les menus-plaisirs d'un gourmet, ne s'était pas montrée trop insensible aux attentions marquées de l'homme de lettres. Le livre des amours se trouvait ainsi tenu en partie double, au coin de la rue de la Croix ; mais le comptable, ennemi du report, voulait s'assurer des mécomptes qui figuraient à son passif, et il usa d'un moyen de comédie qui réussit toujours, même à la ville. On appelle, au théâtre, cet expédient : une fausse sortie. Bref, des chevaux de poste emportent M. Rolet, par un jour sombre du mois de janvier, comme si c'était la saison des voyages.

Pauline et le favorisé, qui croient à une absence de longue haleine, comme leur tendresse réciproque, reviennent ensemble du spectacle, projet caressé dès la veille, et l'actrice sémillante a tout fait disparaître des traces de son protecteur ; un grand bain y a contribué, la preuve en est encore dans une baignoire, qui est restée pleine d'une eau parfumée. L'alerte est vive, par conséquent, lorsqu'on entend grincer dans la serrure la clef du payeur de la garde. L'amant de cœur n'a qu'à peine le temps de passer dans la salle de bain ; il s'y plonge dans l'onde refroidie, tout habillé, en ramenant sur la baignoire le couvercle qui témoigne ordinairement du vide. Rolet fait donc de vaines perquisitions, et Pauline le suit de pièce en pièce, sous prétexte de lui faire un crime de ses soupçons, en laissant derrière le jaloux une porte entre-bâillée sur le jardin.

Après de longs moments d'angoisses, l'infortuné baigneur sort de la cuve, plus glacé qu'elle, et de ses habits, transformés en éponge, l'eau qui dégoutte fait un bruit dangereux, mais qu'assourdit et que protége une pluie battante au dehors. Dans cet équipage de Triton, il ne réussit pas sans peine à escalader la muraille; seulement, quand il met pied à terre, une patrouille de gardes nationaux, qui le prend pour un malfaiteur, se met en devoir de l'arrêter. Un parfumeur, qui commande la patrouille, reconnaît par bonheur l'essence qu'il a vendue à Mlle Pauline, et dont le fugitif exhale l'odeur suave des pieds à la tête: cette circonstance donne de la vraisemblance à ses explications confidentielles. Le rival de M. Rolet en est donc quitte pour une fluxion de poitrine, qui le force à garder le lit pendant un mois. Ses rivaux au théâtre, ses collaborateurs, moins heureux que lui en général, se fussent assurément noyés dans cette cuve d'embroisie!

RUE CULTURE-SAINTE-CATHERINE.

Le théâtre du Marais. — Ses acteurs. — La loge de la rue Bourtibourg. — Les Carnavalet. — Mme de Sévigné. — Les pensions. — Le 52. — Les filles Bleues. — Mme de Montmorency. — Le connétable de Clisson.

Grâce aux hasards de l'ordre alphabétique, nous voyageons plus que jamais en zig-zag ; M. Rousseau en a les jambes rompues. Retournons une fois encore du faubourg du Roule au Marais. Le théâtre du Marais, dans la construction duquel furent utilisés des matériaux de la Bastille et d'une église, était n° 11, rue Culture-Sainte-Catherine ; dans ses anciennes loges en baignoires sont coulés aujourd'hui de véritables bains. Son premier directeur fut Beaumarchais, qui l'avait fait bâtir, mais qui jugea ensuite moins onéreux de l'affermer à d'autres, qui ne le payèrent pas toujours. L'ouverture en avait eu lieu le 1er septembre 1791, par la *Métromanie* et l'*Epreuve nouvelle;* la *Mère coupable* y fut représentée pour la première fois le 26 juin de l'année suivante. Parmi les acteurs de la troupe, on comptait Perlet, Gonthier, Baptiste aîné, qui y créa *Robert, chef de brigands*, et d'autres qui ont renoncé aux pompes du théâtre, pour se faire libraires, journalistes, bibliothécaires, costumiers. On dit même que, ramené en ville par la promulgation du concordat, l'ancien archevêque de Paris fut abordé, le premier jour, par un homme qu'il avait connu enfant de chœur, puis garçon boucher, et qui profitait de la rencontre pour implorer l'absolution. — Qu'as-tu fait pendant la Terreur? lui demanda le vieux prélat, en s'attendant à d'atroces confidences. — J'ai abusé du désordre général, reprit l'autre la tête basse, pour jouer un peu la comédie dans une salle à M. de Beaumarchais. —Dieu soit loué ! reprit l'archevêque, qui lui promit tous les secours spirituels et lui donna une gratification excessivement inespérée.

Des acteurs, voulez-vous passer aux spectateurs? Ils n'étaient pas toujours nombreux, car le théâtre ferma deux fois, avant qu'un décret impérial le supprimât, comme dix-sept autres théâtres. Mais les traditions dramatiques ne manquaient pas dans ces parages, qui avaient eu, rue Vieille-du-Temple, une salle du même nom au xviie siècle; bien plus, la culture Sainte-Catherine avait servi d'emplacement aux représentations des mystères, sous Charles V et Charles VI. La bourgeoisie, le commerce sont sédentaires et vont beaucoup moins au spectacle, s'il faut faire une lieue pour s'y rendre. Les marchands de la rue Bourtibourg avaient une loge au théâtre du Marais, et je doute qu'ils l'aient conservée à l'Odéon ou au Gymnase; chaque ménage à son tour jouissait des places de la loge, et le jour du mari n'était pas celui de sa femme, l'un des deux gardant la boutique. On y remarquait surtout Mme Riquette, charcutière de l'Hôtel-de-Ville, au nom de laquelle était faite cette location collective, et dont la toilette, les manières, les discours et la personne étaient de meilleure compagnie que la femme de plus d'un hobereau. Sa maison de commerce, fondée sous Louis XIV, est continuée rue Bourtibourg par son gendre, M. Gillocque. La notoriété attachée à cette charcuterie Riquette balance celle de la maison Grimod, point de départ des La Reynière; elle nous offre une occasion de convenir que les diverses préparations de la viande de porc ont bien dégénéré : elles se présentaient à la fois, sous des formes variées et nombreuses, sur toute table bien servie ; maintenant, c'est l'aliment du pauvre.

Pour porter malheur au théâtre, outre l'émigration de Beaumarchais, il y eut un affreux voisinage, celui des Pompes funèbres, dont l'administration siégeait dans la caserne actuelle des pompiers. L'immeuble, siége de la compagnie des funérailles, avait été confisqué sur MM. Pinon de Quincy et de l'Avor, neveux et légataires de messire Nicolas Pinon, comte de Villemain, conseiller du roi, premier président du bureau des finances, gouverneur de Brie-Comte-Robert ; ce cumulateur de fonctions avait fondé un lit à l'Hôtel-Dieu à la collation de sa famille, et il était mort en 1724. L'hôtel portait, par excellence, le nom de l'Avor en 1738.

Au coin de la rue Saint-Antoine, s'était invétérée l'église gothique de Sainte-Catherine-du-Val-des-Ecoliers, qui ensuite avait porté le nom d'église et prieuré de Sainte-Catherine-de-la-Culture. Un président au parlement, Jacques des Ligneries, que François Ier tenait en grande estime, et chargé au concile de Trente de soutenir les libertés de l'Eglise gallicane, y avait été enterré le 11 août 1556.

Ce président avait acquis, douze ans avant, un lot de la culture Sainte-Catherine, chargée de cens envers l'abbaye de Saint-Victor, et grâce à Pierre Lescot, à Jean Bullant, à Jean Goujon, à Ponce, à Ducerceau, il y avait créé un chef-d'œuvre, qui est encore l'expression admirable de l'art au temps de la Renaissance. A messire des Ligneries avait été fort attaché le baron François de Kernevenoy, descendant par sa mère de Tanneguy Duchâtel, et dont le nom breton, pour s'adoucir, se changea en Carnavalet ; c'était le premier écuyer d'Henri II, qui le donna pour gouverneur au duc d'Anjou, son fils, lequel fut roi de Pologne, puis de France. Après avoir suivi pendant dix ans le futur Henri III, rempli la charge de gouverneur d'Anjou, de Bourbonnais et de Forez, Carnavalet fut gratifié par Charles IX d'un logement au Louvre sa vie durant. C'est bien lui qui donna la main à la maréchale de Cossé, dame d'honneur d'Elisabeth d'Autriche, lors de l'entrée solennelle à Paris de cette reine, femme de Charles IX ; mais il mourut peu de temps après, et sa veuve, Françoise de la Baume, alla s'établir rue Culture au séjour précité, qu'elle ajouta, de son vivant, aux fiefs et aux propriétés de son fils, le baron Charles de

Carnavalet. Famille qui le garda un siècle, en lui laissant son nom à tout jamais !

François Mansart, appelé par d'Agaurry, riche magistrat du Dauphiné, cessionnaire des Carnavalet, ajouta une aile droite manquant à l'édifice, fit remplacer par une rampe en fer le bois sculpté qui bordait l'escalier d'honneur, et augmenter aussi de plusieurs figures et de reliefs allégoriques, d'un mérite moins incontestable, les sculptures de ses devanciers. L'ornementation intérieure dut des avantages plus réels à l'architecte de Louis XIV, et le jardin un beau bassin de pierre, dont le jet d'eau était alimenté par la fontaine de Birague. « Telle est l'habitation, nous
« dit M. Verdot dans une notice sur l'hôtel, qui fit tant
« d'envie à Marie de Rabutin de Chantal, marquise de
« Sévigné, la femme la plus spirituelle de la cour du grand
« roi, mais aussi la plus difficile à satisfaire, la plus esclave
« de l'étiquette, des belles manières et du ton. Avant cet
« hôtel, elle en avait changé dix fois, comme l'attestent ses
« lettres, et aucun n'avait pu lui plaire. Elle avait habité
« toutes les rues du Marais ; ici c'était le salon, là le jar-
« din, plus loin le voisinage qui ne convenaient pas. Son
« rêve, c'était un hôtel de belle apparence, assez vieux
« pour être noble, assez moderne pour être élégant et com-
« mode, assez grand pour que sa famille y tînt à l'aise,
« assez circonscrit pour que son état de maison n'y parût
« pas trop mesquin, assez animé pour que la cour de

« Louis XIV pût y entrer dans ses carrosses et s'y mouvoir
« avec fracas, assez paisible pour que dans un sanctuaire
« intime, donnant sur le jardin, la maîtresse se recueillît
« et laissât tomber de sa plume les lettres les plus élé-
« gantes, les plus spirituelles qui soient au monde. Ce
« rêve, l'hôtel Carnavalet le réalisa. »

Mme de Sévigné, qui en avait pris possession en 1677, y laissa les siens après elle. Néanmoins les traces du séjour de cette femme illustre et de sa famille se retrouvent encore, à notre époque, sous les lambris où elle se plut vingt ans. Une pièce, où deux toiles ovales se font pendant, n'a-t-elle pas été l'antichambre de l'appartement de Mme de Grignan ? De belles cheminées de marbre existent, substituées pour elle et sa mère aux cheminées hautes du temps de Henri II. Le salon de l'une et le salon de l'autre, le cabinet où se mira dans ses œuvres, si claires encore pour la postérité, le plus charmant génie épistolaire, sont demeurés à peu près intacts. Voici le balcon de Mme de Sévigné, la table de marbre où elle déjeunait, pendant l'été, à l'ombre d'un sycomore toujours debout ; voilà aussi la porte du jardin, que franchissait le baron de Sévigné pour aller souper chez Ninon.

Après une telle évocation, comment reprendre sans regret la nomenclature des traditions mémorables de la maison et de la rue ? Que Mme de Lillebonne ait précédé Mme Sévigné, sous le même toit, c'est un point à reconnaître ; mais Marot, dans son recueil des *Belles maisons de Paris*, cite sous le titre d'hôtel d'Argouges cette résidence historique, qui eut aussi des locataires dans la grande robe. Le fermier-général Brunet de Rancy en fit l'acquisition à la fin du xvii° siècle, puis M. de la Briffe, intendant de Caen, puis la famille de Pommereul, qu'en fit sortir une révolution. La maison reçut bientôt les bureaux de la direction de la Librairie, à laquelle fut substituée par Napoléon l'école des Ponts et chaussées ; le baron de Prony, un savant mis à la tête de l'école, y demeura par conséquent. Cette marée des sciences exactes vint déposer pour alluvion, sur cette plage aux souvenirs, une couche épaisse de badigeon, dont les reliefs de Bullant et les statues de Jean Goujon mettront un siècle à se désempeser : le conseil de l'école ne s'apercevait pas qu'il se tenait dans un monument ? Depuis que la pépinière des ingénieurs est transplantée ailleurs, une pension du collége Charlemagne tient sa place, n° 23 ; M. Verdot déjà nommé en est le chef actuel.

Il y avait bien une pension Rolland, vers le milieu du xviii° siècle, dans la rue Culture-Sainte-Catherine, mais nous ne savons trop sur quel point. Inutile d'en chercher vestige au 29, où se trouve l'institution Jauffret, ancien hôtel Peletier, qui s'était détaché sous Louis XIV de l'arsenal de la ville. Michel Robert le Peletier de Soucy n'y résida qu'après son père, pour lequel fut créée une place de directeur-général des fortifications, et savant homme, sachant par cœur Tacite, qui se retira octogénaire à l'abbaye de Saint-Victor. Dans cette branche de la famille Peletier, qui prit aussi le nom de Saint-Fargeau, fut plusieurs fois le contrôle-général des finances ; un de ses membres, sous la Régence, fut ministre d'État, honoraire de l'Académie des sciences, et l'époux d'une Lamoignon. Puis on les vit au parlement, fulminant contre les jésuites, et le conventionnel, leur descendant, qu'on assassina en le prenant pour un autre au Palais-Royal, fut rapporté rue Culture-Sainte-Catherine. Pierre Bulet a refait l'hôtel, pour l'ancien directeur des fortifications de France ; une orangerie s'y remarquait due aux dessins de ce même architecte, sobres d'ornements, quoique superbes.

Le 52, dont les rinceaux, les urnes, les mascarons et les amours sont du crayon de l'architecte de Lisle, membre de l'Académie, appartenait avant 1768 à M. de Flesselles, du chef de sa femme, Rose-Ursule Frajot, qui le vendit à cette époque à Anne Labbé, veuve en premières noces de M. Santeuil, femme ensuite de M. Dupuis de Gerville. La famille Outrequin l'acquit ensuite, à laquelle succédèrent, le 21 ventôse an III, le citoyen Jacques-Pierre de Sabardin, ci-devant baron, et sa femme, Catherine Biolley, épouse de Charon de Wattronville, trésorier de France, en premier lit. Les Sabardin ne s'en sont défaits qu'en 1840, car Mme de Pirolle, avec laquelle M. Fontaine en a traité, était née Sabardin. Par malheur, cet hôtel est veuf depuis longtemps de cinq statues d'Auguier, qui en décoraient le jardin, *Laocoon*, *Hercule*, *Flore*, *Junon* et *Jupiter*.

Le couvent des Filles-Bleues, dont le jardin n'est pas entièrement disparu, se reconnaît parfaitement au 25, au 27. La maréchale Josias de Rantzau, qui avait abjuré le luthéranisme, s'y retira une fois veuve, puis passa en Allemagne pour y fonder une maison du même ordre, dit des Annonciades, dont la règle sévère prohibait l'admission de pensionnaires et ne permettait de voir les parents qu'une fois l'an. La marquise de Verneuil et la comtesse de Hameaux, avec l'agrément de Louis XIII, avaient créé la retraite des Filles-Bleues, dont le terrain et les bâtiments avaient appartenu à Jean de Vienne, contrôleur-général des finances. Une des filles de ce dernier était la marquise Tiercelin de Saveuse; l'autre avait épousé François de Montmorency-Bouteville, qui tua en duel le comte de Thorigny, et quand, par suite d'infractions nombreuses du même genre aux édits royaux, la peine capitale eut été prononcée contre son mari, elle fut se jeter, avec la princesse de Condé, les duchesses de Montmorency, d'Angoulême et de Ventadour, aux pieds de Louis XIII, que rendait inflexible la volonté de Richelieu. La date même de l'exécution de la sentence est postérieure d'une année à l'aliénation de l'hôtel de Vienne.

Dans cette circonstance pénible, la duchesse d'Angoulême avait agi en bonne voisine, car le derrière de sa propre résidence, passée ensuite aux Lamoignon, était les n°ˢ 17-19, qui depuis lors ont plusieurs fois changé d'aspect. Le 13, qui n'a fait que vieillir, était le séjour de Chavigny, ministre de Louis XIII. On doit croire, car la rue est du siècle XIV, que les séjours de Vienne et de Chavigny remontent jusqu'à l'époque où le connétable de Clisson y fut assassiné par les sicaires de Pierre de Craon, et où Charles VI en personne vint rendre visite au mourant, dans la boutique d'un boulanger. Qui sait même si ce vieux logis, qui n'a plus de néfaste que son numéro, ne fut pas le séjour d'une courtisane italienne qui fit grand bruit du temps de Henri II, et au seuil duquel le cardinal de Guise, en se retirant au point du jour, faillit avoir le sort du connétable de Clisson.

Aussi bien les maisons de la rue sont presque toutes plusieurs fois séculaires. Le 38 en est vermoulu; 40, idem; le 46 brandit une rampe en fer, dont l'arma quelque gentilhomme, et pourra tenir encore plusieurs campagnes. L'ampleur d'une autre construction, son jardin, ses rinceaux et des sculptures en bois à l'intérieur, méritent qu'on rende au n° 26 son titre d'hôtel de Villacerf : la seigneurie champenoise audit nom fut apportée en dot par Marie Le Fèvre à Édouard Colbert de Saint-Pouange, bien que le marquisat de Villacerf appartînt à la fille du comte de Bavière, grand d'Espagne.

RUE CUVIER.

« Rue derrière les murs de Saint-Victor, » telle était, en 1552, la dénomination primitive de la rue du Ponceau, dite après rue de Seine, puis rue Cuvier. En effet, le mur des Victorins longeait cette voie publique comme la bordent de nos jours, à gauche, les maisons du Jardin-des-Plantes, et un petit pont, dit ponceau, était jeté sur la Bièvre, au milieu de la rue, quand cette petite rivière traversait l'enclos de l'abbaye. Toutes les maisons de la rue, qui n'en avait alors que d'un côté, furent occupées par la communauté des Nouveaux-Convertis, s'il faut s'en rapporter à M. Deleuze, auteur d'une *Histoire et Description du Muséum d'histoire naturelle* (tome 1, page 85).

Mais le même auteur rappelle ensuite qu'un ancien hôtel de Vauvray, puis de Magny, fut acheté par Louis XVI, sur la demande de Buffon, en 1787, pour être incorporé au Jardin-du-Roi. En faut-il inférer que cette propriété faisait exception? Son principal corps de bâtiment, pavillon magistralement capitoné d'un fronton, se retrouve n° 57, rue Cuvier, dans la cour de l'administration du Jardin-des-Plantes, dont la haute porte était contiguë à des remises. Le marquis Foucault de Magny, d'après les recherches que nous avons dû faire, fut un savant du xviie siècle, mais n'appartint à aucune communauté religieuse. Antiquaire et littérateur; il se distingua néanmoins dans l'administration, comme intendant de diverses généralités, puis il fut appelé à Paris; le roi le fit conseiller d'Etat, et Madame, chef de son conseil. Foucault avait obtenu l'érection en marquisat de la terre de Magny, qu'il avait acquise en Normandie; il mourut rue de Seine-Saint-Victor, en 1724. Son fils servit, non sans éclat, dans les armées.

M. Deleuze dit encore que le prince des naturalistes installa Daubenton et Lacépède dans cette maison; le fait est que Daubenton était professeur d'histoire naturelle au collége de France, et d'économie rurale à Alfort, garde et démonstrateur du cabinet d'histoire naturelle, avant la mort de son illustre ami et collaborateur Buffon. Le ci-devant hôtel de Magny ne s'en trouvait pas moins une maison d'éducation au commencement de la Révolution, et parmi les élèves de cet établissement en bonne réputation, que patronnaient sans doute les savants ses voisins, figura le jeune Defriche, plus tard célèbre sous le nom de baron Desgenettes. La Convention transforma le ci-devant Jardin-du-Roi en école publique, dite Muséum d'histoire naturelle; Daubenton y fut pourvu de la chaire de minéralogie, et c'est alors qu'il élut domicile à tout jamais dans l'ancien pavillon de Foucault. Il paraissait encore appelé à y prolonger sa vie laborieuse, quand les honneurs vinrent tardivement couronner sa vieillesse; mais il ne survécut pas longtemps à sa nomination de sénateur.

Fourcroy, qui garda vingt-cinq ans la chaire de chimie à laquelle Buffon l'avait nommé en 1784, élut également domicile pendant un certain temps dans le pavillon de Magny, comme deux autres notabilités : André Thouin, fils du jardinier en chef, devenu professeur de culture, grand voyageur, auteur de livres estimés ; Bosc, inspecteur des pépinières de France. En ce qui est du bâtiment qu'on trouve à droite en entrant dans la cour, il s'est substitué aux moulins du nommé Léger, riverains sans doute de la Bièvre. L'autre construction, celle de gauche, abrita l'abbé Haüy, physicien distingué, membre de l'ancienne Académie des sciences. Quant au fameux Brongniart, ex-apothicaire de Louis XVI, pharmacien militaire en même temps que professeur, il ne profita pas personnellement de son appartement sous le même toit que l'abbé ; mais il y installa son frère.

Du 43 la porte est non moins belle. Que si des protestants, traqués par la révocation de l'édit de Nantes, y ont été recueillis, on leur a fait les honneurs d'un hôtel qui valait bien encore une messe. Il est vrai que les fiacres, qui à coup sûr y eurent leur régie, n'avaient pas dû en faire les frais. Le grand bureau des fiacres fut converti lui-même, rue de Seine, en un magasin à farine, et puis la cour de la ci-devant régie, où figure encore de nos jours un très-populaire mammifère de l'ordre des cétacés, lui dut le nom de cour de la Baleine. L'extension du Jardin-des-Plantes a érigé encore cet hôtel, comme toutes les propriétés limitrophes de son intéressant domaine, en résidence d'une classe de savants dont les travaux font de cette ville à part la métropole des sciences naturelles, et dont les noms acquièrent lentement leur gloire. Plus un naturaliste se sent vieillir, plus il utilise les moments, dans la crainte des loisirs forcés, et sa seule retraite est la mort.

Où demeure M. Cordier, c'est-à-dire au 33, était bien Faujas de Saint-Fond, éminent géologue, dont le fils fut maréchal-de-camp. Le 15, dont dépendait le 17, a gardé une porte cintrée, contemporaine sans doute de Calvin. Georges Toscan, bibliothécaire du Muséum, ex-rédacteur de la *Décade philosophique*, était propriétaire du 13, où demeura ensuite Laugier et où se retrouve M. Duméril, qui des pieds à la tête est vert, bien qu'il ait tâté le pouls, comme médecin, à cinq générations de la famille de l'auteur du présent recueil, et que Toscan l'ait connu en 1797 chef des travaux anatomiques à l'Ecole-de-Médecine. Les murs déjà séniles du 11 attenaient en ce temps-là à des chantiers qu'a englobés le Jardin depuis; un marchand de vin y tenait table ouverte.

Enfin M. de Jussieu père, ce membre d'une famille si féconde en naturalistes bien connus, fut le premier savant qui s'établit, en 1793, dans l'édifice appelé par excellence maison des Nouveaux-Convertis, au n° 61 de la rue. C'était une communauté fondée dans la Cité par le Père Hyacinthe de Paris, capucin très-zélé pour la conversion des protestants, puis transférée rue de Seine-Saint-Victor. L'institution en avait pris modèle sur celle des Nouvelles-Catholiques ; elle n'avait reçu successivement l'approbation de l'archevêque de Paris, du pape et du roi, qu'à la condition de s'en tenir toujours au séculier et de ne pouvoir être changée en maison de profession religieuse. L'ancienne chapelle de la communauté est entre le 57 et le 61 ; on allait y mettre un portier, quand la mort du prince Charles Bonaparte, qui se disposait à aller se fixer dans la maison des Nouveaux-Convertis, est venu dernièrement imposer un deuil à la science, et laisser la chapelle au *statu quo* de magasin.

PLACE DAUPHINE.

1601. — 1607. — 1700. — 1859.

Devant l'effigie d'Henri IV, aux pieds duquel étaient faites les publications de paix, se trouvait l'île du Palais, dénomination collective donnée sous Louis XIV à la place Dauphine et à tout son encadrement, sur les deux quais, ainsi que sur la rue du Harlay. Toutes les maisons qu'on y voit avaient été élevées sur un terrain de 3,120 toises 1/2, concédé en 1607 par Henri IV à son ami et féal conseiller et premier président en parlement, Achille de Harlay, qui avait usé de son crédit sur les Parisiens pour les détacher de la Ligue. Cet abandon avait été fait au président à la charge de bâtir ou faire bâtir, en se conformant au plan déjà dressé, qui donnait à la place sa forme triangulaire et aux maisons une construction symétrique, en brique avec des chaînes de pierre et des ardoises pour toiture. Le nom de place Dauphine venait de Louis XIII, lorsqu'il n'était que dauphin. Quant aux susdites 3120 toises, elles avaient été prises tant sur l'ancien jardin du bailliage du Palais, d'abord jardin des rois, que sur une place inoccupée formée à la fin du xvie siècle par l'agrégation bien constante à l'île de la Cité de deux îlots, lesquels ont donné lieu, comme désignation, à une confusion qui n'est pas encore dissipée.

Comme il est peu de maisons de la place auxquelles nous ne puissions restituer leurs enseignes, contemporaines du grand règne, plaise au lecteur que nous en fassions le tour en y entrant par le Pont-Neuf à droite!

Qui donc n'y connaît pas l'établissement de l'ingénieur Chevallier, dont le thermomètre fait autorité, et dont les instruments d'optique ont maintenant à se braquer sur plus d'étoiles qu'en 1740, époque de sa fondation? Toutefois la maison Chevallier, qui de beau-père en gendre est demeurée héréditaire, n'a quitté la tour de l'Horloge qu'à l'époque de la formation du Directoire. L'immeuble qu'elle occupe depuis, se replie sur le quai des Orfèvres, et a conservé un étage supérieur dentelé de mansardes antérieures à Mansart. Son enseigne était la Coupe-d'Or, quand Pierre de Creil, maître des comptes, et puis Georges de la Porte-Père, conseiller du roi, en furent successivement propriétaires (1667-1700). La propriété contiguë suivait le même sort avec l'image de saint Jérôme. Le maître des comptes possédait encore celle d'après, au Soleil-d'Or, aujourd'hui n° 27; mais il y était remplacé, avant la fin du xvii° siècle, par Gabriel de Lattaignant, seigneur de Grange-Menant, oncle tout au moins d'un autre Lattaignant, homme de plaisir, poëte et chanoine de Reims. Sur la maison d'ensuite nous lisons : *Hôtel Henri IV;* il y pendait une figure de saint Pierre, quand Jacques Le Challeux y tenait à Pierre de Creil. Le 23 répondait au signe de la Croix verte, et la veuve de Nicolas Josse en disposait avant le chevalier de Tinville. Comme il y avait alors beaucoup d'orfèvres dans l'île du Palais, il est probable que Molière, qu'on y rencontrait fréquemment, utilisa une réminiscence en ajoutant un sens piquant à ce que bien d'autres avaient pu dire : « Vous êtes orfèvre, monsieur Josse. » En 1700, Mlle Olympe Hardy avait la Montre, dans le n° 21, et Dumoulin le Saphir bleu, dans le 19, dont la façade, depuis Henri IV, n'a guère subi de modification.

Catherine Letellier, veuve Langlois, jouissait du n° 17, où pendait une Pomme d'orange; or, son nom de femme nous rappelle que l'échevin Langlois, qui avait favorisé l'avénement du Béarnais, fut ensuite comblé de ses bonnes grâces, maître des requêtes, puis prévôt des marchands. Bien des Langlois étaient groupés, sous le règne de Louis XIV, en face de la statue de son aïeul, comme pour prolonger la gratitude du leur, qui pouvait leur avoir transmis une de leurs quatre ou cinq propriétés. Néanmoins, ces colons de l'île du Palais pouvaient être de plusieurs familles : l'un d'eux se fit connaître comme graveur. Quant à la Pomme d'orange, elle avait passé des mains de Françoise Chevallier, femme de Georges de la Porte-Père dans celles de Françoise Letellier, veuve de Jacques Diel, écuyer, qui l'avait donnée entre vives à sa cousine, Mme Langlois.

Passons au 15, qui a gardé ses briques originaires, bien que surchargé d'un étage, et dont une porte donne quai des Orfèvres, avantage partagé sans doute par les maisons voisines. Celles qui n'avaient pas de boutiques se grillaient au rez-de-chaussée pour y former des ateliers, car toute la place Dauphine retentissait du cliquetis incessant des petits marteaux de joailliers. Le 15 et le 13 avaient le même propriétaire, au début du XVIIe siècle, dans Mme de Béthune, née Georges de la Porte-Père. L'un de ces deux immeubles, qui à cette date en formaient trois, arborait l'Ecu de France; les enfants mineurs de feu Gabriel Langlois et d'Etienne Philips, sa veuve, en avaient hérité avant 1667; un de ces héritiers en avait traité treize années plus tard avec Isaac Thuret, *horlogeur*. Puis l'orfèvre Delaunay et le capitaine Cersillier se faisaient vis-à-vis et se touchaient, à l'angle de la place auquel nous voici arrivé.

Les maisons y cessent de longer le quai des Orfèvres pour suivre la rue du Harlay, sur laquelle elles prennent ouverture ; enfilade de constructions qu'ont envahies provisoirement les bureaux de la préfecture de Police. Le capitaine susnommé y avait pour voisin de droite l'huissier Masson, à l'enseigne de la Souche; puis venait le Cadran, au président Sévin, y succédant au président Bizet de la Barroire. Avant la petite rue qui relie celle de Harlay à la place, s'appelait le Croissant-d'Or une grande habitation à trois façades qui fit l'objet d'une déclaration de cens passée devant Plastrier, notaire, le 21 février 1671, par Jean-Baptiste Poquelin, comme tuteur du sieur de Faverolles. Ou c'est quelqu'un de la famille de Molière ayant le même prénom, ou c'est bien réellement le grand auteur, malgré ses nombreuses préoccupations, qui, pendant les dernières années de sa vie, a eu pour pupille M. de Faverolles. L'immeuble devait au domaine du roi, ainsi que tous ceux qui l'entouraient, un sol de cens par toise de terrain, et mesurait 21 toises. De l'autre côté du petit bras de rue, il se trouvait bien en l'année 1700 les Armes de Monsieur, un Soleil-d'Or, les Armes de Mademoiselle, un Saint-Ambroise, reconnaissant pour maîtres Bellanger, notaire, Mme de Laferrière et la veuve de Charles Poulet, qui tenait la seconde encoignure. Mais au nom même du fondateur de la place, que réprésentaient des neveux appelés comme lui, étaient encore dix-huit propriétés, plus morcelées et montrant d'autres enseignes en 1667 ; or nous avons la certitude qu'elles attenaient les unes aux autres place Dauphine et rue du Harlay ; par conséquent nous les revoyons aussi dans les susdits bureaux de la préfecture. Elles n'avaient été aliénées que par le troisième des Harlay, qui devint lui-même premier président en 1689 : habile courtisan, fort instruit, bien que la gravité toujours tendue du chef se relâchât dans la dynastie. Apprenant un jour qu'une plaideuse qui redoutait de perdre un procès n'avait pas craint de le traiter de vieux singe, il éplucha bien son dossier ; comme elle avait le bon droit de son côté, elle n'en gagna que mieux sa cause, et elle rendit une visite de remerciement à messire le président, qui l'accueillit avec ces mots : — Maintenant, madame, vous saurez que les vieux singes peuvent encore être utiles aux vieilles guenons.

Cette revue, si nous la poursuivons, attachera pareillement le nom du marquis de Laferrière au n° 10 ; celui d'une dame Bretaut au n° 12, où veut la tradition qu'Henri IV ait été reçu par son compère Achille de Harlay. Qui commandait au n° 14 du vivant de Harlay III° ? un sieur Philippe Legros. Qui encore dans la demeure qui suit, devant laquelle s'arrêtent tous les jours mille omnibus pour leurs correspondances, et qui, ainsi que par prévision, porta l'image du Chariot-d'Or ? demoiselle Denise Langlois, veuve de Georges Berruyer. Au 20, où a sans doute habité un orfèvre dans tous les temps, comme il y en a un aujourd'hui? Desmartrais Figeon, maître des comptes, avec une Perle pour blason.

Mais il est évident, nous le répétons, que la propriété était plus divisée, place Dauphine, au grand siècle que dans celui-ci. Son chapelet d'aujourd'hui ne nous laisse plus aux doigts que quatre grains, représentés par quatre numéros, par quatre toits, qui jadis s'égrenaient en sept. Trois noces ont été célébrées sur ce point de l'île du Palais, où chaque ménage ensuite n'a fait qu'un lit. A la Perle tenait en effet la Renommée du sieur Thuret; à la Renommée, une Paix à partager entre les hoirs de Jacques Rémy, brodeur. Un prêtre, Jacques-Claude Laborie, tenait de Claude Laborie un héritage faisant suite, qui communiquait avec le quai du grand cours de la Seine, et où nous estimons qu'à présent sont ouverts les bureaux du *Droit*. Enfin messire François de Montmorency de Saint-Héran, capitaine et gouverneur de Fontainebleau, conjointement avec Nicolas Le Pelletier de la Houssaye, maître des requêtes, possédaient trois maisons qui n'en sont plus que deux. La dernière forme le pavillon qui fait pendant à celui de l'opticien Chevallier; l'autre était dite à la Pucelle.

La communication entre l'île du Palais et le Palais a été pratiquée aux dépens du jardin de Guillaume de Lamoignon, en ce temps-là premier président au Parlement. En août

1788, lors de la disgrâce de Brienne, la basoche, voulant faire sa cour à MM. de la grand'chambre, s'est attroupée sur cette place, et une émeute où le sang coulait a préludé aux événements de la Révolution. En 1792, la dénomination de Thionville succédait à celle de Dauphine. De 1802 date la fontaine commémorative de la mort du général Desaix à Marengo, œuvre de Percier et de Fontaine. Il est probable que de la place Dauphine, menacée de démolition, il ne subsistera bientôt plus que les souvenirs que nous venons de tracer.

RUE DAUPHINE.

Les Augustins. — Les Jeunes-Élèves. — Gabrielle d'Estrées. — Hôtel de Genlis. — Hôtel Dauphine. — Le mur de Philippe-Auguste. — Les premiers propriétaires de la rue. — La porte Dauphine.

Les petits pains au beurre de la rue Dauphine jouissent d'une célébrité à poste fixe depuis un demi-siècle ; tous les soirs, après l'heure du bal et du spectacle, maints danseurs du Prado, maints spectateurs de l'Odéon, viennent tremper dans un verre de lait un ou deux de ces gâteaux, bavaroise du quartier Latin, dans la boutique de Cretaine. Depuis le quai Conti jusqu'à la maison aux petits pains, en y ajoutant celle qui suit, l'uniformité de construction révèle une origine simultanée, et celle-ci remonte assurément jusqu'à l'ouverture de la rue. Protégée par Henri IV, une compagnie, dont Nicolas Carrel était le chef, acheta en 1606 le collége ou l'hôtel de l'abbé de Saint-Denis, une ruelle touchant à l'hôtel de Nevers, et la maison Chappes pour 76,500 livres, et se mit en devoir de percer la voie nouvelle, que croisait l'ancien mur de ville entre les portes de Nesles et de Buci. Mais il fallut encore, pour déboucher sur le pont Neuf, prendre au jardin des Grands-Augustins quelque chose que des experts évaluèrent 30,000 livres tournois, et il fut stipulé, en outre, que les matériaux de démolition reviendraient à ces religieux, et qu'il serait établi aux frais du roi : 1° un mur de trois toises de chaque côté de la rue ; 2° deux voûtes souterraines pour mettre les pères en communication avec des maisons qui leur appartenaient du côté de l'hôtel de Nevers. Comme les Augustins, néanmoins, se plaignaient au roi de tout ce dérangement, comme sont toujours disposés à le faire les expropriés de tous les temps : — Ventre-saint-gris ! mes Pères, dit Henri IV, les maisons que vous bâtirez sur la rue nouvelle vaudront mieux que vos choux... Or, ces fiches de consolation furent mises bientôt sur le tapis, et la plupart des maisons de la rue dédiée au fils de Henri IV, notamment entre l'hôtel de Nevers et le couvent, appartenaient encore aux Augustins dans le siècle dernier.

Presque toutes ces constructions qui avaient établi un revenu aux Grands-Augustins étaient ou sont encore à petites portes. Mais parmi celles qui faisaient exception, on remarque, sur le plan de 1652, un hôtel de la Carce, plus tard Demouy, et que nous revoyons n° 16 ; en dépit de sa porte cintrée, qui, certainement a pris la mesure des carrosses du temps de la Fronde; le corps de bâtiment sur la rue y est moins ancien que celui du milieu qui surmonte deux beaux berceaux de caves; celui du fond fut d'abord un jardin.

Au 18, qu'on a refait en 1826, nous ne trouvons plus que vestiges de ce théâtre des Jeunes-Élèves où débutèrent Firmin et Mlle Déjazet. Pendant les six premières années du siècle, on y joua tous les genres, depuis la tragédie jusqu'à la pantomime, de six heures et demie à dix; ensuite, la comédie bourgeoise; puis, on en fit une salle de bal. Au même endroit, pendant la République, avait tonné le club des Cordeliers, et le tableau des Droits de l'homme, qui décorait le lieu de réunion, avait été voilé par Leclerc au fort de 1793, parce que les citoyens dantonistes, maratistes, hébertistes, chaumettistes qui composaient la société reprochaient à la Convention, et qui plus est, aux Jacobins, de ne pas être à la hauteur des grands principes de l'ère nouvelle. Le siége de ce club avait été aussi une salle de vente, un corps-de-garde. Au reste, jamais les Cordeliers n'eussent consenti à dire : Nous nous assemblons rue Dauphine. Dès le samedi soir, 27 octobre 1792, le conseil général avait décidé que quatre-vingt-deux rues porteraient le nom des quatre-vingt deux départements, et qu'en outre, pour que gratitude fût montrée à deux villes qui venaient d'être le boulevard de la liberté, la rue Dauphine s'appellerait de Thionville, ainsi que de Lille la rue Bourbon.

M. Rousseau n'a pas été heureux en ce qui regarde le 31, où des ferrures d'un autre temps sont demeurées inflexibles à sa curiosité, muettes aux questions qu'il leur a faites dans le but d'édifier la rédaction des *Anciennes Maisons de Paris;* tout ce qui n'est pas loyer à percevoir y regarde uniquement la portière, laquelle s'est obstinée à prendre notre mandataire consterné, qui ne pouvait placer un mot, pour un agent de la salubrité.

Les portes se suivent, mais ne se ressemblent pas. De la bienveillance éclairée du propriétaire du 24-26, M. Rousseau tient assez de notes, qui confirment nos propres recherches, pour aider à l'éclaircissement d'un point capital de l'histoire de la rue Dauphine. Le 3 de la petite rue d'Anjou communiquait avec cette résidence, incontestablement une des maisons où Gabrielle d'Estrées reçut les visites de Henri IV. Par conséquent, la galanterie inaugurait alors comme aujourd'hui les quartiers neufs de la bonne ville, dont le prince en était réduit à changer fréquemment le théâtre de ses rendez-vous, à s'initier aux souterrains des moines, à en compliquer les issues, ne fût-ce que pour se dérober aux tentatives d'assassinat qui pouvaient en trouver la clef. On circulait sur le pont Neuf avant que fût créée la rue, et n'était-il pas plus gracieux, plus charmant encore que prudent, qu'un nid pour de royales amours eût été préposé de même au milieu des jardins de Nevers, de Saint-Denis et des Augustins, sur cet ancien mur de Paris qu'on assiégea bientôt des deux côtés? L'édifice était en pierres et en briques, comme le rappelle depuis peu une décoration fidèle; par malheur un escalier de bois, qu'aux derniers jours on y remarquait, s'affaissant entre la cour et le jardin, mais qui tenait bien plus de place qu'il n'offrait de sécurité, a dû être enfin sacrifié, sans qu'il en reste la silhouette. Le niveau du jardin est demeuré inférieur de 2 m. 50 à celui de la rue. Peu de modifications, d'ailleurs, furent apportées au xviiie siècle dans cette habitation, devenue l'hôtel de Genlis, et qui ne se trouvait pas loin de l'hôtel de Sillery-Genlis que nous avons trouvé impasse Conti. La tradition est que Mme de Genlis a demeuré elle-même rue Dauphine; mais toute sa vie fut si peu sédentaire qu'on la prenait où l'on pouvait. Un locataire beaucoup plus stable tenait dans cette propriété, au coin de la rue d'Anjou, un magasin de mercerie, à l'enseigne du *Père de famille*, qui était sous Louis XV le mieux achalandé de Paris. La vogue avait pourtant abandonné ce fonds de commerce, lorsque M. Beau l'y ramena, qui depuis longtemps a quitté cet immeuble, mais avec les titres de propriété dans son secrétaire.

Voici encore une porte cintrée, celle de l'hôtel Dauphine, maintenant hôtel d'Aubusson, et du bureau des voitures de Fontenay-aux-Roses. Un groupe d'élèves de Sainte-Barbe que venait d'armer bacheliers M. Cousin, ainsi que le signataire de cet ouvrage, se distribua sous Louis-Philippe dans les chambres garnies de cette maison déjà fort décrépite. Les champignons qu'y faisait sauter l'hôte avaient dû pousser sous ses lits, qu'on ne se contentait pas toujours de partager avec d'imperceptibles sauteuses trop vigilantes, qui semblaient ne s'étonner de rien, bien qu'elles descendissent en droite ligne des puces d'un cloître ou d'un chapitre. Ces étudiants d'un genre à part, tous aujourd'hui des mieux placés, observaient les convenances dehors, mais se débraillaient si volontiers, jour et nuit, dans leurs réunions à domicile, que le maître-d'hôtel profita des vacances pour changer tous ses locataires. — Je vous louerai mes chambres trente francs, dit-il à d'autres étudiants, mais à la condition que vous découcherez.

Déjà à cette époque le passage Dauphine avait pris, depuis onze ans, la place d'un café et d'un jardin s'y rattachant. Mais à deux pas, au n° 34, nous revoyons un coq servant d'enseigne, depuis un siècle, à la boutique d'un coutelier. Nous y retrouvons, qui, plus est, une portion de l'enceinte de Philippe-Auguste, et une tour avec ses meurtrières, avec l'empreinte d'un moulin de défense propre à faire pleuvoir des nuées de projectiles sur les assaillants ; mais ce mur de deux mètres d'épaisseur n'était jadis à fleur de terre que douze pieds plus bas qu'à présent. Le bureau de Nicolas Carrel, lors de la formation de la rue, attenait à ce reste de fortification ; puis, ce fut un hôtel, précédé d'une cour d'honneur, à Jérôme Lhuillier, procureur général en la chambre des Comptes, qui obtint du bureau de la Ville un jugement en 1609, puis un bail trois années plus tard, moyennant une faible redevance, pour s'étendre jusque sur l'enceinte et pour fermer avec deux portes une allée haute qui y régnait conduisant à la rue de Nevers. Un autre jugement du même bureau ratifia le transport du bail à Guillaume de Baïf, le 10 septembre 1613, en ce qui regardait cet hôtel ; mais Lhuillier possédait une propriété contiguë et se réservait, par une des deux portes, un passage de sept pieds de largeur sur ledit mur ; de plus, il se faisait autoriser, le 6 mars 1614, à établir une descente pour l'escalader tout à fait, et se rendre « dans la rue au derrière de la « rue Dauphine, proche l'égout d'icelle sortant au travers

« du mur de la ville, le long de la maison du sieur de la
« Cazal. » Ce deuxième hôtel fut vendu, en 1633, à Martineau par les héritiers de Lhuillier, parmi lesquels se trouvait Moreau, prévôt des marchands, époux d'une demoiselle Lhuillier, et les droits concédés passèrent à l'acquéreur qui paya, à son tour, les 2 sols 6 deniers par an dont ils étaient chargés. Vers 1770, fut transformé en simple maison de rapport, l'hôtel qui ne s'est pas séparé de la tour du xii° siècle.

A Saluste Dorelli, qui avait acheté de Simon Coursin deux lots de terrain venant du duc de Nevers, on avait voulu vendre plus chèrement le simple droit d'avancer son logis sur la muraille urbaine ; mais Dufour, son neveu et légataire, put faire dégrever sa maison en 1650 de 60 sols tournois dus au domaine de la Ville, et cette immunité trouvait sa double raison d'être dans une obligation passée devant notaire, en 1639, qui obligeait Dorelli et Dufour à payer 3 livres de rente à Edme Ravière, lequel s'était chargé d'édifier la porte Dauphine, en devenant par traité propriétaire de divers pans de la muraille et de quelques places dans le fossé. Mais une inscription est visible au n° 44, rue Dauphine, nous rappelant que cette porte de création récente, mais gênant la circulation, fut rasée en 1672 : *Du règne de Louis-le-Grand, en l'année MDCLXXII, la porte Dauphine, qui étoit en cet endroit, a été démolie par l'ordre de MM. les prévost des marchands et échevins, et la présente inscription apposée en exécution de l'arrest du conseil du* xxiiii *septembre audit an, pour marquer le lieu où estoit cette porte et servir de ce que de raison.*

Que si Ravière eut le désagrément d'assister au spectacle de la destruction de son ouvrage, il avait de quoi se consoler dans plus d'une bonne propriété. Toutefois il ne disposait pas de cet hôtel répondant de nos jours au n° 41, dont la splendeur passée reste attestée par une belle rampe d'escalier, par la ferrure d'un balcon sur la cour, les indices ne manquant pas de sa construction antérieure à l'époque où vivait Boucher, auteur de jolis dessus de portes qui en ont été retirés. Des maisons que retenait Ravière, il y en avait toutefois une du côté de la rue Contrescarpe, entre une propriété au sieur Vervin et une autre à la dame Mesnard.

Sur la même ligne, le duc de Nevers avait vendu directement, dès 1607, à Claude Garlin, une place sur laquelle la Ville l'avait empêché de bâtir durant une vingtaine d'années, dans l'intention d'y ouvrir un passage entre la rue Dauphine et la porte de Buci ; le parlement et le bureau étaient en désaccord sur ce litige qui finit par s'accommoder grâce à un nouvel alignement donné aux héritiers de Garlin par le maître des œuvres de la Ville et à l'abandon de 32 toises en longueur, sur 8 de largeur, à prendre sur l'enceinte citadine, ainsi que sur son marchepied, tout auprès de la contrescarpe, le tout pour deux livres de revenu.

Les 42, 44, 46 sont d'une architecture trop sans façon, percés de jours trop inégaux, emmanchés sur des escaliers trop à pic, trop essoufflés enfin par les deux siècles qui ont couru devant leurs portes, pour ne pas rehausser encore l'apparence valide, vigoureuse d'une maison qui se tient mieux en selle, mise à cheval sur la rue Mazarine au commencement du règne de Louis XV, par l'architecte Desmaisons, lequel affectionnait les encoignures.

Paris. — Imprimerie de Pommeret et Moreau, 42, rue Verin.

Liv. 50

LES ANCIENNES MAISONS

Des rues Descartes, des Déchargeurs, des Deux-Boules, des Deux-Écus, des Deux-Ermites, des Deux-Ponts, des Douze-Portes et du Dragon.

NOTICES FAISANT PARTIE DE L'OUVRAGE INTITULÉ :

LES ANCIENNES MAISONS DE PARIS SOUS NAPOLÉON III

PAR M. LEFEUVE,

Monographies publiées par livraisons séparées en suivant l'ordre alphabétique des rues.

RUE DESCARTES.

Dans cet ancien collége de Navarre, dont nous parlions dans la notice de la rue Clovis, la chapelle est restée debout, et fait partie des bâtiments de l'école Polytechnique. La voilà, bien en vue, au nº 9, rue Descartes ! Un petit magasin de cottrets et de charbon, qui y décore le premier plan, a ce vieil édifice pour imposante toile de fond. Nous avons de même dit quelques mots, à l'article de la rue Clopin, de l'ancien collége de Boncourt, fondation du XVIe siècle, et où furent jouées les premières pièces de Jodelle, en présence de Henri II. Beaucoup de nos lecteurs en ont pu voir le bâtiment, servant d'abord de siége, rue Descartes, à l'administration de l'école; mais d'autres constructions l'ont remplacé; Boncourt n'a pas moins disparu que le collége de Tournay, son voisin, qui remontait à l'année 1283 : l'un et l'autre, dès le règne de Louis XIII, avaient été réunis à Navarre.

Entre le 15 et le 17 aboutissait encore la rue Clopin, avant que les élèves de Laplace et de Prony eussent pris possession des trois colléges d'autrefois. Les boursiers de ceux-ci avaient été propriétaires d'un certain nombre de maisons dans la rue, dont les plus importantes sont encore le 16 et le 18 ; il y a plus, cet immeuble qui a dû être plus d'une fois refait, au-dessous de l'impasse Clopin, appartenait tout d'abord aux comtes de Bar, voisins du collége de Boncourt en 1238. L'abbaye de Sainte-Geneviève avait donné à cens, dans le principe, les n°s 27, 29 et 31, et probablement beaucoup d'autres.

Mais cette rue qui serpente n'a jamais décrit une ligne plus brisée que de notre temps. L'une et l'autre de ses deux rives sont hérissées de promontoires ; l'alignement ancien s'y débat plusieurs fois avec le nouveau : c'est plutôt une scie qu'un reptile.

Depuis le milieu du XIIIe siècle jusqu'en 1809, elle s'est appelée rue Bordet, comme la porte qui s'élevait à son extrémité, et dont fut jeté bas en 1683 l'édifice flanqué de tours, avec pont de bois et pont-levis. Bien que les dépouilles mortelles de Descartes eussent été rapportées de Stockolm à Paris par le chevalier de Torlon, ambassadeur de Louis XIV, au commencement de l'année 1667, et déposées dans l'église Sainte-Geneviève d'alors ; bien que les cendres du philosophe savant eussent été transférées au Panthéon l'an II, puis le 3 vendémiaire an VIII au musée des Monuments français, la topographie de Paris, à laquelle il manquait une rue décorée de ce nom honoré, ne devint cartésienne que sous Napoléon Ier. L'odyssée des cendres de Descartes fut encore reprise en 1819 ; l'église Saint-Germain-des-Prés les reçut en grande pompe le 26 février.

RUE DES DÉCHARGEURS.

N°s 3, 4, 6, 9, 10 et 11.

N° 3. — Il figurait pour sûr dans le dénombrement de 1714 parmi les 15 maisons de la rue des Déchargeurs, paroisse Saint-Germain-l'Auxerrois, qu'éclairaient alors 6 lanternes ; la rue, du reste, existait bien avant, puisque Guillot la cite à la fin du XIIIe siècle, dans sa nomenclature rimée des rues de Paris, sous le nom de *Siége aux déchargeurs*. Les barres de l'escalier, bien qu'en vieux fer, ont gardé une rectitude, une noble simplicité qui font contraste avec les arabesques tordues dans les autres hôtels par les serruriers de ce temps-là.

N° 4 : — Appartenait d'abord à messire Nicolas Talon, avocat, puis conseiller à la cour ; servit de résidence au jésuite du même nom, auteur de travaux historiques et qui prononça l'oraison funèbre de Louis XIII; passa ensuite à Omer Talon, alors secrétaire du cardinal de Lavalette, qui, d'accord avec ses cohéritiers, le vendit à François Roger, maître des comptes. La fille de Roger, ayant reçu en dot la maison, qui devait cens à l'archevêché, épousa Dufos, seigneur de Méry, conseiller au parlement; mais leur fils, Louis-François Dufos de Méry, l'abandonna à ses créanciers, dont les syndics étaient Charles-Maurice Le Pelletier, abbé de Saint-Aubin-d'Angers, docteur en Sorbonne, et Charles Collin, conseiller du roi, substitut du procureur-général, l'un des directeurs et administrateurs de l'Hôpital-général. Ceux-ci vendirent en 1711 la propriété à Gobert, marchand de Paris, qui l'occupait; la famille des Gobert, comptant un notaire du même nom, garda l'immeuble tout près d'un siècle. A une porte cochère qu'il avait autrefois, cet hôtel a renoncé pour agrandir un magasin, et chacun de ses étages, comme dans tous les hôtels voisins, est demeuré voué au commerce.

N° 6. — L'histoire complète de cette propriété, qui était très considérable lorsqu'un hôtel de la rue du Plat-d'Étain en faisait partie, et où se retrouvent une porte cintrée, un escalier à balustres de bois, peut être résumée dans les noms et dates qui suivent: 1570, Thielman, notaire et secrétaire du roi; 1658, Hachette, conseiller au Châtelet; 1680, le président Séguin, dont la mère était née

Hachette ; 1698, Remy Le Grin, bourgeois de Paris ; 1722, Grégoire, avocat au parlement, conseiller en l'élection, ayant pour locataires, Rollin, drapier, Dumont, autre marchand, puis Richery, ancien marchand ; 1744, Bertels, marchand, juge consul ; 1773, Hendrickx, tailleur ; 1787, de Mauroy, huissier commissaire-priseur au Châtelet, puis directeur des Incurables (femmes), et sa femme, née Hendrickx ; 1840, Minoret, mercier de la rue Saint-Denis ; 1854, Contour, bonnetier en gros.

N° 9. — Des écuries, dont le pavé subsiste sous des planchers de magasin, étaient encore au rez-de-chaussée en 1836, et au lieu de casiers, de comptoirs, on y voyait des râteliers, des auges. Il y avait pourtant plus d'un siècle que le grand hôtel de la rue des Bourdonnais, n° 30, dont dépendait comme arrière-bâtiment, cette maison de la rue des Déchargeurs, ne se trouvait plus l'hôtel des Postes. Le lecteur est déjà remonté à l'origine de cette maison à deux faces, grâce à la notice de ce recueil consacrée à la rue des Bourdonnais.

N° 10. — Sous la régence de Philippe d'Orléans, Brayer, sieur de Chantereau, docteur en Sorbonne, était propriétaire de cet hôtel, déjà garni de sa jolie rampe d'escalier, encore placé sous la censive des missionnaires de Saint-Lazare, et tenant à Dulin, architecte. Claude Patu, notaire, se rendit bientôt acquéreur de cette maison, qui était contiguë à une maison de la rue des Fourreurs, où La Sadrie, dit Duchesse, tenait le bureau de l'ancienne loterie du roi, concédée à l'Ecole militaire. En 1769, Patu, payeur de rentes de l'Hôtel-de-Ville, traitait de la propriété principale avec Gomel, procureur au Châtelet, et ce même Gomel était déjà ou devint propriétaire de celle de la rue des Fourreurs, qu'occupait Hauttement, pelletier; les deux immeubles furent alors réunis.

N° 11. — Nous constations à juste titre, quand nous parlions de la rue des Bourdonnais, que le 32 dépendit longtemps du 30; mais dès le XVIe siècle l'encoignure de la rue des Déchargeurs et de la rue de la Limace, s'en est démembrée pour devenir le bureau des Drapiers, dont la chapelle était rue de la Jussienne au coin de la rue Montmartre. Ne quittons pas la rue qui nous occupe, sans reconnaître parfaitement la porte que les dessins de Bruant surmontèrent de cet ordre ionique. Il suffit même de monter un étage pour revoir en peinture plusieurs des dignitaires de cette corporation : Desprez, grand-garde en titre d'office, avec cette date, 1691, indiquée au surplus par une perruque volumineuse; François Lebrest, 1660; F. Reisdeseigle, grand-garde en 1663, avec les moustaches et la royale à la mode sous le règne de Louis XIII; J. Le Cuntier, 1661. Voici bien encore un portrait de premier consul, sans désignation nominale, daté de 1658, et de même la figure d'un grand-garde du premier corps des marchands, en 1660. Peint en pied, voilà Louis XIV à cet âge de quatorze ans où le roi est entré, dit-on, tout botté dans le parlement. Il reste encore d'autres peintures, mais endommagées sans doute, derrière des rayons posés avant que M. Soudry, qui se rendit adjudicataire de ce domaine national, n'en fût entré en possession. M. Enot, principal locataire, et négociant en bonneterie, a bien mérité de la draperie en disputant quelques-unes de ces toiles à la poussière et à l'oubli : n'est-il pas à son tour grand-garde?

RUE DES DEUX-BOULES.

La rue aux doubles portes. — L'escalier dérobé. — Une lorette d'il y a cent ans.

Numero Deus impare gaudet.

Aux numéros impairs, rue des Deux-Boules, sont dues aussi nos préférences. L'autre côté de cette rue transparente est le derrière de la rue de Rivoli, et par conséquent refait à neuf. Les maisons séculaires du côté gauche ont de même sur la rue Jean-Lantier une façade de rechange. C'est donc la rue aux doubles portes; nous la recommandons, comme telle, aux romanciers, aux auteurs dramatiques. Des deux parts dégagements pareils. Ici le commerce en profite; le parti qu'on en tirait là, au dernier siècle, était des plus galants.

Voilà bien un maître-escalier où le fer contourné se joue, qui dessert par devant la maison portant le chiffre 3. Par derrière en rampait un autre, prenant jour par un œil-de-bœuf qui louchait sur l'autre petite rue ; sa dernière marche suffisait presque à entre-bâiller, aux heures convenues, une porte qui ne se contentait pas d'être bâtarde pour son propre compte. Fille entrait là, femme en sortait ! Les degrés de ce fripon d'escalier dérobé, viennent enfin d'être punis de leurs anciens méfaits. Un négociant, qui est le locataire de cette partie de la propriété, a agrandi ses magasins en supprimant, au rez-de-chaussée seulement, ses marches glissantes, sa rampe tortueuse, qui n'ont plus pied, et qui s'arrêtent à l'étage supérieur. Si bien que n'ayant pu s'en prendre que par effigie à l'auteur principal des délits commis avant lui, ce justicier en a pendu le complice. L'hôtel maintenant voué au commerce, fut la petite maison du régent, qui n'en prenait pas moins ses coudées franches au sein de son propre palais.

A cette rue des Deux-Boules, rattachons le souvenir, par contre, d'une exploitation différente, en ce que les victimes n'y appartenaient plus au sexe réputé le plus faible. Le théâtre en était précisément la maison contiguë à celle dont nous venons de parler, et l'époque, la guerre de Sept ans. Un perruquier du roi, nommé Aubin, mais qui per-

dit, avec sa place, tout ce qu'il avait d'économies, fut mis
à la porte par sa femme, qui avait mieux gardé les siennes ;
sa fille lui resta moins encore, apprenant à compter autrement que lui avec l'amour. Mlle Aubin, en sortant d'un
couvent, se forma aux contrastes chez la maîtresse du
comte de Benthem, qui n'était autre que La Varenne, propagandiste à sa manière ; une de ses leçons au cachet lui mérita un diplôme signé par le commandeur de Guynes, eh un
bon sur son tapissier, valable rue Grange-Batelière, dans
un logement que meubla ce fournisseur. Au bout de six
mois, le comte de Montmorin, gouverneur de Fontainebleau, curieux de faire pièce à son ami, le commandeur, emmenait dans son gouvernement la fille de l'ancien perruquier
royal. Puis elle vint se loger au boulevard Poissonnière, en
renouant avec La Varenne, et ainsi fut achevée la ruine de
M. de Kulan, chevalier de Malte, œuvre déjà fort avancée
par la fille Deville, dite *la Savoyarde*. Mlle Aubin n'en eut que
plus de motifs pour porter au compte de M. de Jonville, conseiller au parlement, plus d'un enfant qui vit le jour, après
une fille au comte de Montmorin. Un étranger de l'hôtel
d'Entragues, rue de Tournon, la prit après cela à ses
gages ; ses pérégrinations de toute espèce l'amenèrent ensuite rue de Cléry, près la porte Saint-Denis, avant de rabattre sur la rue des Deux-Boules, où l'écheveau de ses
amours eut double issue pour dévidoir. C'était une grande
et jolie femme, avec de beaux yeux voluptueux ; elle mon-

trait de l'éducation, un esprit, des manières au-dessus de son état, ainsi que tant d'élèves de Saint-Denis, qui vivent comme elle à notre époque. L'aménité de son caractère ne l'empêcha pas de faire saisir, par le ministère d'un huissier, les meubles de M. de Jonville, pour la sûreté des arrérages d'une rente de 600 livres, antérieurement constituée par ce magistrat, qu'avait perdu de vue un des déménagements de la locataire inconstante, dont les baux se cassaient toujours.

La petite voie qui nous occupe a gardé la longueur et la rectitude d'un jeu de boules; elle était plus étroite, et encore moins passante avant le prolongement en parallèle de la rue de Rivoli. Nous croyons que son nom lui vient de parties en plein air qu'y engageaient les clercs de procureurs, fort amateurs comme leurs patrons de ce genre de divertissements, et les procureurs étaient alors aussi nombreux dans la rue que les marchands de toiles et d'autres tissus dont elle est aujourd'hui remplie exclusivement. On l'avait appelée au XIIIe siècle rue Guillaume-Porée et rue Malconseil.

RUE DES DEUX-ÉCUS.

Ce qu'on appelait femme du monde au XVIII° siècle. — Comment la fille Satin se mit dans ses meubles. — La succession Rouillé. — L'enfant de la Terreur. — Lettre de Catherine de Médicis. — Le marchand de fromages. — L'hôtel de Rennes. — Le 33.

Après avoir dressé en raccourci le bilan des amours de Mlle Aubin, ne nous étonnons pas de trouver rue des Deux-Ecus, où demeura sa contemporaine, Françoise Brard, dite Satin, de quoi faire pendant au tableau. On s'était habitué à voir le côté riant des fredaines de cette courtisane, dont le nom d'emprunt chatoyait : luxe et gaieté de ces parages, qu'elle habita presque toujours ! Puis le quartier Breda de ce temps-là descendit, lorsque fut construite la Halle au blé, à un autre degré de l'échelle de la galanterie. La rue où nous voici en a gardé une notoriété, qui lui fait regretter l'élégance, les nuances, les demi-mots du vice, avant qu'il eût baissé son prix. Exagérer les vices de l'autre siècle, c'est obliger nos neveux à faire de même, alors qu'ils tenteront d'excuser les leurs au détriment des nôtres ; mais ne tenir aucun compte des impuretés, dans le passé, serait l'éloigner beaucoup trop du présent, et ne voir que le toit des maisons, au lieu de faire comme le Diable boiteux, qui l'enlevait comme un couvercle.

De cette demoiselle Satin, qui n'a pas écrit ses mémoires, mais dont Louis XV eut des nouvelles, bien que les indiscrétions de son alcôve fussent muettes sur les secrets d'Etat, quelle est en peu de mots l'histoire ? Elle naît en 1735 ; l'abbé Meusnier, chanoine de la cathédrale du Mans, la débauche à l'âge de quinze ans. Adressée à Paris, deux ans après, au sous-fermier Coupart, elle entre chez lui, rue Gaillon, en qualité de femme de chambre ; mais elle en est chassée par Mme Coupart, qui lui reconnaît un autre titre, rimant fort avec le surnom que Françoise n'a pas encore songé à prendre, bien que le sous-fermier en ait trouvé le mot très-flatteur pour l'étoffe de soie. La nommée Perrault, femme du monde, ce qui veut dire qu'elle reçoit beaucoup du monde, l'initie à l'art de retenir, de prolonger, de renouveler les réceptions. Au bout de trois semaines, on arrête l'une et l'autre, par égard pour presque tout l'état-major des Suisses, et la fille Brard passe dix-sept mois à l'hôpital. Chez une des femmes du monde qui la recueillent ensuite, rue de Grenelle-Saint-Honoré, elle connaît un commis aux fermes, portant vraiment le nom de Satin et croquant avec elle ses appointements, sans la gêner. Les consignataires du prêt sur gage n'en reçoivent pas moins ses visites, et le crédit l'y déshabille pour plus longtemps qu'à l'ordinaire, jusqu'à l'intervention de Bertrand, receveur des domaines à Sens, qui a épousé sa cousine et qui resserre ce lien de parenté, tout en dégageant ses effets et en la remettant sur pied. Elle s'installe avec le nom de l'un, avec le mobilier de l'autre, n° 1, rue des Vieux-Augustins, avant de s'établir plus grandement rue des Deux-Écus, au coin de la rue du Four, grâce à une rencontre avantageuse en carnaval.

La maison de la Satin porte actuellement le n° 13 ; elle a fait l'objet d'un litige qui a cessé de pendre en 1661 entre les héritiers de la famille Chananon, ainsi qu'une grande propriété qui y touchait ; et qui est le n° 15. Le nom de Louis-François Rouillé, seigneur de Plaisance, figure dans l'état-civil de cette dernière propriété en 1754 : son vendeur, qui a dû remplir bien des formalités légales, est le curateur à la succession vacante de Henry Gabriel Boutet de Montlhéry, conseiller au Châtelet, payeur de rentes de l'Hôtel-de-Ville. Ce messire Rouillé lègue en 1775 une portion de ses biens aux cinq ou six enfants de son neveu, Pellé de Montaleau, sieur du Plessis-Saint-Antoine, maître des comptes, et une autre portion à Louis Rolland, seigneur du comté de Malleloy. Mais un autre Rouillé, intendant des turcies et levées, tuteur honoraire des mineurs Pellé, a hérité des biens nobles du défunt, son frère. Parmi ces fiefs est le château de Plaisance, sur la paroisse de Nogent-sur-Marne, donné par Charles V à Jeanne de Bourbon, sa femme ; puis passé à divers grands personnages, à Philibert Delorme, à Renée de Bourbon, abbesse de Chelles, enfin au financier Deschiens ; puis ayant fait retour au roi, avec lequel Rouillé d'Orgemont en a traité. La maison de la rue des Deux-Écus échoit, dans les partages de ladite succession, à Rolland de Malleloy.

Après quoi M. Girardin, avocat aux conseils du roi, en dispose et l'occupe au moment de la Révolution. Ce propriétaire des craintes ; il rentre un soir, se croyant poursuivi par une bande armée de piques, et redoutant qu'on s'empare de lui, pendant la nuit, il dépasse le premier étage où se trouve son appartement, et il va frapper, sous les combles, à la porte de sa cuisinière, qu'il tire d'un sommeil assez dur. L'appréhension que le maître a conçue disparaît, mais elle y met le temps, en laissant derrière elle une autre conception. Puis l'enfant de la Terreur grandit, élevé, sous le nom de sa mère, par les soins de M. Girardin, qui lui lègue en mourant sa bibliothèque. L'immeuble appartient aujourd'hui à un architecte estimé, M. Deschamps ; on y peint, au fond de la cour, force vitraux pour les églises.

N° 17. — Porte cintrée, mansardes antérieures à la Fronde. N'est-ce pas le cas de rappeler que la rue des Deux-Écus, que Guillot avait désignée, vers 1300, *rue des Écus*, fut aussi appelée Traversine au xve siècle, et de la Hache, entre la rue des Étuves et celle d'Orléans ? En 1577, fut ouverte la section de cette rue qui aboutit à celle de Grenelle.

« M. le Prévost, écrivit alors Catherine de Médicis, pour « ce que je désire faire fermer la rue qui est près ma petite

« maison, et au mesme instant faire ouvrir celle que j'ay
« ordonné estre faicte où estoit la porte de l'hôtel des Pé-
« nitantes, qui passera entre la rue de Grenelles : j'ai donné
« charge à Marcel, mon receveur-général, vous aller trou-
« ver et vous bailler la présente que je vous faict à cette
« fin en vous priant de ma part, comme je fais par icelle,
« de bailler incontinent la permission nécessaire pour fer-
« mer la dicte rue et ouvrir l'austre, et pour que vous en-
« tendiez par luy bien au long de mon intention, je ne vous
« ferez la présente plus longue que pour prier Dieu, mon-
« sieur le Prévost, vous tenir en sa saincte et digne garde :
« ce fait à Poitiers le 6ᵉ jour de septembre 1577.

« CATHERINE. »

De l'hôtel de Catherine de Medicis, nous avons dit ce que nous savions en parlant de rue Coquillière. Il suffit d'ajouter que pendant un temps ce fut la succursale de l'hôtel de Nevers, ci-devant Mazarin, pour le commerce des billets de Law, lorsque le prince de Carignan en était maître. Vers la fin du règne de Louis XV, furent édifiés à sa place, en ce qui regarde la rue des Deux-Écus, les immeubles frappés des chiffres 12, 14, 16, 18, 20, 22, 26, 28, 30, 32, 34, 36, 38, arc du pourtour de la Halle. Or le 24 fait exception, dans cette exécution du plan de Le Camus de Mézières, et comme il avance sur la rue, en y rappelant l'alignement d'un côté du quadrilatère de constructions qui faisait partie du palais, et à un des angles duquel se dressait la colonne, observatoire de la reine-mère, maintenant adossée à la rotonde de la Halle, nous pouvons en conclure que c'est un reste de l'hôtel de Soissons. Le 36 sort lui-même de la règle commune par son balcon et ses sculptures, par une forte odeur de fromage qui forme un nuage d'exhalaisons putrides ; ce n'en est pas moins la maison-*princeps* de la galerie de propriétés remplaçant le mur du jardin du palais. L'enseigne de la Providence qui surmonte la seule porte cochère de ce segment de cercle d'habitations, laquelle a été confisquée par le commerce du brie et du marolles, cette image, disons-nous, est d'origine caséeuse ; elle remonte au commencement de la fortune commerciale des propriétaires de l'immeuble.

Le 23 est l'*hôtel de Rennes* depuis plus d'un demi-siècle, succédant au roulage Bourget : un bureau de diligences pour beaucoup de pays y était en vigueur avant l'omnipotence des chemins de fer, qui n'y a épargné qu'un petit nombre de services pour les environs de Paris. Unis, puis séparés, puis réunis, ont été les 27, 29 et 31.

Le 33, pour finir, est d'une apparence excellente ; son escalier à ferrure ouvragée a pour pendant une autre suite de degrés, bordés de la même manière, qui fait partie de l'*hôtel des Empereurs*, rue de Grenelle : la moitié de cette propriété ultra-riveraine appartient encore à M. Goiset, ancien avoué, seigneur et maître de ce 33. Rien d'impossible à ce qu'y ait été la chancellerie de Henri IV, comme la tradition le rapporte. Mais il n'en est pas soufflé mot dans un jugement d'adjudication, en date du 27 mai 1805, qui relate une sentence du Châtelet du 8 janvier 1783, en signalant MM. Boscheron et de Thieulloy comme héritiers des droits de Pierre-Joseph Bauvin sur cet immeuble.

RUE DES DEUX-ERMITES.

Ouverte au XIIe siècle, on la trouve citée successivement sous des noms différents : rue la Confrérie-Notre-Dame, en 1300 ; rue des Deux-Serviteurs, en 1640 ; rue des Deux-Ermites, après cela. Or la grande conférence de Notre-Dame fut une pieuse association dont les bourgeois de Paris formaient le premier élément ; les membres s'en qualifiaient serviteurs et serfs de la Vierge. Pourquoi ne pas croire que deux de ces serviteurs avaient vécu comme des ermites, bien qu'au milieu de la Cité, soit dans la susdite petite rue, soit dans une rue où elle débouchait, et que le premier siége de la confrérie de Notre-Dame s'y était trouvé avant eux ? Sur les places, dans les rues passantes, ne trouvait-on pas, sous Louis XI, tantôt un reclus, tantôt une recluse, qui avait fait murer sa porte, pour s'encager derrière une grille ?

Supprimée en partie par la rue Constantine, la rue des Deux-Ermites a gardé deux réduits du moyen âge, sur les trois ou quatre maisons qui la maintiennent au rang de rue.

Son n° 1, dont le rez-de-chaussée opère un léger retrait sous un premier étage qui surplombe, rendait autrefois moins odieuse la manutention des vases pleins, qui de ses fenêtres à coulisses étaient vidés près du passant, lequel en était quitte pour des éclaboussures à la condition de serrer le mur. En face, la rue entaille d'un petit carré son vénérable n° 2, qu'illustre encore dans sa niche une image de Notre-Dame; et devant laquelle un vide respectueux fait rentrer l'angle qui lui est commun avec la rue perpendiculaire des Marmousets.

Dans le bas de la boutique du marchand de bric-à-brac, qui étale aux pieds de la madone, est réellement scellée à l'extérieur une pierre abrupte ; mais il est devenu difficile d'y reconnaître, dans un relief qui paraît tailladé, un chien qu'on y avait sculpté à la place d'un chien de faïence, mis en pièces la nuit par une main inconnue. Cet emblème de l'instinct et de la fidélité rappelait l'expiation devant les hommes d'un crime, dont l'expiation devant Dieu était confiée à Notre-Dame, depuis le règne de Henri II. Un perruquier, tenant rasoir et lancette au service de ses pratiques, logeait alors n° 2. Un étranger qu'on avait vu entrer dans sa boutique et lui prêter son menton pour être rasé, ne fut plus rencontré du tout; on ne savait comment expliquer sa disparition. Un ami fouilla tout Paris, accompagné par le chien du défunt, qui, en passant dans cette rue étroite, bondit dans la maison, gratta le plancher avec une persistance qu'il y fit découvrir une trappe, et sous la trappe une double cave, qui existe encore de nos jours, où fut retrouvé, coupé en petits morceaux, le corps de celui qu'on cherchait. Non content d'être chirurgien, le perruquier s'était fait assassin; il avait passé un marché avec un pâtissier du voisinage, dont les pâtés en grande réputation contenaient un hachis de chair humaine. On roua vifs les deux scélérats..... Cette histoire à faire peur, avouons-le, n'est qu'une tradition; mais de père en fils, dans la Cité, beaucoup de gens y croient, depuis deux siècles.

RUE DES DEUX-PONTS.

Quand nous étions au quai Bourbon, et sur d'autres points de l'île Saint-Louis, plusieurs documents inédits nous aidaient à remonter jusqu'à l'époque de la colonisation de ce quartier, figurant un vaisseau qui remorque au milieu de la Seine un plus grand vaisseau, la Cité. Le *Dictionnaire des rues de Paris* fait remonter à juste titre l'origine de la rue des Deux-Ponts, qui y relie le pont Marie au pont de la Tournelle, à l'année 1614.

Deux maisons qu'on trouve les premières à main droite, rue des Deux-Ponts, en venant du quai de Béthune, furent laissées à son fils par le président Lambert de Torigny, ainsi que l'hôtel Lambert, sa création à la pointe de l'île Saint-Louis. De plus petits propriétaires traitèrent, sous Louis XIII et au commencement du règne suivant, avec les grands spéculateurs de l'île, soit des terrains, soit des maisons qui bordaient cette rue transversale. On y chercherait en vain l'issue de plus d'un immeuble ayant façade principale sur les quais, sur la rue Saint-Louis. On y compte, au surplus, moins de portes cochères que bâtardes.

Toutefois le n° 14, mis au service des voyageurs sous le nom d'hôtel de Mâcon, fut logis aristocratique. Sa façade manque d'ampleur; une vieille mansarde y ressemble à la plume des feutres du temps de la Fronde, et ce petit équipage, pour une maison de raffiné, n'en fait paraître que plus grande la porte qui s'arrondit en bas, comme l'arche d'un pont ou d'un aqueduc. La vigne vierge se fait jour entre les fentes des pavés de la cour, pour plaquer des feuilles sur le mur; un escalier assez spacieux fait monter l'une sur l'autre les quilles en chêne de sa balustrade, à l'un des angles de cet espace découvert. Les boulingrins et les charmilles d'un petit jardin, avec un pavillon au bout, s'aperçoivent à la fois, comme à travers le double verre d'une lorgnette, derrière les deux rangées de croisées du corps-de-logis intermédiaire. La famille de Clermont-Tonnerre résida pendant quelque temps dans cet hôtel au xviie siècle, et elle possédait également un certain nombre de maisons voisines, qui à leur ancienne réunion entre les mains d'un seul propriétaire, doivent des servitudes réciproques : fourré de broussailles dont les épines sont ordinairement des procès. Charles-Henri, comte de Clermont et de Tonnerre, baron de Crussy, seigneur d'Ancy-le-Franc, avait épousé le 27 mars 1597 la fille du marquis de Sourdis, dont il eut 13 enfants ; il fut chevalier des ordres du roi, son lieutenant en Bourgogne et bailli d'Auxerre, et cessa de vivre en 1640.

Le 13 et le 15 n'ont fait qu'un, comme plus loin le 23 et le 25. Au 13 : porte cochère ferrée de gros clous et escalier à balustre de bois. Le 28 date aussi de l'ouverture de la rue : j'en atteste la double aigrette de ses mansardes. Ou au 32, ou au 38, logea Lagrange-Chancel, auteur des *Philippiques* qui s'attaquèrent au Régent : ce poëte, qui maniait le fouet de la satire, était le locataire, rue des Deux-Ponts, d'un huissier à verge.

RUE DES DOUZE-PORTES.

Les familles de Jay, de Harlay, Duperron, de Meslay, Feydeau, de Mesmes, Frémin, Lequesne. — Crébillon le tragique.

Elles n'ont jamais pu être douze, les portes de la rue Saint-Nicolas, fondée à la diligence de Nicolas Le Jay, premier président au parlement de 1640 à 1656, qui y posséda plusieurs maisons! Mais il s'en est fallu de peu, et la rue a pu prendre un peu plus tard, sans forfanterie, le nom qui est venu jusqu'à nous.

Toutefois rien n'empêche de compter, comme incorporée à la rue, une propriété qui fait le coin de la rue Saint-Louis-au-Marais, et que décore une Notre-Dame dans l'enfoncement pratiqué sur l'arête. Dame Yvonne de la Vogadre, veuve de Charles Solu de Moulineaux, brigadier des armées du roi, en était locataire au temps de la Régence; Chefcier, un marchand tapissier, lui succéda dès 1738. De Louis-Auguste-Achille de Harlay, conseiller d'État, intendant de Paris, cette propriété passa, ainsi qu'une autre dans la rue, à la présidente de Crevecœur, sa fille, petite-fille du chancelier Boucherat, veuve d'un président à mortier; seulement elle n'y demeurait pas, car elle était à l'abbaye royale du Val-de-Grâce, et elle transporta ses droits, dès 1734, à sa sœur, veuve de Louis-René de Vielbourg, marquis de Miennes, lieutenant pour le roi en ses provinces de Nivernois et Donzois. Cinq ans après mourait à 64 ans leur père, dernier mâle de sa race, puisque son unique fils avait cessé d'exister avant lui à l'âge de 17 ans. L'ancien intendant de Paris laissait des créanciers. Les abbé et religieux de Saint-Denis percevaient le droit de cens et de lods et ventes sur ce côté de la voie.

La porte du 8 forme arcade, mode de construction uniforme à l'origine pour toute la rue, et une rampe de fer tournoie à l'intérieur. Ce fut une des deux propriétés cédées en 1657 par le sieur Dublet à Guénégaud, trésorier de l'épargne, propriétaire à cette date rue Saint-Louis de l'hôtel Boucherat, plus tard d'Ecquevilly, où se trouve le couvent de Sainte-Élisabeth depuis le règne de Charles X. Plus d'une maison de notre petite rue dépendit donc, ne fût-ce que par le fait de l'acquisition-Guénégaud, de l'hôtel dont le jardin les touche encore par derrière.

Brillon-Duperron, secrétaire du roi, conservateur des hypothèques, possédait le 4, dont le 2 n'est encore que le jardin, du chef de son père, qu'une adjudication y avait fait succéder à l'union des créanciers du dernier Harlay. En 1784, un autre Brillon-Duperron, receveur des dîmes du diocèse de Paris, vendait à Laurent Gervais, conseiller du roi, contrôleur des rentes de l'Hôtel-de-Ville, grand-père de M. Frémin, propriétaire actuel. Mme Frémin la mère, née Gervais, est décédée il y a peu d'années, après avoir vécu plus d'un demi-siècle dans le même appartement de sa maison. De celle-ci on avait fait bail précédemment à Mme Juvénal d'Arvel des Ursins de Trainel, femme de Regnault, comte de Barres, baron de Law, gouverneur d'Étampes, puis à Mme Chanut, veuve de Boissy.

Le moyen d'en vouloir au 9, de ce qu'il garde sa porte des premiers jours! Un charbonnier s'en sert à lui tout seul, car le passage des autres locataires est une allée qui donne rue Saint-Louis. Un petit hôtel garni est plus coquet, n° 7 : il est vrai qu'une marquise y payait loyer, sous Louis XV, à Massin, comte de Meslay, président à la Cour des comptes. Mérault, seigneur de Gif, grand-père de Mme de Meslay, l'avait au commencement du même siècle. L'an 1775, s'en arrangea le président de Gourgues, dont le mur mitoyen était parallèle à la rue. Or, ne savait-on plus à cette époque à qui payer la redevance censitaire? On eût pu attribuer à M. de Lapalisse la teneur des contrats de vente à cet égard : « Étant ladite maison en la censive des sei- « gneurs et dames de qui elle peut relever. »

Aux anciennes maisons de Nicolas Le Jay, arrivons-en. Elles sont trois qui se suivent, entre l'hôtel garni et la rue Neuve-Saint-Pierre. Claude-Joseph Le Jay, marquis de Maison-Rouge, gouverneur d'Aire en Artois, épouse vers la fin du xviie siècle la fille de Pajot d'Onzembrai, contrôleur général des Postes, et de Marie-Anne Rouillé; il meurt en 1736, laissant sa trinité d'immeubles à sa fille, qu'à épousée en secondes noces Paul-Esprit Feydeau de Brou, intendant de Paris, puis garde des sceaux en 1762, démissionnaire l'année suivante, et décédé quatre ans après. Or un Feydeau de Brou, président au grand conseil, a déjà marié sa fille au président de Mesmes, en 1695; cette alliance entre mêmes familles est renouvelée, l'année 1749, par l'union du marquis de Mesmes, seigneur de Bougival, avec une petite-fille du gouverneur d'Aire et du chancelier Feydeau : le roi et toute la famille royale signent au contrat. Après quoi les époux de Mesmes vendent en 1780 à Fain, couvreur, ces trois propriétés, savoir : le 5, habité alors par M. de Sandrecour; le 3, par Mme de Waubert; le 1 enfin, par M. de la Mauselière.

Les bas-reliefs du 3 et sa petite porte ne sont pas d'un temps éloigné du nôtre. L'abbé Fournier, chanoine de Notre-Dame, vient de mourir au 5, où il était logé depuis le Concordat. M. Lequesne, sculpteur distingué et joueur d'échecs dont les parties se notent, est le fils du propriétaire de la maison du coin de la rue Saint-Pierre, et le petit-fils de M. Garand, directeur général des subsistances militaires, dont le citoyen Snoble fut le prédécesseur : ce dernier possédait également les deux autres.

Mais quel souvenir encore se rattache à la maison Lequesne ! Un grand nom, celui de Crébillon, pourrait y être inscrit si l'on voulait; mais une plaque municipale l'a donné à une autre rue, et c'est bien le moins que dût la Grèce moderne à son Eschyle. Il disait : — Corneille a le ciel; Racine, la terre ; il ne me reste que les enfers... Le genre terrible adopta donc l'auteur d'*Atrée*, qui le lui rendit bien. Au beau milieu de sa réputation, il en était réduit à ses traitements d'académicien et de censeur de la police ; la totalité en suffisait mal à l'appétit de sa nature robuste, à remplir de tabac sa pipe, car il fumait comme Jean-Bart, et surtout à nourrir la ménagerie d'animaux de toute espèce qui faisaient partie de sa maison. Que si vous lui demandiez d'où venait cet amour pour les bêtes, il ne vous mâchait pas le mot : — Depuis que je connais trop bien les hommes... Aussi fut-il traité en misanthrope par tous les Philintes, ses confrères, auxquels toutefois il crut rendre service en provoquant un arrêt du conseil, qui jugea que les produits de l'esprit, les droits d'auteur, n'étaient pas effets saisissables. Cette jurisprudence fit tomber le peu de crédit qu'avait eu jusque-là Crébillon. Fort heureusement, Mme de Pompadour, pour humilier un peu Voltaire, le sauva du découragement, lui fit avoir 1,000 fr. de pension du roi et une place à la Bibliothèque, et la réimpression de ses œuvres à l'imprimerie royale du Louvre, édition déchargée de tous frais. Enfin dès que Louis XV apprit la fin de ce poëte, si mauvais courtisan, il envoya lui-même prendre son corps, rue des Douze-Portes, pour le faire inhumer à ses dépens dans l'église Saint-Gervais, paroisse de la maison mortuaire. Les comédiens Français firent célébrer quelque temps après un service pour Crébillon, à Saint-Jean-de-Latran.

RUE DU DRAGON.

Le Petit-Sépulcre. — L'école d'équitation. — La cour du Dragon. — Divers hôtels. — Le carrossier Raveneau. — La famille Laplagne. — Bernard de Palissy.

Les chanoines du Saint-Sépulcre avaient, dès le XVe siècle, une propriété qu'ils habitaient, dans une rue qu'ils firent désigner sous le nom de leur confrérie, ordre religieux et militaire. La maison était appelée le Petit-Sépulcre, ce qui la distinguait suffisamment de l'église collégiale du Sépulcre, sise rue Saint-Denis. Puisque le Petit-Sépulcre était en ce temps-là voisin de l'habitation de la famille Taranne, laquelle se trouvait rue Taranne, non loin de la rue Saint-Benoît, nous sommes porté à croire que la cour actuelle du Dragon servait de demeure tout d'abord à la susdite confrérie. Un dragon sculpté, qui figure, avec d'autres reliefs solidement accusés et de vieilles ferrures de croisées, sur la porte de cette cour, du côté de la rue Sainte-Marguerite, servit d'enseigne à la propriété ; c'était une allusion sans doute au dragon que la légende met sous les pieds de sainte Marguerite, pareil au monstre fabuleux que terrassa de même saint Michel. La cour était donc dite du Dragon dès le milieu du XVIIIe siècle, avant que la rue du Sépulcre fût dénommée comme la cour, qui ne servait pas encore de passage sous Louis XIV. A cette dernière époque, l'ancienne Académie, dite bientôt l'Académie royale, y recevait des élèves tant internes qu'externes, initiés par M. de Longpré à cette équitation française, dont l'école était sans rivale. Au commencement du règne de Louis XVI, Mme Crozat, la mère, et ne sait-on pas que le duc de Choiseul avait épousé une Crozat? était propriétaire de cet immeuble, où pullulaient déjà, comme locataires, des marchands de poêles et de ferraille.

Jusqu'à l'embouchure de la rue Sainte-Marguerite s'étendait également, à l'origine, le jardin d'un hôtel presque contigu au manége royal de Longpré, et qui porte le n° 3. Il se peut très-bien que Jean ou Christophe de Taranne y ait été de longue date le prédécesseur de Boucher, écuyer, conseiller du roi, dont une autre rue a pris le nom; dans tous les cas, Boucher a laissé la propriété à M. de Senneville, puis à Mlle d'Haraucourt, qui descendait d'une des quatre maisons de l'ancienne chevalerie de Paris, et M. le comte d'Haussouville l'a héritée de Mlle d'Haraucourt.

Les immeubles séculaires se suivent de près rue du Dragon, et on peut ajouter que beaucoup d'entre eux se ressemblent. Le 13 fut acquis avant la grande révolution par la famille de Mme Ruyneau-Fontaine, actuellement propriétaire; 15, 17, 19, 21, 23, ont des allures non moins bourgeoises, que la robe très-probablement avait anoblies. Les n⁰ˢ 25, 27, 29, 31 et 33 ont été signalés à M. Rousseau, notre éclaireur patient, comme l'ancienne résidence des chanoines du Saint-Sépulcre. Unanimité de traditions à cet égard, dans le quartier. Qui plus est, des rapports de construction subsistent, pour confirmer en apparence l'opinion de la localité. Pour en trouver le démenti, il a fallu remonter dans les actes, et en comparer la teneur avec le peu qu'ont dit à cet égard les vieux ouvrages sur Paris. L'emplacement de ces immeubles a dépendu, dans le principe, d'un terrain dit la Chasse royale, et le carrefour de la Croix-Rouge a d'abord porté le nom de carrefour de la Maladrerie, parce que des granges hospitalières y ont été ouvertes aux pauvres gens atteints du mal de Naples ; puis on a mis les Incurables en possession d'une portion des dépendances de la Maladrerie. L'administration des biens réunis des hospices, dont le siége était à l'Hôtel-Dieu, a consenti emphytéose en 1784 à Raveneau, carrossier de la cour, du 25, du 27, du 31 et du 33, en lui imposant la construction d'un nouveau corps de bâtiment. Mais l'industrie de luxe de Raveneau a tant souffert des tempêtes politiques qui ont changé la croix rouge en bonnet de la même couleur, qu'il a quitté le coin de la rue du Dragon, pour s'attacher comme inspecteur des charrois aux armées de la République. Quant au bail emphytéotique, il a été converti en toute propriété, et dans ces conditions nouvelles ont été adjugés : le n° 27 à Lambert, marchand d'hommes, le 23 avril 1813 ; le n° 29 à M. Magin, gendre de Raveneau, le 8 mai 1812 ; le n° 33, le 4 juin 1813, ainsi que le n° 92 de la rue du Four. M. Magin, qui a rempli longtemps les fonctions de caissier de l'administration des Hospices, a acquis également, le 17 décembre 1813, la nue-propriété du n° 31, dont son beau-père ne l'avait fait qu'usufruitier.

On dit bien que vis-à-vis du 25 fut une propriété du Saint-Sépulcre ; mais nous ne sommes pas tombé sur des documents qui confirmassent ou démentissent cette occupation primitive. Le côté des numéros pairs compte encore des grandes portes, telles que le 34, le 30, le 18, le 16, qui n'ont pas attendu que le sellier d'en face, fournisseur du temps de Louis XVI, multipliât les voitures dans la rue, pour leur ouvrir leurs deux battants, lesquels semblent avoir pris la mesure des carrosses du xviie siècle, plutôt que des vis-à-vis à la mode sous le règne de Louis XV.

Parmi les maisons plus modestes, qui remontent à une époque assurément plus reculée, il en est une répondant au chiffre 24, que signale pour enseigne une terre-cuite de Bernard de Palissy, où Samson est représenté terrassant le lion historique, dont la mâchoire servit d'épouvantail à une armée de Philistins. C'est maintenant un hôtel garni, avec une boutique honorant elle-même, à sa manière, la mémoire de ce protestant, savant et émailleur célèbre, en débitant par choppes le vin des huguenots, ses coreligionnaires. Un escalier à quilles de bois conduit aux chambres et date sans doute du xv⁵ siècle. L'écusson en poterie a pour légende : *Au fort Samson;* puis une inscription toute moderne s'exprime ainsi : *Ancienne demeure de Bernard de Palissy*, 1575. Cet homme de génie était déjà dans un âge avancé lorsqu'il ouvrit, en 1575, un cours d'histoire naturelle et de physique, dans la rue du Sépulcre ; il y forma ou il y transféra le premier cabinet d'hitoire naturelle qu'on vît à Paris. Né dans le midi au commencement du siècle, il avait échappé à la Saint-Barthélemy, grâce au logement qu'il occupait au Louvre, atelier d'où étaient sorties tant de belles poteries, dites par lui ses *Figulines*. Mais, en dépit de sa renommée d'artiste, du mérite initiateur de ses écrits, du succès croissant de ses leçons, et quelles que fussent ses vertus, le maître fut incarcéré par l'influence des Ligueurs, et mourut en prison dans sa quatre-vingt-dixième année, tout à la fin du règne de Henri III.

De bois tout de même étaient les garnitures d'un escalier, dans le fond du n° 20 ; mais une très-jolie rampe de fer y fut substituée à mi-corps, du temps de Louis XIII, aux balustres. Bien plus tard, le baron Boyer, chirurgien de l'empereur, laissa cet immeuble à sa fille, qui épousa M. Laplagne-Barris, président à la Cour de cassation.

M. Lacave-Laplagne, qui eut depuis le portefeuille des finances, habitait lui-même le n° 10, en 1823. Propriété dans laquelle a remarqué M. Rousseau : une porte à grande envergure, des vignes grimpantes qui égaient la cour, un ancien puits à si petit orifice que pas un poëte ne saurait s'y noyer, et enfin une ferrure du siècle de Louis XIV aux degrés encagés dans l'arrière-corps de logis, qui est évidemment l'aîné. En 1673 furent élevées des constructions sur le terrain des n°s 14, 12, 10 et 8, « sis à Saint-Germain-des-Prés, » disait encore l'acte d'alors, et que s'étaient partagé plusieurs cohéritiers. Au nombre de ceux-ci, nous remarquons Le Maistre, architecte et ingénieur du roi, qui n'a sans doute pas cru trop déroger en travaillant dans cette rue pour lui-même. Que plus petit et plus vieux est le n° 2 ! Deux mansardes lui font des cornes, dont l'ombre bifurquant dans la rue n'a pas manqué de protéger, contre les ardeurs de l'été, l'admirable vieillard Palissy, ombre au contraire qui fait la rue radieuse au soleil de l'illustration.

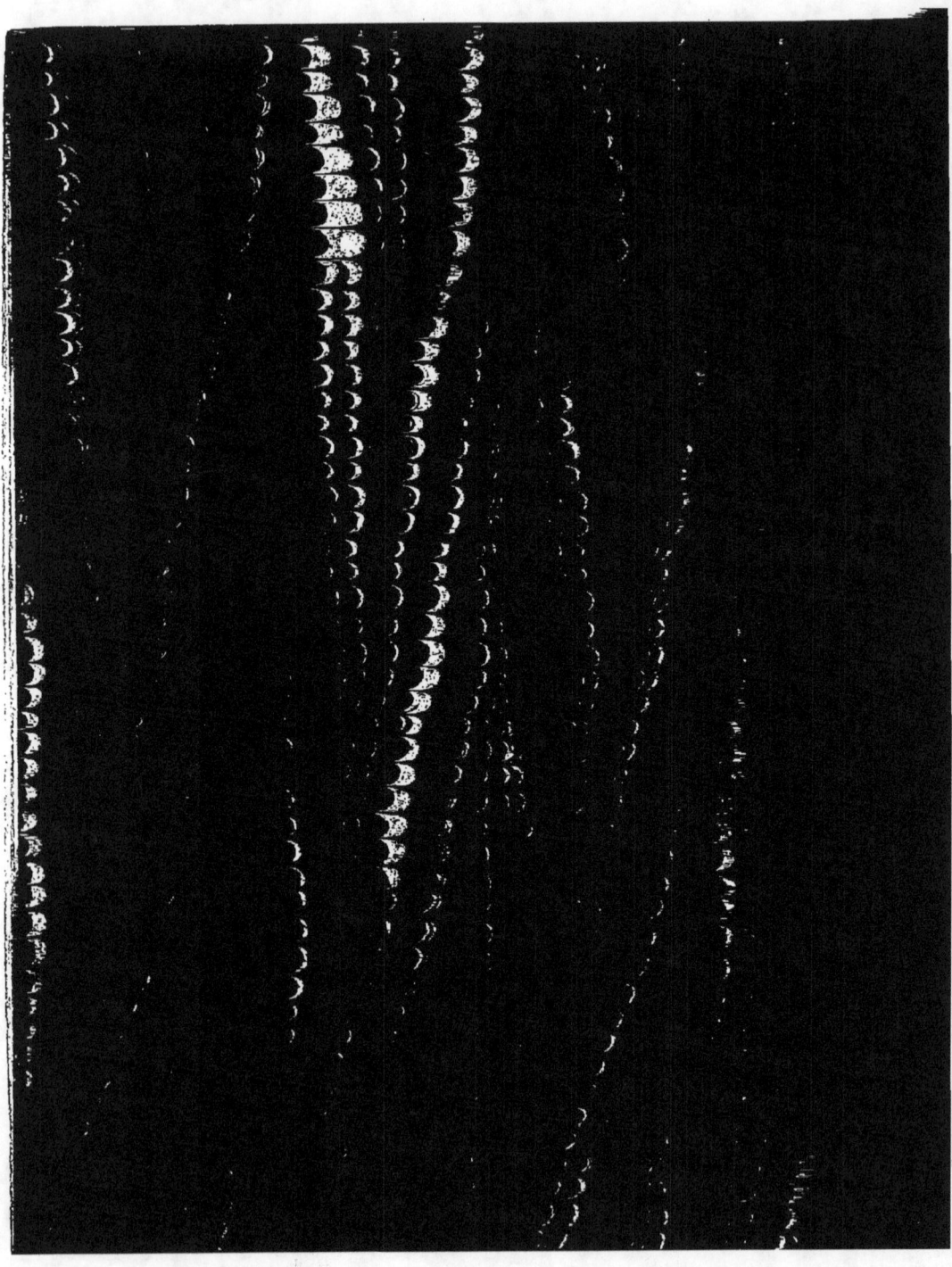

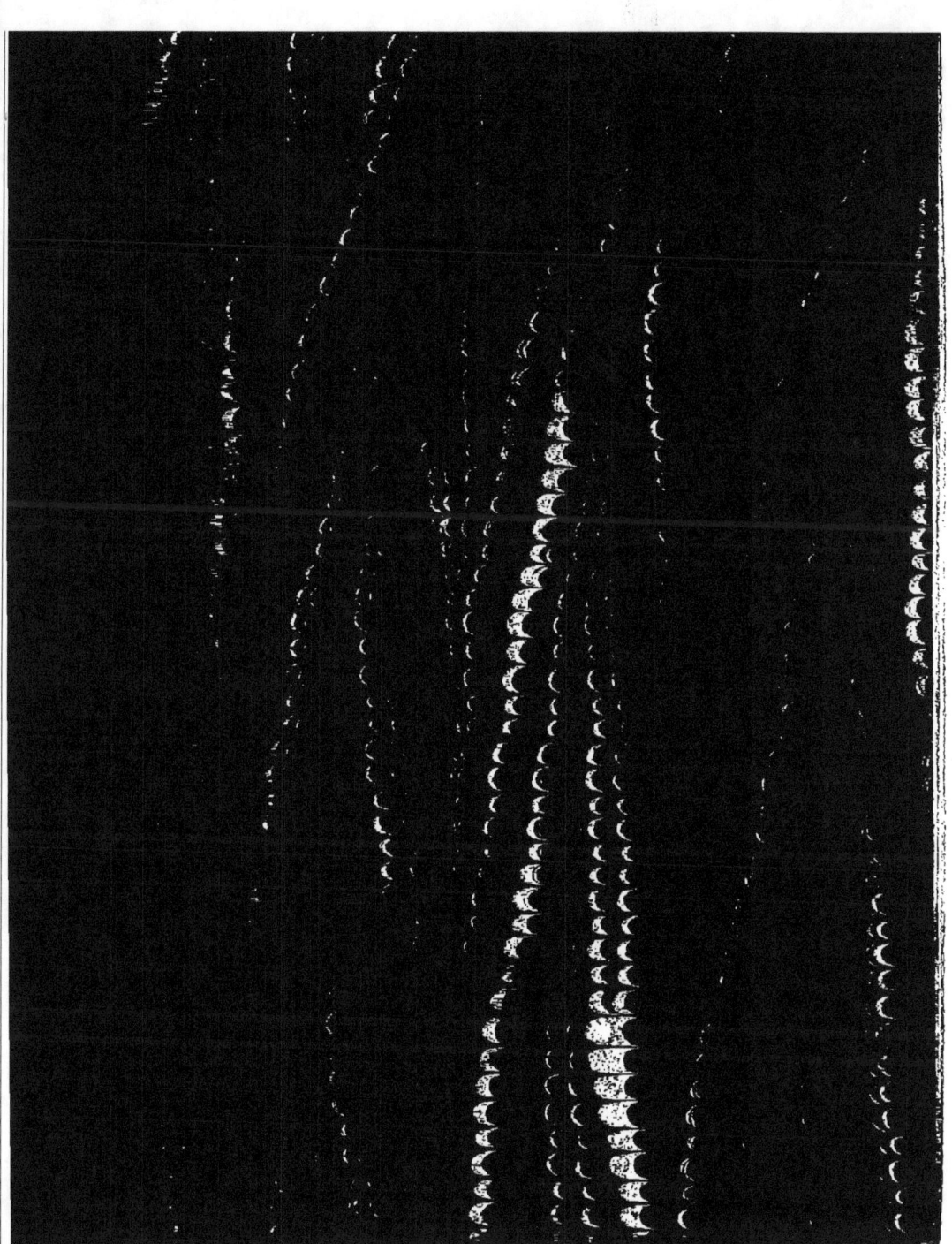

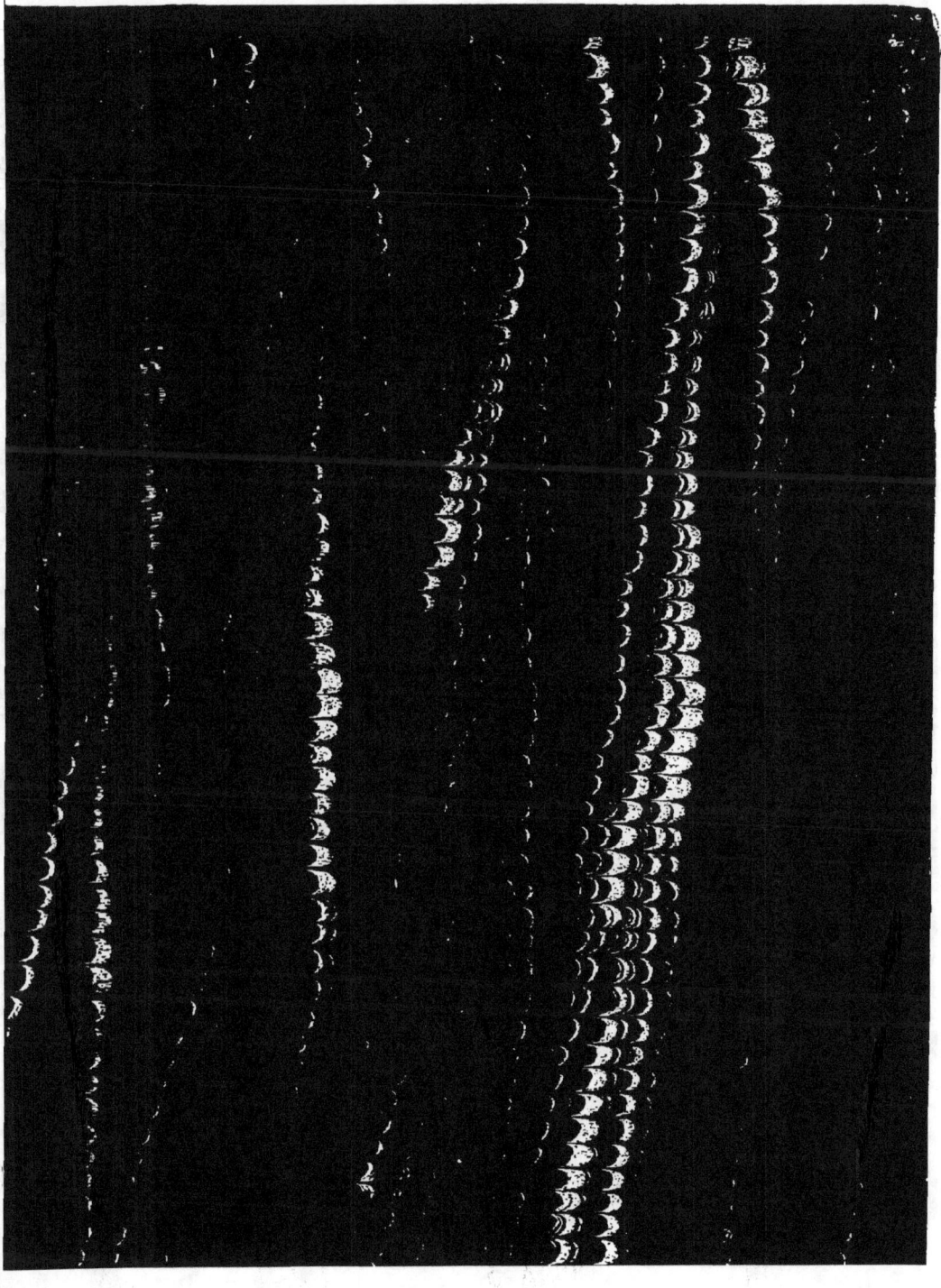

www.ingramcontent.com/pod-product-compliance
Lightning Source LLC
Chambersburg PA
CBHW060231230426
43664CB00011B/1606